西峰年鉴

Xifeng Yearbook 2018

西 峰 区 人 民 政 府　主管
西峰区地方志办公室
西 峰 区 档 案 局　编

方志出版社
Publishing House of Local Records

图书在版编目（CIP）数据

西峰年鉴. 2018/西峰区地方志办公室，西峰区档案局编. -- 北京：方志出版社，2018.7
ISBN 978-7-5144-3173-5

Ⅰ. ①西… Ⅱ. ①西… ②西…Ⅲ. ①区（城市）—庆阳—2018—年鉴 Ⅳ. ①K294.24

中国版本图书馆CIP数据核字(2018)第174633号

西峰年鉴（2018）

编　　者：西峰区地方志办公室
西峰区档案局
责任编辑：刘方圆

出 版 人：冀祥德
出 版 者：方志出版社
地址　北京市朝阳区潘家园东里9号（国家方志馆4层）
邮编　100021
网址　http://www.fzph.org
发　　行：方志出版社图书经销中心
电话（010)67110500
经　　销：各地新华书店
印　　刷：庆阳市鹤原印务有限公司

开　　本：889×1194　1/16
印　　张：22
字　　数：587 千字
版　　次：2018年7月第1版　2018年7月第1次印刷
印　　数：001～500册

ISBN 978-7-5144-3173-5　**定价**：280.00元

《西峰年鉴（2018）》编纂委员会

《西峰年鉴（2018）》编辑部

西峰名片

周祖农耕文化的发祥地

最具艺术气质的西部名城

物产丰饶的陇东粮仓

迅速崛起的陇上明珠

商代“乍册吾”玉戈的出土地

国家AAAA级旅游景区——庆阳市天富亿生态民俗村景区

全国重点文物保护单位——北石窟寺，南佐遗址

亚洲黄土第一坝——巴家咀水库大坝

华夏公刘第一庙——温泉公刘庙

高原翡翠——南小河沟

陇东黄土高原的“天然标本园”——小崆峒

国家级非物质文化遗产——西峰唢呐艺术，窑洞营造艺术

中国陆上石油勘探四大发现之一——西峰油田

“蓓蕾牌”西北特级金针菜——西峰黄花菜

第二届中国农业博览会金奖——秋富1号苹果

科学技术工作先进县（市）

全国城市环境综合整治先进县级市

少先队基础建设县（市）

全国造林绿化百佳县（市）

全国绿化先进集体

全国团建先进县区

数字西峰

总面积	999平方千米
总人口	39.09万人
地区生产总值	209.3亿元
大口径财政收入	16.25亿元
小口径财政收入	7.3亿元
规模以上工业增加值	86.27亿元
地方规模以上工业增加值	8.67亿元
固定资产投资	90.07亿元
社会消费品零售总额	73.03亿元
金融机构人民币存款余额	362.09亿元
金融机构人民币贷款余额	318.51亿元
城镇居民人均可支配收入	28149.90元
农村居民人均可支配收入	9160.70元

西峰区行政区划图

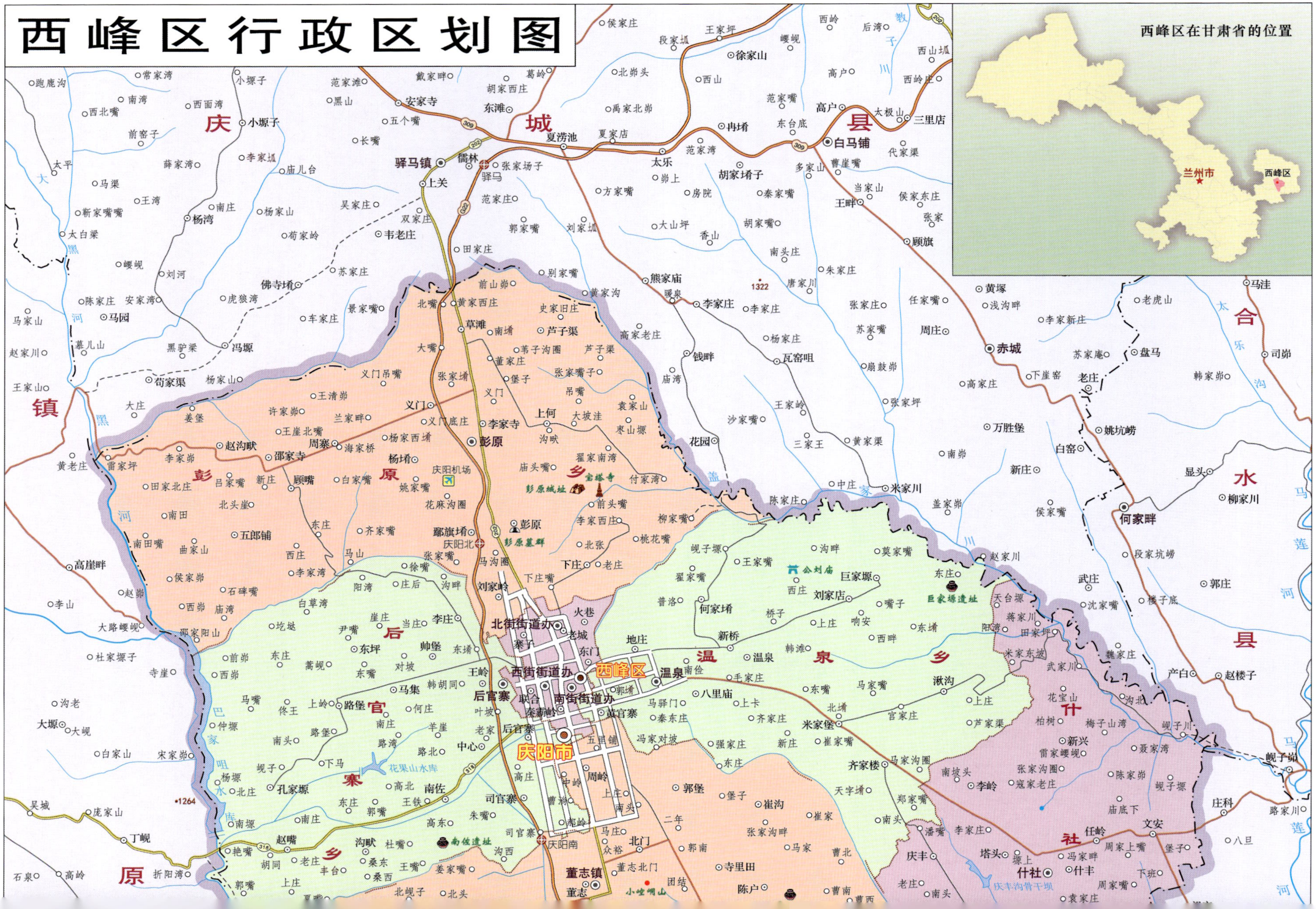
西峰区在甘肃省的位置
兰州市
西峰区
庆城县
合水县
镇原
庆阳市
西峰区
北街街道办
西街街道办
南街街道办
彭原乡
后官寨乡
温泉乡
什社乡
驿马镇
白马铺
赤城
何家畔
董志镇
彭原
温泉
什社
后官寨
肖金镇
庆阳机场
庆阳北
庆阳南
花果山水库
庆丰沟骨干坝
彭原城址
彭原墓群
宝塔寺
公刘庙
巨家塬遗址
南佐遗址
小崆峒山
1322
1264

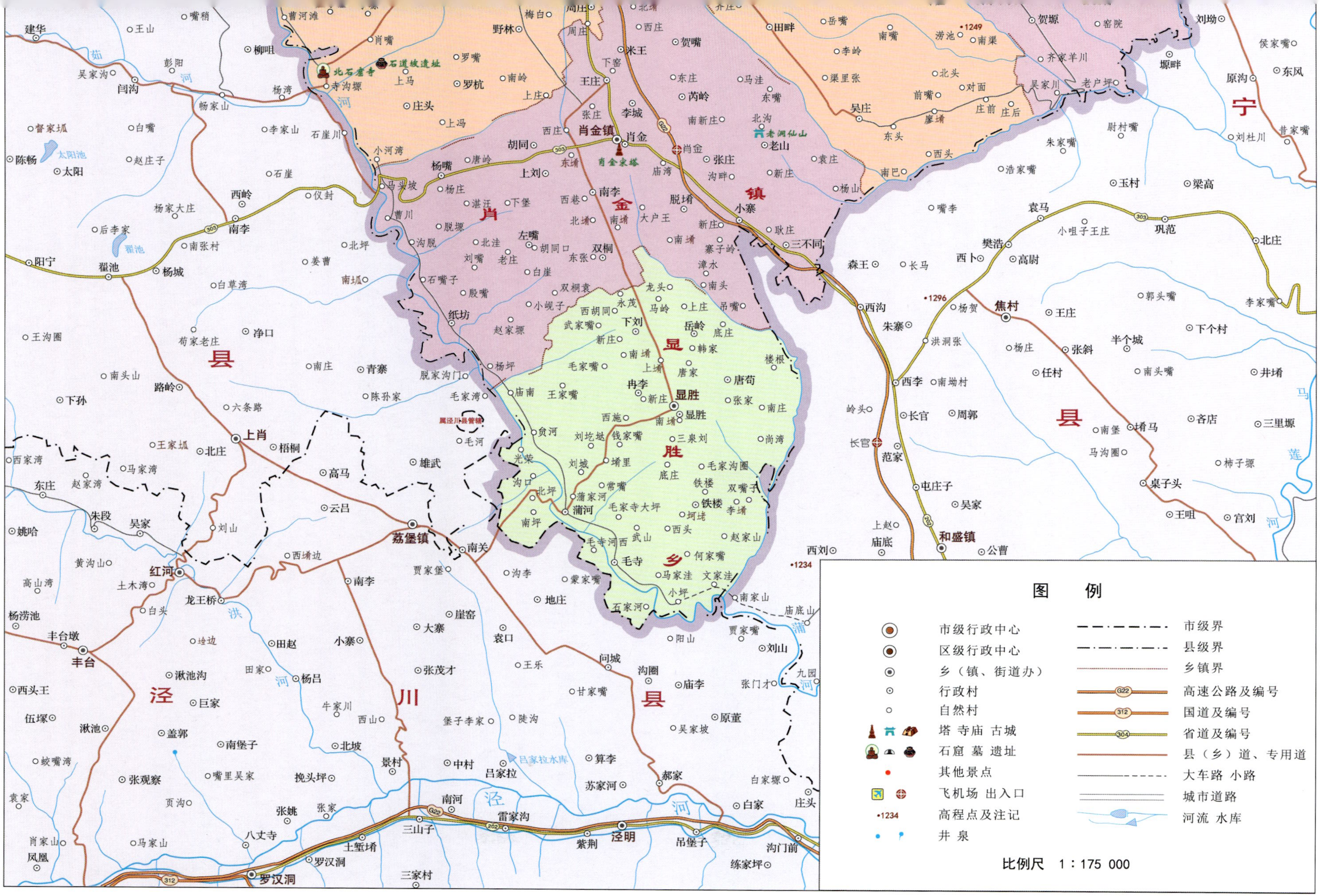

审图号：甘S(2018)018号

编 辑 说 明

一、《西峰年鉴》以马克思列宁主义、毛泽东思想、邓小平理论、“三个代表”重要思想、科学发展观、习近平新时代中国特色社会主义思想为指导，坚持辩证唯物主义和历史唯物主义的立场、观点和方法，旨在全面、系统、准确地记载西峰区年度政治、经济、社会等方面的基本情况和各行各业取得的成就，为各级领导科学决策提供依据，为社会各界人士了解西峰提供权威、翔实、丰富的区情资料。

二、《西峰年鉴（2018）》所记述资料上限始于2017年1月1日，下限止于2017年12月31日。

三、《西峰年鉴（2018）》记述西峰2017年的政治、经济、文化、社会等各方面取得的辉煌成就。内容由文字叙述、彩色插图组成，设特载、大事记、区情概况、政治、军事、法治、经济、经济管理与监督、国土管理 城乡建设与环境保护、社会事业、社会服务与管理、乡镇街办概况、项目建设、国民经济和社会发展统计公报、年度人物与先进单位、附录15个类目，部分文字内容配有彩色插图。

四、《西峰年鉴（2018）》所涉及的文字内容和数据，均来源于西峰区直属各单位所提供上报资料档案。选用时本着实事求是的原则，力求准确和真实，经编委会成员审定后选用，并交还原单位审核确认。所使用数据均以统计结果为准。

五、《西峰年鉴（2018）》农田土地面积沿用“亩”为计量单位。

六、《西峰年鉴》是在西峰区政府的指导下，是编委会及各单位编辑人员通力合作的结果。编写过程中得到了各单位的大力支持及协助，在此谨向为年鉴付出辛勤劳动的单位及个人深表谢意。由于编者水平有限，缺漏错讹之处在所难免，敬请广大读者指正。

目 录

Main contents

特 载

大事记

区情概况

政 治

民主党派和社会团体

军事 法治

军 事

法 治

国土管理 城乡建设与环境保护

国土管理

城乡建设

环境保护

社会事业

教 育

村组社区选介

项目建设

重大项目

实施项目表

国民经济和社会发展统计公报

年度人物与先进单位

年度人物

先进单位

附　录

媒体眼中的西峰

调研报告

2017 年度西峰区机构变化表

在区委四届三次全委(扩大)会暨全区经济工作会议上的讲话

中共庆阳市委常委、西峰区委书记　章志兼

2017年2月9日

同志们：

春早人更勤。春节刚过，我们就组织区乡村三级干部，召开区委全委(扩大)会暨全区经济工作会议，这既是全年工作的谋篇布局会，也是全面小康的誓师动员会。这次会议的主要任务是贯彻落实中央经济工作会议、省市委全委(扩大)会暨经济工作会议精神，盘点总结全区2016年工作，研判分析当前形势，安排部署今年工作，动员全区上下以改革创新的精神和求真务实的作风，大干快上，奋勇争先，不断开创全面建成小康社会新局面。

下面，按照区委常委会讨论的意见，我讲四方面问题：

一、关于2016年工作

过去一年，全区上下以习总书记系列重要讲话精神为指针，持续深化"三双"战略，圆满完成了既定目标任务，全区呈现出经济逆势突破、民生持续改善、社会和谐稳定的良好态势，成为发展成效集中展现、发展活力集聚释放、发展氛围空前浓厚的一年。主要体现就是经济社会整体发生了"四个重大转变"和"四个大幅提升"：

第一个转变：整区脱贫如期实现，迎来了小康建设的新转折。坚持一手抓巩固、一手抓脱贫，全力实施基础设施提升、富民产业培育、公共服务配套"三大工程"，纵深推进双联和精准扶贫，农村面貌日新月异，群众生产生活条件显著改善，顺利通过了省市整区脱贫验收和第三方评估。这一工作成果，补齐了城乡统筹发展的短板，推动农村经济社会发展向全面小康转型。

第二个转变：发展思路更加完善，绘就了转型跨越的新蓝图。加强和改进党对经济工作的领导，准确把握西峰经济社会发展的阶段性特征，科学谋定了"11235"发展思路。这一思路既贯彻了中央及省市精神的"纲"和"领"，制定了符合西峰实际的"章"和"目"，又保持了发展的连续性，为经济社会跨越发展提供了思想引领和行动指南。

第三个转变：项目建设逆势突破，出现了稳中向好的新态势。坚持把项目作为推动发展的总引擎，严格落实“三个一”领导包抓责任制，十大重点项目相继建成见效，北师大附中、银西铁路等34个省市列重点项目顺利推进，带动实施500万元以上项目201个，主要经济指标稳中有升、持续向好。特别是抢抓“一会一行”机遇，由县级领导带队，分赴33个省市上门推介、组团招商，招引资金188亿元，有效应对了宏观经济下行压力，开创了以大招商带动大项目、推动大发展的新局面。

第四个转变：“一学五抓”纵深开展，干部作风迸发出大干快上的新活力。区第四次党代会后，全面启动了“一学五抓”学习实践活动，通过强化学习，集中精力抓短板、抓谋划、抓扶贫、抓民生、抓作风，各级领导一线推动、带头落实，各级干部创新实干、奋勇争先，全区各项工作强势突破，呈现出比学赶超、竞相发展的干事创业氛围，展现了新班子的新气象、新面貌。

“四个大幅提升”：

一是城市功能品位大幅提升。致力完善功能、提升品位，实施各类城建项目66个。古象路东段等5条道路全面竣工，庆化大道南延伸段、北京大道北延伸段等10条道路有序推进，环城32公里的交通大循环即将闭合。城南绿地项目顺利推进，天湖改造基本完成，与雨洪集蓄保塬生态工程、生态碳汇林共同构筑起占地6600亩的城市生态屏障，统筹解决了石化工业隔离、城市防洪排涝、市民休闲健身等诸多问题，海绵城市建设迈出实质性步伐。新建扩建集中供热站5个，敷设供热管网24.5公里，集中供热面积扩展到690万平方米，是“十一五”末的2.5倍，东区、南区基本实现了集中供热全覆盖。对棚改工作实行重兵抓、重兵保，涉及1200多户群众、占地2000亩的7个重点片区改造快速推进，拆迁力度、拆迁面积创历年之最，为建设区域中心城市奠定了坚实基础。采取依法整治与文明管理双管齐下，常态化开展城乡环境卫生整治、大气污染防治，城市宜居指数明显提升，顺利通过了省级文明城市、卫生城市复审。

二是产业效益大幅提升。农业坚持规模与质量并重，大力推行组团发展模式，温什万亩果带、“一园两川”设施瓜菜等示范基地高效运营，“陇清苹果”“中庆瓜子”等特色品牌畅销国内国际市场。中盛牧业当年招引、百日建成、当年见效，带动草畜产业走上了全产业链、全价值链、全循环链的发展轨道。创新“农业+旅游”新理念，蒲河川区生态旅游带、天富亿生态民俗村人气剧增，华夏公刘第一庙、南佐遗址等旅游景点开发全面拉开，特色采摘、休闲度假等乡村旅游如火如荼。工业坚持平台搭建和企业招引并重，南北两大园区主干道路全线贯通，标准化厂房建设快速推进。招引入驻企业23户，瑞华天然气、永欣石化完成试投产，带动工业增加值增长9个百分点，工业向着集群化、高效化的现代产业发展方向转型。商贸服务业坚持市场建设和规范运营并重，嘉鑫国际建材城、陇东汽车城正常运营，东方丽晶、中元世贸建成招商，民俗文化产业园主体框架基本形成，城区商贸布局日趋合理。新增区乡村网店400个，苹果、小米等特色产品全部实现了线上销售，营销总额突破15亿元。

三是群众幸福指数大幅提升。积极顺应民生关切，财政支出用于民生的比例达到70%，省市列为民办实事项目全面完成。高标准建成乡镇公办幼儿园22所，实施教育、卫生改薄项目53个，新建通村通组道路173公里，群众关注的上学难、看病难、行路难等问题得到有效解决。完成37个行政村“乡村舞台”、15个社区综合文化服务中心建设，构建了覆盖城乡、功能完善、全民参与的文化服务体系。巷道治理、停车位建设等“5个100”便民工程快速推进，首批1000辆公共便民自行车投放运营，绿色低碳出行成为市民生活新风尚。全力推进“五项安全一项维稳”，刑事发案数近五年来首次出现回落，确保了社会大局和谐稳定、人民群众安居乐业。

四是党建科学化水平大幅提升。坚持领导带

头、全员参与，纵深开展“两学一做”学习教育，不断深化拓展“四个走遍”“主题党日”和“党性锤炼日”三大主题实践活动，着力以学促行、以学促改，党内政治生活逐步回归经常化、规范化。创新“党建+”模式，农村突出助农增收、社区突出便民服务、机关突出效能提升、“两新”组织突出职能发挥，基层党组织助推发展、引领发展的作用日益凸显，各领域党建工作不断趋于精细化、科学化。坚持“重基层、重实绩、重品行、重公论”的用人导向，扎实开展“四轮调研”，确保了人尽其才、人岗相适，新任乡镇领导班子结构更加年轻化、合理化。以贯彻“准则”和“条例”为重点，严格落实党风廉政建设“两个责任”，认真履行层级约谈制度，从严查处各类“四风”问题新发病，督促各级干部把纪律和规矩挺在前，从严治党实现了制度化、常态化。

总结一年来的实践，全区上下积极应对各种困难挑战，在团结中拼搏，在务实中苦干，在创新中突破，政治、经济、社会、文化、生态“五位一体”和党的建设扎实推进，顺利实现了“十三五”发展的开门红。这些来之不易的成绩，是大家团结一心、艰苦奋斗的结果。在此，我代表区委对大家一年来的辛勤工作表示衷心的感谢！

回顾去年工作，成绩鼓舞人心，令人欣慰，但冷静分析，存在的困难和问题也不容忽视：一是新建项目少，全区5000万元以上项目数量和完成投资额均呈下降态势，特别是随着十大重点项目相继建成投用，支撑长远、带动全局的大项目好项目明显不足，在一定程度上出现断档。二是受经济下行压力、土地市场低迷及“营改增”政策等影响，财政收入没有完成既定任务。就去年来说，以土地为主的基金收入完成4.64亿元，和年初预算8.85亿元相比，几乎短收了一半，欠账明显。反观我们的城市建设、重大项目、民生保障等硬性支出持续增加，财政收支矛盾突出、压力很大。三是有的干部创新意识、担当意识不强，狠抓发展、竞相发展的劲头不足，作风能力与发展新常态还不相适应。这些问题都是发展中的问题，只要我们积极应对，主动作为，就一定能够变压力为动力，变逆境为顺境，推动各项工作上台阶、上水平。

二、2017年工作要求和奋斗目标

2017年，是深化改革的重要之年，是贯彻落实市区党代会精神的开局之年，也是全面建成小康社会的攻坚之年。在经济新常态逐步深化的情况下，发展呈现出机遇叠加与矛盾凸显共存的特征。我们必须坚持辩证思维，把握发展大势，找准自身定位，做到因势利导、趋利避害。

先看机遇，中央、省市经济工作会议释放出了一系列积极信号，包括进一步细化供给侧结构性改革与需求侧适度刺激的“双侧搭配”政策，重点支持中西部地区和贫困地区加快发展，对财政收支压力大的地区，加大结构调整专项奖补资金倾斜力度，特别是要加快三四线城市和特大城市间基础设施的互联互通，提高三四线城市医疗、教育等公共服务水平，优先保障土地供应和融资安排，这为我们化解历史债务、推动经济社会发展注入了强大动力。市党代会上，贠书记明确指出，西峰是庆阳形象的“显示屏”，经济总量接近全市的1/3，固定资产投资占全市的1/4，要挺起全市经济社会发展脊梁，在全市跨越发展中发挥龙头作用，这为我们做好各项工作树立了“风向标”。

再看挑战，对照小康建设5大类39项指标，目前全区仍有22项尚未达标，城郊村与边远村的发展还不均衡，城乡统筹发展的任务还很艰巨，工业短腿等问题还没有彻底解决，这些都是我们必须迅速补齐的“硬短板”。

综合分析，2017年我区经济社会发展机遇大于挑战。基于此，结合区情特征，我们确定今年工作的总体要求是：深入贯彻中央、省市经济工作会议精神，紧扣全面建成小康社会总目标，牢牢把握稳中求进总基调，坚持以项目建设为龙头，深入推进“11235”发展思路，扎实做好城市出形象、产业上水平两篇大文章，加快建设小康新西峰。

奋斗目标是:“两高三突破双领先”。“两高”就是主要经济指标增量和人均 GDP 均高于全市平均水平;“三突破”就是地区生产总值力争突破 180 亿元,固定资产投资突破 300 亿元,农民人均可支配收入突破 1 万元;“双领先” 就是小康指标达标率、小康村比例在全省领先。

三、2017 年工作重点

各级各部门要紧盯今年工作的总体目标要求,重点抓好六方面工作:

(一)以丰富内涵为导向,提升城市建管水平。市委、市政府明确指出,文明城市能不能建成,关键在西峰;智慧城市能不能建好,重点在西峰;管廊城市能不能建起来,最前沿在西峰;海绵城市能不能建成功,基础在西峰。近几年,我们坚持“三分建、七分管”,重点实施了一批扩功能、打基础、利长远的“潜绩”工程,一个中等城市的框架基本形成。下一步,要围绕做好“城市出形象”这篇大文章,坚持空间规模产业并重、生产生活生态并举、规划建设管理齐抓,实现由外延式基础建设向内涵式改造提升的重大突破。一要突出整体开发,加快棚户区改造。棚户区改造既是民生问题,也是发展问题。通过几年的探索实践,棚户区改造工作已经解决了政策问题和方法问题,现在关键就是要加大力度,解决形象进展和推进速度的问题。要坚持一手抓征拆,一手抓建设,3 月底前全面完成四中、市财政局等 7 个重点片区的征拆任务,确保年内全部开工建设,6 月底前区级实施的 21 个棚改项目全部征拆到位。需要强调的是,在建设过程中,要加强对城市的空间立体性、平面协调性、风貌整体性、文脉延续性等方面的规划和管控,建设一批彰显地域特色的示范街区和地标性建筑。二要突出功能完善,提高城市综合承载力。要以“四城同创”为契机,年内城南绿地项目建成投用, 打造全市首个绿色植物园、AAAA 级旅游景区、城市森林运动公园。要认真做好城市基础设施的海绵化改造、管廊化配套,加快推进城市路网建设,确保北京大道、庆化大道等 11 条道路年内建成通车,全面打通东西环路,闭合交通大循环,解决城区交通拥堵问题。要加快热电联产项目和北区供热站建设,基本实现全城集中供热全覆盖。要同步推进城市绿化、游园建设、垃圾处理、地下停车、智能路灯等便民服务设施建设,形成“骨架”支撑有力、功能配套到位的城市发展格局。三要突出标本兼治,强化城市管理。今年,要突出四方面工作:在管理标准上,要真正达到“干净、整齐、畅通、文明、和谐 ”的总目标。其中,干净是城市最直观的外在形象,怎样才算干净?就是街上没有尘土,卫生不留死角,这是城市管理最基本、最重要的要素。在管理方式上,要不断提高精细化、网格化管理水平,以华为云计算大数据中心项目落地为契机,升级改造“数字城管”指挥平台,初步实现城市管理和公共服务平台一体化、调度统一化、监管智慧化。在管理重点上,要深入推进“七化”工程,切实抓好市容市貌、环境卫生、交通秩序、“两违”监管、噪音治理等工作。在管理主体上,要进一步加强宣传教育,引导人人参与城市管理,人人争做文明市民,形成共建共管共享的良好风尚。

(二)以美丽乡村建设为抓手,做好“三农”工作。紧抓农业供给侧结构性改革重大机遇,坚持把美丽乡村建设与产业发展、农民增收相结合,促进以城带乡、城乡联动。一要坚持因地制宜,抓好规划引领这个前提。美丽乡村首先美在规划,规划滞后是美丽乡村建设的现实短板。如果规划偏一寸,发展就会慢一步,不仅浪费资源,更重要的是错过了政策支持,贻误了发展时机。要充分体现科学性和前瞻性,统筹考虑居民点、公墓区、产业区设点布局,着力在生态打底、文化传承、产业支撑、基础完善上下功夫,做到“一张蓝图绘到底”。二要推行组团模式,抓好主功能区建设这个关键。着眼打造区域性产业新高地,围绕“东果、南菜、北畜、西游”四大产业布局,秉持“农业 +”理念,以“一乡一业”“一村一品”为主攻方向,全面加快农业产业结构调整步伐。在现代农业上,要积极招引和扶持农字号龙头企业，加快中盛30万只湖羊繁育基地二期、董陈现代林果示范片带、正大15万头种猪繁育场等农业产业化项目建设，全面推行专业化分工、组织化经营、标准化生产，走生态、安全、优质、高效之路。这里，我重点强调一下“西游”功能区建设，今年的景区建设，重点要在串点成线上做文章，做精做优“吃住行、游购娱”六要素。具体而言，就是要以巴家咀水库—南小河沟—北石窟寺—小河湾—黑老锅冰窟景观为载体，打造“西游”特色旅游风景线和十里蒲河画廊。以此为带动，依托宝塔寺、天下公刘第一庙等历史文化资源，大力发展全域旅游，初步形成城中两小时休闲区和城郊半天旅游度假带。三要强化素质提升，抓好助农增收这个根本。围绕产业发展需求，培养造就一批懂技术、善管理、会经营的“田秀才”“土专家”，提高群众自身发展能力，加快农民“五变”进程，让农民赚钱有门路、日子有奔头。持续深化农村环境卫生整治，广泛开展各类文明创建活动，引导农民讲文明、改陋习、树新风。

（三）以工业园区为平台，培育壮大地方工业。坚持“抓大不放小、抓外不放内”，以两大园区为承载，加快培育地方工业产业体系，推进工业集群化、集约化发展。具体要做到“三重三增强”：一要重平台建设，增强园区承载力。秉持“标准化建设、企业化管理、市场化运作、保姆化服务”的理念，加快南部工业园区污水处理厂、供排水工程及北部工业集中区污水提升泵站建设，做好两大园区水、电、暖等基础配套，为入园企业良好运营提供坚实的基础设施保障。二要重招商引资，增强产业集聚力。在当前企业投资信心不足的情况下，我们更应该重视做好招商引资和企业服务工作，全面推广“一站式”和“阳光式”服务。要加大项目争取力度，紧盯“一会一行”、兰洽会等签约项目，跟进衔接、加快落地，着力引进一批科技含量高、市场前景好、提升潜力大的创新型项目，形成大招商、招大商的浓厚氛围。着力做好瑞华天然气、永欣石化下游产业等11个入园企业的跟踪、协调、服务工作，年内两大园区至少招引年产值500万元以上企业15户。三要重服务优化，增强企业生存力。努力构建和谐的“亲”“清”政商关系，主动听取企业家的诉求、了解企业家的心声、解决企业家的期盼，大力实施“创建百户小微企业行动计划”，帮助企业解决经营成本上升、融资困难等问题。要引导企业大力发扬“工匠精神”，全面提高产品质量和服务质量，创建一批叫得响的地方工业品牌，真正让“西峰制造”打入市场、走进千家万户。

（四）以市场建设为载体，促进商贸服务业蓬勃发展。我们一贯讲，“城因市而兴，市因城而活”。但近年来，随着电商的迅猛发展，网购已经逐渐成为群众的消费时尚，对实体经济冲击越来越大。不少人没有充分考虑经济下行的客观因素，错误地认为，传统的消费市场已经没有出路，对投资实体经济的信心不足，对加快专业市场建设持观望迟疑态度。我们要清醒认识到，离开实体经济，电商就是无源之水。当下，有一些电商已经开始重返实体经济，比如国外的图书电商鼻祖亚马逊已经开起了实体书店，电商与实体产业的融合发展开始起步。因此，做活西峰商贸，就是要坚定不移地抓好以下三方面工作：一要狠抓十大专业市场建设不懈怠。年内嘉鑫国际建材城二期、东区放心食品城建成投用，家具装饰、瓜果蔬菜、小商品3个市场建设加快推进，真正实现优化城市布局、培育城市产业、缓解交通压力的“三赢”目标。二要狠抓服务监管不减弱。要针对市场出现的经营不景气、商家流失等问题，进一步健全服务体系，在提振市场信心上下功夫，吸引名企名店入驻，着力以建成市场的高效运营带动在建市场的快速推进。要积极支持乡村集镇和社区便民市场建设，推动连锁经营企业、超市向农村、社区延伸，不断扩大商贸服务覆盖面。三要狠抓电子商务不松劲。要大力扶持专业市场与电子商务融合发展，以小什字为中心，在国芳百盛、民生百货、昊鑫时代广场等综合商城大力推广电子商务，打造半径1公里的电子商务智慧商圈，全力构建功能完善、方便快捷的电子商贸服务体系，形成线上销售、实体店销售和售后服务的良性互补。

（五）以群众满意为目标，全力保障改善民生。把保障和改善民生作为一切工作的出发点和落脚点，统筹兼顾，综合施策，全力办实事、办好事，确保人民群众幸福安康。一要强化脱贫攻坚提高群众获得感。各级各部门要按照习总书记“力戒形式主义，把功夫用到帮助贫困群众解决实际问题上”的要求，对因学、因病、因婚等因素返贫的群众，密切关注，超前防范，大力实施“七个一批”工程，确保脱贫群众不返贫。二要强化公共服务提高群众幸福感。教育工作要在抓好教育资源均衡配置、薄弱学校改造提升、城区中小学校布局调整的同时，重点抓好校长队伍建设，通过选好一个好校长，办好一所好学校。卫生工作要深入推进健康西峰建设，持续改善基层医疗卫生条件，着力推动优质医疗资源服务下沉，积极探索专家坐诊、联合办医的合作模式，不断提高全区医疗服务水平。三要强化文化引领提高群众归属感。要依托“和谐西峰大舞台”和“文兴西峰大产业”两大载体，组织实施“双百双万”小康图书惠民工程，举办喜闻乐见的文体活动，不断丰富群众精神文化生活。全面建成民俗文化产业园博览馆主体工程，做大做强特色文化产品，开辟销售渠道，实现经济效益和文化品牌“双提升”。四要强化社会保障提高群众满意感。紧盯困难弱势群体，不断提高社保、医保和社会救助覆盖面，让更多政策普惠更多群众，让群众共享小康建设成果。积极探索安置小区与棚改项目、保障性住房相结合的新路子，建成失地农民安置小区15个，确保群众失地不失居、失地不失业。五要强化综合治理提高群众安全感。牢固树立“保稳定就是促发展、保民生”的理念，常态化开展矛盾纠纷排查调处和信访积案化解活动，做到上访问题下访解决、缠访问题回访解决、越级访问题跟踪解决、闹访问题依法解决。按照“属地管理、层级负责”的原则，全面推进“五项安全一项维稳”，加强社会治安防控体系建设，提高社会综合管控能力，为全面建成小康新西峰保驾护航。

（六）以从严从实为标准，全面加强党的建设。十八届六中全会对加强党的建设、营造风清气正政治生态提出了更高要求，作出了明确的顶层设计和制度安排，彰显了以习总书记为核心的党中央一以贯之从严治党的新境界。各级党组织要把抓好党建作为“最大政绩”，全面提升党建科学化水平，切实发挥党建引领作用。一要坚持思想建党，凝聚强大精神动力。要秉持“党的理论每创新前进一步，干部理论武装就要跟进一步”的理念，把思想政治教育作为从严治党的一个关键举措，雷打不动地开展每周二的“主题党日”活动，持续加强党员干部政策理论、社会主义核心价值观和道德修养教育，不断把“两学一做”学习教育推向深入。今年，我们初步考虑推广区乡领导论坛，互相交流先进经验和做法。各级党员干部特别是党员领导干部一定要把理论武装作为履职尽责的基本前提，持之以恒，常抓不懈，不断汲取奋发进取的精神力量。二要坚持组织建党，增强服务发展能力。党的基层组织是党的根基和力量之源。要坚持分类指导，在农村，大力实施能人强村、好人治村战略，2月底前全面完成村级换届工作，选优配强村“两委”班子，切实提高村级党组织引领发展、带富群众的能力。在社区，要围绕优化服务大力创新机制模式，着力构建以社区服务为基础、社会服务为支撑、志愿服务为补充的“三位一体”便民服务体系，全面提高社区精细化服务水平。要统筹推进机关及“两新”组织党建，真正把基层党组织建成“推动发展、服务群众、凝聚人心、促进和谐”的坚强堡垒。同时，要按照“五好干部”标准，坚持“重基层、重公论、重品行、重实绩”的用人导向，不断提高干部选任公信度，为全区经济社会发展提供坚强的人才支撑。三要坚持制度建党，强化监督刚性约束。全面从严治党不仅是“思想上的建设”，更是“制度上的成熟”。六中全会审议通过的两部党内法规，是新形势下从严治党的基本制度遵循。各级党组织要把党内政治生活作为党员教育管理的重要平台，按照“准则”、“条例”及“若干规定”的要求，推动民主生活会、“三会一课”等制度落实见效，不断增强党组织和党员干部自我净化、自我完善、自我革新、自我提高的能力。要聚焦党内监督的八项重点内容，严明纪律加大监督力度，引导党员干部执行规定不走样、落实要求不变通，坚决维护制度的严肃性和权威性。四要坚持作风建党，营造良好政治生态。作风建设永远在路上。各级各部门要严格执行中央省市区关于作风建设的各项规定，加大对重点领域、关键环节、重要时间节点的专项整治力度，不断巩固扩大作风建设成果。要全面落实党风廉政建设“两个责任”，驰而不息正风肃纪，坚定不移惩贪治腐，努力营造风清气正的干事创业环境。

四、保障措施

五年看头年，开局是关键。习总书记在2017年新年贺词中，号召大家要“撸起袖子加油干”。实现全面小康目标，关键在于抓落实、干到位。我们总的原则是坚持“12345”保障机制不变，具体要抓好四个方面：

一要从领导带头入手，强化责任抓落实。我们党实行集体领导下的分工负责制，就是强调每一个领导干部都要尽职尽责，干好自己职责范围内的工作。区上的工作是大家的，成绩是大家的，责任也是大家的，必须靠大家的同心协力真抓实干才能完成。各级领导干部特别是县级干部要深入研究分内工作，先抓什么后抓什么要做到心中有数、调度有方，把任务分解到事，把责任靠实到人，形成一级抓一级、一级带一级、层层抓落实的生动局面。

二要从遵纪守规严起，令行禁止抓落实。人不以规矩则废，党不以规矩则乱。各级干部要牢固树立“四个意识”，坚持下级服从上级、个人服从大局，时刻把纪律和规矩挺在前面，用廉洁的意识告诫自己，用严明的纪律约束自己，该请示的请示，该汇报的汇报，该会商的会商。对区委、区政府各项决策部署要坚持说了算、定了干、马上办，做到接受任务不讲条件、执行任务不找借口、落实任务不打折扣，决不允许偏离中心，各行其是，更不允许顶着不干、拖着不办，贻误发展。

三要从转变作风发力，敢于担当抓落实。在座的各位都是主政一方的主心骨，是负责一域的主舵手。要坚持以身作则，善抓善管，敢于直面各种困难和突出矛盾，力求在谋划上高人一筹、创新上强人一招、落实上快人一步、自律上严人一等，确保各项工作有坚强的领导、鲜明的导向、落实的标杆。去年，中央提出“为担当者担当”，目的就是为了调动广大干部的积极性、创造性，在全社会形成想担当、敢担当、善担当的良好风尚。我们要加快建立容错纠错机制，制定鼓励创新、允许试错、宽容失败的具体办法，严格落实“三个区分开来”，让广大党员干部放下思想包袱，勇于担当、大胆探索、积极作为。

四要从督查考核加压，严明奖惩抓落实。今天会上，我们兑现了目标管理考核结果，做到了有安排、有考核、有奖惩。要坚持问题导向，紧扣全区工作重心和突破重点，创新改进考评方式，更加注重过程管理、跟踪督查和日常考核，避免平时放任不管、临时搞突击、年终算总账。要把考核结果与奖惩挂钩，与选人用人衔接，对忠诚事业、干净做人、担当任事的给予表彰，对工作任务完成不了的该约谈就约谈、该追责就追责，以落实评优劣，以实绩论英雄。

同志们，陇原大地春潮涌，跨越发展正当时。让我们抱定战则必胜的决心，砥砺拼搏进取的斗志，激扬干事创业的热情，不忘初心、继续前进，凝聚合力、攻坚克难，以优异的成绩向党的十九大献礼！

人大常委会工作报告

——在西峰区第八届人民代表大会第二次会议上

西峰区人大常委会主任　赵海东

2017 年 12 月 28 日

各位代表：

我受区八届人大常委会委托，向大会作工作报告，请予审议，并请与会同志们提出宝贵意见。

2017 年的主要工作

2017 年，是全区经济社会发展承上启下、谋篇布局的关键之年。在区委的坚强领导和市人大的精心指导下，人大常委会全面贯彻党的十八大、十八届六中全会和十九大精神，紧扣区第四次党代会和区八届人大一次会议确定的各项任务，坚持发展与民生兼顾、监督与支持并重，围绕区委“11235”发展思路，积极创新工作方式，依法履行重大事项决定权、监督权和人事任免权，不断强化代表工作，为推动全面小康建设和民主法治进程发挥了积极作用。

一、坚持党的领导，始终坚定正确政治方向

常委会牢固树立政治意识、大局意识、核心意识、看齐意识，自觉在思想上、政治上、行动上同以习近平同志为核心的党中央，以及省、市、区委保持高度一致。

一是坚决贯彻中央和各级党委决策部署。深入学习习近平总书记系列重要讲话精神，按照党中央的战略部署和省、市、区委的要求，统筹安排人大监督、决定、代表等各项工作和重要活动。坚持重大事项及时主动向区委请示报告，在召开区人民代表大会、依法开展监督、讨论决定重大事项和年度工作中，能够始终把党的领导贯穿于依法履职全过程。一年来，共举行常委会会议 7 次、主任会议 10 次，开展调研、视察、执法检查等活动 11 次，听取和审议“一府两院”工作报告 25 个，作出决定、决议 14 项，确保了中央路线方针政策和省、市、区委重大决策部署在全区得到及时有效地贯彻落实。

二是依法做好干部任免工作。坚持党管干部和人大依法任免有机统一，严把拟任命人员任前

法律知识考试、履职承诺、颁发任命书、向宪法宣誓就职等关口，进一步增强了被任命人员的责任意识和公仆意识。一年来，先后任免国家机关工作人员55人次。积极参与国家监察体制改革试点工作，按要求完成了区监察委员会设置相关筹备工作，保证党的主张通过法定程序成为国家意志，保证党组织推荐的人选通过法定程序成为国家政权机关的领导人员。

三是持续助推重大项目建设。按照区委安排部署，常委会班子成员认真落实县级干部包抓重点项目责任制，积极参与银西高铁、棚户区改造等重大项目建设，深入施工一线，加强督促检查，帮助解决问题。组织40多名人大代表对城建、供热、交通、精准扶贫等民生重点项目建设进行了集中视察，代表们充分肯定了2017年全区重点工作取得的成绩，并就进一步推动我区经济健康发展和重大项目落地生根建言献策36条。

四是广泛参与扶贫攻坚行动。坚持把扶贫攻坚作为最重大的民生工程，常委会领导在全力抓好所联贫困村帮扶工作的同时，积极组织机关干部开展精准扶贫，扎实推进扶贫攻坚“人大代表在行动”活动。各级人大代表和人大干部进村入户，牵项目、引资金、结穷亲、办实事，围绕农村产业结构调整、基础设施改善、“全域无垃圾”整治等方面，协调各类民生项目35个，落实资金1200多万元，开展环境卫生集中整治400多人次，为困难群众办实事260多件。

二、着眼长远发展，不断深化经济工作监督

常委会把促进全区经济平稳健康发展作为中心任务，立足当前，着眼长远，加强对计划、预决算等重点工作的监督，在促进发展的同时，注意防范和解决存在的问题。

一是深入开展计划预算监督。听取和审议了上半年计划和预算执行情况、计划预算调整、审计等报告，依法审查批准2016年区级财政决算、2017年公共财政预算、政府性基金预算、社会保险基金预算和国有资本经营预算，建议区政府积极应对经济新常态下出现的新情况、新特点，密切关注经济下行对居民生活特别是低收入群体生活的影响，加快供给侧结构性改革，强化预算管理，确保经济社会平稳健康运行。

二是加强控制政府举债行为。审议通过了区政府关于2017年地方政府债券安排使用情况的报告，依法废止“14庆阳经投债”募集资金本息列入财政预算的批复等11项文件。要求区政府严格执行债务管理相关法律法规和政策文件，切实拿出化解债务包袱的具体措施和办法，加强政府或有债务监管，厘清政府债务与企业债务边界，建立良性举债机制和债务化解预案，防范政府性债务风险。

三是关心支持棚户区改造。在广泛征求人大代表和社会各界意见建议的基础上，组织部分常委会组成人员和人大代表，深入8个片区对棚户区改造工作进行了实地调研，锁定棚改专项规划编制不到位、项目资金有滞留、前期工作进展缓慢、拆迁工作难度较大、开发建设尚未破题等问题，提出建议6条，促使棚户区改造步伐不断加快。

四是积极推动旅游产业发展。对旅游产业发展情况进行了专题调研，围绕产业规划衔接不到位、配套设施建设滞后、旅游资源缺乏有效整合等12个方面问题，常委会审议提出，区政府及相关责任部门要紧紧围绕“东果南菜北畜西游”农业产业发展布局，以蒲河川特色旅游风景线为龙头，完善基础设施和旅游项目服务，加快实现“旅游+农业”深度整合发展，有效推动我区旅游产业不断发展壮大。

三、聚焦社会治理，切实强化宪法法律监督

常委会以弘扬宪法精神为核心，把促进依法行政、公正司法作为监督工作重点，通过法治宣传、执法检查、规范性文件备案审查等手段，促进了宪法法律在我区的贯彻实施。

一是不断深化法治宣传教育。听取和审议通过了全区“六五”普法规划实施情况和“七五”普法工作意见的报告，作出在全区公民中开展第七个五年法治宣传教育的决议，大力宣传以宪法为核心的中国特色社会主义法律体系。广泛动员社会各界人士参与“12·4”国家宪法日暨全国法制宣传日系列宣传活动，召开学习宪法座谈会和报告会35场次，组织法律咨询、书画展览、知识竞赛等活动26场次，增强了公民和行政执法人员宪法意识，树立了宪法权威。

二是积极跟进审判执行监督。深入区法院和基层法庭，对2013年以来的全区民商事案件的立案情况、诉讼服务、案件审判及执行等工作进行了检查，建议深化法治宣传教育，推进法官队伍建设，加强审判调解管理，进一步提高审判质效，加大判决执行力度，全力维护公民合法权益。选取人民群众关注、社会各界关心的典型刑事案件，组织人大代表旁听观摩了法院刑事审判活动，强化了人民法院自觉接受人大代表监督的意识。

三是持续扩大法治建设成果。对社区矫正工作进行了专题调研，建议区政府加强对特殊人群的管理工作，促进社会和谐稳定。配合市人大常委会对《治安管理处罚法》贯彻落实情况进行了检查，提出建议意见12条。组织人大代表对“两违”监管、环卫清扫保洁、校园周边环境整治、工程车辆整治等城市综合管理工作进行集中视察，提出建议意见20多条。建议城管执法部门积极适应城市快速发展和执法环境复杂化、动态化、多元化趋势，进一步树立“大城管”理念，形成共同推进城市管理的强大合力。

四是严格备案审查规范性文件。审查报备规范性文件40件，对《西峰区村级扶贫互助资金使用管理细则》《西峰区市政照明设施管理办法》《西峰城区集中供热管理办法（试行）》等政府拟出台的规范性文件与上位法不符合的5处问题，及时予以纠正。

四、践行为民理念，倾心竭力关注民生福祉

常委会高度关注民生改善，把解决事关人民群众切身利益问题放在突出位置，着力推动环境改善、教育发展、交通畅通、医疗卫生等热点民生问题的解决。

一是加快生态文明建设。审议批准了《庆阳市西峰区国家级生态文明建设示范区建设规划》，督促区政府切实加快“再造一个子午岭”、污水处理、集中供热等重点生态项目建设步伐。积极推动实施《庆阳市封山禁牧条例》，动员广大代表群众参与生态保护。以“节能减排与循环经济”为宣传主题，配合陇原环保世纪行记者团在我区的宣传采访活动，宣传节能减排与循环经济相关知识和法律法规，推动循环经济建设和节能减排工作。

二是推动教育环境改善。针对“入学难”“大班额”“择校热”等近年来社会各界关注的热点难点问题，对全区教育资源配置情况开展专项调研。针对农村学校生源流失加剧、部分校舍资源闲置、城区学校师生超编严重、师资短缺矛盾突出、教育教学设施欠缺等问题，审议要求区政府及教育主管部门按照适度超前、分步实施，合理配置、优化资源的原则，科学布局，加大投入，创新机制，加强培训，统筹城乡教育协调均衡发展。

三是关注交通安全问题。对《公路法》和《道路交通安全法》贯彻落实情况开展执法检查，全面掌握了我区交通安全设施设置、交通拥堵状况及事故发生处理情况，以及乡村道路规划、建设、养护和管理工作，重点指出在道路交通法规宣传、城乡路网建设、交通安全管理等七个方面工作中存在的12项突出问题，建议区政府及相关部门进一步保障交通建设资金，强化交通管理，优化交通秩序，提高通行效率，预防和减少交通事故，为广大市民营造一个安全有序、舒心顺畅的交通环境。

四是促进公共卫生保障。对我区贯彻落实《传染病防治法》情况进行了专项检查，配合市人大常委会调研组对我区医疗卫生体制改革工作进展情

况、《甘肃省农村饮用水供水管理条例》贯彻落实、农用地土壤污染防治情况进行了调研、检查，针对10个方面存在问题，提出了整改措施和意见18条。

五、创新工作机制，充分发挥代表主体作用

常委会进一步创新了人大代表工作机制，积极支持和保障代表依法履职，努力提高代表活动质量，代表主体作用得到充分发挥。

一是稳步提高代表履职能力。通过实施初任培训与岗中培训相衔接、全覆盖与分层次培训相结合的方式，先后组织代表开展党的十九大和省第十三次党代会精神宣讲16场次，邀请省人大常委会相关同志和党校讲师进行了人大业务工作和代表履职专题辅导讲座，选派代表参加省、市人大组织的高层次培训班20多人次，发放履职读本700多份，为代表学本领、增素质提供了更多的机会和平台。

二是切实加强乡镇工作指导。常委会班子成员和委室负责同志包片联系乡镇（街道）人大工作，指导乡镇落实了每年两次的人代会，组织乡镇街道人大开展相互观摩交流活动。积极借鉴定西试点经验，结合我区实际，以“自身建设标准化、履职行为规范化、代表活动经常化”为要求，指导乡镇街道提质改造“人大代表之家”27个。修订完善《人大代表管理办法》，探索建立代表网格化管理模式，组织“最美人大代表评选”活动，加强对代表履职行为的管理。陕西省扶风县、定西市陇西县、宁县等多个县区人大先后前来我区考察学习。

三是不断激发乡镇人大活力。各乡镇人大、街道人大工委积极组织开展代表履职“四个一、五带头”活动和扶贫攻坚“六个一”活动，创建人大代表“示范带动基地”7个、“人大代表工作室”8个，探索成立了“人大代表网上工作站”和“人大代表联络站”，设置人大代表意见箱100多个，代表活动阵地实现全覆盖和向下延伸。完善人大代表学习培训、调研视察等活动制度12项，组织开展调研、检查、视察活动35次270多人次，代表参加工作座谈、意见征求、民主评议等活动32场次500多人次，140多名代表向选区选民进行了述职，各项工作活力迸发。

四是全力落实代表议案建议。坚持主任接待日制度，先后接待代表15人次，邀请基层人大代表列席区人大常委会会议20多人次，听取代表的意见建议45条。向区人民政府集中交办区八届人大一次会议代表提出的1件议案和37件建议，及时督办落实。代表所提的《关于加快蒲河川旅游景区开发建设的建议》等建议得到区政府高度重视和倾心办理，月亮湾香草园等一批乡村旅游景点相继建成，苹果、樱桃、电子商务、物流快递等产业发展实现了较大突破，代表履职的信心得到极大提振。

六、筑牢思想根基，全面加强人大自身建设

常委会紧跟形势要求，结合开展“两学一做”学习教育和“三纠三促”专项行动，把加强自身建设作为保障常委会发挥职能作用的基础性工作，长抓不懈。

一是理论学习富有成效。坚持通过机关中心组学习、法制讲座等方式，深入学习党的十八届六中全会和十九大精神，不断巩固和拓展群众路线教育实践活动和“三严三实”专题教育成果，推进“两学一做”学习教育常态化制度化。全年组织集中学习39场次，班子成员讲党课6次、讲廉政专题党课3次，组织党员干部开展学习研讨交流活动12场次，撰写心得体会62篇。

二是宣传引领合拍共鸣。牢牢把握舆论导向，制定了人大宣传工作制度，聘请19名新闻宣传通讯员，人大宣传队伍和区属新闻媒体积极携手，共同宣传人民代表大会制度、人大工作亮点和代表活动经验，在省内外报刊发表稿件60多篇，制作并通过西峰电视台播放反映优秀人大代表事迹的专题片5部，展塑好形象，发挥正能量，为人大工作营造了良好的舆论氛围。

三是制度建设与时俱进。修订了《庆阳市西峰区人民代表大会常务委员会议事规则》和《西峰区人民代表大会常务委员会主任会议议事规则》，出台了《乡镇(街道)人大工作考核办法》，健全了党组和党组书记工作职责、“三会一课”等制度，清理完善机关管理制度12项。显胜乡人大在全省县乡人大工作和建设经验交流会上作了发言，我区乡镇人大工作实行党委、人大“双线考核”机制受到省人大常委会的充分肯定。

四是机关作风不断转变。认真贯彻中央八项规定，自觉落实管党治党主体责任，集中解决调查研究还不够深入、民生关切事项监督力度不大、代表履职作用发挥不充分等问题。常委会领导深入学校、企业、贫困户、重点项目开展“四联”活动20多次，受理来信来访并解决群众困难和问题26件。机关党员干部下基层、进社区，积极参加“主题党日”“党性锤炼日”活动和扶贫攻坚行动，在服务群众的一线转变了作风，锻炼了能力。

五是服务保障全面优化。机关党员主动“亮身份、作承诺、当先锋、树形象”，自觉当好为人民群众服务、为人大代表服务、为“三会”服务的岗位标兵，以为民理念促进党的建设和人大工作同频共振。全面更新升级了人大新闻网站，建立了人大代表微信交流平台，为代表订阅了《中国人大》、《人民之声报》等专业报刊，为区、乡人大和人大代表交流互通提供了广阔的平台。

各位代表，过去的一年常委会工作取得的成绩，是区委坚强领导的结果，是全体代表和人大干部辛勤工作的结果，是“一府两院”密切配合的结果，是各乡镇(街道)人大共同努力的结果，是全区人民和社会各界大力支持的结果。在此，我谨代表区八届人大常委会，向大家表示崇高的敬意和衷心的感谢！

在总结工作和经验的同时，我们也深深感到，与党的十九大精神，与习近平新时代中国特色社会主义思想，与新目标、新任务、新要求，与广大人民群众对美好生活的期望相比，常委会工作还有一定的差距。主要是：法律法规学习不够深入，监督能力建设亟待加强，重大事项决定权行使还不充分，代表主体作用发挥还需进一步加强，服务代表工作也应进一步创新等等。这些问题都需要在今后的工作中深入研究，切实改进。

2018年工作任务

2018年，常委会将坚持以习近平新时代中国特色社会主义思想为指导，认真学习贯彻党的十九大精神和中央、省、市、区委关于全面依法治国、加强和改进区乡人大工作的一系列重大决策部署，增强“四个意识”，坚定“四个自信”，紧盯区委总体发展定位，聚焦民生关切，加大监督力度，规范重大事项决定程序，拓展代表行权履职平台，认真履行宪法和法律赋予的职责，充分发挥地方国家权力机关应有的作用。

一、坚定政治方向，把党的领导贯穿始终

认真贯彻落实党的十九大精神，坚决维护以习近平总书记为核心的党中央权威，深刻领会习近平总书记视察甘肃时的重要讲话精神，紧紧围绕“五位一体”总体布局和“四个全面”战略布局，进一步强化落实“八个着力”重要指示的政治担当和行动自觉，在思想上政治上行动上同以习近平同志为核心的党中央保持高度一致，坚决维护党中央权威和集中统一领导。

坚持党对人大工作的领导，坚决维护区委总揽全局、协调各方的领导地位，把区委的决策部署作为确定人大工作目标、讨论决定重大事项的依据和原则，紧紧围绕区委的工作中心定好位、履好职，自觉做到思想同心、目标同向、工作同力，使党的意志转化为人民群众的自觉行动。切实发挥人大党组的领导作用，坚持重大事项、重大问题事前、事中、事后及时向区委请示报告制度，主动争取区委对人大工作的支持和领导，确保人大工作

始终在区委坚强领导下卓有成效地推进。

二、强化监督工作，不断加快依法治区进程

以事关改革发展大局、事关人民群众切身利益、事关经济社会稳定和谐的问题为重点，积极创新监督方式，依法履行各项监督职责。

认真贯彻中央关于健全人大讨论决定重大事项制度、各级政府重大决策出台前向本级人大报告的部署要求，正确处理好党委决策、人大决定、“一府两院”执行的关系，积极行使重大事项决定权，依法作出决定决议。探索建立人大监督与社会监督相结合、专项监督与综合监督相结合的多元化监督机制，综合运用听取审议专项工作报告、视察检查调研、询问、质询、跟踪检查等监督手段，切实推进国民经济和社会发展计划、财政预决算向社会公开，确保依法行政和公正司法，不断提高监督工作实效。

继续深入开展“12?4”国家宪法日法治宣传教育，探索建立人大财经委员会、人大法制委员会监督工作制度，严格进行规范性文件备案审查，对《消防法》《安全生产法》等法律法规贯彻落实情况开展检查，确保宪法及法律得到全面贯彻。对群众关心的城市供热、物业管理、“两违监管”、医疗卫生体制改革等难点热点问题，开展专项工作审议、调研、视察等活动，聚焦矛盾所在，广泛听取社会各界的意见建议，推动集中供暖、棚户区改造等民生工程在群众的积极支持响应下顺利推进。

三、做好代表工作，支持保障代表依法履职

坚持以人民为中心，尊重代表主体地位，努力提高服务水平，支持和保障代表依法履职，为推动全区经济社会发展汇民心、聚民力。

根据代表实际情况，采取“请进来，走出去”等办法，围绕政治理论、法律法规及惠农政策等内容对代表开展培训，全面提升代表综合素质。要经常组织代表开展调查调研、走访群众等活动，进一步激发代表服务发展的热情。

认真落实“双联系”和主任接待日制度，进一步密切常委会组成人员与代表、代表与人民群众的联系。拓展代表对常委会各方面工作的参与，认真听取代表意见建议。进一步完善“人大代表之家”“人大代表工作室”等履职平台，认真组织开展代表小组活动和专题调研、集中视察活动，促进代表活动的规范化和日常化。

加强对乡镇、街道人大的指导检查，建立区、乡人大工作联动机制，在开展调研、视察、检查等活动中努力提升上下融合度。加强代表管理，完善代表履职情况考评制度。继续创新代表议案建议督办方式，加强督促检查与协调服务工作，积极推动形成代表议案建议现场满意度测评机制，努力提高代表议案和建议意见办理质量。开展人大代表创优争先活动，广泛宣传代表先进事迹，进一步提振代表履职信心。

四、参与中心工作，积极助推经济社会发展

紧紧围绕全区中心工作，以助力发展大局，服务小康建设为宗旨，组织和引导全区各级人大代表深入基层，联系群众，为助推经济社会发展发挥作用。

常委会领导要扎实开展联项目、联学校、联企业、联乡镇、联代表、联贫困户等“六联”活动，深入一线调研走访，主动作为，积极衔接，确保银西高铁、棚户区改造等市区重点项目顺利推进。要坚持在参与中监督、在监督中参与，帮助政府及相关部门依法开展各项工作。积极引导基层人大代表主动参与扶贫攻坚、文明城市创建、全域无垃圾行动等活动，带头倡导文明风尚，推动移风易俗，以自己的模范行动，带动群众参与文明创建的积极性。

五、加强自身建设，不断提升机关工作水平

深入开展“不忘初心、牢记使命”学习教育，扎实推进“两学一做”学习教育常态化、制度化，持之以恒加强理论武装，不断增强纪律规矩意识，坚定政治立场，严明政治纪律，保持政治定力。

严格落实“一岗双责”，认真贯彻中央“八项规定”实施细则，不断强化作风建设，驰而不息改进

思想作风和工作作风，切实加强调查研究，密切联系人民群众，更好发挥机关参谋助手和服务保障作用。

强化工作统筹，增强与上级人大的工作联系、与乡镇(街道)人大的业务指导，增强与“一府一委两院”的沟通协调、与兄弟县区人大的交流互动，确保机关各项工作的高效运作。

强化素质提升，致力履职能力和工作效能的整体提升，着力打造一支理想坚定、政治可靠、业务精湛、作风优良、廉洁勤政的人大工作者队伍，不断提升人大工作的科学化、制度化、规范化水平。

各位代表，时代赋予我们崇高使命，人民寄予我们殷切期望。让我们更加紧密地团结在以习近平同志为核心的党中央周围，高举新时代中国特色社会主义伟大旗帜，在区委的坚强领导下，依法履职，砥砺前行，为建设美丽文明和谐幸福新西峰作出新的更大贡献！

政府工作报告

——在庆阳市西峰区第八届人民代表大会第二次会议上

西峰区人民政府区长　王　驰

2017 年 12 月 27 日

各位代表：

现在，我代表区人民政府向大会作工作报告，请予审议。并请各位政协委员和列席同志提出意见。

一、2017 年工作回顾

今年是八届区政府工作的开局之年。一年来，我们全面贯彻习近平总书记治国理政新理念新思想新战略，深入落实“八个着力”重要指示精神，在区委的坚强领导和区人大、区政协的监督支持下，团结和依靠全区人民，深入实施“11235”发展战略，攻坚克难，砥砺奋进，全区经济稳健增长，社会大局保持稳定。

(一)强化研判抓促和运行调控，主动应对下行压力，倾力稳定经济增长。面对经济持续下行、能源政策调控、财政调度艰难、社会融资困难的不利局面，围绕稳增长、促改革、调结构、惠民生、防风险的总体要求，认真落实“三重”“三一”决策部署，强化经济运行调度，大力破解制约难题，全区经济发展继续保持稳中有增的良好态势。预计全年地区生产总值完成 201 亿元，增长 4.6%；全社会固定资产投资完成 88.5 亿元，下降 69.9%(下降幅度与全市基本持平)；地方规模以上工业增加值完成 11.69 亿元，增长 7.2%；社会消费品零售总额实现 75 亿元，增长 8.5%；大、小口径财政收入分别完成 15.95 亿元和 7.1 亿元，增长 29%和 17.5%；城镇、农村居民人均可支配收入分别达到 28255 元和 9310 元，增长 9.1%和 10%。

(二)强化基础提升和助农增收，巩固扩大脱贫成果，倾力推进小康建设。继续推进基础改善、公共服务、产业培育“三大攻坚”行动，全区 1408 名贫困群众实现稳定脱贫，贫困发生率降至 0.51%。改造农电线路 72 公里，新修农村道路 156 公里，整理土地 1.5 万亩，彻底解决了 845 户群众安全饮水问题。坚持组团发展，强化龙头引领，“东果、南菜、北畜、西游”四大产业规模和效益进一步提升。招引建设了正大 15 万头生猪农牧产业化示范基地、中盛国家级核心种羊场、居立现代苹果产业园等7个重点农业产业化项目，带动新增各类农业经营主体86个，新栽苹果1.2万亩，种植瓜菜17.8万亩，饲养畜禽85万头(只)。积极探索推进“农业+旅游”融合发展模式，以月亮湾香草园、黑老锅为代表的西环川旅游带加快建设，举办了首届油菜花节等旅游节会16场(次)，初步形成全域旅游、全季旅游发展新格局，进一步拓宽了周边群众就业增收渠道。

(三)强化重点牵引和服务保障，加快推进项目建设，倾力夯实发展支撑。严格实行“三个一”包抓责任制，34名县级干部一线包抓49个重点项目，协调抓促手续办理、用地征迁、建设施工等工作，全年实施50万元以上各类建设项目219个，累计完成投资98.2亿元。举全区之力推进项目用地征迁攻坚战，全年保障项目用地近4000亩，特别是银西铁路西峰段用地拆迁全线拉开，10处控制性工程全部开工建设；棚户区改造“七大重点片区”拆迁强力推进、整体完成，动迁群众3016户，拆迁量超过前三年的总和，盘活城市开发用地2000多亩。招商引资项目落地建设步伐加快，15个新签约项目中13个开工建设，其中6个项目基本建成；18个续建项目强力推进，引资项目支撑发展作用明显。进一步健全长效监管机制，强化源头管控，持续打击整治，依法拆除“两违”建筑16.3万平方米。

(四)强化延链扩容和生产调度，引导产业集聚发展，倾力壮大城市经济。强力推进两大园区和十大专业市场建设，园区基础不断完善，企业入园步伐加快，全区工贸经济持续向好，发展质量不断提高。南部石化园A1、A3路基础工程基本完成，瑞华天然气和永欣石化完成设备安装调试，庆阳石化等重点企业生产运行良好。北部工业集中区B1、C17路全面建成，园区道路框架进一步完善；益翔药业建成投产，庆宁粮油入园建设进展顺利。采取“一企一策”帮扶措施，帮助长昊工程等3户企业复产；对接金融机构贷款8900万元，解决了44户中小微企业发展资金难题。陇东商贸物流中心、嘉鑫国际建材城商户入驻率不断上升，年销售额分别达到3.6亿元和4亿元；中元世贸、东方丽景等商贸中心进入装修和招商阶段；日用百货、房地产、汽车等消费市场持续旺盛，消费拉动经济增长作用明显。电子商务长足发展，世界500强企业苏宁云商、阿里巴巴落户西峰；全区电商企业达到783户，全年交易额实现6.2亿元。

(五)强化功能完善和环境提升，积极创建文明城市，倾力改善城市面貌。庆化大道南延伸段建成通车，城区东西过境大动脉西线率先贯通；正宁东路、宁县东路建成投用，安定西路延伸段即将建成，城市路网布局更加完善。棚户区改造开发加快推进，区委片区国税局区块等2个续建项目建成主体，美食城片区天富大厦区块等4个项目开工建设。完成北区热源厂、东区热源厂二期和88座换热站建设，敷设一级管网33.6公里，新增供热面积734万平方米，集中供热覆盖率达到93%。围绕全国文明城市创建，全面启动全域无垃圾专项治理，依托“城市出形象、管理上水平”和农村环境卫生整治两大活动，扎实开展城区环境卫生、交通秩序、市政园林等七大提升行动，纵深推进农村“清垃圾、拆破墙、整三堆、种花草、涂外墙”五项整治工作，城乡环境面貌显著改善。我区被纳入国家城市适应气候变化行动，成为首批28个试点地区之一，对提高城市应对极端气候变化具有十分重要的意义。

(六)强化公共服务和社会保障，持续加大民生改善，倾力增进群众福祉。积极推进“全面改薄”工程，实施校舍建设项目46个，新增校舍面积8.4万平方米，增加学位8500个；加大教育资源优化配置，严格落实义务教育划片就近入学政策，探索推行小学派位入学制度，热点学校就学压力有效缓解。学前教育、义务教育、职业教育全面发展，高考二本以上进线率上升5.8个百分点，教育教学水平稳步提升。全面推进“双百双万”小康图书惠民工程，发放图书 34 万册；开展“和谐西峰大舞台”“千台大戏送农村”等系列活动 220 场（次），群众文化生活丰富多彩。区医院内科综合楼开工建设，温泉卫生院业务楼新建、董志卫生院陈户分院迁建项目完成主体；家庭医生签约服务深入开展，分级诊疗全面加强，医疗报销实现跨省异地直接结算，“健康西峰”建设扎实推进。社会保障力度持续加大，发放各类保障金 1.1 亿元，新增城镇就业 8130 人，安置退伍军人和扶持大学生就业 233 人，帮助农民工追讨工资 793 万元。公共便民自行车二期、便民公厕等 16 件省市列为民办实事项目全部完成。失地农民安置工作有效推进，建成彭原李家寺等失地农民安置房 565 户，回收陇尚城等商家代建安置房 3.6 万平方米。

（七）强化源头管控和综合治理，全面保障重大安全，倾力维护社会稳定。深入贯彻“大安全”理念，成立区重大安全协调委员会，统筹加强生态保护、安全生产、食品药品监管和社会稳定工作。纵深推进“蓝天保卫战”，从严落实大气污染防治“六大措施”，淘汰整治燃煤小锅炉 332 台，治理餐厨油烟 1216 户，淘汰黄标车和老旧机动车 1202 辆；建成优质煤炭市场一期和 4 个二级配送网点，规范和取缔散煤销售点 27 处；主次干道机械化湿法清扫率达到 85%，建筑工地扬尘管控率达到 100%，城区空气优良天气率达到 88%以上。大力推进水污染防治，区、乡、村三级“河长制”全面建立，雨污混流整治、河道垃圾清理扎实推进；巴家咀水源地环境治理全面加强，涉及的 3821 亩滩涂地基本退出，一级保护区耕地退出和居民搬迁工作进展顺利。中央环保督察组交办的 45 个信访投诉案件全部办结，反馈的 19 个问题已整改到位 14 个，剩余 5 个正在整改；省环保督察组交办的 118 个信访投诉案件办结 110 个，剩余 8 个正在办理。深入推进“五项安全一项维稳”专项行动，全年整治安全隐患 1253 处，化解信访问题 302 个，查处食品药品案件 129 起，侦办刑事治安案件 3000 余件，在控吸毒人员复吸率下降 68%，全区社会和谐稳定。积极应对多年不遇的重大汛情，排查整治安全隐患 83 处，临时转移安置群众 338 人，有效保障了群众生命财产安全。

（八）强化改革创新和作风转变，不断加强自身建设，倾力提升行政效能。深入推进“放管服”改革，大力推行“互联网 + 政务服务”，承接、取消和调整行政审批事项 25 项。积极推进商事制度改革，扎实开展“多证合一、一照一码”工作，新增各类市场主体 4908 户，全民创业活力不断增强。土地确权登记颁证工作全面完成，房地一体不动产权登记工作加快推进，农村体制改革取得新进展。城市管理、公立医院、乡镇司法所、户籍制度等改革进展顺利。深入开展政府系统“两学一做”学习教育和“三纠三促”专项行动，持续纠改“四风”问题，政纪处分 29 人，政府系统廉政建设纵深推进。自觉接受社会各界监督，办理回复人大代表议案建议 44 件、政协提案 70 件，接受各级人大、政协视察 17 次。加强财政资金审计监管力度，盘活存量资金 1.4 亿元，查处违规问题资金 400 万元，核减项目投资 8525 万元，压缩“三公”经费 775 万元，资金管理使用更加科学规范。科技、物价、外事侨务、民族宗教、残疾人、红十字、双拥、老龄等工作都取得了新的进步。

各位代表，回顾一年来的工作，我们积极应对各种不利局面，全力推进各项任务落实，年初既定目标基本实现，经济社会发展取得较为满意的成效。城管、禁毒、棚改等工作分别在国家、省、市树立了典型，31 项工作受到省级以上表彰奖励。这些成绩的取得，是区委科学决策和坚强领导的结果，是区人大、区政协及各位代表和委员鼎力支持的结果，是全区干部群众共同奋斗的结果。在此，我代表区人民政府，向大家及社会各界人士，表示衷心的感谢，并致以崇高的敬意！

同时，我们也深刻认识到，面对新时代提出的新任务，还存在一些短板和问题：一是经济总量仍然偏小，主导产业链条较短，质量效益还不够高。二是城乡发展还不平衡不充分，社会保障力度不够，难以满足群众日益增长的美好生活需要。三是财源结构单一，历史债务包袱沉重，资金调度艰难，加快发展与资金不足的矛盾依然突出。四是部分干部的思想还不够解放，创新意识还不够强，责任担当需要进一步强化。对于这些问题，我们一定会高度重视，在今后的工作中认真加以解决。

二、2018 年工作任务

2018 年是贯彻落实党的十九大精神的开局之年，也是全面建成小康社会决胜期的关键之年。政府工作的总体思路是：以党的十九大精神和习近平新时代中国特色社会主义思想为统领，深入贯彻“八个着力”重要指示精神，全面落实中央经济工作会议和省第十三次党代会、市区第四次党代会部署要求，坚持稳中求进工作总基调，围绕区委“11235”发展战略，聚焦“城市出形象、产业上水平”两篇大文章，以更加坚定的信心、更加务实的举措，主动突破，狠抓落实，奋力开创全区经济社会发展新局面。

经济社会发展的预期目标是：地区生产总值增长 5%以上，全社会固定资产投资增长 8%以上，地方规模以上工业增加值增长 7%以上，大、小口径财政收入增长 7%以上，社会消费品零售总额增长 7.5%以上，城镇、农村居民人均可支配收入分别增长 9%和 10%以上，单位 GDP 能耗、主要污染物排放总量、居民消费价格指数控制在省市下达指标之内。

围绕上述目标，我们将重点抓好八个方面的工作：

（一）深入贯彻十九大精神，全面开启事业新征程

坚持新思想引领全局。把习近平新时代中国特色社会主义思想作为指导发展的强大武器，深入贯彻落实习近平总书记治国理政新理念新思想新战略，以十九大提出的“八个明确”和“十四个坚持”统揽全区经济社会发展全局，坚决贯彻落实中央决策部署，积极开展“十三五”规划中期评估，加快推进全面小康建设，进一步巩固和提高改革发展成果。

贯彻新理念推动发展。坚定不移贯彻创新、协调、绿色、开放、共享五大发展理念，坚持质量第一、效率优先，注重改革和创新驱动，积极培育现代化经济体系，全面实施乡村振兴战略，扎实做好区域经济发展、全域无垃圾治理、农村“三变”改革等重点工作，着力破解各类制约难题，努力实现更高质量、更有效率、更加公平、更可持续的发展。

锻造新能力积极作为。对照新时代中国特色社会主义发展对政府工作提出的新要求，立足转变发展方式、优化经济结构、转换增长动力，锻造提升政府系统学习研究、科学发展、改革创新、依法行政、服务群众、抓促落实和驾驭风险的“七种能力”，积极适应把握经济发展新常态，强化责任担当，主动应对挑战，抢抓发展机遇，谋求更大突破。

（二）大力推动乡村振兴，全面扩大脱贫新成效

聚焦“三农”工作。围绕产业兴旺、生态宜居、乡风文明、治理有效、生活富裕总要求，不断深化农村改革，持续加大项目、资金、科技投入，全面提高“三农”工作水平。注重扶贫与扶志、扶智相结合，持续强化精准帮扶、动态监管、巩固提升三大措施，坚持责任不变、力度不减、标准不降，下足“绣花”功夫，落实“四个有限”要求，引导贫困群众发挥主体作用，增强勤劳致富的主动性和自信心，不断扩大脱贫成果，基本消除绝对贫困现象，确保所有贫困群众实现“两不愁、三保障”，为全面建成小康打下坚实基础。

壮大富民产业。立足“东果、南菜、北畜”农业主导产业布局，提高组团发展质量，扩大龙头引领作用，夯实增收致富基础。以温什 10 万亩果带和居立现代苹果产业园为引领，大力推行“统一标准建园、统一技术生产、统一包装销售”模式，新栽果

树 1.2 万亩，改造果园 3 万亩，进一步提升全区苹果产业品牌效应和果品质量。突出“绿色生产”和“订单种植”，扩大反季节设施蔬菜和特色瓜菜种植，全区瓜菜面积稳定在 17 万亩以上，努力保障群众“菜篮子”供应。积极推广“全产业链、全价值链、全循环链”模式，确保正大 15 万头生猪农牧产业化示范项目、中盛国家级核心种羊场建成投产；采取“公司 + 基地 + 合作社 + 农户”方式，带动新建标准化养殖小区 5 处，新增规模养殖户 500 户，引导群众种植饲草 1.5 万亩，切实增加群众收入。全力推进国家农产品质量安全县（区）创建，持续稳定粮食生产，加快农业绿色发展，努力确保粮食和农产品安全。

提升农村面貌。加大农村饮水、灌溉、道路、用电、农田“五大提升工程”建设，解决 471 户群众便利饮水问题，完成 9000 多亩果园滴灌设施配套，新建改造村组道路 90 公里，绿化道路 130 公里，改造农电线路 44 公里，建设高标准基本农田 1.5 万亩。继续加大农村公共服务配套，新建标准化村级卫生室 7 个、农民文化广场 6 个。进一步扩大什社李岭、肖金左咀、显胜冉李等美丽乡村带动效应，全力打造西庆、温什、董陈、肖显 4 条美丽乡村示范带，加快建设生态宜居新农村。

培育新型农民。全面推进农村“三变”改革，鼓励农民自愿扩大土地流转，促进适度规模种植；在毛寺、刘家店、秦霸岭等 10 个行政村，探索试点“三变”+ 乡村旅游、“三变”+ 主导产业、“三变”+ 城郊经济等发展模式，不断提高集体经济发展水平。着眼培养生产经营型、专业技能型职业农民，借助居立果业、中盛牧业、正大养殖等龙头企业，开展各类技能培训 2.1 万人（次）。围绕主导产业发展，积极引导大学毕业生、返乡农民工、退伍军人、致富能人领办专业合作社、家庭农场，新增各类农业经营主体 100 个，全区入社农户达到 30%以上。

倡导文明乡风。围绕思想教育、乡风培育、陋习整治三大重点，坚持自治、德治、法治相结合，不断提高农民综合素质和农村文明程度。利用农家书屋、文化大院、乡村舞台等基层文化阵地，组织开展社会主义核心价值观教育、文化科技卫生“三下乡”、文明新风进万家等活动，不断丰富群众文化生活。引导村组建立完善《村规民约》，发挥红白理事会、道德评议会、村民议事会等群众自治组织的教化约束作用，不断破除封建迷信、聚众赌博等旧俗陋习。大力加强殡葬管理，严格推行集中安葬制度，提倡文明节俭办丧事。举办道德大讲堂和普法教育活动，定期开展“星级文明户”“书香家庭”“身边好人”评选，积极培育乡村文明新风尚。

（三）努力壮大区域经济，全面培育增长新动能

强化项目引领。紧盯产业政策导向、技术发展方向和市场需求走向，加大谋划争取，做实项目论证，强化项目前期，力争蒲河川综合治理等 42 个项目进入国省投资计划，争取投资 10 亿元以上。大力实施项目带动战略，狠抓用地保障，全力加快庆平高速、棚户区改造等 37 个项目用地征迁，特别是 4 月底前全面完成银西铁路西峰段拆迁，确保全线建设顺利推进。加强调度抓促，积极破解难题，力争北区雨水排放工程等 32 个前期项目具备开工条件，江苏木林森活性炭等 6 个招商引资项目落地实施，庆阳四中改扩建一期等 60 个项目建成投用，垃圾焚烧发电等 90 个项目完成年度建设任务，进一步夯实项目拉动投资增长基础。

壮大工业经济。全面加快企业入园建设，引导传统企业技改转型、引资企业落地延链、中小微企业孵化壮大，推进工业集约集聚集群发展，年内招引入园企业 8 户以上。在南部石化园区，全面建成 A1、A3 路，开工建设 C3 路和 10 千伏高压输电线路项目，完成污水处理厂主体工程；力争瑞华天然气等 3 个项目建成投产，陇运物流等 3 个项目开工建设。在北部工业集中区，开工建设 C6、C11、C13 路，完成排洪和污水提升泵站主体工程，力争九龙春酒业入园建设。积极落实土地、税收、人才等扶持政策，支持各类企业加大科技研发、扩大生产，

引导辖区优势企业做大做强，培育规模以上工业企业2户，全年工业总产值达到230亿元以上，增长6.5%。依托“助保贷”“政银保”等融资平台，着力破解中小微企业资金短缺问题，不断促进非公经济发展。

活跃商贸流通。加快推进十大专业市场建设，力争东区放心食品城开业运营，嘉鑫国际建材城二期完成主体，陇东商贸物流中心二期、天禄冷链物流中心开工建设。大力支持批发零售、住宿餐饮、交通运输等传统业态改造升级，引导东方百佳等45户限额以上商贸企业、陇东商场等5户综合市场加快线上线下融合发展，全面提高千旺百货、民生百货等商城营销水平，力争中元世贸、东方丽景城市综合体开业运营；不断健全完善市场流通服务体系，引导扩大教育、文化、体育和汽车、住房等消费，提高消费对经济增长的贡献率。加大支持和引导力度，积极做好“个转企”“小上限”工作，培育限额以上商贸企业5户，进一步做大做强商贸经济。

培育新兴业态。坚持引资与引智、引技相结合，大力发展生物医药、信息技术、民俗文化、现代服务等新兴产业，不断增强发展活力。依托华为云计算大数据中心建设，积极支持关联企业落户发展，配合市上加快区域大数据处理中心和全省信息消费中心建设。借助区电商服务中心，发挥“家立方”示范作用，加快培育一批本土电商企业；全面推行阿里巴巴“村小二”运行模式，完成区级特色农产品电商平台建设，促进农业“小生产”与电商“大市场”有效对接。继续围绕“一乡一品、一村一景”思路，做大做精全域旅游，加快推进蒲河川旅游景观带建设，建成市级乡村旅游示范村3个，推动农业、文化、旅游融合发展。

(四)积极创建文明城市，全面塑造城市新面貌

推进城市基础设施建设。依托世行资金和“海绵城市”项目，加快重点市政工程建设，不断完善城市功能。力争北京大道北延伸段建成通车，全面实现绕城环线大贯通；打通秦霸岭东路、育才西路等7条断头路，切实提高城市道路通畅水平。新建大型停车场5处、人行天桥3座，打造城市样板街3条，规划建设新能源汽车充电桩54个。加快推进城市海绵化建设进程，建成开放城南绿地公园和地下人防广场；积极推进园林绿化，新增绿地600亩，城市绿化覆盖率达到32%以上。

加大棚户区改造开发。用好用足国家棚户区改造政策和资金，对老城区基础设施差、修建年限长、居住密度大的区域进行集中改造，不断改善人居环境。扎实做好手续办理、招商引资、土地出让等工作，全面加快15个已拆迁片区开发进度，力争气象局、汽修厂等11个片区开工建设。继续加大10个在建项目的协调力度，确保国税局区块、天富大厦区块等9个项目完成主体工程。跟进做好开发片区道路、供热等基础设施配套，着力打造一批高端商住小区，努力提升城市品位。

加强城市精细化管理。不断完善“大城管”运行机制，进一步强化城市管理职能，继续扩大“数字城管”应用范围，巩固提升“城市出形象，管理上水平”活动成果。治理城区街巷100条，补植绿化带1.5万平方米；推进“厕所革命”，新建、提质改造环保公厕18座；加强公园广场、人行道、小游园配套设施维护，不断完善城市服务功能。加大市容市貌治理、交通秩序管理、户外广告整治力度，严格公园广场使用和市政道路开挖审批监管，进一步提高城市管理水平。

优化小城镇环境。按照“一镇一业”“一镇一品”思路，扎实推进“多规合一”，严格规划审批执行，不断提升小城镇规划建设水平。启动什社街区城乡一体化建设试点工作，全面推进供排水、集中供热、污水处理等基础设施建设；扎实做好肖金、显胜等乡镇街区“五化”工作，持续加大各乡镇街区卫生保洁、市政维护、市场监管力度，不断提升小城镇宜居环境。

(五)更加注重民生改善，全面提升保障新水平

推动教育均衡发展。继续按照“农村优质覆盖、旧城按需扩容、新城高点建设”的原则，加快庆化实验学校二期等15个校舍项目建设，确保秦霸岭幼儿园等7个项目建成投用，积极做好团结小学新校区筹建工作，配合做好市实验学校搬迁项目建设，逐步缓解城区“大班额”问题。继续规范城区义务教育学校免试就近入学秩序，不断完善志愿入学和派位入学制度，加快解决城区“择校热”问题。进一步加强教学管理，深化家校联动机制，切实减轻中小学生课业负担。深入开展师德师风建设，突出专业技能、法治意识和心理健康等教育培训，不断提升师资队伍水平。加强学前教育和职业教育，鼓励支持民办教育发展，全面推进素质教育，进一步提高教育质量。

加快健康西峰建设。完成区医院内科综合楼主体工程，加快妇计中心综合业务楼、疾控中心综合监测楼建设，不断改善医疗基础条件。继续实施分级诊疗病种定额付费，全面落实基本医保、大病保险、医疗救助“一站式”即时结报，扎实做好医疗报销异地结算，进一步方便群众就医。持续加强医德医风建设，积极开展医师多点执业，培训医务骨干100人(次)以上，不断提升医疗队伍服务水平。持续强化基本公共卫生服务，扩大家庭医生签约服务覆盖面，完成全民健康信息平台建设，实现医疗卫生信息全省联网，努力为城乡居民提供全方位、全周期健康服务。

强化社会保障能力。扎实做好就业工作，扶持200名高校毕业生就业，积极推进农民工、下岗失业人员就业创业，登记失业率控制在4%以内。全面实施全民参保计划，城乡居民养老保险参保率达到95%以上，行政事业单位退休人员养老金移交社保发放；完成城镇居民医保和新农合制度整合，实现城乡居民医保“六统一”管理。持续加大最低生活保障、特困人员供养和临时救助力度，将全区3300名一、二级残疾人养老保险纳入财政预算列支，切实保障困难群众生活。积极做好失地农民安置工作，力争温泉地庄等17个安置小区(点)建成主体，金江名都一期、凤凰大境等6个商家代建安置小区移交入住，安置群众2200人。

(六)扎实推进生态建设，全面筑牢绿色新理念

加强生态环境建设。深入推进荒山造林工程，完成森林植被恢复、中幼林抚育及人工造林5万亩；扎实做好封山禁牧和森林防火工作。严守耕地红线，严格土地执法，进一步规范土地开发利用秩序；全面落实“占补平衡”要求，整理土地1.8万亩，新增耕地1500多亩。大力实施固沟保塬、淤地坝除险加固工程，完成水土流失综合治理10平方公里，有效遏制塬面水土流失。采取综合治本措施，加大水源涵养林、人工湿地建设，不断改善水源地周边生态环境。

加强大气、水、土壤污染防治。牢固树立“绿水青山就是金山银山”理念，综合整治，标本兼治，努力实现绿色发展。严把项目建设环保准入关，制定项目引进“负面清单”，从源头严格控制污染项目落地。纵深开展“蓝天保卫战”，推进大气污染防治常态化，淘汰建成区下剩燃煤小锅炉，建成优质煤炭市场二期工程，扩大餐厨油烟治理成果，持续加强建筑工地、市政道路扬尘污染管控，努力改善空气质量。加强饮用水源地保护，全面完成巴家咀水库一级保护区耕地退出和居民搬迁安置工作；严格落实“河长制”，建立动态巡查监管机制，强化河道污染综合治理，不断改善河流水质。加大土壤污染治理，扎实开展废旧农膜回收、化肥农药零增长、秸秆资源化利用等工作，有效改善土壤环境。全年空气优良天数达到320天以上，饮用水源地水质达标率达到100%，城区污水处理率达到90%以上。

加强全域无垃圾综合治理。统筹推进城乡环境卫生综合整治，由点线示范向全域治理转变，努力提高综合治理水平。在城市深入开展“六乱”治理，加大机械化清扫保洁范围和频次，增加垃圾箱和免费公厕覆盖密度；在农村全面清除各类生活

垃圾，完善“户分类、村收集、乡(镇)转运、区处理”机制，实现农村生活垃圾集中无害化处理，建成环境整洁村 10 个，努力创建全域无垃圾示范区。

(七)不断强化社会治理，全面构建安全新格局

加强安全管理。突出非煤矿山、道路交通、建筑施工、危险化学品、消防、校园等重点领域，持续开展安全生产大检查、隐患大整治行动，及时消除安全隐患，坚决遏制重特大事故发生，全力保障群众生命财产安全。不断强化食品药品监管，推进监管方式向技术量化检测转变，在大型食品生产经营企业和农村市场开展食品责任保险试点工作，切实降低食品安全风险。大力加强自然灾害预警，最大限度防范灾害和降低损失。进一步强化质量意识，加大质量安全和特种设备安全监管，努力推进质量振兴。

健全治理体系。扎实推进 6 个街道办事处、36 个城市社区调整设置工作，新设立社区 8 个，进一步完善街道社区管理服务功能。强化住宅小区物业管理，积极引导成立业主委员会，不断提高居民依法自治水平。整合城管、禁毒、治安、“两违”监管职能，全面推广网格化管理模式，努力实现无缝隙覆盖、无盲区监管。深入开展法律“九进”活动，落实法律援助制度，努力提高全民法治意识。启动“110”报警平台与公共服务平台联动分流工作，实现警务警情快速处置、非警务求助合理分流。进一步健全农民工工资保障体系，严格保证金专户制度，从源头上保障农民工合法权益。健全守信激励和失信惩戒机制，全面推进诚信体系建设。

维护社会稳定。围绕“平安西峰”建设，大力实施“雪亮”工程，实现城区公共区域、重要道路节点、乡镇村组道路视频监控全覆盖；严厉打击黄赌毒、黑拐骗和传销等违法犯罪活动，大力惩治“村霸”及宗族恶势力，持续强化网络舆情监控，全力维护社会安全稳定。加大高利贷、非法集资打击力度，进一步强化宣传引导，切实防范民间金融风险。深入开展矛盾纠纷排查化解行动，积极引导律师、心理咨询师参与涉法信访问题化解工作，力促矛盾纠纷依法有效化解。扎实做好民族宗教工作，全力维护民族团结、宗教和顺的良好局面。

(八)持续深化改革开放，全面增强发展新活力

深化重点领域改革。扎实推进农村土地制度改革，完善承包地“三权”分置制度，农村不动产权确权登记工作完成 70%以上。全面推进户籍制度改革，进一步放宽户口迁移政策，完善居住证制度，有序引导农业转移人口、其他常住人口和各类人才向城镇转移，全区户籍人口城镇化率达到 40%。深入推进供销改革，完成乡级供销社恢复重建，村级综合服务社覆盖率达到 90%以上。纵深推进安全生产领域改革，全面落实“四管四必须”要求，持续强化安全生产责任制，进一步提升监管水平。不断深化城管体制改革，扎实做好教育、卫生、文化等社会领域改革。

深化“放管服”改革。进一步细化各类行政审批事项权责清单，严格实行“一窗受理、一站服务”模式，不断压缩办事流程，基本实现“前台综合受理，后台分类审批，统一窗口出件”，不断提高服务效率。扎实推进“互联网 + 政务服务”工作，加强政务信息资源共享和业务协同，做好并联审批、网上办证、电子证照等工作，让信息多跑路、群众少跑腿。持续深化“多证合一”改革，深入开展“减证便民”专项行动；全面推进区、乡、村政务服务平台互联互通，不断提高村级便民服务能力，切实方便群众就近办事。

深化对外开放合作。大力实施“引强入峰”战略，借助“兰洽会”“广交会”等经贸洽谈活动，全面加强与“一带一路”沿线地区、东部沿海地区，以及国内 500 强、民营 100 强企业的交流合作，深入开展精准招商、以商招商、产业链招商，招引区外企业 10 户，吸引投资增长 10%以上。继续深化与在峰企业的交流合作，扩大成果，延长链条，努力形成新的投资。

深化财税金融支撑。强化税收征管，提高土地

等国有资产收益水平，盘活存量资金，加强统筹调度，全力保障发展需要。整合各类涉农资金，积极跟进省上2500亿元专项贷款，撬动更多资金投入产业培育、基础改善和公共服务。严格财政预算执行，扎实做好政府债务清偿工作，完善债务管控长效机制。积极推广政府与社会资本合作（PPP）模式，引导社会资本通过公建民营、民办公助、特许经营、股权置换等方式，参与医疗、教育、文化等事业发展。加强“政银企”合作，健全政府、银行、企业对接机制，不断拓宽筹融资渠道。依托区民间资本服务中心，创新信贷服务，规范引导信贷行为，努力为实体经济发展提供稳定资金支持。

三、全面加强政府自身建设

各位代表，迈向新时代，肩负新使命，我们将提振精神、坚定信心，严格按照为民、务实、清廉要求，积极主动履职，切实改进作风，不断提高效能，努力建设人民满意的服务型政府。

严守政治规矩。牢固树立政治意识、大局意识、核心意识、看齐意识，旗帜鲜明讲政治，始终与以习近平同志为核心的党中央保持高度一致，全面贯彻落实中央、省、市各项决策部署，坚决做到政令畅通、令行禁止。坚持党的领导、人民当家作主和民主集中制，坚决执行区委决策和人大决议，充分开展政治协商，严格执行政府议事规则，以强烈的政治责任和规矩意识扎实做好政府各项工作。

坚持依法行政。牢固树立社会主义法治理念，扎实推进“七五”普法工作，严格政府常务会学法制度，不断强化法治思维。严格重大决策法定程序，完善咨询听证制度，强化法律审查，进一步提升政府决策科学化、法制化水平。认真落实行政执法责任制，厘清政府权力清单，规范执法行为，全面提高行政执法水平。

主动接受监督。自觉接受人大法律监督、政协民主监督和社会舆论监督，定期接受人大、政协视察，落实重大事项报告审议制度，及时通报政府工作情况。认真办理人大代表建议和政协委员提案，扎实做好网民留言办理工作。进一步加大政务公开和政府信息公开力度，全面加强政风行风评议，主动接受群众问询，切实保障广大群众的知情权、参与权和监督权。

强化责任担当。围绕改革发展任务，紧盯项目建设、产业培育、民生改善、生态环保等重点工作，大胆探索，积极作为，全力以赴破难题、促发展。发扬艰苦奋斗、务实苦干的优良作风，坚持说了就干、定了就办，咬定目标、一抓到底，推动各项工作高效落实。不断完善目标管理制度，强化督查调度，严格追责问效，努力形成善谋实干、锐意进取的干事创业氛围。

改进工作作风。扎实开展“不忘初心、牢记使命”主题教育，不断巩固“两学一做”学习教育成果，持续开展“三纠三促”专项行动，树牢宗旨意识，强化党性锤炼，努力提高服务群众水平。严格落实中央“八项规定”，坚持不懈纠改“四风”，严控“三公”经费，用制度从严管权管人管事。严格落实“一岗双责”，切实加强重大工程、政府采购、扶贫资金等重点领域监管，严肃查处各类违纪违规问题，努力建设廉洁政府。

各位代表，新时代赋予新使命，新征程要有新作为。让我们在市委、市政府和区委的坚强领导下，紧紧团结和依靠全区人民，不忘初心，牢记使命，开拓创新，锐意进取，为建设政治清廉、经济强劲、社会和谐、文化繁荣、生态美丽的全面小康新西峰而努力奋斗！

政协西峰区第八届委员会常务委员会工作报告

——在政协西峰区第八届委员会第二次会议上

西峰区政协常委会主席　罗亚林

2017 年 12 月 26 日

各位委员、同志们：

我代表政协西峰区第八届委员会常务委员会，向大会报告工作，请予审议。

2017 年工作回顾

2017 年是全面落实“十三五”规划和区第四次党代会部署的关键之年，也是我区政协事业发展传承接力的一年。一年来，在中共西峰区委的坚强领导下，区政协全面贯彻中共十八大、十八届三中、四中、五中、六中全会精神，深入学习中共十九大精神及习近平新时代中国特色社会主义思想，坚持团结和民主两大主题，在尽心履职中服务大局，在传承创新中增强活力，各项工作更加契合中心任务、更加体现民众心声、更加彰显政协特色，为助推全区经济社会发展作出了积极贡献。

一年来，常委会坚持提高政治把握力资政建言，在围绕中心上体现高度，在服务大局上彰显特色，构建了“有效、有力、有为”的工作格局。

高起点谋划工作。坚持以习近平总书记治国理政新理念新思想新战略为指针，深刻领会“五位一体”总体布局、“四个全面”战略布局的丰富内涵，牢固树立“五大发展理念”，在谋划政协工作时强化理论学习和思想引领，切实把准时代脉搏，坚定正确政治方向。始终把坚持党的领导放在首位，政协重大工作及时向区委请示汇报，政协年度协商计划、常委会工作报告报送区委常委会讨论；区委常委会议定期听取政协工作汇报，适时专题研究政协工作，推动了政协履职与全区中心工作无缝对接、同频共振；提高政治站位，在全区改革发展稳定大局中找准工作定位，聚焦主责主业，充分发挥了政协作为最广泛统一战线组织资政建言的应有作用。

高标准履职尽责。认真贯彻《中共中央关于加强社会主义协商民主建设的意见》和省、市、区委《实施意见》精神，扎实推动政协工作创新发展，依章开展政协履职工作，务求政治协商更稳健、民主监督更深入、调研视察更扎实、界别协商更灵活、建言献策更精准，提高了协商的层次和实效。主动顺势而为，围绕“聚焦热点协商议政、围绕难点建言献策”“走进蒲河川助力西游发展”等主题，组织开展36次形式多样的履职活动，提升了委员建言的高度和深度。

高质量建言献策。坚持围绕党政中心工作和群众关注的焦点问题，组织委员深入调研、深度协商。先后开展残疾人社会保障、农业产业化发展等调研4次，对乡村道路建设、城市管理工作等开展视察4次，形成调研视察报告8份，为区委、区政府民主决策、科学决策提供了参考意见；配合市政协完成义务教育法贯彻落实、棚户区改造等调研视察6项；八届一次会议以来立案的70件提案，面商率、办复率、委员满意率均为100%。

一年来，常委会坚持提高履职亲和力发挥优势，聚焦全区改革发展重点，紧盯民生福祉改善热点，体现了“民生、民意、民惠”的基本要义。

顺应民生期待，调研视察有分量。坚持把关注民生、改善民生作为履职的重点，紧扣事关群众切身利益的热点难点问题，开展调研视察。围绕“产业发展的好”“群众生活的好”“基础设施建设的好”，积极向区委、区政府陈实情、建诤言。在全区农业产业化发展调研中突破区域限制，走出去参观学习既开阔了视野，又拓宽了思路，也为调研报告注入了新理念、新思路；在残疾人社会保障调研工作中，和20户残障群众面对面了解生产生活和社会保障情况，以最翔实的资料为议政建言打好基础；选择全区商贸流通业发展、全民健身计划落实等开展视察，向相关部门提出建议80多条。

回应民意关切，社情民意有力度。组建社情民意信息工作小组，加强社情民意信息员培训工作。在各民主党派、职能部门、乡村、新社会阶层等聘请36名信息员，建立起以政协委员为主体、以政协机关为主导、以特邀信息员为重要力量的信息收集网络。全年共收集社情民意信息260多条，编发《社情民意》57期，21篇被市政协刊用。关于改善城区交通环境、稳定乡村教师队伍提升教育质量等14篇系列信息稿件，得到市上领导批示并转相关部门落实，政协信息的决策咨询和助推发展作用得到进一步体现。

响应民惠目标，服务群众有成效。充分发挥书画艺术研究会和连心桥帮扶协会各自特色优势，在服务社会、服务基层、服务群众中树形象、强素质。组织书画艺术研究会赴外地开展书画联谊、文化交流，宣传西峰、推介西峰；组织开展国学文化进校园、“欢乐幸福中国年、助力小康乡村行”“大美西峰、情韵蒲河”等委员走基层活动12次，捐赠书画500多幅、春联4000多副、衣物1000多件、文史600多套，义诊患者1500多人次、义演4场次。修订连心桥帮扶协会相关制度，新吸纳8个理事单位，完成协会换届工作。继续秉持“扶贫济困、支持落后村组发展”宗旨，谋划助力发展富民产业，尽力帮助群众致富奔小康。

一年来，常委会坚持提高实践创新力协商议政，积极探索民主协商形式，不断完善政协履职机制，形成了“系列、层级、常态”的协商特色。

突出履职重点，着力推进专题协商系列化。坚持党政出题、政协领题，专注破题、善于解题，形成良好的双向互动。着力抓好“会前、会中、会后”三个环节。“会前”组织委员学习培训、座谈讨论、外出考察，掌握第一手资料，确保“把情况摸清、把问题找准”；“会中”组织委员理性有度、畅所欲言、各抒己见，强化协商互动和讨论沟通，确保“把建议提好、把协商做实”；“会后”认真总结、归纳提炼、修改完善，提出有前瞻性和操作性的意见建议，确保协商成果“观点新、思路新、内容新”。先后召开促进区域经济发展、加强生态文明建设、助力教育事业发展专题协商议政会3次，区上主要领导、分管领导和相关部门负责人参加，面对面听取委员意见建议，实现了政府、委员、群众之间的零距离互动，让委员直面协商，让协商体现群众智慧。

突出提案督办，着力推进办理协商层级化。制定出台了《提案办理协商办法》《评选表彰优秀提案、提案承办先进单位和提案办理先进工作者的实施办法》，将协商民主理念贯穿于提案的提出、立案、交办、办理、督办、反馈、表彰等各个环节。建立完善政协常委会、督查考核局和提案委员“三位一体”的督办工作长效机制，推动了一批民生实事的落实。

突出特色优势，着力推进界别协商常态化。深入推进以界别为基础、以专题为重点、以座谈为主要方式的界别协商。建立月协商座谈会制度，聚焦区委、区政府和社会各界关心的热点问题，瞄准改革发展进程中需要认真研究的问题，使党政所需、社会关注、群众期盼的问题纳入协商计划。今年就促进北畜产业发展、乡村旅游等事项，组织协商活动 12 次，形成了“一月一个专题、一个专题一次协商”的界别协商工作格局，提出了 170 多条意见建议。

一年来，常委会坚持提高组织凝聚力强基固本，切实强化政协自身建设，全面促进各方协作联动，营造了“同心、合力、向上”的工作氛围。

注重平台建设，强化政协组织的统战功能。牢牢把握团结和民主两大主题，坚持用“简约、自信、向上”团队文化汇聚力量、凝聚人心，积极促进党派合作共事。搭建参政议政平台，吸纳民主党派和无党派人士参与政协的协商讨论，支持在政协各种会议上发表意见、邀请参加政协组织的调研视察，充分听取意见建议；通过举办庆三八联谊会、迎中秋茶话会等活动，加强相互联系；配合市政协对少数民族村精准扶贫工作进行视察、市区联合开展民族宗教节日慰问等活动，引导社会各族各界与区委、区政府同心同德、同向同力；通过开展慰问困难群众、贫困儿童、老党员、老干部、驻军等活动，增进团结、促进和谐。充分发挥文史“存史资政、团结育人”作用，以文史馆建设为平台，收集全国 780 个省市县级文史资料 10000 多册，向 500 个县区政协赠送文史资料 3000 多册；接待河南项城市、江苏江阴市等 12 个市县政协来峰考察，赴外县区考察文史工作；成立文史资料编审委员会，召开文史工作座谈会，整理编发《西峰文史》12 期，出版文史专辑《西峰建置机构录》；积极参与市政协《庆阳古镇古村》的征集工作，提供正式用稿 4 篇 10 万多字，高质量完成组稿工作任务。

注重机制建设，激发全体委员的履职潜能。加强和改进委员学习服务管理，修订完善《委员管理规则》，建立《主席、副主席联系常委、常委联系界别委员制度》，组建 4 个委员活动小组，对口联系 24 个界别。通过全委会议、常委会议等，完成新任委员集中轮训 360 多人次。建立委员履职档案，开展优秀委员、优秀提案评选活动，调动委员履职热情。开展“学创业学敬业、比作为比奉献”委员履职观摩、“党旗引领、携手七一”运动会、喜迎十九大“大美董志塬”委员摄影展等主题鲜明、各具特色的活动，实现了委员、界别和小组活动全覆盖，形成了人人都在组织中、人人都在参与中的良好局面。依托《民主协商报》《陇东报》、西峰电视台，对 10 名委员的先进事迹进行宣传报道，委员的荣誉感、履职使命感得到了进一步激发。

注重能力建设，提升机关工作的服务效能。认真贯彻中央和省市区委关于全面从严治党的决策部署，充分发挥政协党组的领导和政治保证作用，把方向、管大局、保落实，把从严治党的要求落实到工作的全方位和全过程。积极参与项目建设、联村帮扶、文明城市创建等中心工作，做到在参与中议政、在议政中服务、在服务中建言。组织干部赴全国政协、省政协参加培训，参与“两学一做”知识测试，开展“党员主题活动日”“党性锤炼日”活动，赴山城堡开展以“不忘初心、继续前进”为主题的革命传统教育，参加七一诗文诵读会、举行机关“读书月”等活动，提升干部职工的政治理论素养，丰富机关生活。通过思想建设、组织建设、作风建设、制度建设协同推进，机关活力进一步增强。

各位委员、同志们，一年来区政协常委会工作成绩的取得，是区委正确领导，区人大、区政府大力支持，是社会各界大力协助和全体政协委员共同努力的结果。在此，我谨代表区政协常委会，表示衷心的感谢!

回顾一年来的履职实践，常委会清醒地认识到，工作还存在许多薄弱环节:视察调研和协商建言的质效有待进一步提升，民主监督、成果转化等制度机制的落实有待进一步加强，服务委员履职的工作质量和水平有待进一步提高，这些都需要我们在今后工作中认真研究，努力改进。

2018年主要工作

2018年，是贯彻落实十九大精神的开局之年，也是我区率先建成小康社会的决胜之年。区政协常委会要深入学习贯彻中共十九大精神和习近平新时代中国特色社会主义思想，以“实现中华民族伟大复兴的中国梦”为内在动力，以实现“两个一百年”奋斗目标为履职方向，切实把思想、行动统一到中央和省市区委的决策部署上来，围绕全区“11235”发展战略，牢牢把握人民政协的性质定位，充分发挥协商民主重要渠道和专门协商机构重要作用，尽心竭力、履职尽责，谋求新作为、展现新风采，努力谱写全区政协事业新篇章。

一、准确把握“中心”与“服务”的关系，围绕“促进发展”创新履职理念

(一)树立思想引领的履职理念。党的十九大标定了我国发展新的历史方位，开启了从全面建成小康社会到建成富强民主文明和谐美丽的社会主义现代化强国的新征程，也为政协履职提出了新的更高要求。常委会要坚持把贯彻十九大精神作为首要的政治任务，增强“四个意识”，树牢“四个自信”，保持政治定力，坚决同以习近平同志为核心的党中央保持高度一致，把习近平新时代中国特色社会主义思想作为巩固共同思想政治基础的主轴，画大同心圆，聚强向心力。在全体委员中组织开展主题鲜明、形式多样、务实有效的学习实践活动，切实把大会精神领悟透、贯彻好，学以致用、以用促学，深入推进协商民主机制创新，真诚协商、务实监督、精准议政，推动政协工作与时俱进。认真贯彻中共中央和省市区委加强人民政协协商民主建设的重要部署，准确把握人民政协协商民主的性质定位和重要原则，切实发挥人民政协在协商民主中的重要作用。全面落实区委的各项决策部署，把思想和行动统一到全区“11235”发展战略上来，把智慧和力量凝聚到实现“十三五”时期全区各项工作任务上来，始终做到与党政同心同向、同心同行、同心同力。

(二)树立合力干事的履职理念。积极探索实践，更好发挥委员、界别、专委会作用，增强政协履职整体合力。持续做好主席、副主席联系界别和分管专委会工作，专委会联系服务界别、组织协调委员活动小组的工作机制，形成委员、界别、专委会之间的良性互动。加强委员队伍建设，扩大委员调研视察和协商会议参与面，畅通提案和社情民意信息反映渠道，最大范围组织委员开展协商议政活动，充分发挥委员助推发展、服务社会的主体作用。创新界别的联系机制、活动内容和管理方式，探索常委会议、专题协商会议界别发言机制，进一步窗体底端

激发界别工作的主动性、积极性和创造性。搭建委员与党政部门多层次、面对面协商交流平台。坚持走访委员制度，进一步加强与委员和界别群众的联系，形成政协工作整体合力。

(三)树立齐心成事的履职理念。把团结各界、凝聚人心摆上突出位置，按照十九大提出的“有事好商量、众人的事情由众人商量”，将协商精神贯穿政协工作始终，努力在协商范围上求广、协商过程上求真、协商程度上求深、协商效果上求实，寻求最大公约数，画出最大同心圆。加强与各民主党派、工商联、无党派人士的团结合作，促进政党关系、民族关系、宗教关系、阶层关系的和谐，营造众志成城、和衷共济、共谋发展的良好局面。进一步加强与新经济组织、新社会组织和新社会阶层人士的联系，通过组织开展茶话会、联谊会、座谈会、委员小组活动等，畅通参政议政、建言献策渠道，为全区深化改革凝聚正能量。继续开展“委员走基层活动”，倾听群众诉求，释疑解惑、理顺情绪、化解矛盾、凝聚人

心。开展委员"岗位建功"活动，引导全体委员在全区经济社会发展的各个领域建功立业。

二、统筹协调"支点"与"平台"的关系，围绕"三化建设"创新履职方式

（一）努力推进协商制度化。继续开展"每月协商"活动，用月协商"小支点"支撑民主协商"大平台"。完善月协商工作制度，邀请各民主党派、工商联、社会各界代表人士和政协委员与有关部门"面对面"协商交流，为全区改革发展凝聚新智慧、汇集新力量，促进协商活动的多样化、实效化，使月协商座谈会成为沟通思想、增进共识、凝心聚力的有效平台。

（二）努力推进协商规范化。积极营造民主协商的氛围，建立公开协商工作规范，健全各环节工作流程，注重协商成果的反馈和落实，提升服务水平和协商成效。加强协商主动性，将专题协商、对口协商、界别协商、提案办理协商等多种协商形式有机融合，搭建党政部门与委员交流和沟通的平台；增进协商有序性，探索建立先培训学习、再组织政情通报、然后开展调研、最后召开协商议政会的协商模式，力求从大处着眼、小处着力，使协商座谈会真正成为"议大事、集民智、讲真话、得实效"的履职平台，让委员知情更充分、议政更深入，进一步推动协商民主规范化。

（三）努力推进协商程序化。协商前深入调查研究，着重在"准、深、精"上下功夫，即选题要准、调研要深、成果要精，为提高协商质量打好基础。协商中参与面要广，既要邀请党政领导和相关部门，又要邀请各民主党派和服务对象，直接听取委员的意见和建议，集思广益、广开言路，答疑解惑、增进共识。协商后及时整理，以调研报告、社情民意、提案等报送有关单位，适时把协商意见和建议的重视、采纳和落实情况反馈给委员，以激发委员更好地履行协商职能的积极性，提升协商民主的整体水平。

三、正确处理"虚功"与"实效"的关系，围绕"能力提升"创新履职机制

（一）着力创新管理工作机制。不断完善委员履职工作考评办法，社情民意、信息宣传考核方式，使委员的履职重心更加趋向于"虚功实做"。创新和完善提案立案机制，使提案由数量型向质量型转变。继续推行主席会议成员督办重点提案制度，探索实行提案办理情况抽查督办制度，切实提高提案工作水平。

（二）着力创新文化传承机制。进一步加强协商、兼容、求实、和谐等人民政协独有的文化建设，不断拓展载体和平台，丰富形式和内容，开展以委员为主体、社会各界广泛参与的文化交流活动。不断创新文史工作方式，拓展文史研究领域，巩固和壮大文史研究队伍，深度挖掘本土文化，加大地方史料的收集和整理力度，形成一批立得住、传的久、感化人的文史精品，努力助推全区文化繁荣和发展。

（三）着力创新队伍建设机制。党的十九大报告指出："增强人民政协界别代表性，加强委员队伍建设。"政协委员代表本界别群体的利益和呼声，委员的素质直接影响参政议政的能力和水平。要按照"懂政协、会协商、善议政""守纪律、讲规矩、重品行"要求，切实抓好委员的日常管理。完善委员工作联络、服务指导、履职考核、综合评价、奖惩激励等机制，深化"双岗双优"创评活动，着力拓宽委员视野，建设一支守法遵章、拒奢尚俭、心系国事、情牵民生、德润人心的政协委员队伍。按照"团结和谐、履职尽责、传承创新、遵章守纪、勤奋好学、充满活力"的要求，加强机关队伍建设。

各位委员、同志们，党的十九大绘就了全面建成小康社会的宏伟蓝图，指明了实现中华民族伟大复兴中国梦的前进方向，也为人民政协履行职能搭建了广阔的平台，为全体政协委员施展才华提供了宽广的舞台。让我们在中共西峰区委的坚强领导下，同心同德、扎实工作，为开创人民政协事业新局面，为全区率先实现全面小康作出新的更大贡献！

1月

10日　省国土资源厅厅长助理杨殿忠带领考核组考核西峰区棚改工作。市区领导王华、王驰、王超参加考核。

12日　西峰区“迎新春”非物质文化遗产保护成果展演专场晚会在市政府礼堂举行。

16日　首届庆阳冰雪旅游节暨2017大众高山滑雪锦标赛在显胜乡毛寺村陇东滑雪场举行。区委副书记、区长王驰出席开幕式并致辞。

△　甘肃省旅游发展委员会副巡视员张华，西安市、咸阳市、固原市、兰州市、天水市、定西市等市旅游部门负责人，南京、银川、咸阳、渭南、白银、延安、平凉等地30多家旅行社负责人以及甘肃日报、甘肃经济日报、陕西旅游、西安电视台、兰州广播电视台等媒体记者考察西峰区旅游景点。区委副书记、区长王驰，区委常委、宣传部长张晓龙，区政协副主席、文广（旅游）局局长王新宁参加考察。

23日　市委副书记、市长朱涛，区委副书记、区长王驰，副区长雷兼博调研春节文化活动筹备工作。

△　市委常委、区委书记章志兼带领副区长王超、安监局、食药监局、工商局、消防大队、区委办等部门负责人到董志镇、肖金镇督查指导安全生产工作。

24日　市委副书记、市长朱涛，区委副书记、区长王驰，副区长王超督查西峰城区安全生产工作。

2月

6日　市委常委、区委书记章志兼，副区长雷兼博专项督查乡镇重点项目工作启动情况。

9日　区委四届三次全委（扩大）会暨全区经济工作会议在阳光天湖会展中心召开。市委常委、区委书记章志兼主持会议。区委副书记、区长王驰出席会议并讲话。区委常委、人大、政府、政协领导参加会议。

16日　阿尔康集团董事长秦仕江、成都娇子集团董事长李飞带领投资考察团到西峰区开展合作交流对接。区委副书记、区长王驰主持召开项目对接会。区委常委、常务副区长马耀文，副区长徐莹参加会议。

△　市委副书记、市长朱涛，市委常委、区委书记章志兼，副市长尚科锋，区委副书记、区长王驰，副区长王超调研巴家咀水库饮用水源地环境管理工作。

19日　贵州兴伟集团董事长王伟考察西峰区合作开发文化旅游资源、发展现代服务业、推进扶贫攻坚等。市区领导负建民、朱涛、章志兼、王驰、雷兼博参加调研。

20日 区委副书记、区长王驰带领政府办、农村工作部、督查考核局、发改局、财政局、交通局、住建局、水务局、文广(旅游)局等部门负责人调研显胜乡、肖金镇2017年重点工作。

21日 国家发改委、住建部联合印发通知,将庆阳市(西峰区)在内的28个城市列为全国气候适应型城市建设试点。

22日 省公安厅副巡视员郑银生带领省政府解决拖欠农民工工资问题专项督查组,督查西峰区农民工工资清欠工作。市区领导黄占俊、马耀文参加督查。

24日 省人大常委会法制委主任委员、常委会法工委主任邹通祥带队调研西峰区《甘肃省建设工程质量和安全生产管理条例(草案)》,并召开意见建议征求汇报会。区人大常委会副主任肖广军、副区长齐文潇参加会议。

27日 市委副书记、市长朱涛,区委副书记、区长王驰,区委副书记贾志升调研庆阳市城南绿地项目。

28日 省政府副省长李斌、省政府副秘书长王向晨,省卫计委主任刘维忠、副主任杨陇军、体改处处长滕贵明,省政府办公厅秘书三处副处长徐海滨到北街社区卫生服务中心调研医药卫生体制改革工作落实情况。市区领导负建民、闫晓峰、左自刚、王驰、齐文潇参加调研。

29日 中石油天然气西北销售分公司甘肃代表处处长田龙调研川庆钻宇公司后官寨门站及万世天然气公司天然气输送项目,并在川庆钻宇公司召开座谈会。

3月

6日 西峰区工商联获全国2016年"五好"县级工商联称号。

9日 中国共产党庆阳市西峰区第四届纪律检查委员会第二次全体会议第一次会议在区委南六楼会议室召开。市委常委、区委书记章志兼出席会议并讲话。市纪委常委、信访室主任王怀到会指导。区委常委、纪委书记刘建莉主持会议,并代表区纪委常委会作题为《强化执纪监督 忠诚履职尽责 为全面建成小康新西峰提供坚强纪律保障》的工作报告。区委常委、人大、政府、政协、人武部领导参加会议。

10日 市委常委、区委书记章志兼,区委副书记贾志升,副区长雷兼博调研彭原镇、董志镇农业重点项目建设情况。

14日 省统计局农村处副处长熊艳翎带领检查组核查西峰区"三农"普现场登记数据质量。

21日 市委常委、区委书记章志兼主持召开西峰区2017年"城市出形象、管理上水平"活动动员大会。区委副书记、区长王驰出席会议并讲话。副区长王超参加会议。

22日 2017年西峰城区春节文化活动总结表彰暨全区"双百双万"小康图书惠民工程启动工作会议召开。区委常委、宣传部长张晓龙主持会议。市区领导梁建伟、肖广军、雷兼博、王新宁出席会议。

24日 市委常委、区委书记章志兼带领区上四大班子领导督查棚户区改造工作。区领导王驰、张鹏瑞、张晓龙、肖广军、王超、王新宁参加督查。

27日 市委常委、区委书记章志兼带领区上四大班子领导调研银西铁路西峰段项目征迁及建设工作。区委副书记、区长王驰,区委常委、常务副区长马耀文参加调研。

28日 西峰·什社李岭"海山寺"旅游文化节开幕。市文广局副局长王志勇出席开幕式并宣布文化节开幕,区委常委、宣传部长张晓龙出席开幕式并致辞。区人大常委会副主任吴兰玮,副区长雷兼博,区政协副主席王新宁出席开幕式。

29日 省委督查专员朱建斌带领督查组督查西峰区党组工作条例、省委主要领导批示精神贯彻落实及第一季度网民留言办理情况。区委常委、政法委书记张鹏瑞，区人大常委会副主任吴兰玮，副区长王超，区政协副主席姜晓琴参加座谈汇报会。

30日 区教体局与美国埃德蒙市中央俄克拉荷马大学教育务实合作项目签约仪式在庆阳二中举行。副区长齐文潇参加座谈会及签约仪式。

△ 西峰区7个农业产业化招商引资项目集中签约开工。市委常委、区委书记章志兼主持集中签约和部分项目开工仪式。区委副书记、区长王驰介绍了3个重点开工项目基本情况。副区长王超、雷兼博参加签约仪式。

31日 中国儿童福利和收养中心主任张世峰带领民政部调研组调研西峰区社会福利机构儿童养育及孤儿保障工作。区委常委、常务副区长马耀文参加调研。

△ 甘肃居立生态农业科技有限责任公司庆阳居立现代苹果产业园落户董志镇寺里田村。

4月

1日 贵州兴伟集团设计院院长胡光宏到西峰区考察项目合作事宜。区委副书记、区长王驰，区委副书记贾志升参加考察。

4日 榆中县委书记王晓宁率党政考察团到西峰区考察文化旅游产业工作。区委副书记贾志升，副区长雷兼博，区政协副主席张建国参加考察。

6日 西峰城区燃煤锅炉整治“清零”工作动员大会召开。区委副书记、区长王驰出席会议并讲话，副区长王超参加会议。

7日 市委常委、区委书记章志兼，区委常委、政法委书记张鹏瑞，副区长王超调研董志镇董北公路沿线、庆阳石化公司北门道路交通隐患问题。

11日 水利部副部长刘宁调研西峰区新城南区雨洪集蓄生态保塬工程。区委副书记、区长王驰参加调研。

13日 省科技厅副厅长、省知识产权局局长朱晓力调研西峰区科技创新工作。副市长杨廷祯、市政府副秘书长安定祥、副区长齐文潇参加调研。

△ 庆阳希尔顿·欢朋酒店招商引资建设项目签约仪式在庆阳宾馆举行。区委常委、统战部长张瀚主持签约仪式。副区长徐莹代表区委、区政府同希尔顿·欢朋(中国)酒店商务总监赵芳华签订庆阳希尔顿·欢朋酒店建设项目框架协议。

15日 庆阳益翔药业有限公司正式投产。

22日 省农牧厅副厅长阎奋民带领考核督查组，督查西峰区现代畜牧业全产业链建设项目实施情况及2017年春季动物防疫工作。市区领导周普生、贾志升、雷兼博等参加督查。

23日 山西省运城市政协副主席张学会带团考察西峰区集雨节水灌溉和乡村特色旅游情况。

24日 以“浪漫花语、魅力什社”为主题的第二届庆阳郁金香文化节在什社乡兰州大学科研试验站开幕。区领导贾志升、张瀚、吴兰玮、雷兼博、王新宁出席开幕式。区委常委、宣传部长张晓龙出席开幕式并讲话。

△ 什社商贸文体交流大会在什社剧场开幕。

25日 2017中国·庆阳首届油菜花节暨“花香蒲河、魅力西峰”系列活动开幕式在显胜乡毛寺村举行。市区领导贠建民、朱涛、董建镇、李银、周普生、章志兼、闫晓峰、郭光能、左自刚、赵海东、罗亚林、马耀文、王超、雷兼博、齐文潇、徐莹出席开幕式。市委常委、区委书记章志兼致辞。区委副书记、区长王驰主持开幕式。

△ “骑览蒲河山水·步赏油菜花海”全民健步行及“体彩杯”自行车公路越野赛在显胜乡毛寺村举行。

△ 贵州兴伟集团副总经理田汝伦考察西峰区文化旅游项目。副区长雷兼博参加考察。

△ 2017中国·庆阳首届油菜花节暨“花香蒲河、魅力西峰”系列活动——“寄情董志塬、拥抱蒲河川”西峰区美术、摄影作品开展仪式在显胜乡毛寺村举行。清华大学美术学院高研班执行导师、教学部督导组组长、首都博物馆画院院士冉世钧

出席开展仪式并致辞。区委常委、宣传部长张晓龙出席开展仪式并讲话。陇东学院美术学院院长、教授徐建新宣布美术、摄影展开展。副区长齐文潇主持开展仪式。区人大常委会副主任廖芳，市摄影家协会主席魏锋征出席开展仪式。

26日 省政府经济运行专项督查组对西峰区经济运行情况进行专项督查。区委常委、常务副区长马耀文参加督查。

△ 省统计局党组成员、副局长蒋致平带领调研组调研“庆阳福润肉类加工有限公司”“庆阳能源化工集团有限公司”“庆阳中庆农产品有限公司”等企业。

27日 庆阳华为云计算大数据中心在电信庆阳分公司揭牌。

29日 市委副书记、市长朱涛，区委副书记、区长王驰督查调研北师大附属学校建设项目和中庆石油长庆陇东指挥部。

5月

4日 市委常委、区委书记章志兼，区委副书记、区长王驰，区委常委、组织部长李建新，副区长雷兼博调研巴家咀水库水源保护区环境保护工作。

9日 全省农产品质量安全监管工作会议在庆阳市召开。省农牧厅副厅长妥建福带领来自14个市州农牧局、农产品质量安全监管科、农产品质检站负责人等150多人组成的观摩组到西峰区考察指导工作。市委常委、区委书记章志兼，区委副书记贾志升，副区长雷兼博参加观摩。

9—10日 省委常委、副省长宋亮，省政府副秘书长武志斌，省工信委主任臧秋华，省交通厅厅长李睿，省住建厅副厅长蔡林峥调研西峰区工业经济发展、交通基础设施建设、小城镇建设等工作。市区领导负建民、朱涛、黄正军、章志兼、卫达、尚科锋、左自刚、马耀文参加调研。

10日 甘肃省民族宗教局副局长马琦带领省委统战工作领导小组办公室第七督查组，调研西峰区贯彻落实宗教工作重大决策部署情况。区委常委、统战部长张瀚参加调研。

11日 省环保厅副厅长闫子江带领省环保厅督查组，督查西峰区2017年第二季度大气污染防治工作措施落实情况并召开座谈会。区委副书记、区长王驰，副区长王超参加督查。

△ 省统计局党组成员、省城乡调查队队长杨言勇调研“北京师范大学庆阳附属学校”“正洋•凤凰大境”等建设项目。

12日 省水土保持局副局长邱浩带领省抗旱防汛指挥部督查组督查西峰区抗旱防汛准备工作。副区长雷兼博参加督查。

15日 中国电信甘肃公司举行“全光网省”建成发布会，庆阳“全光网市”建成发布会在庆阳分会场同步举行。市委常委、宣传部长闫晓峰，市委常委、副市长卫达，市政府有关部门和市直相关单位负责人，庆阳电视台、陇东报社、西峰区电视台等新闻媒体单位出席发布仪式。

17日 省稽察办稽察三室主任刘光院督察西峰区中央预算内投资项目2016年进展缓慢的重点防护林项目、区医院内科综合楼建设项目及公安局业务技术用房项目。

△ 甘肃省人大常委会副主任马青林带领省人大调研组到显胜乡、肖金镇和南街街道，调研西峰区贯彻落实中央18号文件和省委人大工作会议精神、推广落实定西试点经验和深化拓展双联“人大代表在行动”活动情况。

18日 省委副书记孙伟，区委副书记、区长王驰调研西峰区中盛30万只湖羊繁育基地。

△ 西峰区少数民族群众培训中心揭牌仪式在后官寨镇赵咀村举行。区人大常委会副主任廖芳，副区长雷兼博出席仪式并为培训中心揭牌。

19日 区委副书记、区长王驰主持召开肖金设施蔬菜基地运行管理机制改革座谈会。副区长雷兼博参加座谈会。

20日　庆阳首届"花神之约"芍药动漫主题观赏节暨永生庄园精品油桃开园仪式在肖金镇举行。区委副书记、区长王驰出席开幕式并为永生庄园精品油桃开园揭牌。区委副书记贾志升出席开幕仪式并讲话。区领导李建新、李廷位、吴兰玮、雷兼博、徐莹、贾兴义出席开幕式。

27日　第十五届庆阳端午香包民俗文化节开展仪式在天富亿生态民俗村举行。市委书记贠建民宣布第十五届庆阳端午香包民俗文化节开展。市委副书记、市长朱涛致辞。市委常委、区委书记章志兼主持开展仪式。市区领导董建镇、李银、闫晓峰、杨廷祯、王华、左自刚、赵海东、王驰、罗亚林出席开展仪式。

△　2017年西峰区庆"六一"表彰奖励暨"美育绽放　童心飞扬"文艺演出在市政府礼堂举行。市区领导李永洲、王驰、张晓龙、廖芳、雷兼博、王新宁出席活动。

6月

4日　上海雪榕生物科技股份有限公司常务副总裁余荣琳、省农牧厅厅长康国玺、省扶贫办副主任李世英到西峰考察。市区领导贠建民、朱涛、章志兼、左自刚参加考察。

6日　省双拥办专职副主任权保社调研西峰区双拥工作。区委常委、常务副区长马耀文参加调研。

△　省司法厅党委书记牛纪南，省司法厅副厅长、省监狱管理局局长钟智录赴什社调研并召开座谈会。区委副书记、区长王驰参加调研并参加座谈会。

7日　贵州兴伟集团董事长王伟考察西峰区合作开发文化旅游资源项目。市区领导贠建民、朱涛、黄正军、章志兼、王华、王驰参加考察。

8日　银西铁路西峰段工程建设座谈会在区委南四楼会议室召开。市委常委、区委书记章志兼主持会议。区委常委、常务副区长马耀文，区人大常委会副主任肖广军，银西铁路有限公司常务副总经理马新民，中铁十九局集团有限公司副总经理丰兴桥等出席会议。

9日　中国(庆阳)第二届青藤农业樱桃文化节在彭原镇彭原村开幕。副区长雷兼博、齐文潇出席开幕式。区委常委、常务副区长马耀文出席开幕式并宣布中国(庆阳)第二届青藤农业樱桃文化节开幕。

10日　全市基本公共卫生服务项目管理暨新《规范》培训会议在肖金镇中心卫生院召开。市卫生和计划生育委员会党委书记、主任白恒玺主持会议，副区长齐文潇出席会议并致辞。各县(区)卫计局、疾控中心、妇计中心、综合监督执法局等相关单位主要负责人约120人参加会议。

10—11日　区委副书记、区长王驰，区委副书记贾志升带领农村工作部、各乡镇主要负责人及部分企业代表赴兰州市、皋兰县、榆中县等地，考察学习美丽乡村建设、乡村旅游、农业产业化发展、农村环境综合整治等。

13日　省教育厅基教处处长赵海峰检查西峰区全面改薄项目实施情况。副区长齐文潇参加检查。

△　区委常委、区城管执法局局长李廷位，副区长徐莹会见苏州恺利尔环保科技有限公司法人代表戚恺，双方对推进餐厨垃圾治理项目建设进行洽谈。

△　省委组织部副地级组织员周密调研督查西峰区基层党建工作。市委常委、区委书记章志兼，市委常委、组织部长马骥，区委常委、组织部长李建新参加调研。

16日　水利部胡正选特派员带队稽查庆阳市新城南区湖库水系连通工程。

18日　中央电视台七套《乡约》栏目摄制组在显胜乡毛寺村录制《乡约·甘肃西峰》。区领导章志兼、罗亚林、贾志升、刘建莉、李廷位、张晓龙、张翰、肖广军、王超、雷兼博、王新宁参加节目录制。

22日　省食品药品监督管理局党组书记、局长、省食安办主任李存文调研西峰区药品安全监管工作。市区领导章志兼、卫达、赵昌军、王驰、张晓龙、齐文潇参加调研。

△　公安部监所管理局黄智元代表国家反恐办公室第四督导组，省公安厅纪检组长、厅党委委员李韵东，反恐领导小组办公室主任徐永胜督导检查西峰区反恐怖工作。

23日　2017年西峰区创建全国文明城市工作推进会在区委南六楼会议室召开。区委副书记、区长王驰出席会议并讲话。区委常委、区城管行政执法局局长李廷位主持会议。区委常委、宣传部长张晓龙，区人大常委会副主任肖广军，副区长王超，区政协副主席贾兴义出席会议。

25日　甘肃省体育局党组书记、局长杨卫调研西峰区全民健身、体育产业、体育文化旅游融合发展、体育场馆建设等有关工作。市委常委、区委书记章志兼，副区长齐文潇参加调研。

27日　省检察院副检察长李保岗督导检查西峰区检察院派驻乡镇检察室规范化建设和工作开展情况。

7月

1日　全国住房公积金异地转移接续平台建成使用，西峰区管理部与全国所有住房公积金管理中心实现"联网"。

3日　市委副书记、市长朱涛，区委副书记、区长王驰，副区长王超调研西峰城区大气污染防治及集中供热管网建设并召开座谈会。

4日　由区委、区政府组织的《西峰区志》评审会在阳光天湖会展中心召开。区委常委、常务副区长马耀文出席会议并讲话。

5日　国家煤矿安监局技装司副巡视员杨以民带领国务院安委会安全生产第五巡查组，延伸巡查西峰区安全生产工作。省安监局党组成员、副局长王贵玉，市委副书记周普生，副市长尚科锋，区委常委、政法委书记张鹏瑞，副区长王超参加巡查。

11日　省委常委、常务副省长黄强率全省第五观摩督查组观摩督察西峰区重点项目建设情况。区委副书记、区长王驰，区委常委、常务副区长马耀文参加观摩。

△　2017年世界人口日暨第五阶段婚育新风进万家和新市民健康城市行省级示范活动启动仪式在东湖公园西门广场举行。副区长齐文潇出席活动。

13日　浙江众泰集团考察西峰区北部工业集中区，并召开座谈会。副市长王华，区委常委、常务副区长马耀文陪同考察并参加座谈会。

14日　全区卫生与健康大会召开。市委常委、区委书记章志兼出席会议并讲话。区委副书记、区长王驰主持会议。区委常委、常务副区长马耀文，副区长王超、雷兼博、齐文潇参加会议。

18日　西峰区河长制办公室成立。

△　西峰区首批28个村级老年协会获批成立。

21日　国务院第四次督查组医疗保障督查组督查西峰区医养结合工作。区委副书记、区长王驰，副区长齐文潇参加督查。

27日　市委副书记、市长朱涛率第二项目观摩督查组在西峰区观摩督查。市委常委、区委书记章志兼，区委副书记贾志升，区委常委、常务副区长马耀文参加督查。

28日　西峰区纪念建军90周年暨双拥工作表彰大会在市政府礼堂举行。市委常委、区委书记章志兼出席会议并讲话，区委副书记、区长王驰主持表彰大会。区五大班子领导参加表彰大会。会后观看庆祝建军90周年"军爱民、民拥军、军民团结一家亲"主题文艺晚会。

8月

1日 省人大常委会委员、省人大农业与农村委员会副主任委员、省人大常委会农业与农村工作委员会主任沙拜次力（藏）到西峰区执法检查《甘肃省农村饮用水供水管理条例》实施情况。副区长雷兼博参加检查。

2日 远大住宅工业集团股份有限公司商务总监王玉领来西峰区，对在西峰区建立装配式建筑研发制造基地进行洽谈。副区长徐莹主持洽谈会。

3日 全区教育工作座谈会在区委南四楼会议室召开。市委常委、区委书记章志兼主持会议并讲话。区委副书记、区长王驰，副区长齐文潇出席会议。

8日 正大集团中国区资深副董事长、正大集团香港上市公司CEO白善霖查看指导正大集团庆阳正欣元15万头生猪现代农牧产业化示范项目建设情况。市委常委、区委书记章志兼，区委常委、常务副区长马耀文参加查看。

△ 省教育厅副厅长赵凯调研西峰区青少年示范性综合实践基地项目建设进展情况。副区长齐文潇参加调研。

8—11日 甘肃省台办、庆阳市政府主办的首届庆台经贸文化交流论坛在西峰举办。来自台湾的30名工商、经济、文化相关公会、协会，企业界、教育界、青年创业人士参加交流论坛。交流论坛期间，参访团在西峰区参观了庆阳市博物馆、规划馆、北石窟寺、陇东民俗博物馆、庆阳市电子商务孵化园，期间与西峰企业家座谈交流。

20日 市委常委、区委书记章志兼，区委副书记、区长王驰，副区长王超、雷兼博、冉德甫督查防汛工作并召开防汛减灾紧急会议。

22日 世行代表团团长、交通专家Reda Hamedoun（韩睿达）带领专家组第八次督导检查世行贷款甘肃庆阳城市基础设施建设项目。副区长王超参加检查。

△ 黄委会副总工程师赵卫民带领国家防总督查组督查指导西峰区防汛工作。副区长雷兼博参加督查。

24日 市委常委、区委书记章志兼主持召开西峰区保障省级环境保护督察工作会议。区委副书记、区长王驰，区委常委、常务副区长马耀文，副区长王超、雷兼博、冉德甫参加会议。

25日 市委常委、区委书记、区总河长章志兼，区委副书记、政府区长、区总河长王驰，副区长齐文潇带队调研西峰区河长制责任落实情况，并召开西峰区河长制责任落实现场推进会暨河长联席会。

△ 省水文局局长陈文带领的省水利厅工作组，督导检查西峰区对中央环境保护督察反馈意见涉及饮用水源地道路穿越问题的整改情况。副区长王超参加督查。

31日 省水利厅副厅长、省第七督导组组长姚进忠督导西峰区对中央环境保护督察反馈意见整改情况。区委常委、常务副区长马耀文，副区长王超参加督察。

△ 西峰区2017年“金秋助学”救助金发放仪式在区委南六楼会议室举行。副区长齐文潇出席仪式。

△ 西峰区“抵制天价彩礼、树立文明新风”活动启动仪式在东湖公园西门广场举行。副区长齐文潇出席启动仪式。

9月

1日 市委常委、区委书记章志兼在区委南四楼会议室主持召开省环保督察组转办信访案件交办会。区委常委、常务副区长马耀文，副区长王超、徐莹、冉德甫参加会议。

△ 市委常委、区委书记章志兼，副区长王超督查省第一环保督察组举报受理转办问题整改落

实情况。

3日　公安部“公安文化基层行”文艺小分队在市政府礼堂举行慰问演出。演出前，公安部出入境管理局副局长刘世斌，省公安厅副巡视员高永宏，副市长、市公安局局长杨涛看望慰问了公安英模。市委常委、区委书记章志兼致辞。市区领导及全体公安干警、现役官兵和家属代表、社会各界群众一起观看演出。

4日　平凉市崆峒区委副书记马旭怀，副区长沈学英带领崆峒区党政考察团，考察西峰区旅游产业发展情况。副区长雷兼博参加考察。

5日　“中华慈善日”宣传活动暨西峰区慈善捐赠仪式在东湖公园西门广场举行。副区长徐莹出席活动并致辞。

15日　“庆阳恒丰源苹果专业合作社农民田间学校”挂牌成立。

19日　2017年甘肃省“百名法学家百场报告会”西峰区报告会在区委六楼会议室举行。区政协副主席张建国出席会议。

20日　省教育厅副巡视员余晓东带领省双拥模范城(县)届中检查评估工作组，检查评估西峰区双拥工作。区委常委、常务副区长马耀文参加检查。

22日　撤销庆阳西峰区小崆峒良种场，保留庆阳市西峰区人工影响天气办公室。

△　撤销区财政局派驻7个乡镇及西街街道财政所机构，财政所职能划转乡镇农经财政服务中心和西街街道经济发展中心。

23日　国家安全监管总局人事司(宣教办)监察专员(正司局长级)杨占科率国务院安委会安全生产大检查第二十三综合督查组，综合督查西峰区安全生产大检查工作开展情况。区委副书记、区长王驰参加督查。

△　省国土资源厅党组书记、厅长王忠民调研西峰区重大项目建设保障用地工作。市区领导章志兼、赵昌军、马耀文参加调研。

24日　北京师范大学庆阳附属学校举行落成典礼。区委副书记、区长王驰参加落成典礼。

△　庆阳市西峰区民族宗教事务局揭牌运行。庆阳市西峰区民族宗教事务局由在区委统战部挂牌调整为单独设置，列入政府工作部门序列。

△　省委原副书记马西林，原省委常委、兰州市委书记王军等组成省级离退休老干部考察团，来西峰区参观考察。市区领导李银、章志兼、王驰、罗亚林、李建新参加考察。

26日　省旅游发展委员会党组书记、主任何伟调研指导西峰区旅游产业发展工作。市委常委、区委书记章志兼，副市长杨廷祯，区委副书记、区长王驰参加调研。

27日　农业部原副部长陈晓华、农业部农村社会事业发展中心主任张辉、农业部农产品加工局副局长马洪涛、农业部农村社会事业发展中心副主任李增杰调研西峰区中盛公司。省农牧厅党组成员、省兽医局局长杜永清，市委书记贠建民，市委副书记、市长朱涛，市委常委、区委书记章志兼，区委副书记、区长王驰，区委副书记贾志升，副区长徐莹参加调研。

△　省住建厅住房保障处副处长赵亚平督查西峰区2017年棚户区改造工作。副区长王超参加督查。

30日　市委书记贠建民督查西峰区“双节”和中共十九大期间维稳安保及安全生产工作。市区领导章志兼、杨涛、王驰、马耀文、张鹏瑞、王超、雷兼博参加督查。

10月

9日　深圳芸众科技有限公司董事长王永军考察西峰区工业园区。副区长齐文潇参加考察。

△　市委书记贠建民，市委副书记、市长朱涛调研西峰城区集中供热工程建设情况。区委副书记、区长王驰，副区长王超参加调研。

11日　庆阳华为云计算大数据中心项目在西

峰举行奠基仪式。区委副书记、区长王驰，区委常委、常务副区长马耀文参加奠基仪式。

13日 区委副书记、区长王驰带队调研银西铁路（西峰段）项目用地征迁及建设工作。区政协副主席张建国、贾兴义参加调研。

15日 西峰公安分局在东湖公园举行巡逻警务室（警银亭）揭牌仪式。副区长雷兼博出席仪式并为东湖公园巡逻警务室“警银亭”揭牌。

19日 区委副书记、区长王驰带队调研西峰区脱贫退出验收工作进展情况。

20日 庆阳市生活垃圾焚烧发电项目奠基仪式在肖金镇胡同村举行。市委副书记、市长朱涛，市委常委、区委书记章志兼出席奠基仪式。

△ 甘肃省“十大孝星”“十大敬老模范”表彰奖励大会在甘肃省大剧院举办。西峰区推荐对象张玲风荣获甘肃省“十大孝星”荣誉称号。

22日 国家煤矿安监局技装司处长王铁根带领督查组，对西峰区安全生产大检查工作进行“回头看”督查。省安监局党组成员、副局长周仲平，副市长尚科锋，区委常委、常务副区长马耀文参加督查。

23日 甘肃省校外教育管理人员及业务人员培训班开班仪式在西峰区青少年活动中心举行。副区长齐文潇出席开班仪式并致辞。

25日 省交通战备办公室主任畅向丽带领省政府督查组督查西峰区为民办实事项目落实情况。区委常委、常务副区长马耀文，副区长齐文潇参加督查。

△ 省政府重大项目管理办公室督查组督查银西铁路（西峰段）项目征迁及建设工作。区委常委、常务副区长马耀文参加督查。

△ 由中央1套《大美中国·瞰秋》节目组举办的耗时3个月的“最美收获地”评选结果揭晓，西峰区陇清瓜果农民专业合作社的苹果荣获“最美收获地”第一名，在中央一套连续播放月余。

26日 西峰区城市管理行政执法局新式制服换装及装备展示大会在庆阳体育馆门前举行。省城市管理执法局副局长曹宝恒，市委常委、区委书记章志兼，区人大常委会主任赵海东，区委常委、区城管执法局局长李廷位出席会议。副区长王超主持会议。

27日 省民政厅党组成员、副厅长王福德带领甘肃省社会组织党建工作现场观摩暨经验交流会与会人员，观摩西峰区社会组织党建工作。

△ “弘扬中华传统美德、树立尊老敬老风尚”庆祝“老人节”暨养老保健设备发放仪式在东湖公园广场举行。

28日 省环保厅环评处调研员王浩专项检查西峰区工业污水集中处理设施建设情况。副区长冉德甫参加检查。

30日 区工商局开始颁发电子营业执照。

30—31日 省总工会副巡视员、组织部部长薛挺带领考核组对西峰区创建工会工作先进（县）区进行考核验收。副区长徐莹参加会议。

31日 中国红十字会与红新月会国际联合会卫生部主管陈红、中国红十字会总会赈济救护部项目官员章红梅，甘肃省红十字会赈济救护处处长张捷调研北街社区卫生服务中心慢性非传染性疾病防控工作。

△ 西峰区蒲河水利风景区成功获批为省级水利风景区。

△ 市委书记贠建民，市委副书记、市长朱涛，区委副书记、区长王驰，副区长王超调研西峰区冬季供暖准备工作。

11月

1日 省环保厅大气环境管理处处长李佐康带领督察组对西峰区大气污染“冬防”百日攻坚行动进行督察指导。副区长王超参加督察并出席汇报会。

2日 省住建厅厅长杨咏中调研北师大庆阳附校片区海绵道路建设项目、凤凰大境住宅小区海绵化改造项目。区委副书记、区长王驰参加调研。

3日 西峰区医院诞生首例无痛分娩小宝宝，标志首例无痛分娩顺利完成。

7日 西峰区举行“双百双万”小康图书惠民工程图书捐赠发放仪式在东湖公园西门广场举行。中国光华科技基金会图书捐赠中心副主任王廷伯、省新闻出版广电局出版局管理处副处长杨婧、省新闻出版广电局出版局农家书屋建设管理办公室副主任赵波涛及市委宣传部、市文明办、市文广局、市图书馆等市上相关部门领导应邀出席活动；市委常委、区委书记章志兼，区政协主席罗亚林，区委常委、宣传部长张晓龙，区人大常委会副主任廖芳，副区长雷兼博出席活动。

△ 省禁毒委考核组组长李春华带领考核组考核西峰区禁毒工作。区委副书记、区长、区禁毒委主任王驰，副区长、区禁毒委副主任雷兼博参加考核。

11日 庆阳市首批新能源纯电动公交车上线运营。

14日 市委书记贠建民，区委副书记、区长王驰，副区长冉德甫调研西峰区中小企业发展情况。

15日 省商务厅副巡视员、省打击侵权假冒工作领导小组办公室主任慕社军督查西峰区成品油市场集中整治工作。副区长徐莹参加督查。

16日 2017年度“最美南街”系列评选活动颁奖晚会在市政府礼堂举行。区委副书记、区长王驰，区委常委、常务副区长马耀文出席颁奖晚会。

17日 西峰区2017年依法行政培训大会在东方红小学礼堂举行。区委常委、常务副区长马耀文主持培训会。区委副书记、区长王驰出席会议。

△ 省工商局个体处调研员张晓峰、省发改委稽查办正处级稽查特派员黄立英带领国务院第四次大督查反馈问题整改和省政府目标完成情况第九督查组，督查西峰区放管服改革和固定资产投资与项目落地工作。区委常委、常务副区长马耀文，副区长雷兼博参加督查。

17—18日 省政府第九督查组组长、省工信委主任臧秋华，省国土资源厅副巡视员成文辉带领省政府第九督查组，督查西峰区工业止滑稳增工作完成情况。市区领导朱涛、章志兼、左自刚、王驰、张瀚参加督查。

18日 省国土资源厅副巡视员成文辉、省医疗医保监督管理中心主任郭全兵、省财政厅监督检查局三处调研员刘月娥带领国务院第四次大督查反馈问题整改和省政府目标完成情况第九督查组，督查西峰区医药卫生体制改革工作。副区长齐文潇参加督查。

22日 省水政监察总队长王勇与市水政监察支队支队长杨灏到西峰区水政监察大队调研基层工作。

23日 省编办副主任苟永平带领督查组督查西峰区控编减编工作落实情况，并召开汇报会。区委副书记、区长王驰参加督查，区委常委、常务副区长马耀文参加汇报会。

△ “全面贯彻党的十九大精神，传承弘扬中华民族优秀传统文化”关爱青少年儿童成长微电影《福娃》开机仪式在西峰区青少年活动中心一楼多媒体报告厅举行。

24日 甘肃省政府食品药品安全目标责任考核组组长、省质监局副巡视员南沛林带领考核组，考核西峰区2017年度食品药品安全目标责任落实情况。

27日 国务院第四督察组，省农牧厅产业处调研员陈淑雅，省环保厅土壤环境管理处副调研员崔国梁，市委常委、统战部长赵昌军，区委常委、组织部长李建新，调研九龙北路社区康居小区燃煤锅炉拆除整治及新建换热站建设运行情况。

△ 市委常委、区委书记章志兼主持召开城区集中供热工作督查汇报会。区委副书记、区长王驰，区委常委、政法委书记张鹏瑞，区委常委、宣传部长张晓龙，副区长王超出席会议。

12月

5日 省政府法制办副主任曾施霖带领省、市依法行政考核组，督查考核西峰区依法行政工作。区委常委、常务副区长马耀文参加考核并参加汇报会。

△ 市委常委、区委书记章志兼主持召开西峰区脱贫攻坚推进会议。区委副书记、区长王驰出席会议并讲话。区委常委、人大、政府、政协领导参加会议。

△ 西峰区工商联被评为2017年全国“五好”工商联。

7日 省水利厅水保局副局长何海涛带领省级2015年巩固退耕还林成果专项规划建设项目抽查复验组，抽查验收西峰区巩固退耕还林成果专项规划建设项目。市发改委副主任石环周、副区长雷兼博参加抽查验收。

8日 省金融办主任汤澜调研西峰区陇清苹果专业合作社。副区长徐莹参加调研。

11日 银西铁路甘宁段YXZQ-3标段首榀预制箱梁架设典礼在西峰区举行。

15日 陕西省澄城县委副书记石轩、西北农林科技大学研究员权松安到彭原中盛养羊场考察西峰区养羊产业项目情况。

21日 省卫计委药政处处长谢景华督查西峰区卫生计生22项重点工作和健康扶贫工作。副区长齐文潇参加督查。

25日 庆阳市西峰区城乡居民健康保障局揭牌仪式在区卫计局举行。副区长齐文潇出席仪式并揭牌。

26–28日 政协西峰区第八届委员会第二次会议在阳光天湖会展中心举行。到会委员170名。市委常委、区委书记章志兼出席开幕大会并讲话。区政协副主席姜晓琴主持会议。张建国代表区政协常委会作《政协西峰区第八届委员会常务委员会关于八届一次会议以来提案工作情况的报告》，区委办、区政府办书面通报了政协西峰区八届一次会议以来提案办理情况。会议审议通过了《政协西峰区第八届委员会第二次会议关于常务委员会工作报告的决议》《政协西峰区第八届委员会第二次会议提案审查委员会关于八届二次会议提案审查情况的报告》《政协西峰区第八届委员会第二次会议政治决议》；表彰冯超等32名优秀政协委员，政协西峰区八届一次会议以来优秀提案、提案承办理先进单位和提案办理先进工作者。

27—29日 庆阳市西峰区第八届人民代表大会第二次会议在阳光天湖会展中心举行。到会代表167名。开幕大会由主席团常务主席赵海东主持。会议书面印发了《关于西峰区2017年国民经济和社会发展计划执行情况及2018年国民经济和社会发展计划(草案)的报告》《关于西峰区2017年财政预算执行情况及2018年财政预算(草案)的报告》《2017年度审计工作报告》。区委常委、常务副区长马耀文作关于西峰区八届人大一次会议代表议案、建议办理情况的报告；会议以举手表决的方式通过了《关于设立西峰区第八届人民代表大会财政经济委员会和法制委员会的决定(草案)》《关于西峰区第八届人民代表大会财政经济委员会和法制委员会组成人员表决办法(草案)》《庆阳市西峰区第八届人民代表大会第二次会议选举办法(草案)》。

29日 第五届迎新年庆阳市区全民健步行活动启动仪式在庆阳体育馆西广场举行。副区长齐文潇出席启动仪式并参加健步行活动。

东湖公园 （区网络中心提供）

区情概况

历史人文

地理位置

西峰区地处甘肃省东部、泾河上游，位于董志塬腹地，介于北纬 35° 25′ 55″ ～35° 5′ 11″ 、东经 107° 27′ 42″ ～107° 52′ 48″ 之间，北靠庆城县，南接宁县，西与镇原县毗邻，东与合水县相望，属陕、甘、宁三省区金三角地带，是庆阳市政治、经济、文化、交通和商贸流通中心，庆阳市党政机关所在地。

早期文明

20 万年前，西峰就有人类繁衍生息，仰韶、齐家文化遗址遍布全区。公刘曾在此“教民稼穑”，开创了中国农耕文化和传统农业的先河，史称“周道之兴自此始”。

建置沿革

因是古长安北去宁夏萧关古道之要冲和定边食盐集散地，历经明清成为陇东重镇，开始有西峰之称，清同治年间在此设市筑城。1949 年 8 月，设立西峰市（县级），1950 年 6 月西峰市撤销，划归庆阳县管辖；1985 年 5 月，经国务院批准，与庆阳县分设建市；2002 年 6 月，撤市设区。

风物名胜

开凿于北魏永平二年（509 年）的北石窟寺为甘肃四大石窟之一；温泉老公殿被中国民俗学会命名为“华夏公刘第一庙”；小崆峒景区被称为黄土高原的“天然标本园”；“庆阳天富亿生态民俗村”是西峰区转变农业发展方式、推进城乡统筹发展、带动农民持续增收、由休闲农业向旅游产业转变的示范项目；南小河沟水利风景区依托花果山水利枢纽工程而建，属水土保持型水利风景区；东湖公园为国家 AA 级旅游景区，是庆阳市唯一的一处大型综合型游乐场所；始建于北宋政和八年（1118 年）的金城寺砖塔为省级文物保护单位；彩虹桥（庆阳雨洪集蓄保塬生态项目）作为城市的门户形象，融入岐黄文化、农耕文化、红色文化等庆阳历史民俗文化元素，具有深厚的文化内涵。民俗文化绚丽多彩，皮影、剪纸、刺绣、陇东道情被誉为“陇东四绝”。香包民俗文化节、农耕文化节等节会活动盛况空前。

资源环境

自然资源

作为长庆油田的主产区，已探明西峰油田含油面积 800 平方公里，地质储量 4 亿吨以上，天然气储量 243.6 亿立方米，煤炭三级储量达 86 亿吨，庆阳石化年炼化能力近500万吨，瑞华天然气、永鑫石化等众多下游企业不断集聚。区内以砂石、黏土、石英砂为代表的优质矿种分布广泛，极易开发。马莲河、蒲河两条大河流总径流量达8.43亿立方米，河流长50.50公里，境内拥有丰富的潜层地下水，储量达43.4亿立方米，天然矿泉水年开采量在1000吨以上。

地形地貌

属黄土高原沟壑区，海拔1421米，南北长约47.7千米，东西宽约34.8千米。总面积999平方千米，其中耕地面积57.87万亩。

气候

西峰气候温和宜人，四季分明，年日照2400～2600小时，年降水400～600毫米，年均气温9.9℃，无霜期175天，城区空气优良天数319天。

区划人口

行政区划

西峰区辖彭原镇、后官寨镇、温泉镇、董志镇、肖金镇、什社乡、显胜乡5个镇2个乡，西街街道办事处、北街街道办事处、南街街道办事处3个街道办事处，100个行政村，15个社区。

人口民族

2017年末总人口39.09万人，其中城镇人口约22.18万人，有汉族、回族、满族、藏族等12个民族。

国民经济

经济发展

西峰是天然的绿色农业生产基地，历史上就有“陇东粮仓”之美誉，盛产小麦、玉米、高粱、谷子、糜子、胡麻、洋芋、黄豆等，粮食产量年均稳定在12万吨以上。西峰是甘肃优质果品生产基地，属全国两大优质苹果生产基地之一，已建成果树专业乡（镇）3个、专业村25个，全区果树面积23.84万亩，果品总产量13.33万吨。“一园两川”设施瓜菜稳步提升，蔬菜产量16.9万吨，瓜类产量2.8万吨。雨润、中盛、正大等畜牧龙头企业入驻建厂，带动畜牧业全循环链、全价值链、全产业链发展，肉牛、肉羊、生猪饲养量分别为1.77万头、11.69万只、6万头，肉蛋奶总产量8092吨。庆阳苹果、什社小米、黄花菜、杏子、寿桃、酥梨等优质农产品享誉国内外。“两大园区”道路框架基本形成，入驻规模企业23户，产业“高地”、工业“洼地”效应初步显现。西峰自古就是关中通往宁夏的官道和南北货物交易集散地，史载“控振萧关，襟带秦岭”。全区现有各类专业市场30多处，现代物流、电子商务、金融保险等新兴产业发展势头迅猛。

西峰交通顺畅，通讯发达，省道202线、西长凤高速与正在建设的银西铁路贯穿全境，城乡道路纵横交错，庆阳机场航班直达兰州、西安、北京、上海、广州，三大通讯网数字化无缝隙覆盖全境，五大国有银行和甘肃银行等地方性银行均设有服务机构。全区现有营运载客汽车1348辆，载货汽车6529辆。客运量1954万人（次），旅客周转量250336万人公里。货运量819.7万吨，货物周转量130521.2万吨公里。

年度经济

2017年，全区实现地区生产总值209.3亿元，比上年增长6%；固定资产投资完成90.07亿元，同比下降69.4%；地方规模以上工业增加值完成8.7亿元，比上年增长19.9%；社会消费品零售总额实现73.03亿元，比上年增长5.7%；大小口径财政收入分别完成16.3亿元和7.3亿元，同比增长31.7%和21.9%；城镇居民人均可支配收入达到28149.9元，增长8.7%；农村居民人均可支配收入9160.7元，增长8.3%。

中国共产党西峰区委员会

重要决策

2017年，在市委、市政府的坚强领导下，西峰区全面学习贯彻落实习近平新时代中国特色社会主义思想和中共十九大精神，坚持夯基础、压水分的工作定力，努力克服经济持续下行不利因素，聚焦“城市出形象、产业上水平”两篇大文章，纵深推进“11235”发展战略，全区经济社会呈现出稳中向好、好中有进的良好态势。全年完成地区生产总值209.3亿元，固定资产投资90.07亿元，规模以上工业增加值86.27亿元，大、小口径财政收入分别为16.25亿元和7.3亿元，社会消费品零售总额实现73.03亿元，城镇居民人均可支配收入28149.90元，农村居民人均可支配收入9160.70元。

【理论政治学习】始终把学习教育作为保持理论清醒、坚定政治品格的关键，对习近平总书记“八个着力”重要指示精神，以及十八届六中全会、七中全会、省市党代会精神和中央、省市各项决策部署，第一时间组织学习传达、研究贯彻，带动区乡村三级干部狠抓落实。一是领导带头学。区委常委会坚持把集中学习作为规定动作，先后带头开展集中学习20多次、交流研讨3次、宣讲10次，做到了常委层面先学一步、学深一层。以此为带动，各级各部门通过读原文、学原著和座谈交流讨论，深刻领会精神实质和精髓要义，取得了入脑入心、见行见效的极好效果。特别是十九大召开后，全区上下把学习贯彻习近平新时代中国特色社会主义思想和十九大精神作为首要政治任务，在学通弄懂做实上下功夫，进一步树牢了“四个意识”，维护核心、忠诚核心成为全区党员干部一种思想自觉和行动自觉。二是丰富载体学。依托中心组学习、专题培训、干部职工例会等载体，邀请专家学者，深入开展中共十九大和省市党代会等精神巡回宣讲，进企业、进农村、进机关、进社区、进学校、进军营，做到了家喻户晓、人人皆知。尤其利用区乡领导干部论坛这一平台，组织全区县级领导干部，乡镇街办、区直部门主要负责人聚焦十九大精神，谈认识、谈体会，讲经验、讲对策，共发表理论文章40多篇，刊发《区乡领导干部论坛》5期，进一步推动了学用成果转化。三是联系实际学。坚持学以致用的理念，把学习成效体现在谋划全局、推动工作、促进发展上。围绕项目建设、脱贫攻坚、民计民生等，不断加强调查研究，攻坚克难，奋力突破，以学习成效推动各项工作抓落实、干到位。

【项目建设实施】着眼调结构、转方式、保增长，始终把项目作为推动经济社会发展的主引擎，全年共实施50万元以上各类项目219个，总投资356亿元，完成投资98.2亿元。一是狠抓重点项目不懈怠。对市区确定的重大项目，严格实行“三个一”包抓责任制，34名县级干部分别包抓58个国省投及市区重大项目，挂图作战，一线抓促，跟踪督查，形成了领导带头、区乡村三级联动抓项目的局面。针对越往后项目征拆难度越大的现状，抽调乡镇街道精干力量组成专门工作组，全力保障银西铁路等项目用地7000多亩。二是狠抓招商引资不松手。坚持大招商、招大商，抢抓“一带一路”建设甘肃黄金段机遇，借助兰洽会等活动，组建招商小分队赴江苏、浙江等地，采取定向招商、上门招商、政策招商等多种形式，与多家知名企业进行深度对接，掀起了全民招商新热潮。全区共实施招商引资项目57个，完成投资117.5亿元。特别是年初成功招引的7个农业产业化项目，总投资额超过40亿元，这在“一产”的投资上是前所未有的。三是狠抓项目储备不断档。立足全区基础设施建设、产业发展等需要，紧盯政策导向抓储备、上项目，组织各级各部门论证储备重大项目80个，总投资157.5亿元，有效解决了“项目干锅”现象。

【城市形象建管】围绕“城市出形象”这篇大文章，坚持建、改、管并举，城市综合承载能力全面提升。一是抓基础设施建设完善城市功能。以海绵城市、管廊城市、智慧城市、文明城市“四城同创”为载体，以优化城市功能布局的节点性工程为重点，主要抓了“三网”建设：热网建设，针对市民反映基础设施欠账大等难题，全年投资6.85亿元，建成北区热源厂、东区热源厂二期和88座换热站，敷设改造一二级管网30公里，新增供热面积734万平方米，供热覆盖率达到85%，城区总供热面积达到1426万平方米，比建市设区30多年的总和还要多。路网建设，董志塬大道等11个世行贷款道路项目顺利推进，庆化大道南延伸段即将建成通车，北京大道北段、安定西路西延伸段正在实施综合管沟，“一环八纵十六横”的城市交通体系初具雏形。58条主次干道及57条背街巷道全面完成提质改造，进一步疏通了城市“微循环”。水网建设，围绕“海绵城市全国试点先行区”定位，坚持从源头治理抓起，启动实施了4个污水处理厂和2个泵站建设工程。占地196.67公顷的城南绿地项目快速推进，戏楼、科普馆等主体工程全部建成，将与雨洪集蓄保塬生态项目构筑起新的城市生态屏障。二是抓棚户区改造提升城市品位。按照“破解滞后瓶颈、加快改造进度、解决遗留问题、提升城市品位”的总要求，全面完成市财政局片区等7大重点片区征拆任务，加快与碧桂园等意向商家对接，高起点规划，整片区开发。同步拉开第二轮安定东路二期等6个片区，签订协议3016户，腾出净地1104亩，为拉动经济增长、提升城市形象下出了“先手棋”。三是抓城市管理丰富城市内涵。在总结城市管理系列活动经验的基础上，启动“城市出形象、管理上水平”主题活动，扎实开展城区环境卫生、交通秩序等“七大提升行动”，深入推进环卫清扫保洁市场化运作，不断扩大卫生整治辐射范围。同时，坚持每月底周五组织干部职工上街除脏、治乱、纠差，并对城郊接合部开展集中整治，环境面貌持续改善，为全市文明城市创建打下了坚实基础。

【脱贫攻坚】按照习近平总书记“绣花式”扶贫要求，全面落实“六个精准”和“七个一批”要求，以巩固扩大脱贫成果为主线，集中力量强弱项、补短板，全区贫困发生率降至0.51%，农民人均纯收入达到9138元，各项指标均达到省定验收标准，迎接了省市扶贫开发验收评估。一是拔高标杆强基础。在全区所有贫困村实现“十二个全覆盖”的基础上，把安全饮水的重点放在自来水入户和水质提升上，全区水厂供水工程自来水入户率达到100%。注重电力设施增效扩容改造，改造农电线路79公里，有力保障了电压质量和农户生产生活重要设备连续用电。加快实施农村道路养护、超期服役道路升级换代和断头路续建三大工程，新修农村道路156公里，形成了居民点到乡村干道、龙头企业到产业基地、旅游景点相互串联的交通网络。

统筹推进易地扶贫搬迁和危房改造，建成安置区37处，安置贫困群众388户。教育扶贫、健康扶贫和社会保障兜底扶贫各项政策落实到位。贫困村基础设施建设和公共服务配套整体上呈现出反超非贫困村的态势。二是创新模式激活力。创新党建牵动、金融撬动、技能带动等模式，在不断加大生活扶贫、产业扶贫的同时，大力推进精神扶贫，持之以恒提振贫困群众的“精气神”，有效激发了他们脱贫致富的信心和勇气。在党建牵动方面，4000多名致富能手与8000多名贫困户结成帮扶对子，做到不脱贫不脱钩、不小康不撒手。在金融撬动方面，采取“政府＋银行”“银行＋资金合作社”“责任单位＋村组”的模式，有效破解了贫困户发展产业缺资金、贷款难的问题。在技能带动方面，积极实施新型职业农民培训项目，做到贫困家庭、新增“两后生”技能培训全覆盖，确保贫困家庭劳动力至少掌握一门致富技能。三是动态管理抓脱贫。紧扣“两不愁三保障”“十不算十不脱”标准，扎实开展两轮“回头看”，跟踪监测管理，及时动态调整，做到了应纳尽纳、应扶尽扶、应退尽退。对已脱贫人口坚持帮扶责任不变、扶持力度不减，确保真脱贫、不返贫。对不达标的回退贫困人口，及时落实既定帮扶措施，年内减贫348户1341人，脱贫攻坚成效明显。

【三产结构转型升级】坚持融合发展理念，扎实推进供给侧结构性改革，加快产业转型升级，农业、工业、服务业占到地区生产总值的比例达到6.3:43:50.7，三次产业结构实现了从“二三一”到“三二一”的转变。农业突出助农增收，成功招引总投资额超过40亿元的7个农业产业化项目，开创了“一产”投资的先河。集优质果树栽培、休闲采摘、果品贮存加工、品牌营销推广于一体的甘肃居立现代苹果产业示范园正在快速建设，为进一步巩固扩大“东果”产业布局奠定了坚实基础。以“全产业链、全价值链、全循环链”为主攻方向，成功招引甘肃中盛、正大集团两个畜牧产业重点龙头企业，推行“以种促养、种养结合”模式，实现了周边群众不断致富增收和解决群众就业的双赢局面。大力发展节会经济，成功举办首届油菜花节、特色农业采摘等系列乡村旅游节会，探索走出了乡村旅游与扶贫开发深度融合的新路子。全年累计接待游客215.6万人(次)，实现收入2680万元，带动农民直接增收450万元。工业突出平台搭建，按照“基础优先、企业入园、工业集聚”的发展思路，以南、北两大园区为突破口，全力打造地方工业发展平台。南部石化园A1、A3路基础工程基本完成，瑞华天然气和永欣石化完成设备安装调试。北部工业集中区B1、C17路全面建成，园区道路框架进一步完善；益翔药业建成投产，庆宁粮油入园建设进展顺利，工业总产值达到192.5亿元。对接金融机构贷款8900万元，解决了44户中小微企业发展资金难题，促进工业经济平稳运行。商贸服务业突出市场建设，围绕打造现代商贸强区，全面加快十大专业市场建设，东区放心食品城建成主体，中元世贸、东方丽景等商贸中心相继建成，嘉鑫国际建材城积极借助西安大明宫先进管理经验，实现了管理水平和经济效益双提升，吸引人流、物流、资金流强力聚集。积极实施“互联网＋”计划，世界500强企业苏宁云商落户西峰，庆阳家立方在前海股权交易中心成功挂牌，迈出本土电商企业自主融资第一步。全区电商企业达到783户，全年线上交易额突破6.2亿元。

【生态环境防治】始终把生态环境保护摆在全局工作的突出位置，严格落实“党政同责、一岗双责”，聚焦重点领域和薄弱环节，常态化开展整治，一大批群众反映强烈的环境问题得到有效解决。一是纵深推进大气污染防治。紧盯“蓝天保卫战”“冬防攻坚战”等专项治理行动，全面落实“抑尘、治污、压煤、控车、禁燃”五项措施和环境空气监测“一项预警”。同时，按照市委、市政府“冬病夏治”的要求，下实手狠抓燃煤小锅炉拆除改造，累计淘汰整治燃煤小锅炉332台，建成优质煤炭市场一期和4

个二级配送网点，城区空气质量优良天数全年累计达到 319 天。二是综合实施水土污染防治。全面实施河长制，建成了区乡村三级河长体系，加强雨污混排、河岸河道综合整治，基本做到了“三洁六无”。大力推进巴家咀水库水源地保护工作，退出滩涂地 3265 亩，从长远保障了城市居民安全饮水。三是持续加强环境卫生整治。紧盯“全域无垃圾示范区”创建目标，通过公路沿线“铲杂草、开边沟、整树畦”，村庄周围“清垃圾、整三堆、除十乱”，基本实现了人居环境美、乡风民风美。同时，建立“黑红榜”公示等制度，采取“一周一督查、一旬一通报、一月一总结”等方式，对所在乡镇排名考核中垫底的党政主要负责人约谈 8 人(次)，真正达到了以制度推动环境卫生整治落实见效。四是扎实开展环保问题整改。坚持“一名联系领导、一套整改方案、一抓到底”的县级干部包抓责任制，实行对账销号，全力抓促中央环保督察组交办的环境信访投诉问题和省市交办的信访件及群众反映的热点焦点问题，全部办结 3 批 45 件中央环保督察组交办环境信访投诉问题。

【民计民生成果共享】秉持民生至上理念，把财政资金更多投向民生领域，运用 9.86 亿元财政资金保障和改善民生，群众幸福感和获得感不断攀升。一是教育事业稳步推进。积极推进“全面改薄”项目 46 个，全区高考二本以上进线率上升 5.8 个百分点，教育教学水平稳步提升。二是医疗服务不断优化。积极稳妥推进医药卫生体制改革，大力开展“名院、名科、名医”创建，扎实推进城乡公共卫生服务项目建设，区医院内科综合楼开工建设，陈户、温泉卫生院项目建成主体。三是社会保障全面加强。发放各类保障金 1.1 亿元，新增城镇就业 8130 人，安置退伍军人和扶持大学生就业 233 人，帮助农民工追讨工资 793 万元。四是文化产业蓬勃发展。以“文兴西峰大产业”活动为抓手，成功举办第十五届“中国•庆阳”香包民俗文化节，启动实施了“双百双万”惠民工程，为全面建成小康新西峰提供了智力支持。央视七套《乡约》栏目再次走进西峰，提升了西峰的对外影响力和美誉度。五是社会大局和谐稳定。认真抓好“五项安全一项维稳”，依法严厉打击“村霸”和宗族恶势力犯罪以及各类邪教行为，下实手解决“执行难”问题，为十九大胜利召开创造了平安稳定的社会环境。深入开展领导干部包案督办和接访下访活动，调处案件 540 件，调处成功率达到 90%以上。

【党的建设】坚持把抓好党建作为最大政绩，不断聚焦思想建党、组织建党和制度建党，全面提升基层党建科学化水平。一是强化基层组织建设。在农村，大力实施“能人强村”战略，顺利完成了村两委换届，选派 7 名年轻干部到村任职，新任村支书的平均年龄比上届下降了 4 岁，基层组织的凝聚力和战斗力全面增强。高标准、高质量推进第二批 8 个村级活动场所提质改造工程，有效解决了村级党组织无办公阵地、群众无活动场所的问题。在城市，启动了 6 个街道 36 个社区规划筹建工作，建成后将对加快城市现代化进程具有里程碑意义。积极探索社区服务新机制，东大街社区“云平台”将辖区内的单位、企业等多元主体纳入社区服务体系，构建了共治共享的区域化城市党建大格局。在机关，探索建立成果交流、定期调阅、考试检验、现场观摩、督查反馈“五位一体”工作法，进一步激发了机关党建工作新活力。在“两新”组织，推行“三建一派”模式，非公企业、社会组织党组织覆盖率分别达到 57%、72.4%。二是强化纪律作风建设。按照省市安排部署，坚决全面彻底肃清王三运流毒和影响，抓落实、干到位成为党员干部的新常态。纵深推进“两学一做”学习教育常态化、制度化，全区 893 个基层党支部深入开展“主题党日”“党性锤炼日”等活动，党员干部作风明显转变。三是强化干部队伍建设。制定出台《西峰区区管干部人选初始推荐提名办法(试行)》等系列制度，严格落实领导干部能上能下、干部逢提必下等规定，提拔选任干部 70 人，调整交流 35 人，切实增强了干部队伍的梯度发展和整体活力。

【党风廉政建设】按照新时期全面从严治党新要求，坚持把党风廉政建设与经济社会发展同研究、同部署、同推进、同考核，强化监督执纪问责，着力构建风清气正的政治生态。一是认真落实“两个责任”。区委常委会先后9次专题研究部署全区党风廉政建设工作，制定出台《党风廉政建设约谈意见》等8项制度，健全了横向到边、纵向到底的责任传导和责任追究链条。全面深化纪检监察体制改革，顺利完成监察委员会组建、机构整合、人员转隶等工作，监察体制改革迈出实质性步伐。严格落实“四签制度”“三级约谈”“四式管理”“一案双查”等措施，形成了党风廉政建设一级抓一级、层层抓落实的工作格局。二是扎实开展巡察监督。以“三纠三促”专项行动为契机，重点围绕基层党风廉政建设和发生在群众身边的腐败问题，组织开展了专项巡察整治3次，达到了问责一个、警示一片、教育一方的效果。特别是在扶贫领域监督检查中，发现问题线索76条，查处问题12起，处理32人；在卫计系统专项巡察中，发现问题87个，提醒约谈12人。三是加大执纪问责力度。紧盯惠农政策落实、扶贫资金使用、项目征地拆迁、农村“三资”管理等重点领域，加大明察暗访和信访线索处置力度，全年初核违纪线索182起，给予党政纪处分66人，有效发挥了警示震慑作用。

【重要文件】区委发〔2017〕2号：印发《关于做好2017年党风廉政建设工作约谈的安排意见》的通知

区委发〔2017〕12号：转发《宣传部、司法局关于在全区公民中开展法治宣传教育等七个五年规划（2016-2020年）》的通知

区委发〔2017〕17号：《关于进一步加强人民政协协商民主建设的实施意见》

区委发〔2017〕18号：《关于全面推进卫生与健康事业发展的意见》

区委发〔2017〕20号：《关于西峰区第八届人民代表大会补选代表初步候选人的意见》

区委发〔2017〕22号：《西峰区进一步贯彻落实习近平总书记“八个着力”重要指示精神实施方案》的通知

区委发〔2017〕26号：《关于省人大代表候选人提名推荐人选的意见》

区委发〔2017〕28号：《关于深入学习宣传贯彻党的十九大精神的实施意见》

区委发〔2017〕29号：《农村资源变股金农民变股东改革试点工作实施方案》的通知

区委发〔2017〕33号：《西峰区深化国家监察体制改革试点工作方案》的通知

党务工作

【文秘工作】始终秉持“质量是文稿生命线”的理念，综合文稿采取“大兵团”作战，实行部门、秘书、政务主任、主任层级审稿，集思广益、博采众长，力求起草的文稿符合上级政策、体现领导意图、指导推动工作。同时，全面实行起草材料清单制，每月底文秘人员列出起草材料的题目、责任人、完成时限，并附材料，由政务主任评分，每季度公布成绩，形成了竞相参与起草文稿的良好局面。全年撰写领导讲话、工作报告、汇报190多篇约240多万字。坚持全员办信息，落实科级干部督办和信息员值班制度，加强对2个信息直报点的业务指导，全年编报党委信息4772条，为上级党委决策提供了科学依据。严格执行主任统筹，分管主任负责，分口秘书运作，其他人员配合的办会流程，全年承办区委常委会、中心组学习会等一类会议90次，确保了会务高效顺利。对重要事务、重大活动定期沟通衔接，凡涉及部门多、事权有交叉的工作，主动牵头，协调各方，及时传递党委声音，以点上的同频共振，确保了面上的执行顺畅。

【机要工作】扎实推进规范化建设，完成了党委系统信息化机房提质改造、密码通信主渠道网

络扩容升级改造，有力保障密码通信工作顺利开展。对区机要局视频监控系统进行了升级改造，实现了内部机房"无缝隙"覆盖。全年接收处理中央、省市三级文件3732份，明传电报1008份，密传电报565份，省委批示件26份、市委批示件182份，收发传真660份，确保了密码通信安全高效。

【保密工作】以提升技防能力为核心，全面推行涉密计算机标识备案制度，为区委政法委、发改局等涉密成员单位，17台涉密、228台非涉密电脑粘贴了密级标识，做到了"两机分离"办公。实行密级文件台账管理，完善了文件资料、秘密载体管理等档案，确保文件处于可控范围。全年累计处理密码电报200多份，中央、省市文件300多份，销毁各类文件3.5吨，预防了纸质文件流失泄密。

【脱贫攻坚】围绕巩固脱贫攻坚成果，持续加强基础设施建设，建成罗杭村居民小区1处，柏油罩面组级道路1.5公里，新建垃圾填埋场1处，全面整修村部街道路面，村级面貌明显改善。大力发展果产业和养殖业，人均栽植果树1亩以上、养羊2只，拓宽致富门路。全办干部深入帮扶户家中，采取送政策、送地膜、送生活用品等方式，帮助贫困户排忧解难，增强群众脱贫致富的信心。

【规范管理】坚持以制度管人、按制度办事、用制度考评的管理思路，探索推行以岗位分工制和工作办结制为核心的标准化管理体系，制定出台《区委办公室干部管理考核办法(试行)》和《区委办公室后勤人员绩效管理考核办法(试行)》，每月召开一次办公室全体干部职工会议，大家一起晒成绩、找差距、谈打算，干部职工的责任意识、业务能力和服务水平明显提升。一是机关建设不断加强。着眼为干部职工创造良好的工作环境，对机关进行了"三改五化"，即对供暖地沟管网、排污管线、楼顶防水进行了拆除更换，并通过对院内花草树木进行修剪，对损坏院坪进行修补，对喷泉及假山进行清洗，确保了机关的硬化、绿化、亮化、净化、美化。按照办公用房清理工作要求，对南办公楼部分办公室进行了改造，进一步提高了机关办公用房的使用率。二是机关管理科学规范。建立健全区委机关安全保卫制度，实行门卫24小时值班制，对出入机关院落的各类车辆实行严格管理与控制，更新登记机关院内公务用车和职工私家车信息，及时清理机关院内无故停放的车辆。同时，进一步加强机关大灶管理，定时对就餐大厅、包间进行清洁，积极听取机关干部的意见，不断丰富饭菜品种、提高饭菜质量，同时，更换添置餐具存放柜190个。三是机关活动丰富多彩。举办"区委机关职工运动会""迎国庆、歌盛世"歌咏比赛、"携手南梁、追忆历史"红色教育活动、"美好新时代、共筑中国梦"主题诵读比赛，进一步在凝聚干部、促进交流、互相学习等方面发挥了积极的作用。

中国共产党西峰区委员会及办公室领导班子成员名录

区委

书　记　章志兼

副书记　王　驰　贾志升

常　委　刘建莉(女)　李建新　马耀文　张鹏瑞　李廷位　张晓龙　张　瀚

办公室

主　任　刘军锋(1月任)

副主任　刘亚文　耿立群(1月止)　安继宏

(供稿：齐志鸣)

组织人事

【基层组织建设】农村党建　创新实施选优育强、两个半百、双培双优"三大工程"，培树好人型、能人型村党组织书记24名，储备大学生村级后备干部53名，培育党员致富带头人50名。大力推行"三链"、"农业+"党建模式，在产业基地、合作组织中组建产业引领型党组织28个，举办庆阳首届万亩油菜花节等旅游观光活动20余场，带动农民直接增收450万元。全年投入经费2270万元,增加村干部报酬平均每人0.6万元,村级办公经费平均每村增加0.6万元,首次为1021名离任村干部发放生活补助76万元。组织村、社区党组织书记,分别赴四川成都、山东青岛等地培训学习。城市党建　着眼构建“六化六型”社区,在全市率先成立街道“大工委”、社区“大党委”,推行区域化党建工作制,形成了“共建共创共享共赢”的城市党建大格局。全年接受省、市、县各级观摩17次,为全市城市基层党建工作会提供观摩点5个。特别是东大街社区数据“云平台”、北大街社区“双社联动”、九龙南路社区“网格化管理”等服务品牌,为省、市创出了经验。机关党建　探索建立成果交流、定期调阅、考试检验、现场观摩、督查反馈“五位一体”工作法,通过点对点指导、面对面互动、实打实检查,激发了机关党建工作新活力。“两新”组织党建　大力推广单独建、联合建、挂靠建、选派党建指导员“三建一派”方式,非公企业、社会组织党组织覆盖率分别达57%、72.4%,有效激发了广大党员的先锋引领作用。创新开展“三培养”活动,完善“三重一大”议事决策等制度10多项,充分发挥了党组织把方向、管大局、保落实的作用。基层干部选派与党员管理　选派7名年轻干部到村任职,将589名致富带富能力强的优秀人员选进村“两委”。选派第一书记15名,组建“三位一体”驻村工作队15个。全面完成744个党组织和1.7万名党员“管理信息系统”建设,实现党员组织关系网上转接。

【干部队伍建设】干部选任　严格落实领导干部能上能下、干部逢提必下、重点岗位交流等规定,调整到重要领导岗位7人,免去不适宜担任领导职务干部13人,提拔到乡镇街道任职20人,任期满交流35人,试用期满考核不合格取消试任职务1人。持续强化优秀年轻干部和“三方面”干部培养选拔,提拔35岁以下优秀干部12人、党外干部3人、少数民族干部1人、女干部14人。严格按机构规格和核定职数配备干部,做到了超职数配备零增长。建立干部工作全程纪实和倒查工作责任追究制度,从严落实“凡提四必”要求,有效防止“带病提拔”。干部教育培训　牵头举办十八届六中全会精神集中轮训等主体培训班27期,培训干部3870人(次),选派113名科级及以上领导干部参加国家及省、市调训,干部队伍整体素质不断提升。干部监督管理　健全信访、电话、网络、短信“四位一体”举报受理平台,核查信访举报4起。组织198名领导干部填报个人有关事项,查核取消考察对象资格1人、诫勉1人。对17名部门“一把手”进行了经济责任审计。干部档案管理　对32名档案涂改人员分别作出限制提拔使用、通报批评、书面检查等相应处理。制定出台《西峰区干部职工请销假和外出报告管理暂行办法》《关于进一步加强新形势下干部经常性教育管理监督的意见》等制度。

【人才队伍建设】人才引进　在教育、卫生、农业等部门,以临聘的方式引进专业技术人才620人,以定期服务的方式引进农业产业高层次专家人才7人。人才培育　筹建电商人才、农村实用人才等培训基地5处,创办“农民田间学校”1所。评选师德标兵和教育名师25人。举办党政人才、农村实用人才、电商人才等各类培训班35期,受训人员达6000人(次)。实施居立苹果产业升级融合人才引进示范项目和“三区人才计划”项目,争取经费30万元。环境营造　创办《人才之窗》电视栏目,深度宣传报道优秀人才典型事迹10期,全年慰问各类高层次人才35名。

【自身建设】学习提升　创新建立“五个一”(每周组织一次集体学习、研读一篇文章,每月开展一次业务辅导,每季度讲一次党课,每半年参加一次培训)学习制度,全年开展集中学习交流35次,撰写理论文章、工作信息168篇,其中35篇被甘肃组工网、市委党建网等媒体刊登,信息采用得分位居全省县(区)第一。效能建设　采取专题培训、组工讲堂、座谈交流、实践锻炼等方式,分层分类开展业务培训5场(次),培训组工干部200多人(次)。健全完善《目标管理考核办法》等8项规章制度,有效解决了干部职工“慵、懒、散、慢”等问题。大力推行首问负责制、服务承诺制、限时办结制、效能考评制和责任追究制,形成了心齐气顺、风正劲足的良好工作局面。党群关系　组织干部职工深入乡镇、村组、社区、企业等领域调研30多次,与党员、干部、群众谈心谈话1200余人(次),解决突出问题33件。指导庄子洼村“两委”在全区率先推行“集体流转、统一栽植、三年统管、挂果分营”模式,带动贫困户户均增收1600元。

区委组织部领导班子成员名录

部　长　李建新

副部长　田云宇　李文渊

(供稿:郑飞飞)

宣传工作

【影视宣传】与央视七套(农业电影电视中心)合作,3月开始,用一年时间,开展宣传片拍摄、电影创作、人员培训、业务指导、栏目策划、宣传推介等全方位、多角度的9项合作。组织6批次20多人围绕采访、编辑、制作、技术等27项内容到央视进行了学习交流;央视指派专业人员到西峰区开展业务交流培训11场次。6月,在显胜乡毛寺村再次拍摄播出“乡约·走进西峰”节目;采写的“花香蒲河·魅力西峰,首届油菜花节在西峰举行”“赚钱只为一张图”在“聚焦三农”“致富经”栏目播出,在宣传推介精准扶贫、乡村变化等方面产生了良好的效应,扩大了西峰对外的知名度和影响力。打造的专题栏目《西峰故事》已完成样片,拍摄的宣传片《高天厚土、大美西峰》、微电影《庆阳香包》。西峰电视台制作的《我在树下做了一个梦》《七十岁老人的创业》《十五岁种下的财富梦》等10期电视节目将在央视农业频道及所属网络平台中播出。

【对外宣传】《今日西峰》移刊《陇东报》,开办每周一期的《陇东报·今日西峰》周刊,出刊43期;周刊开设“民生政声”“行进西峰·精彩故事”“东西南北中·最美西峰人”等专栏,推出脱贫攻坚、“城市出形象、管理上水平”、项目建设、全域无垃圾专项治理行动等一系列主题宣传。创办“掌握西峰”“西峰电视台”“西峰政府网”3个微信公众平台。依托“庆阳网”、掌中庆阳APP、陇东报微信公众平台等阵地,专门开设西峰板块,策划直播首届“油菜花节”“香包民俗文化节”“最美南街”系列评选活动及“双百双万”小康图书惠民工程图书捐赠仪式实况,推出《“文化小康”提升百姓获得感——西峰区“文化惠民”工作纪实》《“农业+”激活发展新动能——西峰区农业供给侧结构性改革稳步推进》等一系列反映西峰发展的稿件830多篇。

【文化宣传】区上与中国光华科技基金会衔接,依托“光华书海”工程图书捐赠,启动实施“双百双万”(财政列支150万元,为全区209个图书馆、农家书屋配套图书30万册,惠及全区38万人民)小康图书惠民工程。区委常委会、区政府常务会专题研究,审定印发《关于组织实施全区“双百双万”小康图书惠民工程的安排意见》。4月启动实施,与中国光华科技基金会对接,在图书选配过程中,除了按比例配置国学经典、四大名著、政经文学等通用书目外,还针对各单位服务对象和性质属性配备了相应书目。为全区209个单位配备文学、经济、科技、艺术、少儿图书等30多万册,总价值1500万元,成立4个督查组,对图书上架使用情况检查,对部分书籍进行统筹调配。同时,在城区公园、广场等公共场所投放6台电子图书借阅机。

【智汇西峰大讲堂】邀请北京大学法学博士刘志伟、环保部原总工程师杨朝飞等专家学者,围绕国学智慧与为政之道、中国的环境发展等专题,举办“智汇西峰大讲堂”专题讲座2场次。

【德行西峰大家庭】扎实积极推进核心价值观

建设，广泛利用电视、网站、微信公众号开辟专题专栏常态化展播核心价值观“24字”，动员各行各业累计制作核心价值观宣传展板和温馨提示小桌牌1.4万余面。深入开展了核心价值观“十大创建”和“六进”(进机关、进企业、进学校、进医院、进村社、进家庭)活动，举办演讲比赛、读书会、专题讲座等主题活动190多场次，全面推动核心价值观由“人知人晓”向“人信人守”转变，为全市社会主义核心价值观推进会议提供了观摩点。持续实施文明礼仪养成行动，积极倡导遵德守礼、勤俭节约、敬老孝老风尚，向市民免费发放《市民文明礼仪常识》《雷锋精神辅导读本》等书籍5.2万册，制作发放文明礼仪宣传册页、精神文明建设墙报1.7万余份；深入实施“五大文明”(文明餐桌、文明祭祀、文明旅游、文明交通、文明上网)行动。开展“德润陇原”道德实践活动和“道德模范”评选、“传家训、亮家风”等各类活动，其中：未成年人领域15场次，培育推荐省级道德模范3人，市区级各类典型70多人，培树“百城万店无假货”示范街2条、示范店23家。以贯彻中共十九大精神为主题，举办精神文明建设各类大型系列活动5场(次)，表彰树立区乡两个层面的先进典型60多个，其中，“最美南街”系列评选颁奖晚会，表彰郭克选、黄兰琴等先进典型11个。爱国主义和国防教育常态开展，与市国防办在庆阳二中联合举办第十七个国防教育日纪念系列活动，培育推荐东湖公园、区青少年活动中心综合实践基地申报市级国防教育示范基地，李岭乡村记忆园、市会展中心申报市级爱国主义教育基地。

【和谐西峰大舞台】全力推动“乡村舞台”内容建设，选择群众喜爱、参与度高的篮球、戏曲、广场舞等项目，组织基层文体骨干，依托建成的“乡村舞台”集中辅导推广，引导开展群众文化活动。集中组织2017年元旦春节八大系列文化活动、“美育绽放、童心飞扬”庆六一文艺晚会、“军民一家亲”庆祝建军90周年文艺晚会以及香包节、油菜花节系列群众文化展演活动40多场次，丰富元宵节社火会演、焰火晚会，春节亮化岐黄大道灯景一条街。

【文兴西峰大产业】参加深圳文博会、敦煌文博会等节会，招引庆阳民俗文化产业园儿童乐园、万达影城、月亮湾香草园等4个项目落户西峰，总签约额30.3亿元。对外挖掘推介老洞仙山旅游景区、弯镰沟地质公园等10多个项目，建成肖金宋塔文化园3个展馆及民俗文化大殿主体，试营月亮湾香草园项目，园内栽植玫瑰等香料作物460亩，内设游客服务中心、购置观光小火车、搭建14座休闲小木屋。举办首届庆阳冰雪旅游节暨2017年大众高山滑雪锦标赛、2017首届油菜花节、第二届青藤樱桃文化节、首届“花神之约”芍药动漫主题观赏节、七彩花田第二届庆阳郁金香文化节等乡村文化旅游节会8次。

【小康西峰大圆梦】紧盯区委、区政府提出的“力争三年实现全面小康，五年迈出现代化建设新步伐”这一目标，围绕“八大主题”(现代宜居小康西峰、区强民富小康西峰、产业集聚小康西峰、商贸繁荣小康西峰、和谐幸福小康西峰、山清水秀小康西峰、活力迸发小康西峰、风清气正小康西峰)，全面打响“物质小康大宣传”和“精神小康大提升”两大战役。策划开展了以“走基层、进万家、看小康”“行进西峰·精彩故事”为主题的经济社会发展系列宣传报道活动；以“圆梦小康、和谐共享、人生出彩”“东西南北中·最美西峰人”为主题的文化精神鼓舞宣传报道活动。策划采写了《日子会越来越好》《西峰蓄积县域经济发展新“动能”》等20多篇稿件在《甘肃日报》《甘肃经济日报》等省级主流报纸头版醒目位置刊发。邀请中央电视台新闻频道记者对我区民俗文化产业发展进行了深度采访，实地拍摄了国家级民间艺术大师左焕茸的事迹，制作完成了《背着香包闯世界》节目，在中央电视台新闻频道“一个村庄的美丽中国”栏目中播出，播出时长达6分钟；配合甘肃日报摄影记者，实地拍摄的《“铿锵玫瑰”致富路——庆阳市西峰区“巾帼脱贫行动”风采录》，以图片专版形式刊发在《甘肃日报》。

【思想引领行动】区委常委会先后4次对意识形态工作进行了专题研究，印发了《西峰区党委(党组)意识形态工作责任制实施方案》《西峰区党委(党组)网络意识形态工作责任制实施方案》等19个文件，成立了以区委书记为组长的区委网络安全和信息化工作领导小组，召开了联席会议，细化明确了各自任务职责；组织开展了意识形态工作专项督查行动，层层签订了目标管理责任书，督促各级党委(党组)将意识形态工作列入重要议事日程，纳入党建工作责任制、民主生活会和述职的重要内容。围绕靠实责任、明晰任务，编制了区委、乡镇(街道)党(工)委、区直部门党组、党(工)委三个层面的意识形态和网络意识形态工作责任体系示意图，明确了主体责任、第一责任、直接责任和“一岗双责”的责任体系，下发了意识形态和网络意识形态工作任务，对思想引领、理论武装、价值取向等九个方面工作进行了安排部署。围绕做好网络意识形态工作，实施了“网络清朗”专项行动，对全区属地内34家区属行政事业单位网站、415家企业和84家个人网站等进行了3次全面分类清理整治，并对全区企事业单位及职工微信公众号、微博等进行了全面摸底备案登记，加强管控。与陇东报社合作，对网络舆情24小时监测，监测应对处置舆情38起，出具舆情监测报告101期。全力做好中共十九大期间网评工作，对全区属地行政事业单位网站和重点行业、重点部门网站进行了4次督查，签订了《2017年度网络意识形态安全暨服务保障党的十九大网络安全责任书》，关停注销高危网站14家，组建“西峰网军”，核心网评员60多人。

【舆论引导行动】严格落实新闻选题策划制度，及时组织媒体负责人研究中央、省、市新闻媒体报道热点和全区工作亮点，梳理线索、确定选题、明确导向，编发《一周新闻宣传策划》47期。围绕全市“舆论宣传提升年”活动，开展“砥砺奋进的五年”“十九大时光”“小康西峰”等宣传，邀请中央电视台、新华社等媒体记者采访80批240人(次)，在中央、省市各类媒体刊发稿件6100多篇(条)，在省级主流媒体发稿177篇，《陇东报》发稿1196条，庆阳电视台发稿399条。围绕迎接和学习宣传贯彻党的十九大精神、创建文明城市、贯彻省第十三次党代会精神等主题，制作发布各类跨线桥、立柱、大型立地式宣传牌80多面，督促各级各部门建设围墙宣传阵地110多个3.7万多米、8万多平方米，拓展了公益宣传阵地。

【文艺创作行动】举办纪念延安文艺座谈会75周年文学艺术交流培训会，组织文艺工作者赴敦煌参加创作采风活动，制定《西峰区文艺创作资助办法》，在《董志塬》《陇东书画》两本刊物出刊8期，刊发新创文艺作品80多件，策划开展“花香蒲河、魅力西峰”征文专栏，征集刊发文艺作品12件。推荐申报第十届“李梦阳”文艺奖作品22部、中宣部第十四届精神文明建设“五个一”工程奖作品1部，11人获第九届“李梦阳”文艺奖，2人获全市重点文艺创作资助，1人获第六届甘肃省黄河文学奖，原创歌曲《中国梦》央视1套、15套，播放50多次。

【移风易俗行动】破除“四项陋习”(破除婚嫁彩礼过高、婚丧大操大办、赡养老人薄养厚葬、治丧时间过长)、打击“两种行为”(聚众赌博行为、婚车行进途中拦截索要财物行为)，下发《西峰区推动移风易俗树立文明乡风工作实施意见》，策划组织注重家庭、注重家教、注重家风，传承家训“三注重一传承”教育活动。提升农民思想道德素质，指导100个行政村建设文化街、文化墙、宣传栏等阵地240处，制作传统文化、道德经典等宣传牌1200多面，建立“善行义举四德榜”40多个，征集“好家风好家训”格言200多条，评选表彰“道德模范”4人、“文明家庭”和“最美家庭”17个。下发《西峰区

元;慰问物品折合人民币 41.76 万元。围绕贯彻落实党的十九大精神和各项强农惠农政策，各帮扶单位和贫困村驻村帮扶工作队组织帮扶干部深入帮扶村户,举办各类宣传活动 130 场(次),解答惠农政策疑问 4100 余起,反映民意 1031 条,化解矛盾纠纷 702 余起。全年,区上组织开展帮扶工作督查 4 次,下发工作通报 2 期,提出整改问题建议 32 条。结合整区脱贫实际,着眼全面小康,起草下发《关于进一步推动双联行动精准扶贫与全面小康社会深度融合的实施意见》《西峰区 2017 年联村联户为民富民行动工作要点》等文件 6 份。结合阶段性工作重点,起草下发工作安排文件 18 份。

区农村工作部领导班子成员名录

部　长　安高奎

副部长　郭肇坤　付永宁(1 月止)

　　　　武　龙(1 月任)

(供稿:孙于茜)

机构编制管理

【行业体制改革】对行业体制改革有：分设西峰区民族宗教事务局；组建西峰区城乡居民健康保障局;设立乡镇(街道)派出检察室。招商局更名“经济合作局”。对纪检监察体制改革、法院检察院管理体制调整、环保机构垂直管理、城市综合执法机构改革、经济发达镇行政管理体制改革。12 月 29 日，西峰区解放路等六个街道办事处相关机构正式批复设立。

【行政审批制度改革】编办承接调整审批事项 12 项，调整后西峰区本级保留行政许可项目 138 项,政府内部管理事项 32 项,备案事项 70 项。在“减证便民”专项行动中,对 32 个政府部门单位实施审批、提供公共服务过程中要求申请人出具的各类证明进行清理。建立行政审批事项流程和监管流程,强化对每个审批环节的控制。联合督查考核局、法制办、政务服务中心等部门单位,采取观摩执法方式，对市场监管部门开展随机抽查工作情况进行督查,规范市场监管。

【控编减编】撤销乡镇财政所等事业机构 8 个,核销机关工勤编制 9 名,消化超职数配备领导 24 人。11 月 23 日,甘肃省控编减编工作专项督查组对西峰区控编减编工作督查验收。

【机构编制管理】召开区编委会议 2 次,受理机构编制审批事宜 29 项,签发控编卡 12 份,核准领导职数使用清单 3 份,调剂使用编制 259 名,向省市编制部门申报机构编制事项 26 项,衔接审批调整优化及新设机关事业机构 33 个,核定科级以上领导职数 162 名。

【事业单位登记管理】清理规范 135 家法人事业单位履职事项 1080 项;开展事业单位法人年度报告公示工作 135 家单位,对 134 家单位的年度报告书在国家事业单位在线网站公示；注销登记事业单位法人 1 家;证书补领 1 家;变更登记 27 个单位 34 项登记事项;在庆阳机构编制网公告 38 家单位有关设立、变更、注销等信息;抽查事业单位法人公示信息 10 家,排查纠错事业单位法人信息 82 条;办理统一社会信用代码证 34 件;审核刻制防伪入网印章 6 枚,颁发防伪入网印章 38 枚,收缴防伪入网印章 26 枚，发文启用防伪入网印章 4 枚。

【电子政务建设】机构编制电子政务建设,以“互联网 + 机构编制”管理新模式,机构编制实名制管理,严格机关事业单位网站认证,保障政府部门单位网站安全，注册 300 家机关事业单位中文域名 304 个,自建网站认证挂标 14 个,“网络红页”审核挂标 286 个,实行全区中文域名注册、网站认证挂标。

【档案管理】印章档案　区编制部门对 2002 年撤市设区收缴的 516 枚机关事业单位印章,按党委、政府、乡镇街道、教育卫生四大系统,新造册登记,编号、复制印模、装盒保存。缺失档案　西峰区编办在1990年单设独立办公之前，机构编制档案均散存于原西峰市委办、政府办和人劳局档案中，区编办入区档案馆，对照全引目录和案卷目录，逐份查阅800多卷党委办、政府办及人劳局1986—1990年文书档案，查找搜集285份机构编制档案文件，进行复制和电子拷贝，补齐机构编制缺失档案，健全机构编制档案信息库。文书档案 集中对1986—2000年的机构编制文书档案重新分类和甄别界定、编号归档、整理装订，统一更换卷宗盒及档案封皮，重新编写案卷目录和卷内目录。归档立卷永久类档案65卷，长期类档案8卷，整理完成1483件12613页文书档案，移交区档案局保存。电子档案 对1986年西峰建市设区30多年来的机构编制文书档案进行扫描，扫描档案文件资料3000多件，32000多页，三方核对电子档案、纸质档案和档案目录。业务档案 对全区机构编制重点业务档案，扫描复制，复印机构编制、政策法规、各类改革、人事劳资等文件资料1203件20000多页，逐年、逐件分类整理，并按照机构编制政策法规、行政管理体制改革、行政审批制度改革、机构编制管理文件、机关事业"三定"(主要职责、内设机构、人员编制)规定、编制部门历史沿革六个类别编撰《西峰机构编制30年资料汇编》两套28册，10月30日刊印完成。

【脱贫攻坚】帮助孔塬村开展春播，动员帮扶杨塬、南塬两个自然村农户整体异地搬迁。对杨塬组至巴家咀水库2公里柏油道路硬化拓宽，流转土地100亩，建成2公里防风林带和135亩植树造林。

区机构编制委员会领导班子成员名录

主　任　赵昌鹏

副主任、事业单位登记管理局局长　沈　焯

副主任、党支部书记　卢　凡(女)

（撰稿：周国栋）

区直机关党建

西峰区直机关工委共辖31个党(总)支部，其中，党总支10个，党支部60个(总支下属支部39个，直属党支部21个)，有党员1140名。

【党建工作】4月，举办党支部书记专题培训班，以党的十八届六中全会精神、党务知识为培训内容，培训党支部书记80名；改选、增补党总支、支部成员79人，转正党员26名，接收发展党员21名；机关工委为各党(总)支部配发《机关工委工作流程手册》《习近平系列讲话精神》《党的十九大报告学习辅导百问》《十九大党章修正案学习问答》等学习读本1000余本；7月，举办入党积极分子培训班，培训入党积极分子60名；工委在区直机关各党(总)支部收缴党费32万元；创建区地税局、城管局、人大、环卫局4个党支部标准化活动室，区直机关全体党员桌前摆放"我是共产党员"工作牌；城管局党总支建成文化长廊；检察院党总支组织开展"先锋引领""模范带头""党员示范岗"。

【党风廉政建设】工委严格按照中央"八项规定"和省委"十项规定"以及市区实施细则，坚持尊重全体干部职工意见，做到重大事项集体讨论决定，从不搞一言堂。制定完善《区直机关工委党建制度》《财务管理制度》《机关干部目标责任考核制度》等规章制度，明确党员干部具体责任及目标范围，并对责任考核、责任追究作了具体规定，实行责任追究制、限时办结制、首问责任制等制度，加强对全体干部的管理；为了确保各项工作靠实到人、落实到位，以制度约束每个干部职工的工作行为。按照干部职工分工，制定每个干部职工目标管理考核办法及奖惩制度，年终同各项工作一并考核，并将此作为干部评优选模的重要依据；反腐倡廉教育与理想信念和宗旨教育、政德教育等有机结合，不断提高党员干部的廉洁自律意识；5月，组织区直机关党员干部和入党积极分子观看《决不饶恕》等警示教育片；9月，党员开展党章党规党纪知识测试,提高党员干部廉洁意识和自我约束能力。

【文化活动】7月,组织开展"弘扬传统文化、纪念党的生日"为主题的诗文诵读会,有25只代表队、49名参赛选手;以"两学一做",推动章程、准则、条例和习近平系列讲话精神的贯彻落实;结合"七一"建党节举办"为党旗添光彩,为群众做贡献"的主题党员志愿活动和"踏寻先烈足迹,重温入党誓词,弘扬革命精神,践行中国复兴梦"的红色教育活动;在"双优一先"评优表彰活动中,表彰先进基层党组织10个,优秀共产党员15名,优秀党务工作者10名;10月18日,组织干部职工观看中共十九大开幕式并听取十九大报告。

庆祝"七一"建党96周年诗歌诵读比赛

【脱贫攻坚】帮联米王村贫困户6户。采取召开座谈会、入户宣讲、调查问卷等形式,发放惠民政策宣讲单1000份,民情连心卡6张,宣讲政策精神2场次,送教下乡活动1次。化解矛盾纠纷8件,征集结构调整、产业发展、基础建设、社会事业等10个方面的意见建议80多条,建立党建活动阵地,发放学习资料。

区直机关工委领导班子成员名录

书　记　高小荣(女)

副书记　李海锋

（供稿:秦丽婷）

老干部工作

【老干部政治待遇】元旦春节期间,四大班子领导带队走访慰问老干部,通过发放慰问信、慰问金和慰问品等方式,对全区23名离休干部、120名县级退休干部和55名离休干部遗属走访慰问,了解他们的身体生活情况,听取他们的意见建议。强化老干部思想政治建设。8月,集中组织全区离休干部和县级以上退休干部137人在区人民医院进行了健康体检。结合老同志普遍进入高龄、高发病期的特点,精心设计AB两种套餐,为老干部筛选生化全项、心脑电图、心脏及全腹部彩超等20多个项目,全面认真做好老干部健康体检工作。为老干部活动中心订阅《光明日报》《陇东报》《党建》等报刊杂志16份,为关工委50个成员单位和基层关工委订阅《中国火炬》600余份,为老干部编印西峰区第三次党代会精神学习资料50本,赠送《深入学习习近平总书记重要讲话读本》《中国共产党西峰大事记》等书籍30多套,为老干部订购《党的十九大报告》《党章》等书籍600多本,为老干部学习提供资料保障。聚焦主题,扎实开展"畅谈展望"主题活动。在活动开展中,聚焦主题,突出重点,积极搭建"思想引领、舆论引导、发挥作用、形象展示、学习交流"五方面内容的"听、看、谈、讲、赞、颂、为"七大平台,组织开展离退休干部"畅谈展望"主题征文、"展望十九大,提出好建言"意见建议征集、"学上网、爱上网,传递正能量"和"喜迎十九大,我最想说的心里话"短语征集、"凝聚人生正能量、展示夕阳新风采"个人作品征集等多项系列主题活动。围绕主题,组织召开老干部"畅谈展望"专题座谈会2场(次),让老干部畅谈各自的体会和感受,引导建言献策。举办全区"喜迎党的十九大,老少共筑中国梦"离退休干部、青少年学生书画作品展,征集书画作品215幅,展出获奖作品116幅,全面营造了喜迎中共十九大的良好氛围。

【老干部生活待遇】落实离休干部公用经费1000元／人和退休干部活动经费500元／人的新标准。认真统计排查生活长期完全不能自理的离休干部，严格执行生活长期完全不能自理的离休干部2500元／月的护理费标准。帮扶救助家庭困难离退休干部3名、帮扶慰问离休干部遗属54名。

【关心下一代工作】深化“五好”关工委创建活动，全面推进基层关工委组织建设。13个乡镇（街道）和部门单位、121个行政村和社区、36个乡镇学区和中小学校、2家企业协会建立关工委组织。发展壮大“五老”志愿者队伍916人，建立关爱团队125个，吸纳成员968人。5月份，联合市关工委组织“五老”宣讲团深入彭原初中和肖金小学开展党史教育报告会和心理健康教育报告会，受益青少年学生500多人。组织“五老”宣讲团在区委党校举办“弘扬南梁精神”主题宣讲报告会。“六一”期间，联合区教体局在北街实验学校举行“践行三爱（爱学习、爱劳动、爱祖国），放飞梦想”表彰

在北街实验学校举行“三爱”小标兵表彰活动

奖励仪式暨庆“六一”活动。西峰区10所“三爱”活动先进集体和100名“三爱”小标兵受到表彰奖励，区关工委帮扶救助家庭贫困学生3人，帮扶金额9000元。

区老干部工作局领导班子成员名录

局　长　赵建荣

副局长　贺　新（女）

关心下一代工作委员会办公室

副主任　齐云博

（供稿：蔡　薇）

党史研究

【党史编研】编写出版《中国共产党西峰大事记》（2011—2016）一书。启动《中国共产党西峰历史》（第三卷）编写大纲、目录的制定和部分内容的编写。收集整理《西峰区扶贫攻坚资料汇编》。编纂《发挥民政职能助推精准扶贫》《发展农机惠及民生》《发展特色产业增加农民收入》《电商搭建扶贫路》等5个扶贫攻坚纪实专题。年初，成立两个课题组，悉心钻研庆阳老区党史，在甘肃省委党史研究室举办纪念全民族抗战爆发八十周年暨陕甘宁边区政府成立80周年学术研讨会，报送的2篇论文入选，发表在《甘肃党史工作》刊物。向纪念秋收起义、广州起义爆发九十周年报送论文2篇。《改革开放实录》课题研究，确定以《实施健康计划推动全民健身运动》《西峰区香包民俗文化产业发展纪实》专题进行编撰。

【党史资料征编】印发《关于公开征集抢救党史资料和文物的通告》，利用《陇东报》《今日西峰》《庆阳电视台》等新闻媒体及走访西峰城区、乡镇村组，利用纪念日、集镇日宣传和抢救党史资料。重点征集实物资料和中华人民共和国成立以来、改革开放时期的资料，完成文字资料征集100多万字，书籍及实物50多件。

【党史宣传】进入部门、学校以及工人、农民、老干部等机关、企事业单位、社会团体及各界人士赠送党史书籍，走进乡镇村组开展党史“六进”活动，宣传党的历史。7月6日，党史办组织西峰区领导干部参加全市“弘扬南梁精神，传承红色基因”党史宣讲报告会。在“七一”建党节前夕，组织区委机关干部260多人赴南梁革命纪念馆、山城堡战役纪念馆参观学习，向烈士进献花篮，重温入党誓

词，进行党性锤炼教育。

【脱贫攻坚】帮扶庄子洼村贫困户 10 户，实现全面脱贫的基础上，制定“一户一策”巩固提升方案，持续跟进，帮其早日实现小康。购买《党的十九大报告学习辅导百问》《十九大党章修正案学习问答》以及农村科技方面等书籍赠送给帮扶村庄子洼村，组织人员为帮扶户讲解、授课，使党的十九大精神和农村科技知识进村入户。

区委党史办领导班子成员名录

主　任　杨　辉

副主任　秦彦泉

（供稿：张　苗）

党 校

【宣讲辅导】一是举办十八届六中全会精神全区科级干部轮训班 4 期，培训科级干部 800 余名，全区纪检干部培训班、全区党支部书记培训班、全区工会干部培训班、全区非公企业入党积极分子培训班、全区统战干部培训班、全区妇女干部培训班、信访干部培训班、青年团干培训班、政法干部培训班、宣传干部培训班等主体班次 11 期，培训干部 1000 余人次。举办中共十九大精神暨全区科级干部轮训班 4 期，培训科级干部 1000 余人。二是以“党校教师讲党课，百场党课进基层”活动，6 月中旬，配合区人大赴各乡镇就十八届六中全会精神巡回宣讲 8 场次，培训乡镇人大代表及干部 800 多人次。7 月初，针对省十三次党代会精神，组建宣讲团赴 5 镇 2 乡 3 个街办及 10 个系统开展专题宣讲辅导活动 20 场次，培训干部群众 3000 余人次。11 月中旬至 12 月底，以学习贯彻中共十九大精神，深入基层开展宣讲辅导 30 场次，培训干部群众 4000 多人。

【理论研究】发表理论文章 11 篇。1 篇发表在国家核心期刊《中文信息》的文章是：《培育和践行社会主义核心价值观》。1 篇发表在甘肃省委党校期刊《交流与提高》的是范瑞娟的《传承中华文化弘扬传统美德——中华传统美德的三大精髓》一文。发表在《党的建设》上有：万月红的《打造风清气正的政治生态 谱写全面从严治党新篇章》。2 篇收录在《党校教育与研究》 第十二卷的是：《黄土窑洞文化的民族学价值——以甘肃庆阳为例》和《董志塬上尽朝晖——区委党校发展史》。6 篇理论文章发表在陇东报：缪文静的《做合格党员的三种境界》、王晓璟的《党校教师必须把党的理论教育和党性教育作为教学的首要任务》、万月红的《加快美丽乡村建设 全力带动农民致富》《弘扬老区精神 决胜精准扶贫攻坚战 》《做政策理论的发言人》、郑斌的《 新时代党员干部要努力做到“四个提升”》。

【“两学一做”学习教育】成立区委党校“两学一做”学习教育常态化、制度化领导小组。讨论制定工作措施和实施细则，签订目标管理责任书，班子成员对照各自分管的工作公开承诺。全年召开研究工作的班子会议 12 次，职工会 40 次。全体教职工人均撰写学习笔记 3 万余字，撰写心得体会、集体约谈体会 5 篇，编发信息简报 40 多期。4 名教师参加省级以上的培训进修。组织开展优质课评选活动，选送范瑞娟老师的《传承中华文化 弘扬传统美德》课题获得全省党校系统教学三等奖。

【脱贫攻坚】党校班子成员及帮扶干部 30 多次进入米王村开展工作调研、慰问扶贫、项目论证、政策宣讲等精准扶贫工作，年初为精准扶贫户送去米 18 袋和油 18 桶；春耕生产之际，为精准扶贫户送去化肥 50 袋；单位还自筹资金 1 万元，资助米王村党支部完成了阵地建设。开展送教下乡活动。安排万月红为米王村群众宣讲题为“美丽乡村、幸福农民”专题讲座；选派王晓璟、范瑞娟教师下村为全村党员群众和精准扶贫户宣中央一号文件、十三次党代会精神等。组织人员赴米王村宣传讲解中共十九大报告精神，使人民群众充分了解十九大报告中实施振兴乡村战略中的新举措，积极参与村上的各项活动，为两委会班子出谋划策，共同推进经济健康发展，召开“美丽家园”创建活动动员会，发放倡议书500余份，组织职工与村民对通村道路清扫。

区委党校领导班子成员名录

校　长　贾志升(兼)
常务副校长　李　勇
书　记　帅玉洁(女)
副校长　王慧荣(女，1月止)
委　员　李建新(女)
组织员　许红花(女)

(供稿：许红花)

信　访

【信访案件】接待受理来信来访540件1986人次，其中：个体来信来访487件(中央、省、市交办61件，区级领导接待日98件，区信访局受理328件)，集体访53批1067人次。

【信访制度】西峰区36个责任单位签订信访目标管理责任书，调整“领导重视信访工作”的权重比例，严格执行《西峰区关于加强信访干部队伍建设及强化信访工作责任的意见》和《西峰区信访工作责任追究办法》，从信访工作的一般性要求提升为制度约束。

【领导接访】坚持把领导干部接访下访作为“事要解决”的主抓手和促进社会和谐稳定的有力举措。每月与市上同步开展“区委书记、区长信访接待日”活动，邀请泰丰律师事务所律师参与接待，现场解答信访人提出的有关涉法涉诉问题。同步开展法院院长、检察院检察长、公安局局长“三长”大接访活动。各乡镇、街办开展“党政一把手”大接访和带案下访活动，每个工作日保证一名科级干部坐班接访，做到有访必接，随来随接，敞开了群众信访渠道。全年开展“区委书记、区长信访接待日”活动，接待群众12场次，受理信访案件98件。

【积案化解】坚持把解决问题与疏导教育相结合，依法依规办事与疑难个案特殊处理相结合，综合运用法律、政策、经济、行政等手段，整体推进，合力破解。为了进一步使信访积案“清仓见底”，经区委、区政府研究，区上对23件重点疑难信访案件交由15名县级领导、36个责任单位采取逐案会商、联合办案、一案一策的办法进行化解，办结22件。

【法治信访】基于对“把信访纳入法治化轨道，用法治来规范信访，才是解决老百姓信访不信法这道难题的关键”这一认识。牢固树立“法定职责必须为、法无授权不可为”的理念，准确把握信访工作的职能定位，认真分类处理信访投诉请求。对群众反映的应当通过诉讼、仲裁、行政裁决、行政复议、行政监察等途径处理的信访诉求，由专人负责，出具告知书，引导信访人到有权处理的机关，通过法定途径解决。针对进京越级非正常上访问题比较突出的实际情况，组织专门人员成立工作组，采取蹲点稳控与主动接领相结合的工作方法，做到了人员流向清、底子明。同时，积极配合公安机关，对聚众滋事、围堵市区党政机关、扰乱公共秩序的4名非正常上访人员采取有效措施，依法予以打击，有效遏制了“以闹求决、以访谋利”的现象。10月，为保障国家重大会议顺利召开，对区上摸排出的44件重点稳控案件进行了集中交办，各责任单位均成立了相应的稳控领导小组，制定具体的稳控方案。通过多方配合、齐抓共管，2017年西峰区实现了全国“两会”、“一带一路”高峰论坛、省第十三次党代会、中共十九大等重点时期赴省进京零上访的工作目标。

【效能信访】开展学习型机关建设活动，结合“两学一做”学习教育和中共十九大精神学习贯彻，以政治理论和信访业务学习为重点，着力提升信访干部的业务能力。派出干部赴江苏、安徽专题考察学习接信、办访工作机制、体制创新等经验做法，按期举行“全区信访干部业务培训班”。协调区委机关落实45平方米的视频接访系统场地。同时，按照中央、省、市关于进一步加强信访干部队伍建设的意见要求，把加强信访干部队伍建设摆到更加重要的位置，注重充实信访部门力量，选调2名干部充实接访工作力量，进一步优化了干部结构。

区信访局领导班子成员名录

局　长　毛振平

党支部书记　李　伟

副局长、信访二室副主任　刘银珠

督查专员　刘小凤(女)

信访一室副主任　包治宗

信访二室副主任　刘小刚

副科级督查专员　彭娅婷(女)

(供稿：何麟飞)

督查考核

【督查调研】通过配合领导调研抓督查、协调部门联动抓督查、重点工作专项抓督查，在督查中不提前安排、不打招呼、不要陪同、直插一线实地看进展、查问题，准确掌握工作实绩。尤其对中央省市委重大决策部署落实，省委省政府“1+19”工作任务，《西峰区贯彻落实中央环境保护督察反馈问题整改方案》、棚改项目、银西铁路项目征拆、“两违”集中监管、全国文明城市创建等重点工作定期不定期进行专项督查推动落实。对事关长远发展、经济稳健运行的“着力转变经济发展方式，推进经济结构战略性调整”推进情况，16件省市列民生实事，全区县级领导包抓48项重点项目，132件市区人大建议政协提案等及时分解下达任务，靠实责任，进行跟踪督查，确保按时限要求办理完成。从2017年10月10日开始，对城区集中供热建设项目采取为期40多天高强度、不间断的日督查、日通报，推动了项目建设进度。对7个乡镇涉及的15个贫困村区级党委和政府扶贫开发工作成效进行区级自验，制定《贫困县(区)党委和政府扶贫开发工作成效考核评估西峰区工作方案》，圆满完成省市考评承担的工作任务。全年陪同上级领导督查调研60多次，专项督查30多次，其他督查事项20多次，办理领导批示件80多期，下发督办函160多期，向市区主要领导形成各类汇报400多(篇)次，全年印发《督查专报》19期，《督查通报》13期。

【绩效考评】以全区“11235”发展思路为重点，通过“三上三下”(衔接部门自行申报、分送分管领导审查、县级领导交叉完善)的工作流程，确定10个乡镇(街道)72个区直部门《2017年度目标管理重点工作任务分解表》，签订责任书。编制印发《西峰区2017年重点工作资料汇编》，修改完善《西峰区2017年综合目标管理考核办法》《西峰区2017年项目用地征拆考核办法》等相关文件18份。及时分解下达《省委、省政府“1+19”工作任务》《2017年市对区目标管理考核指标》。组织区上四大班子领导、区直相关部门主要负责人对乡镇(街道)年度重点任务完成情况及亮点工作进行观摩，圆满完成2017年度全区单项工作联合考核和年终目标管理综合考核任务。及时兑付2015年度目标管理考核、项目用地征拆、综合工作先进村(社区)、市对区考核先进单位奖金1400多万元。

【深化改革】指导协调完成经济生态领域、文化体制、社会管理、党的制度建设、工青妇群团改革79项相关年度改革方案制定和任务落实。完成以城市管理体制改革为代表的区级28项自主改革。全省农村县级以下清洁能源供暖试点李岭村获批，已全面推开。上报2018年西峰区自主改革事项3项。圆满完成晋中市深改工作西峰区调研，在全市组织的上海评估院深化改革第三方评估中荣获第一名。

【脱贫攻坚】进村入户访谈10余次，形成《田畔村2017年帮扶计划》，为20户贫困户制定帮扶措施40多条。为村级协调水电路相关项目3个，为田畔村无偿提供帮扶资金5000元。全年对20户贫困户开展访贫送温暖活动2次，全局干部职工为民亲民理念增强。

区督查考核局领导班子成员名录

局　长　耿立群

副局长　祁龙瑞　邵海南

正科级督查专员　宋淑琴(女)

副科级督查员　胡小红(女)

改革办专职副主任　马建春

(供稿：文丽娜)

干部培训

【办公设施】庆阳市大学生村官实训基地占地41亩，分村级活动场所、学员活动区、学员培训区、学员住宿区、学员餐饮区、拓展训练区六个功能区。

【培训工作】4月11日，为62名民政干部举办为期1天业务知识培训班。20日，结合城乡居民基本养老保险暨失地农民养老保险业务举办为期1天，60人的培训班。21日，对西峰区村党组织书记开展轮训班2期，每期7天，120人参加；6月19日，为西峰区乡镇村级村主任开设了能力提升培训班2期，每期7天，一百多村主任接受培训；7月4日，承办庆阳市新任村党组织书记示范培训班1期，为期4天，60人参与；8月1日，针对庆阳市新选聘大学生村官岗前培训举办了为期4天，57人岗前培训。5日，承办社区党组织书记培训班1期，为期8天，22人学习。9日，承办社会救助工作人员业务能力提升培训班1期，为期2天，培训50人；9月1日，承办全省贫困村大学生村官示范培训班2期，每期7天，120人培训。13日，承办农村实用人才培训班1期，为期3天，培训70人；12月7日承办领导干部安全生产知识培训班1期，为期1天，培训48人。

【特色工作】采用“2+X”的课程编排模式，把习近平总书记系列重要讲话精神和中共十九大精神等相关内容列为必修课，然后根据不同培训对象，编排不同的课程。村干部培训班设置：三农政策、土地政策、发展壮大村级集体经济和休闲农业为培训内容。全省大学生村官示范培训班和全市选聘大学生村官岗前培训班的课程设置：理想信念教育、爱国教育、团队合作精神以及农村工作方法和经验的传授。职能部门培训班，以各自业务特点安排设置课程内容。培训方式采取专题讲授与现场教学相结合、案例教学与互动交流相结合、理论学习与实际工作相结合的方法。4月21日、8月5日，分别组织104个村党组织书记和15个社区书记赴四川成都、山东青岛、西安杨凌和周边市州为期一周的考察学习。在庆阳市新任村党组织示范培训班上，组织学员前往庆阳市西峰区温泉看守所接受警示教育。在全省大学生村官示范培训班上，组织开展“唱红歌，颂党恩”主题活动，特邀环县道情皮影艺术家为来自各市(州)的村官们演示世界非物质文化遗产—环县道情皮影，感受古老艺术的魅力，坚定“弘扬传统文化，传承民族经典”的信念。课堂学习之余，组织学员进行拔河、乒乓球、篮球等体育比赛和拓展训练、篝火晚会等活动。

【管理服务】车站设立学员接站点，专人负责接送学员。聘请专业工作人员“科学、合理、营养”为学员提供不同的膳食搭配，对个别少数民族学员饮食习惯不同的问题，采取伙食补助或安排专人接送到城区民族餐厅用餐。聘请乡镇卫生院专业医护人员在培训期间随时为学员提供健康咨询、医疗服务、常用药品。培训实施封闭式管理制度，工作人员全程跟班学习，安保人员夜间巡逻查岗，实时跟踪管理，严肃规范培训纪律。

区大学生村官实训基地领导班子成员名录

主　任　胡凯文(1月止)　田生满(1月任)
副主任　杨　虎(1月止)　王　栋(1月任)

（供稿：魏转平）

中国共产党西峰区纪律检查委员会

纪律检查

【执纪审查】成立信访线索评估小组。接待来访来电1143人次，召开信访线索评估会议9次，排查信访线索343件，办结286件，办结率83.4%。与公检法司等部门制定案件协查和案件线索处置联席会议制度，向公检法移送案件线索3起，公检法向纪委监察局移送线索20起。针对省委巡视组移交的113件问题线索召开交办会，向全区35个职能部门进行转交，对9件违纪问题进行直查。2017年初核违纪线索236起，处理293人，立案74起。违反六大纪律58人（其中：违反政治纪律1人，组织纪律2人，工作纪律13人，廉洁纪律12人，群众纪律6人，生活纪律24人）；给予党政纪处分88人，党纪处分65人，政纪处分32人，双重处分9人。全年未发生一起办案不安全事件。给予警告处分30人，严重警告处分10人，撤销党内职务2人，留党察看1人；开除党籍22人，开除公职7人，双开6人，落实了1名县级干部的双开处分决定。对全区历年基层党员违纪违法未追究责任情况排查，清理出近10年违纪违法党员79人，开除党籍10人。全年乡镇部门党组织立案65起，其中董志镇立案数达到23起，位居全市首位。对实名举报的71件信访件向信访人进行反馈；对匿名举报的36件信访件通过班子会、职工会、群众代表大会等多种形式及时反馈，在热力集团、商务局、文化馆、温泉镇地庄村、西街办等信访反映集中的单位和村组召开反馈会21场次；对经调查举报不实的13名信访人批评教育，并作为不诚信的人记录在案；对反映失实信访件中涉及的105名被反映人进行书面函告，并在单位民主生活会上说明情况6场次。

【作风建设】查处纪律作风问题69起169人，其中违反中央八项规定精神典型问题5起7人，全部进行公开通报曝光；区级外出考察学习备案481宗3154人次，公务接待备案528次7124人次；婚丧喜庆事宜备案59人次，项目备案65项，对10个单位17宗因手续不完善的考察学习责成完善手续后予以备案，对1个单位1宗不符合规定的公务接待未予备案。抽调审计、财政、扶贫等单位的工作人员组成工作组，对扶贫政策、扶贫项目、扶贫资金落实情况区、乡两级全面细致的监督检查，发现问题线索122条，查处问题12起，处理40人，党政纪处分11人，组织处理29人。协调配合市级检查赴环县开展交叉检查，查处侵害群众利益不正之风和腐败问题29起61人次；对全省范围内“百件侵害群众利益不正之风和腐败问题线索交办会”移交的17件典型问题线索进行核查，对经查核实的14件问题线索给予党政纪处分14人，组织处理11人。开展“三纠三促”专项行动，对照80条问题清单，摸排汇总问题214条，经梳理对145条问题建立清单台账，完成整改65条。追究单位2个，责任人63人，其中组织处理56人，纪律处分7人；对彭原派出所出警不力、大气污染防治措施落实不到位、供热管网铺设协调不力等问题发出督办函，组织处理7人；对明察暗访中发现的窗口服务单位服务态度恶劣，工作效率低下、防汛、假日值班人员不到岗等问题通报批评单位8个。

【廉政建设】区纪委协助区委年内召开7次专题会议安排部署党风廉政建设和反腐败工作，先后11次组织学习各级纪委全会文件精神、典型案例、党纪党规等。与5个党组签订《党风廉政建设主体责任书》，与63个乡镇(街道)部门党组织签订《党风廉政建设和反腐败工作目标管理责任书》，区委书记与9个常委签订《党风廉政建设和反腐败工作“一岗双责”责任书》，与45个纪检组签订《纪检监察目标管理责任书》；为区委提出党风廉政建设方面工作意见10余条，向区委常委会提交议题15个。组织了纪委全会、8名领导干部向区委全委会、区纪委全委会和各界代表进行“三述”工作会，并接受民主评议和民主测评；配合区委出台了《区委全委会决策议事规则》，对事关全局的重大事项召开常委会、全委会进行讨论审议；会同组织部门全程督导民主生活会、“三会一课”、组织生活会、支部会议，先后派出24人参加乡镇和部分区直部门的民主生活会，并组织和监督8名领导干部向区委全委会、区纪委全委会和各界代表进行“三述”；组织了区委书记约谈会，区委、区政府主要负责人及班子成员共开展工作约谈179人次。参加指导区委分管领导分级约谈会，指导督促乡镇部门党组织开展约谈工作，全区党风廉政建设集体约谈148场次，接受约谈2860余人次，提醒约谈48人，告诫约谈22人。指导开展“全面从严治党主体责任提升年”活动，确定15个乡镇街办和部门为主体责任示范点。对46个单位党风廉政建设主体责任落实情况进行了督查指导；开展了扶贫领域监督检查，协调配合市级检查，并抽调工作人员赴环县开展交叉检查工作。发现问题线索76条，查处问题16起，处理32人，党政纪处分11人，组织处理21人；抽调21名干部成立4个巡察工作组，进驻卫计局党委及其系统18个单位，开展为期1月的巡察，发现问题87个，整改87个，移交违纪线索27个，通报批评单位13个，告诫约谈班子2个、个人13人，提醒约谈12人，批评教育2人。同时针对上级移送、自查发现、巡察反馈的问题制定整改措施94项，已经整改94项。

【监督检查】 先后派出69批175人次对西峰区春耕生产暨农村环境综合整治、5个市列抓促重点建设项目、省市确定西峰区的16件为民办实事项目、西峰区实施的6个重点建设项目等工作进展情况跟进督查，对存在的问题发出督查通报、专报14期；对全区党员干部贯彻落实十九大精神情况、“两学一做”学习教育常态化制度化、意识形态和网络意识形态安全、精准扶贫、“两违”监管等重点工作中发现的问题，责令相关单位限期整改落实；对旧城改造中因本人或家属在项目拆迁中漫天要价，导致拆迁进度拖延的23名干部职工进行谈话；对中央环保督察组移交问题线索及整改工作中失职失责等问题进行调查问责，发放督办函49份，针对14个问题进行集体约谈，责任追究3起11人，问责3起10人。对省市督办的环保问题问责4起12人次。

【宣传教育】 组织全区党员干部分批次专题学习十九大报告、十八届中纪委工作报告、新修订的党章、准则、条例、规则等党纪党规，区纪委、区委组织部3次对全区贯彻落实中共十九大精神和党章党规执行落实情况进行监督检查；对全区党员干部廉政教育做出安排，组织西峰区县级干部、乡镇部门主要负责人参加警示教育大会，并在区委常委扩大会、区委理论中心组学习会上传达中纪委、省纪委有关通报；组织2批112名干部进行任前廉政考试，对96人进行任前廉政谈话；坚持每周和重要时间节点向全区县级干部、科级以上领导干部、单位财务人员和村干部1200余名干部发送廉政短信5万余条次；严把“党风廉政建设意见回复关”，审查拟提拔任用、评优选模等廉洁自律情况103个单位、919人次，9个单位的4名干部被挡在评优选先门外。

【队伍建设】 成立西峰区深化国家监察体制改革工作小组，召开7次专题会议，研究讨论解决区监察委机构组建、人员转隶、牌子悬挂、监察委机关办公用房等重点问题。制定上报《西峰区深化国家监察体制改革试点工作方案》。2017年12月29日，根据庆阳市机构编制委员会《关于撤销县（区）监察局的通知》（庆市编发〔2017〕88号）文件，撤销庆阳市西峰区监察局，成立区监察委。全年共选派13名纪检监察干部赴中国人民大学参加纪检业务专题培训班；邀请市委党校、市纪委、区检察院、区纪委监察委有关人员就中共十九大精神、党纪法规、业务知识等内容举办专题培训班 2 期；围绕《打铁还需自身硬》《巡视利剑》等纪录片和执纪监督问责典型案例开展心得交流、剖析研讨 3 次；组织 120 余名纪检监察干部参加以党章、准则、条例为主要内容的测试活动 2 次；全年共处理涉及纪检干部的问题线索 5 件。

区纪律检查委员会领导班子成员名录

书　记　刘建莉(女)

副书记　赵升俊　郭永会(女)

常　委　薛存福　孙宝平　袁国玺

委　员　李润虎

区监察委领导班子成员名录

主　任　刘建莉(女,12 月任)

副主任　赵升俊(12 月任)　郭永会(女,12 月任)

委　员　薛存福(12 任)　李润虎(12 任)

区监察局班子成员名录

局　长　赵升俊

副局长　郭永会(女)　房延庆(12 月止)

(供稿:李　瑾)

西峰区人民代表大会常务委员会

常委会工作

【计划财政监督】报请常委会审议批准上半年计划和预算执行情况、计划预算调整、审计等报告，依法审查批准 2016 年区级财政决算、2017 年公共财政预算、政府性基金预算、社会保险基金预算和国有资本经营预算，建议区人民政府积极应对经济新常态下出现的新情况、新特点，密切关注经济下行对居民生活特别是低收入群体生活的影响，加快供给侧结构性改革，强化预算管理，确保经济社会平稳健康运行。提请常委会审议通过区政府关于 2017 年地方政府债券安排使用情况的报告，依法废止“14 庆阳经投债”募集资金本息列入财政预算的批复等 11 项文件。要求区人民政府严格执行债务管理相关法律法规和政策文件，切实拿出化解债务包袱的具体措施和办法，加强政府或有债务监管，厘清政府债务与企业债务边界，建立良性举债机制和债务化解预案，防范政府性债务风险。

【法律工作监督】报请常委会审议通过全区“六五”普法规划实施情况和“七五”普法工作意见的报告，并作出从 2016 年至 2020 年在全区公民中开展第七个五年法治宣传教育的决议。积极动员协调各级人大代表和“一府两院”干部等社会各界力量广泛参与“12•4”国家宪法日暨全国法制宣传日系列宣传活动，组织国家机关工作人员向宪法宣誓仪式。对区人民法院和基层法庭 2013 年以来的全区民商事案件的立案情况、诉讼服务、案件审判及执行等工作进行了检查，组织人大代表旁听观摩法院刑事审判工作。建议区人民法院深化法制宣传教育，进一步加强审判调解管理和法官队伍建设，加大审判执行力度。组织部分区人大常委会委员和市区人大代表，对“两违”管理、环卫清扫保洁、校园周边环境整治、大气污染防治、工程车辆整治、游园广场管理等城市综合管理工作进行了集中视察。对社区矫正工作专题调研，针对存在问题，建议区人民政府进一步规范社区矫正工作。配合市人大对西峰区《中华人民共和国治安管理处罚法》贯彻落实情况进行检查。

【人事任免】坚持党管干部和人大依法任免有机统一，严把拟任命人员任前法律知识考试、履职承诺、颁发任命书、向宪法宣誓就职等关口，进一步增强了被任命人员的责任意识和公仆意识。一年来，任免国家机关工作人员 29 人次。

经 2017 年 4 月 27 日庆阳市西峰区第八届人民代表大会常务委员会第三次会议通过，决定任命：

吕晓兰为西峰区人民法院审判员；

雷正华、李彦峰、苏虹月、王斌、任彩玲、郭婷、王彦斌、杨勇、郭鹏、张兴金为西峰区人民法院人民陪审员。

免去：

魏秉倩西峰区人民法院什社人民法庭副庭长职务；

车昊洋、武西林、马军西峰区人民法院人民陪审员职务。

经2017年7月11日庆阳市西峰区第八届人民代表大会常务委员会第四次会议通过，决定任命：

郑志华为西峰区卫生和计划生育局局长；

李淑均为西峰区民族宗教事务局局长；

梁红为南街街道人大工委主任。

免去：

郑志华西峰区水务局局长职务；

张红林南街街道人大工委主任职务。

经2017年9月1日庆阳市西峰区第八届人民代表大会常务委员会第五次会议通过，决定任命：

冉德甫为西峰区人民政府副区长。

经2017年12月18日庆阳市西峰区第八届人民代表大会常务委员会第七次会议通过，决定免去：

任舸西峰区人民法院民事审判第二庭副庭长职务。

经2017年12月29日庆阳市西峰区第八届人民代表大会常务委员会第八次会议通过，决定任命：

赵升俊任庆阳市西峰区监察委员会副主任职务；

郭永会任庆阳市西峰区监察委员会副主任职务；

薛存福任庆阳市西峰区监察委员会委员；

孙宝平任庆阳市西峰区监察委员会委员；

李润虎任庆阳市西峰区监察委员会委员。

免去：

李润虎西峰区人民法院后官寨法庭庭长、审判员职务；

薛存福西峰区人民检察院检察委员会委员、检察员职务。

【代表履职】通过实施初任培训与岗中培训相衔接、全覆盖与分层次培训相结合的方式，组织代表开展党的十九大和省第十三次党代会精神宣讲16场次，邀请省人大常委会相关同志和党校讲师进行人大业务工作和代表履职专题辅导讲座，选派代表参加省、市人大组织的高层次培训班20多人次，发放履职读本700多份。常委会班子成员和委室负责同志包片联系乡镇（街道）人大工作，指导乡镇落实每年两次的人代会，组织乡镇街道人大开展相互观摩交流活动。借鉴定西试点经验，结合西峰区实际，以“自身建设标准化、履职行为规范化、代表活动经常化”为要求，指导乡镇街道提质改造“人大代表之家”27个。修订完善《人大代表管理办法》，探索建立代表网格化管理模式，组织“最美人大代表评选”活动，加强对代表履职行为的管理。陕西省扶风县、定西市陇西县、宁县等多个县区人大来小西峰区考察学习。各乡镇人大、街道人大工委积极组织开展代表履职“四个一、五带头”活动和扶贫攻坚“六个一”活动，创建人大代表“示范带动基地”7个、“人大代表工作室”8个，探索成立“人大代表网上工作站”和“人大代表联络站”，设置人大代表意见箱100多个。完善人大代表学习培训、调研视察等活动制度12项，组织开展调研、检查、视察活动35次270多人次，代表参加工作座谈、意见征求、民主评议等活动32场次500多人次，140多名代表向选区选民进行述职。

【代表议案建议】坚持主任接待日制度，接待代表15人次，邀请基层人大代表列席区人大常委会会议20多人次，听取代表的意见建议45条。向区人民政府集中交办区八届人大一次会议代表提出的1件议案和37件建议，及时督办落实。代表所提的《关于加快蒲河川旅游景区开发建设的建议》等建议得到区政府高度重视和倾心办理，月亮湾香草园等一批乡村旅游景点相继建成，苹果、樱桃、电子商务、物流快递等产业发展实现了较大突破，代表履职的信心得到极大提振。

【专题调研】对旅游产业发展情况进行专题调

研，围绕产业规划衔接不到位、配套设施建设滞后、旅游资源缺乏有效整合等12个方面问题，常委会审议提出，区政府及相关责任部门要紧紧围绕“东果南菜北畜西游”农业产业发展布局，以蒲河川特色旅游风景线为龙头，完善基础设施和旅游项目服务，加快实现“旅游＋农业”深度整合发展，有效推动我区旅游产业不断发展壮大。审议批准《庆阳市西峰区国家级生态文明建设示范区建设规划》，督促区政府切实加快“再造一个子午岭”、污水处理、集中供热等重点生态项目建设步伐。积极推动实施《庆阳市封山禁牧条例》，动员广大代表群众参与生态保护。以“节能减排与循环经济”为宣传主题，配合陇原环保世纪行记者团在西峰区的宣传采访活动，宣传节能减排与循环经济相关知识和法律法规，推动循环经济建设和节能减排工作。

针对“入学难”“大班额”“择校热”等近年来社会各界关注的热点难点问题，对全区教育资源配置情况开展专项调研。针对农村学校生源流失加剧、部分校舍资源闲置、城区学校师生超编严重、师资短缺矛盾突出、教育教学设施欠缺等问题，审议要求区政府及教育主管部门按照适度超前、分步实施，合理配置、优化资源的原则，科学布局，加大投入，创新机制，加强培训，统筹城乡教育协调均衡发展。

【执法检查】对《中华人民共和国公路法》和《中华人民共和国道路交通安全法》贯彻落实情况开展执法检查，全面掌握西峰区交通安全设施设置、交通拥堵状况及事故发生处理情况，以及乡村道路规划、建设、养护和管理工作，重点指出在道路交通法规宣传、城乡路网建设、交通安全管理等七个方面工作中存在的12项突出问题，建议区政府及相关部门进一步保障交通建设资金，强化交通管理，优化交通秩序，提高通行效率，预防和减少交通事故，为广大市民营造一个安全有序、舒心顺畅的交通环境。对西峰区贯彻落实《中华人民共和国传染病防治法》情况进行了专项检查，配合市人大常委会调研组对西峰区医疗卫生体制改革工作进展情况、《甘肃省农村饮用水供水管理条例》贯彻落实、农用地土壤污染防治情况进行了调研、检查，针对10个方面存在问题，提出了整改措施和意见18条。

【规范性备案审查】审查报备规范性文件40件，对《西峰区村级扶贫互助资金使用管理细则》《西峰区市政照明设施管理办法》《西峰城区集中供热管理办法（试行）》等政府拟出台的规范性文件与上位法不符合的5处问题，及时予以纠正。

【脱贫攻坚】组织机关干部开展精准扶贫，扎实推进扶贫攻坚“人大代表在行动”活动。各级人大代表和人大干部进村入户，牵项目、引资金、结穷亲、办实事，围绕农村产业结构调整、基础设施改善、“全域无垃圾”整治等方面，协调各类民生项目35个，落实资金1200多万元，开展环境卫生集中整治400多人次，为困难群众办实事260多件。认真做好来信来访办理工作。不断创新信访工作机制，继续坚持“双联系”和“主任接待日”制度，妥善处置群众诉求，认真做好信访件转办、交办、督办工作，畅通网上信访渠道，方便群众信访，接待代表和群众来信来访23人次，处理来信来访共计10件，促使一批信访问题得到妥善解决，为维护群众的合法权益，化解社会矛盾，促进社会和谐稳定发挥了积极作用。

【自身建设】坚持通过机关中心组学习、法制讲座等方式，深入学习中共十八届六中全会和十九大精神，不断巩固和拓展群众路线教育实践活动和“三严三实”专题教育成果，推进“两学一做”学习教育常态化制度化。全年组织集中学习39场次，班子成员讲党课6次、讲廉政专题党课3次，组织党员干部开展学习研讨交流活动12场次，撰写心得体会62篇。制定人大宣传工作制度，聘请19名新闻宣传通讯员，人大宣传队伍和区属新闻媒体积极携手，共同宣传人民代表大会制度、人大工作亮点和代表活动经验，在省内外报刊发表稿件

60多篇，制作并通过西峰电视台播放反映优秀人大代表事迹的专题片5部。修订《庆阳市西峰区人民代表大会常务委员会议事规则》和《西峰区人民代表大会常务委员会主任会议议事规则》，出台《乡镇（街道）人大工作考核办法》，健全党组和党组书记工作职责、“三会一课”等制度，清理完善机关管理制度12项。显胜乡人大在全省县乡人大工作和建设经验交流会上作了发言，全区乡镇人大工作实行党委、人大“双线考核”。认真贯彻中央八项规定，自觉落实管党治党主体责任，集中解决调查研究还不够深入、民生关切事项监督力度不大、代表履职作用发挥不充分等问题。常委会领导深入学校、企业、贫困户、重点项目开展“四联”活动20多次，机关党员干部下基层、进社区，积极参加“主题党日”“党性锤炼日”活动和扶贫攻坚行动。机关党员主动“亮身份、作承诺、当先锋、树形象”，自觉当好为人民群众服务、为人大代表服务、为“三会”服务的岗位标兵，以为民理念促进党的建设和人大工作同频共振。全面更新升级人大新闻网站，建立人大代表微信交流平台，为代表订阅《中国人大》《人民之声报》等专业报刊。

区人大常委会领导班子成员名录

主　任　赵海东

副主任　廖　芳（女）　吴兰玮　肖广军

区人大常委会各工作部门领导成员名录

办公室

主　任　高俊涛

副主任　郑志立（1月止）　许昌荣

代表人事工作委员会

主　任　贾丽蓉（女）

副主任　左秀鸿（女）

财经农业城建工作委员会

主　任　佟　强

副主任　郭莉娟（女）

教育科学文化卫生环保工作委员会

主　任　范永升

副主任　徐志刚

法制司法民侨内务工作委员会

主　任　巩霞草（女）

副主任　罗建平

规范性备案审查办公室

主　任　司永智

（供稿：赵凌燕）

西峰区人民政府

重要工作

2017年西峰区地区生产总值209.3亿元，固定资产投资90.07亿元，规模以上工业增加值86.27亿元，大小口径财政收入分别为16.25亿元和7.3亿元，社会消费品零售总额73.03亿元，城镇居民人均可支配收入28149.90元，农村居民人均可支配收入9160.70元。

【项目拉动】用地征拆3000多亩，推动银西高铁、庆平高速、北师大庆阳附属学校等34个省市重点项目建设；推进雨洪集蓄保塬生态项目二期、城南绿地等区级重点项目。引进华为云计算庆阳数据中心等项目98个，吸引投资188亿元。

【小康建设】建成供水工程109处，电网改造347公里，兴修村组道路173公里，建设高标准农田7000亩，实施易地扶贫搬迁安置工程4个。开展农村环境卫生综合整治行动，实施6个美丽乡村示范村及10个环境整洁村建设。出台《全面建成小康社会1+28意见方案》和推进计划，17项小康指标达标，677户2663名贫困群众脱贫。

【产业培育】兴栽苹果1.2万亩，种植瓜菜17.1万亩；建成中盛30万只湖羊繁育基地。形成以北石窟寺、小河湾、黑老锅、陇东冰雪健身基地为节点的蒲河川区生态旅游带；开发华夏公刘第一庙、青藤农业示范园等旅游景点。提速园区建设，形成南部“四纵三横”、北部“三纵三横”道路框架，同步跟进供排水、供电等基础设施；建成瑞华天然气、永欣石化项目；推进益翔药业等3户入园企业厂房建设。嘉鑫国际建材城、陇东汽车城建成运营，东方丽晶、中元世贸等商贸中心建成主体，现代物流、电子商务蓬勃发展，服务业收入15亿元。

【城市形象】实施各类城市建设项目66个。庆化大道中段等5条城市道路建成通车，庆化大道南延伸段等10条道路建设推进。完成东区供热站新建及4个供热站改扩建，兴增集中供热面积280万平方米。气象局片区等21个棚改项目开动，四中片区等8个重点片区取得进展。“城市管理巩固年”活动纵深推进，城区环境卫生整治、大气污染防治常态化开展，全国文明城市创建顺利推进。首批1000辆公共便民自行车投放运行。

【民生保障】建成行政村公办幼儿园22所、乡镇卫生院提质改造等民生项目53个。建成“乡村舞台”37个、社区综合文化服务中心15个，兴建、改建社区日间照料中心、老年人幸福院31个。发放各类救助资金9897万元，惠及群众14.5万人(次)。增加城镇就业1.6万人，劳务收入12.7亿元。完成21件省市为民办实事，开展矛盾纠纷排查调处和信访积案化解活动，推进“五项安全一项维稳”。

【创新发展】推进“放管服”改革，“五证合一”等工商登记制度改革，增加企业2484户、个体工商户5106户、农民专业合作社219户。商标注册600件，“中真”商标被认证为甘肃省著名商标。成立全省首家政府控股的西峰区民间资本服务中心。推进养老保险、户籍制度、不动产登记、公车改革。

【重要文件】区政府发〔2017〕5号：《关于印发西峰区处置大规模群体性事件应急预案等8项预案的通知》

区政府发〔2017〕14号：《关于印发庆阳市西峰区科学技术奖励办法的通知》

区政府发〔2017〕33号：《关于贯彻落实〈国有土地上房屋征收与补偿条例〉的意见》

区政府发〔2017〕127号：《关于印发西峰区实施国家知识产权强县工程试点方案的通知》

区政府发〔2017〕132号：《关于在市场体系建设中建立公平竞争审查制度的实施意见》

区政府发〔2017〕136号：《关于印发西峰城区餐饮业油烟污染防治管理办法的通知》

区政府发〔2017〕236号：《关于印发〈西峰区突发公共事件总体应急预案〉的通知》

区政府发〔2017〕265号：《关于印发〈西峰区贯彻落实深化投融资体制改革实施意见任务分工方案〉的通知》

区政府发〔2017〕289号：《关于进一步推进户籍制度改革的实施意见》

区政府发〔2017〕299号：《关于公布第一至第五批区级文物保护单位保护范围和建设控制地带的通知》

政务工作

【文稿起草与公文处理】起草领导讲话、工作汇报、发言致辞等文稿350余篇。对各级各类来文实行分类登记、快速办理、跟踪督办，接收各级来文来电3200多件。实行“五级”(起草、校对、审签、印制、盖章)签字审核制，制发各类文件600多份，均通过OA办公系统电子化传输。利用“安邦信息”服务平台，整理编发各类信息720多条。向国家、省、市编写报送政务信息1016条。

【统筹协调与后勤管理】组织筹办区政府常务会议15次、各类专题会议180多次，接待各级督导检查、考察调研团组60多次，协调安排区政府领导调研检查70余次，完成香包民俗文化节、首届油菜花节等重大节庆活动筹办。维修改造机关供热管网和办公楼楼顶；聘用安保人员4名，落实来访登记、车辆疏导、夜间巡查制度；定期组织开展机关院落及负责片区卫生大扫除。

【督查办理与信访接待】组织开展专项督查20多次，督办领导批示件204件。督促催办中央环保督察反馈问题、国务院安全生产大督察、省级环保督察和城区集中供热工程建设等重大事项。按时办结44件人大代表建议议案、70件政协委员提案。落实信访登记制度，接待信访群众600多人(次)，处理信访事项100多件，266条网民留言均得到答复和妥善处理。

【政务服务】承接市级下放行政审批7项，取消5项。压缩、精简75个部门382项政务服务事项的办理流程、办理时限、申报资料，减少办理环节243个，取消多重证明材料58项，压缩办理时限650个工作日。1718项便民服务事项纳入行政审批管理系统，实现区、乡、村三级联网审批，办理各类服务事项10.4万件。

【信息网络】提质升级视频会议室老旧设备，承接视频会议170多场(次)。实行全天候网络舆情信息监测，搜集涉及西峰区舆情信息2万多条，转载65条，形成舆情周报25期。依托政府信息公开平台，及时发布和更新重点信息7400余条，主动公开信息720多条，依申请公开信息100余条。

【应急管理】指导编制各类行业专项预案18个、部门预案2个；建成区级应急管理平台系统，实现与市级平台的互联互通。组织开展大型综合应急演练3场(次)，专项应急演练81场(次)。加强应急值守及信息报送，处理和上报各类应急信息180多条。

【志鉴修编】7月，组织召开《西峰区志》评审会，对专家学者提出的意见和建议，逐条梳理，修补遗误，推进修志工作。9月，印刷出版《西峰年鉴(2017卷)》。及时更新、维护西峰地方志网站，补充完善地理区情数据库资料。

【外事侨务】组织进行“学习十九大·全景看西峰”台侨界代表观摩座谈活动，举办与美国埃德蒙市友好结城一周年文化交流活动，建立西峰区外语人才翻译数据库。

【接待工作】接待大中型会议32场次、培训会议12场次、完成各类宴会44场次，接待宾客12万余人次，完成营业总收入597万元。维修改造酒店西大门、行政办公区、贵宾楼大厅、餐饮楼包间及宴会厅过道，实现全院网络覆盖和客房电视信号改造。

【脱贫攻坚】走访排查温泉镇齐楼村543户群众，增加贫困户8户。协调正大集团将年饲养2.4万头的生猪育肥场落户齐楼村，修村组道路6.2公里，建垃圾填埋场1处，扶持帮联贫困户栽植果树15亩。

西峰区人民政府及办公室领导班子成员名录

区政府

区　长　王　驰

副区长　马耀文　王　超　雷兼博　齐文潇(女)
　　　　徐　莹(女，挂职)　冉德甫(8月挂职)

办公室

主　任　孙守谋

纪检组长　刘啸虎(6月任)

副主任　苏广明　卢胜利　赵仁学　余飞鸿

应急管理办公室

主　任　苏广明

副主任　周晓东(1月任)

地方志办公室

主　任　刘　强

副主任　徐　杰

信息化工作办公室

主　任　杨鸿涛

副主任　谭粉玲(女)

法制办公室

主　任　余飞鸿

纪检组长　刘一桥

副主任　胡晓刚

政府招待所

副所长　齐海荣(1月任)　左虎鹏

政务服务中心

主　任　马卫华(女，回族，1月任)

副主任 李淑琴(女)

外事侨务办公室

主　任 杨 亮(女)

（供稿:周飞虎）

机关事务

【制度建设】建立完善机关考勤、财务管理、平台车辆、驾驶员管理等30项制度整章建制,编订印制《西峰区机关事务管理局制度汇编》。

【公车平台】平台车辆建立专门台账，实行“一车一档一卡”管理方式,翔实记载车辆维修、保养和保险动态,66辆公务用车责任到人，成立车

平台车辆

辆安全质监小组对车辆组织安全检查。严格执行车辆使用规定,落实公务用车预约派车单制度、行驶登记制度和定点停放制度，严格执行车辆调度“三查”“五看”(查油耗、查安全、查违章;看车容车貌、看随车手续工具、看行车记录单、看用车时间和区域、看加油小票和明细)管理制度,签订《驾驶员绩效考核管理责任书》。平台上班的驾驶员每月增加绩效管理工资500元，通过驾校进行4次培训,保险公司举办安全知识讲座5场,利用微信平台和LED显示屏对驾驶员进行各类安全警示,发安全提醒信息11000多条。公车平台为西峰区各类公务活动调派车辆 2816(台)次,安全行驶 56.3万公里。

【公共机构节能】4月，原属区政府办公室管理的公共机构节能工作划转至机关事务管理局。组织学习《中华人民共和国节约能源法》节能降耗相关法规。推广使用节能灯具,使用率5%以上。督促指导西峰区395个节能成员单位完成2017年年终能耗数据和节能工作情况报送。推荐上报符合省、市级公共节能示范先进单位各一个。

【脱贫攻坚】8月，为什社乡文安村6名贫困户捐助衣服、书籍、米面油、被褥、火炉、煤炭、桌椅板凳、灶具等日常急需的生活用品20多件(套)价值3万余元。

区机关事务管理局领导班子成员名录

局　长 上官宏

副局长 郑志立

（供稿:秦志亮）

中国人民政治协商会议西峰区委员会

专门委员会工作

【政治协商】修订完善《委员管理规则》,建立《主席、副主席联系常委、常委联系界别委员制度》等6项制度。召开促进区域经济发展、加强生态文明建设、助力教育事业发展专题协商议政会3次,区上主要领导、分管领导和相关部门负责人参加,面对面听取委员意见建议,实现了政府、委员、群众之间的零距离互动,让委员直面协商,让协商体现群众智慧。

【民主监督】建立完善政协常委会、督查考核局和提案委员“三位一体”的督办工作长效机制,推动了一批民生实事的落实。就促进北畜产业发展、乡村旅游等事项,组织协商活动12次,形成了“一月一个专题、一个专题一次协商”的界别协商工作格局,提出了170多条意见建议。

【提案工作】制定出台《提案办理协商办法》《评

选表彰优秀提案、提案承办先进单位和提案办理先进工作者的实施办法》，将协商民主理念贯穿于提案的提出、立案、交办、办理、督办、反馈、表彰等各个环节。八届一次会议以来立案的70件提案，面商率、办复率、委员满意率均为100%。

【考察调研】开展残疾人社会保障、农业产业化发展等调研4次，对乡村道路建设、城市管理工作等开展视察4次，形成调研考察报告8份，为区委、区政府民主决策、科学决策提供了参考意见；配合市政协完成义务教育法贯彻落实、棚户区改造等调研考察6项。

【联谊活动】举办庆三八联谊会、迎中秋茶话会等活动，加强相互联系；配合市政协对少数民族村精准扶贫工作进行考察、市区联合开展民族宗教节日慰问等活动，引导社会各族各界与区委、区政府同心同德、同向同力；通过开展慰问困难群众、贫困儿童、老党员、老干部、驻军等活动，增进团结、促进和谐。

【社情民意】组建社情民意信息工作小组，加强社情民意信息员培训工作。在各民主党派、职能部门、乡村、新社会阶层等聘请36名信息员，建立起以政协委员为主体、以政协机关为主导、以特邀信息员为重要力量的信息收集网络。全年共收集社情民意信息260多条，编发《社情民意》57期，21篇被市政协刊用。关于改善城区交通环境、稳定乡村教师队伍提升教育质量等14篇系列信息稿件，得到市上领导批示并转相关部门落实，政协信息的决策咨询和助推发展作用得到进一步体现。

【文史工作】充分发挥文史“存史资政、团结育人”作用，以文史馆建设为平台，收集全国780个省市县级文史资料10000多册，向500个县区政协赠送文史资料3000多册；接待河南项城市、江苏江阴市等12个市县政协到西峰考察，赴外县区考察文史工作；成立文史资料编审委员会，召开文史工作座谈会，整理编发《西峰文史》12期，出版文史专辑《西峰建置机构录》；积极参与市政协《庆阳古镇古村》的资料征集，提供正式用稿4篇10万多字。

【委员活动】组建4个委员活动小组，对口联系24个界别。通过全委会议、常委会议等，完成新任委员集中轮训360多人次。建立委员履职档案，开展优秀委员、优秀提案评选活动，调动委员履职热情。开展“学创业学敬业、比作为比奉献”委员履职观摩、“党旗引领、携手七一”运动会、喜迎十九大“大美董志塬”委员摄影展等主题鲜明、各具特色的活动，实现了委员、界别和小组活动全覆盖，形成了人人都在组织中、人人都在参与中的良好局面。组织书画艺术研究会赴外地开展书画联谊、文化交流，宣传西峰、推介西峰；组织开展国学文化进校园、“欢乐幸福中国年、助力小康乡村行”“大美西峰、情韵蒲河”等委员走基层活动12次，捐赠书画500多幅、春联4000多副、衣物1000多件、文史600多套，义诊患者1500多人次、义演4场次。

【宣传报道】编发《西峰政协》46期，在各类报刊杂志上刊发新闻报道64篇。在省政协主办《民主协商报》“西峰区政协工作系列报道”专版，在市、区电视台新闻报道66次。依托《民主协商报》《陇东报》、西峰电视台，对10名委员的先进事迹进行宣传报道，委员的荣誉感、履职使命感得到进一步激发。

【自身建设】认真贯彻中央和省市区委关于全面从严治党的决策部署，充分发挥政协党组的领导和政治保证作用，把方向、管大局、保落实，把从严治党的要求落实到工作的全方位和全过程。积极参与项目建设、联村帮扶、文明城市创建等中心工作，做到在参与中议政、在议政中服务、在服务中建言。组织干部赴全国政协、省政协参加培训，参与“两学一做”学习教育知识测试，开展“党员主题活动日”“党性锤炼日”活动，赴山城堡开展以“不忘初心、继续前进”为主题的革命传统教育，参加七一诗文诵读会、举行机关“读书月”等活动，提升干部职工的政治理论素养，丰富机关生活。通过思想建设、组织建设、作风建设、制度建设协同推进，机关活力进一步增强。

【脱贫攻坚】修订连心桥帮扶协会相关制度，新吸纳8个理事单位，完成协会换届工作。继续秉持“扶贫济困、支持落后村组发展”宗旨，谋划助力发展富民产业，尽力帮助群众致富奔小康在残疾人社会保障调研工作中，和20户残障群众面对面了解生产生活和社会保障情况。投入帮扶资金330多万元，为贫困村组在富民项目引进、道路硬化、农电改造等办实事213件，出资40万元扶持20户规模养殖户。出资140万元为毛寺村修建吊桥一座(连心桥)。配合市政协对少数民族村精准扶贫工作进行视察、市区联合开展民族宗教节日慰问等活动。

政协西峰区委员会领导班子成员名录

主　席　罗亚林

副主席　姜晓琴(女)　张建国　贾兴义　王新宁

秘书长　田　野

区政协工作部门及专委会领导成员名录

办公室

主　任　魏海龙

副主任　赵向杰

提案社会法制委员会

主　任　袁志军

副主任　王飞南(女)

经济环境资源委员会

主　任　赵金堂

副主任　岳娅婷(女)

科教文卫体民族宗教委员会

主　任　左宏伟

副主任　马　琳(女)

文史资料和学习宣传委员会

主　任　李秋易(女)

(供稿：徐东成)

民主党派和社会团体

中国民主同盟西峰区委员会

民盟西峰区委员会审查批准24名优秀中青年人士加入盟组织。在区城管局成立盟区委第十二支部，现有盟员271人。

【学习培训】选派盟员参加各类培训会（班）200多人(次)。5月，组织50名盟员参加新盟员暨信息员培训会，让盟员了解盟章、盟史，13名盟员被盟市委聘为信息员。6月，3名盟员参加全区党外干部及统战干部培训班。7月，4名盟员参加民盟甘肃省第十四次代表大会。8月，联合盟市委组织盟员赴南梁开展红色专题教育学习实践活动。10月，机关2名干部参加民盟甘肃省委员会在河北社会主义学院举办全省专职干部培训班。11月，盟区委组织部分盟员及支部集中学习中共十九大精神。12月，5名盟员参加盟甘肃省委举办的新盟员培训班。

【建言献策】年初，通过发挥盟员界别优势，撰写法制、教育、交通、社会保障等方面提案50余份，“关于重视加强农民教育工作”“关于在精准扶贫工作中加强农民自强、感恩教育的提案”“关于农村文化建设的提案”被区政协列为1号提案。市、区人大(政协)换届，推荐盟员担任人大代表4人(次)、政协委员21人(次)。

【考察调研】28人(次)被聘为“法院执行工作监督员”“特约监察员”“人民陪审员”等特约人员。组织120多人(次)参加各种民主协商会、座谈会、情况通报会、意见征求会和各种视察、调研等活动，对西峰区重大工作部署，提出意见、建议，参与执法、执纪工作，发挥了民主监督作用。4月，配合盟省委副主委阎奋民对西峰区春季动物防疫工作进行调研；5月，配合市委常委、统战部长赵昌军对民主党派工作进行调研；9月，组织教育界盟员就西峰区“农村边远村学现状及建设情况”展开调研。盟员参加各级人大、政协组织的重大项目视察、融资、教育教学、生态文明、食品安全、扶贫攻坚等调研活动、专题协商议政会110多人(次)。

【社会服务】年初，盟区委组织盟内医疗专家在南街街道南苑路社区开展“送健康，进社区”义诊活动。“五一”前，盟员向北街实验学校初中部女生讲授生理保健知识并作心理辅导。第十四个民族团结进步宣传月，组织科技界盟员为少数民族群众授课并进行现场指导。民盟三中支部盟员赴庆阳市福利院看望孤寡老人和儿童。民盟六中支部2名盟员赴镇原屯字中学开展“同课异构”教学交流活动。11月，民盟一中支部3名盟员赴镇原县开边中学开展捐资助学、“同课异构” 教学交流以及心理健康教育等活动。盟员郑大勇推崇远程教育，推广“翻转课堂”，在庆阳一中、二中试点。开展进校园书画交流活动，引导青少年弘扬中华民族优秀传统文化。城管支部盟员参加“践行十九大城市管理志愿者行、寒冬送温暖企业关爱夕阳红”活动，积极奉献，弘扬正能量。组织书画界盟员参加省民盟组织的“祝贺中共十九大胜利闭幕，喜迎民盟十二大胜利召开·民盟盟员书画作品展暨义拍义卖活动”，多名盟员参与。

【脱贫攻坚】帮扶后官寨赵咀村，春节、端午节、重阳节期间，送去价值2000余元生活用品。鼓励农户参加少数民族群众技能培训，鼓励贫困户多方创收增收，帮扶的2户贫困户人均纯收入均达到4000元以上，实现稳定脱贫，已顺利通过省、市、区脱贫验收。

中国民主同盟西峰区委员会领导班子成员名录

主任委员　李相宏

副主任委员　王晓琴(女)　罗国庆　王　维　杨丕敏

秘书长　王婧婧(女)

委　员　苟书社　左胜利　刘正平(回)　王婧婧(女)

(供稿：王婧婧)

西峰区总工会

西峰区现有基层工会组织591个，涵盖单位1269个。其中，国有、集体及其控股企业18个，非公企业418个，机关单位32个，事业单位83个，其他工会组织38个(村、社区工会)，民办非企业单位2个。

【组织建设】新建工会组织10个，会员数比上年净增3434人（其中农民工会员净增2918人）。新建显胜乡工会等9家区级“模范职工之家”。继续开展“乡镇(街道)工会规范化建设推进行动”，在2016年建成3家规范化乡镇(街道)工会的基础上，新创建显胜、肖金、后官寨、什社等4个工会工作规范化乡镇，10月份，通过省、市总工会验收。协调区地税局做好工会经费代征工作，全年征缴工会经费127.7万余元，指派专人实时维护经费代征系统户籍资料，确保经费正常划拨。11月，区总工会经审委员会联合区审计局对全区21家基层工会进行工会经费审查审计，监督指导各基层工会管好、用好工会经费。继续争取区级财政在2017年财政预算中专项列支工会经费1050万元，并按比例向基层工会全部划拨到位。

【权益维护】开展“要约行动”、举办专题讲座，制作播出电视宣传片，总结推广典型经验，发动劳模企业家带头示范，组建工资集体协商指导团等方式，推动工资集体协商工作在全区范围全面铺开。2017年，签订工资集体合同(协议)371份，覆盖企业371家，覆盖职工27831人。以“和谐劳动关系创建活动”为契机，整合厂务公开、职代会、民主管理制度，完善劳动纠纷调处机制。83个事业单位，其中：79个建立了职代会，80个厂务公开，418家非公企业中，394家建立了职代会，395家实行了厂务公开。坚持开展“双爱双评”、职工建家评家活动，创建区级民主管理、厂务公开示范点2个，培训指导各基层工会结合实际开展“地企共建”“镇企联合”等各类和谐企业创建活动。

【困难帮扶】建立健全困难职工档案467份，农民工档案168，临时救助档案82份。开展“冬送温暖”活动，区委、区政府领导上门慰问特困职工劳模6名，每人送去慰问金1000元。通过银行卡方式，救助困难职工466名，共计发放慰问金37.28万元。开展“就业创业援助月”活动，参会企业124家，提供就业岗位4871个，现场招聘655人。开展“夏送清凉”活动，筹措资金6.54万元，慰问交通、城管一线职工、建设工地农民工、一线记者等864人，为他们送去茶叶、冰糖、毛巾等防暑降温用品。开展“金秋助学”活动，对154名符合救助条件的困难职工农民工子女大学生每人资助2000元，共计发放助学金30.8万元。3月，举办全区下岗职工再就业家政服务培训班，100多名下岗职工在庆阳农民职业技术培训学校接受了为期15天的系统培训，对通过考试的人员颁发了劳动技能证书。“五一”前夕，区上四大班子分管领导慰问劳动模范4名、困难下岗职工4名，为他们每人送去慰问金1000元，并为4名劳动模范送去鲜花一束。“六一”前，慰问救助留守儿童、单亲女职工子女30名，为他们送去200元慰问金和校园读物四大名著。9月，协调和争取爱心企业为全区77名优秀一线职工和劳模每人免费做了1000元的健康体检。筹资3.5万元，为全区167名下岗困难女职工免费开展“两癌”筛查，有效维护了女职工合法权益。

【文体活动】组织40多名基层工会干部开展素质拓展训练。举办全区庆“五一”职工篮球联赛暨三人篮球争霸赛。承办区委机关2017年职工运动会，组织300多名干部职工参加了为期3天的14项比赛，活跃了机关职工群众的文化生活。与体管中心联合举办了西峰区庆新春第三届“体彩杯”乒乓球联赛。组织开展了形式多样的“学、争、创”活动，选派15名工会干部参加了省总、市总组织的业务培训和考察学习。举办全区工会干部能力提升培训班，全区60多名基层工会干部参加了为期一周的培训。“七一”前，组织全体干部职工赴山城堡战役纪念馆，缅怀革命先烈，接受红色洗礼。区总工会干部职工参加了区委机关工会组织的职工运动会，在“迎国庆、歌盛世”歌咏比赛取得第三名，以“美好新时代 共筑中国梦”主题诵读比赛荣获一名。

【脱贫攻坚】春耕期间，为贫困户送去地膜、化肥、玉米籽种等农资，深入彭原村宣讲省十三次党代会精神和十九大精神。“六一”期间，慰问救助帮扶村12名贫困留守儿童，为他们送去学习用品和慰问金。为后官寨镇赵咀小学捐赠办公桌椅15套。

区总工会领导班子成员名录

主　席　张　瀚(9月任)

常务副主席　程水银(女)

副主席　张　娜(女)

经费审查委员会主任　齐宇宵(女)

(供稿:郑岚丹)

共青团西峰区委员会

2017年底，全区有各级团组织601个，其中:团委33个、基层团工委3个，团总支56个，团支部509个，有团员8165名，17年新发展团员1300名，专职团干部29名，兼职团干部489名(农村团组织有团委27个，基层团工委1个，团总支41个，团支部322个，团员4185名，2017年新发展团员760名，专职团干部15名，兼职团干部361名);少先队组织131个(其中少先大队122个，少工委9个)。

【基层组织建设】在西峰区城市管理行政执法局、区国家税务局、庆阳陇萃果蔬种植农民专业合作社、庆阳博远金服商务有限公司、庆阳陇东粮仓生态农业发展有限公司等企事业单位和两新组织中新建团组织20个。在全区乡镇(街办)团委均建立了联系青年工作微信群、青年交流微信群，普及到村、社区。共建青年交流群 60 个，联系青年 2252 人。

【青少年工作】“五四”期间，组织庆阳二中、庆阳三中等 5 所学校 40 名优秀学生在华池南梁举行纪念“五四”运动 98 周年暨团员纳新仪式。组织庆阳三中、西峰职专、回民小学的 150 名团员，在市政府礼堂参加全市庆祝建团 95 周年表彰大会暨“青春万岁”大型诗会，用情景剧诗歌朗诵的形式展现团情团史，回顾共青团的光辉历程。“六一”期间，组织城区 6 所小学及学区分别开展“喜迎十九大 欢乐庆六一” “我向习爷爷说句心里话”、新生入队等少先队活动。组织全区 8600 余名团员青年通过中国文明网、西峰网等网站共同参与“网上祭英烈”活动，用心写下自己的悼念寄语，表达对革命先烈的无限缅怀和崇高敬意。联合区

2017 年 8 月 31 日“抵制天价彩礼,树立文明新风”活动启动仪式

文明办在东湖公园门前举行“抵制天价彩礼，树立文明新风”活动启动仪式，组织巡回宣讲团入各乡镇（街办）开展“抵制天价彩礼 树立文明新风”宣讲活动，为 1580 余名青年、群众作“经营智慧家庭”专题讲座。9 月，与区纪委承办“喜迎十九大 盛世唱辉煌”区委机关歌咏比赛，组织机关 20 多个单位的 400 多名干部职工参加比赛，表达对祖国的祝福。

【优秀青年】制定《西峰区青年文明号活动管理办法》，开展争创青年安全生产示范岗、青年岗位能手活动。6 月，开展了“青年文明号开放周”活动，组织动员青年文明号单位通过开展示范服务、文化倡导等公益实践活动。储备区级青年文明号 6 个、青年岗位能手 7 名，推荐上报市级青年文明号 1 个、青年岗位能手 1 名。按照“两红两优”工作要求，推荐产生省、市级优秀团员 4 名，团干部 3 名，团委（总支、支部）4 个。

【青年就业创业】采取集中课堂讲座、现场交流指导等形式，为农村青年提供生产技能指导帮助。全年组织开展创业技能培训班 7 场（次），培训青年 700 多人（次）。普及电子商务应用，指导西峰区大学生电子商务创业示范点、西峰区青年电子商务创业示范点规范运行，在线上线下销售白酒、小米、苹果、黄花菜等本地土特产，使其规模不断壮大，引导乡村青年、大学生树立正确的就业创业理念，积极创业。同时，指导成虎商贸公司团支部争创市级五四红旗团支部，完善团支部建设，成为西峰区非公经济团建工作的示范点。对 2015 年开始服务的 4 名大学生志愿者进行考核安置，为 2015 年以来服务的 17 名志愿者建立社保账户，购买人生意外伤害险，有效地保障在岗服务的志愿者权益。

【爱心助学】联合区城管执法局在昊鑫时代广场隆重举行“传递城管正能量、爱心助学促成长”活动，为 12 名贫困学生每人发放助学金 1000 元、《资治通鉴》1 套及棉被等生活用品，鼓励他们争做四好少年。争取“圆梦大学，庆化助力”精准扶贫助学项目，为 12 名因家庭困难的大学生争取助学资金 6 万元。

【志愿服务活动】开展学雷锋活动，传承发扬雷锋精神和“奉献、友爱、互助、进步”的志愿精神。组织乡镇街办、学校 1600 余名志愿者深入乡镇村组、敬老院、城区主要街道开展环境整治、敬老爱老、交通劝导等志愿服务活动 10 场（次）。组织 370 余名团员干部和青年志愿者在彭原镇杨坳村，开展 2017 年“弘扬生态文明 共建绿色庆阳”

——“保护母亲河”青少年义务植树活动，栽植树苗40000余株，栽种面积达到300余亩。6月17日—18日，组织20名志愿者，在显胜乡毛寺村录制《乡约·甘肃西峰》现场开展志愿服务工作。

【青少年法制教育】为有效遏制校园暴力，预防未成年人违法犯罪，共创平安校园，西峰团区委自2016年9月开始，针对涉及未成年人违法重点领域，团区委组织专门人员深入各中学为广大师生放映青春防线法制节目，同时开展《青春防线》观后感有奖征文活动，3月24日举行颁奖大会。10月份，深入5所学校开展青少年法制教育报告会，为青少年学生营造文明、平安、和谐的校园环境。积极动员社会力量参与维护青少年合法权益，在区司法局法律援助中心建立了青年维权岗1个。

【自身建设】按照区委组织部干部培训要求，在区委党校举办为期5天的西峰区团干部培训班，培训全区各级团、队干部69人(次)。培训围绕学习宣传贯彻中共十八届六中全会精神，习总书记“7·26”重要讲话精神，深化人才优先发展战略、推动西峰人才工作创新，认真践行“两学一做”学习教育争做新时期合格党员以及深入理解全面从严治党精神、扎实推进党内监督全覆盖等内容展开，有效地提升了全区团青少队干部工作能力。9月，开展学习《习近平七年知青岁月》专题活动，组织各基层团委书记、少工委主任、城区大队辅导员自学并撰写学习体会。组织各乡镇(街办)、学校团干部、团员1080人开展了团务知识暨“一学一做”测试，组织全区9300名少先队员、630名少先队辅导员参加少先队知识测试，为全区广大少先队员普及了少先队知识，提升了基层少先队工作者的理论水平。

【脱贫攻坚】组织全体帮扶干部入毛寺村开展对接、入户调查工作，组织干部深入农户开展专题宣传十九大活动。10月，通过了区上的自验、市上的初验工作。开展“六查三问一细化”和“大走访、大排查”工作，帮助困难群众温暖过冬，组织全体帮扶干部以送温暖的方式，为贫困农户和困难群众送去火炉、煤炭、电暖、棉门帘等生活取暖保暖物资和慰问金4200元。

共青团西峰区委员会领导班子成员名录

书　记　郭庆宁

副书记　徐晓玲(女)

(供稿：王锡湖)

西峰区妇女联合会

【项目资金】争取“陇原巧手”培训项目资金9万元，贫困妇女“两癌”救助专项基金9万元，“陇原妹”劳务输转培训项目经费10.3万元，甘肃省劳务品牌家政服务培训项目资金36万元。

【培训工作】举办“陇原巧手”培训班。开展1个多月的香包刺绣、串珠、手工编织等技能培训，10个乡镇举办培训班10期，培训536人；举办“陇原妹”家政服务培训。培训家政服务员640名；11月，举办女农民工创业培训班，从《中华人民共和国知识产权保护法》《中华人民共和国安全生产法》、手工艺品的图案设计与色彩搭配、电子商务以及手工产业龙头企业管理运营等知识培训，对巧手骨干、陇原巧手经纪人、建档立卡贫困女性劳动力、返乡女农民工50人参加培训；聘请陇东学院教授、保健知识专家赴乡镇(街道)、村(社区)专题讲座10场次，听众妇女200多人。

【主题实践活动】开展庆“三八”命名表彰暨先进事迹报告会，表彰西峰区环卫局3个“三八红旗集体”，4名“三八红旗手”，10名“巾帼建功标兵”，10名“创业致富女明星”；“三八”前，区妇联组织巾帼志愿者，在东湖公园门前开展以“建设法治庆阳·巾帼在行动”——维权服务进社区、进家庭为主题的“三八”妇女维权宣传活动；举办妇女手工产品“双创”大赛，大赛设有刺绣类、剪纸类、编织类、其他类等四大类，10个乡镇街办的25位参赛选手进入决赛，选拔10名选手参加庆阳市妇女手工“双创”大赛；举办妇女趣味运动会。组织区直部门代表队12个，500多名女职工参加拔河、旱地龙舟、袋鼠跳等10个以上个人和集体项目的比赛。

【美丽庭院】成立“美丽庭院”创建工作领导小组，指导和组织“美丽庭院”创建活动的开展，制定下发《关于在全区妇联系统中开展“美丽庭院”创建实施方案》；以网上“妇女之家”“母亲讲堂”及微信公众平台，创建知识培训、宣传、微晒“美丽庭院随手拍”活动；动员组织巾帼志愿者在李岭村开展环境卫生集中整治，评选出10户“美丽庭院”创建示范户现场授牌；举办“凡人善举”表彰大会，表彰“美丽庭院”创建示范户4户，好婆婆3户、好丈夫3户、“五好文明家庭”3户；参与南街办“最美南街”评选活动，为87户家庭挂“美丽庭院示范户”牌子；推荐上报市级“美丽庭院”示范村2个、“美丽庭院”示范户30户。

【最美家庭】开展“最美家庭”评选活动，群众自评、推荐、村公示、乡审核，初评“最美家庭”123户，推荐市级“最美家庭”60户；4月23日世界读书日，开展“我爱我家·同悦书香”亲子阅读微晒活动。推荐上报我爱我家微晒活动作品60多份，24户家庭获庆阳市妇联表彰奖励；举办“翰墨传家”妇女儿童书法大赛，征集书法作品120多幅，评定妇女组、儿童组获奖作品57幅，其中妇女组13幅，儿童组44幅，对获奖作品的作者表彰奖励。

【妇女维权】区综治委出台《西峰区反家庭暴力告诫制度实施办法》。公安、司法、民政、卫计等部门，成立西峰区反家庭暴力“110”投诉中心、反家庭暴力伤情司法鉴定中心、反家庭暴力妇女儿童心理抚慰中心、反家庭暴力妇女儿童法律援助中心、反家庭暴力庇护中心，反家庭暴力门诊；成立西峰区婚姻家庭纠纷人民调解委员会，新建家暴庇护所1处，各乡镇(街办)村组、社区建立妇女儿童维权工作站(点)；开通“12338”妇女维权热线，招募妇女信访代理员、巾帼志愿者。接待来信来访52起(件)；利用“三八”妇女节、“6·26”国际禁毒日，上街设立宣传点宣传，以《中华人民共和国反家庭暴力法》《中华人民共和国妇女权益保障法》《中华人民共和国禁毒法》、男女平等基本国策、“12338”妇女维权热线功能、社会主义核心价值观等律法规知识法宣传咨询活动7场(次)，接受法律咨询300多人；什社李岭村举办妇女维权知识培训班1期，邀请西峰区法律援助中心主任讲授“妇女和未成年人在遭受家庭暴力时如何预防”培训妇女200多人次。

【留守儿童】组织各乡镇妇联对本辖区内所有留守儿童全面摸底登记，建立档案；在东湖公园举办庆“六一”困境儿童救助，为90名困境儿童发放200元的学习用品，庆阳市农民职业技术培训学校为活动捐资1万元；在什社乡、显胜乡、肖金镇举办澳优奶粉捐赠活动，庆阳金福娃商贸有限公司为200个家庭捐赠26万元的澳优能力多奶粉。

【留守妇女】组织各乡镇妇联对本辖区内所有建档立卡的贫困妇女全面摸底登记，建立档案；春节，为100名贫困患大病妇女和9名患“两癌”妇女发放5万元救助金。

西峰区妇联为贫困妇女发放“两癌”救助金

【脱贫攻坚】庆阳市好阿姨家政服务公司、庆阳淑方香包有限公司新建省级“巾帼脱贫示范基地”2处；好阿姨家政服务公司培训建档立卡贫困妇女36人，向外地输送就业人员116人，向本地输送就业1032人，服务1433家庭；庆阳淑方香包有限公司，举办“陇原巧手”手工刺绣技能培训班6

期，培训妇女300多人次，其中：培训出刺绣能手100多人，业务骨干50多人，带动周边村组600多人发展香包刺绣产业，扶持建档立卡贫困妇女43人；为4户精准扶贫户送价值200元的化肥、地膜、农药等农用生产生活物资；特殊困难户李某有沙画和洋娃娃手工制作手艺，结合自身特长为李某建立“泉涌残疾人示范基地”。

西峰区妇女联合会领导班子成员名录

主　席　王桂芳(女)

妇儿工委办公室

副主任　任贵荣(女，6月任)

（供稿：刘文慧）

西峰区科学技术协会

【组织建设】各乡镇成立科协组织，建成农技协社会化服务站1处，新成立农技协联合会2个，建“协会+合作社+党支部+龙头企业+基地”模式的新型合作经营组织3个，新建成村级、协会、社区科普服务站3个，培育建成4个青少年科技教育示范基地，1个社区公益性社团组织纳入科协系统。建成社区科普e站示范点1个，组织动员13户企业加入庆阳市创新驱动成果转化远程助力平台。利用微信、微博等现代媒介宣传普及科技知识。新成立“庆阳润泽林果协会”“西峰区樱桃产业协会”“西峰区兴旺种养殖联合会会”“庆阳养蜂协会联合会”等4个农业专业合作经济组织，新发展会员1238人。协会(联合会)成立后，开展科普宣传培训、技术引进、试验示范等活动，发挥了较强的辐射带动作用。各乡镇科协组织陆续建立，明确了分管领导和专职工作人员，与老科协合署办公。反邪教协会组织继续向基层延伸，各乡镇、街办都成立了反邪教协会，开展反邪教警示教育活动。7个乡镇老科协分会全部成立，9个区直部门成立专业分会，老科协为6个帮扶联系点协调落实各类资金、物资价值125万元，并且做到年初有安排，半年有督查，年终有总结。老科协换届筹备工作全面完成，争取12月底前召开换届选举大会。

【技术服务】按照庆阳市的要求，区科协及时和区有关部门衔接，围绕农村四大支柱产业----南菜、北蓄、东果、西游，组建成立技术服务团，技术服务团有13人，其中区直部门专业技术人员6名，乡土专家人才7名。区科技助力精准扶贫领导小组办公室与技术咨询服务团各位成员签订服务协议，协议明确界定服务团成员的工作职责和具体指标要求，根据领导小组办公室要求，服务团各成员与有关乡村、农技协(联合会)、合作社、贫困户签订服务协议。

【科技培训】动员组织全区科技组织和广大科技工作者开展科技扶贫活动。全年区直涉农涉科部门在贫困村开展大型科普宣传活动8场（次），153人(次)的科技人员参与，接受群众咨询1324人(次)，发放科普培训资料5万余份，普培群众3000人(次)。区直有关部门共举办各类科普讲座、科普培训、科普交流、科普演示等活动47场(次)，培训农民群众5200余人(次)。区果业局在董志廖坳、胡同赵、温泉何家坳等村开展科普讲座、培训8场(次)，培训技术骨干、种植大户、科技示范户480人(次)，示范带动周边贫困户，户均可增收1200元。区科协、农技中心在温泉米堡、董志胡同赵举办科普大篷车进乡村活动和科技推广现场演示会，500多村民参加，绿色节能环保等新技术的示范推广。科技服务团成员举办各类科技讲座、科普培训32场(次)，培训3400人(次)，面对面入户开展咨询服务活动216次，现场解决技术难题79条。通过项目支持、资金奖补、示范引领等方式，在15个贫困村培育发展农技协、专业合作社、龙头企业等新型经营主体32个，构建起新型经营主体与贫困户的利益联结帮扶机制，贫困村、贫困户在部门的帮助下，建立农产品网上销售、运输配送体系，O2O、B2O等电子商务模式。利用微信、微博等媒介的技术优势开展技术咨询和科普宣传。

【科普宣传】以“三下乡”“科普之春(冬)”“全国科普日”“科技活动周”等活动，组织农业、林果、文化、科技、卫生、环保等行业的专业技术人员开展各类大型科普宣传活动16场(次)，张贴科普宣传标语37条，悬挂横幅13条，散发各类科普资料、图书5000余份，普培群众15000人次。元月中旬在什社乡文化广场参加西峰区科技文化卫生“三下乡”集中示范活动，结合精准扶贫，开展科技便民服务活动，现场发放宣传资料及科普图书500余册。5月20日，区科协参加庆阳市科技活动周启动仪式，与市科协联合开展科普宣传、政策宣讲、义诊咨询、3D科普挂图演示等综合科普活动，宣传教育群众2000人次，发放科普图书、资料5000余份。9月份，区科协组织参加以“创新驱动发展，科学破除愚昧”为主题的甘肃省2017年“全国科普日”庆阳主场活动，西峰区部分骨干农技协代表和青少年学生共800多人参加。11月14日，区科协组织果业局、农技中心等单位在温泉米堡开展“科普之冬”大型宣传活动，举行科普培训和新技术现场推广演示活动，300余群众、种养殖大户、科技示范户参加，专业技术人员现场讲解绿色环保沤肥新技术知识要点，发放科普书籍和资料1000余份。乡镇组织开展实用技术培训1.5万人次；区总工会培训农民工500人次；团区委开展农村青年就业创业培训7场次，培训500人次；区妇联实施农村妇女“提素工程”，培训妇女2000人次；农牧局围绕产业开发和新型职业农民培育，培训农民3万人次；人社局委托社会办学机构完成农村劳动力培训2000人次；卫计局加大对农民群众计生知识政策及健康养生知识培训教育，培训宣传农村群众1.5万人次；区科协在“百家农技协科普惠万户”活动中，组织指导举办培训班、科普讲座、科普交流、科普演示等活动42场次，培训农民4256人次。对在“百家农技协科普惠万户”活动中表现突出的4个协会，区科协给予资金奖励。西汇蜜蜂养殖协会负责人孙尚荣是区科技界政协委员，赴北京、浙江、四川、陕西等地参加科普交流活动，与西北工大建立合作交流关系，建立起院企合作的新模式。

【青少年科学活动】开展“科普大篷车进校园”活动5场(次)，1万多名中小学生受到教育。组织青少年参加第32届甘肃省青少年科技创新大赛、机器人大赛和第七届庆阳市青少年科技创新大赛，与区教体局、团委、妇联联合举办西峰区第十二届青少年科技创新大赛，征集创新作品52件，推荐43件参加庆阳市七届青少年科技创新大赛，共有23件作品获奖。9月科技活动周，组织4所中小学校800名师生进行VR体验。北街实验学校举办科普知识竞赛活动，庆阳三中建成青少年科技创新示范基地，建立青少年科技创新工场，购置教学设施和加工设备，配备创新导师2～3名，建成创新作品展室；成立青少年机器人社团，购置人形机器人和所需器材，建成青少年机器人社团活动室；成立青少年航模社团，建成海模、航模、车模展室。

【城镇人口科普活动】全区15个社区建立道德文化科普大讲堂，开展“共筑和谐社区，共建美好家园”主题群众文化活动24场次。全区所有的社区都依照全国科普示范社区—南办育才路社区、南苑路社区的模式，建科普图书阅览室、科普宣传画廊等设施，建立科普宣传员、科普志愿者队伍，开展健康知识、禁毒、反邪教、消防安全和食药品安全知识讲座。部分社区建立社区科普网站，添加并关注“庆阳科普”微信公众号，利用互联网技术普及宣传科技知识。南苑路社区在市、区科协的支持下，建成社区科普e站1处，利用LED电子屏滚动播出科普知识。北街办事处依托北大街社区文化活动中心，成立心怡咨询调解服务中心，组建专家、科普志愿者团队，为居民提供心理、司法、就业、家庭教育等咨询服务。南街办事处规范了8个社区科普志愿者服务工作站，全年开展志愿服务活动4次，参与志愿者200多人次。区政协组织科技界政协委员成立科技服务团，开展送科技进社区活动4场次。团区委开展青年就业创业培训3场次，培训城镇待业青年300人次。妇联实施城镇妇女提素工程，培训妇女1000人次。残联举办残疾人职业技能培训班5期，培训城镇残疾人150名。人社局完成创业培训400人次。

【示范市建设】全区12户企业进入庆阳市创新驱动成果转化远程助力平台。利用国家“四库”“五平台”，在市科协的帮助指导下，建成甘肃中盛华美专家工作站，省农科院两名专家签约服务于该企业。7月，全省创新驱动助力工程现场观摩推进会在庆阳市召开，与会人员现场观摩了西峰区西峰制药公司、中盛农牧公司西峰种羊场。制定下发《西峰区科普示范乡镇、村、社区、户创建实施方案》，新建科普示范乡3个，示范村14个，示范户150个。评选出先进农技协3个、科普示范基地2个、科普教育基地1个、科普示范社区2个、科普示范学校2个。设立综合效益好的农技协示范点1个。建成农技协社会化服务站1处。

区科学技术协会领导班子成员名录

主　席　葛晓宏

副主席　李　晛

委　员　刘学君

（供稿：陈志华）

西峰区工商业联合会

【会员队伍】组建商会24个，其中：乡镇、街道商会10个，直属行业商会9个，异地商会2个，市场商会2个，其他商会1个。新建试点商会1处（即：陇东建材市场商会）。西峰区工商联发展会员1337个，其中：个体会员1025个，企业会员288个，商会组织24个。向西峰区80家中小企业贷款1.9亿元。为60多户企业提供了法律咨询服务，调节矛盾纠纷5件。

【教育培训】3月17日，西峰区工商联组织全体常委及部分企业代表25人，在庆阳饭庄召开七届二次常委（扩大）会议。10月29日，西峰区工商联组织8家企业赴北京参加由中国人民大学举办为期4天的“百年明德”企业管理大型公益讲座活动，培训邀请到中国人民解放军国防大学教授、央视“今日关注”著名军事评论员李莉，中央电视台特约评论员、国家发改委城市和小城镇改革发展中心研究员杨禹等6位资深专家教授。11月14日，西峰区工商联组织16名企业代表在区委会议室召开西峰区非公经济代表人士学习十九大精神座谈会。

【考察调研】2月，澳大利亚悉尼企业发展联合会、新西兰惠灵顿商贸发展委员会邀请，西峰区工商联10名人员、非公经济界人士，赴澳大利亚、新西兰进行为期10日的考察学习，交流团参观澳大利亚悉尼市、新西兰的奥克兰市和罗托鲁瓦市，访问当地生产、加工、销售企业，与悉尼企业发展联合会和新西兰惠灵顿商贸发展委员会举行了公务会谈。3月23日，组织统战部、工商联、工商局、工信局、金融办等11家单位及19家商会和企业，围绕西峰区农业、生产制造业、商贸服务业、房地产业、金融业等多个行业，开展实地调研和座谈。

【招商引资】7月，配合区委、区政府，参加兰洽会，达成庆阳嘉鑫建材有限公司与北京居然之家控股集团有限公司就西峰区居然之家•嘉鑫家居建材城建设项目1个，签约项目1个，签约资金6亿元。11月10日，组织商会、企业代表30余人在检院会议室召开由西峰区检察院、西峰区工商联联合举办的西峰区依法保障和促进非公有制经济健康发展座谈会。与人社、工会等部门开展企业维权活动。配合经合局，参与招商引资。赴武汉德成控股集团有限公司、浙江京猫电子商务有限公司等企业考察对接。签约项目10个，签约资金38.5亿元。

【脱贫攻坚】9家企业参与，为15个精准扶贫村捐款30万元，为贫困村小学捐赠学习用品2万元，向79个精准扶贫户发放贷款670万元，组织培训3场次20余人，安置就业19人发放工资53.6万元，带动脱贫户153个。

西峰区工商业联合会领导班子成员名录

主　席　李海洋

副主席　秦树昭　刘百琳　李旭秀　郭骁慷　黄毅虎
　　　　马维贤　张小春　鄢志龙

秘书长　秦树昭

党组书记　王晓莉(女)

（供稿：朱　枭）

西峰区残疾人联合会

【康复服务】区乡成立残疾人精准康复工作领导小组和服务小组，开展残疾预防和宣传活动42场(次)，发放宣传品4.6万份、免费药物1.5万盒。为236人免费实施白内障复明手术，31名残疾人配发助视(听)器。转介42名残疾人到省市进行功能训练和治疗。为445名残疾人免费配发轮椅、助行器等辅助器具，400名残疾人提供康复器具，230名精神病患者发放爱心定位卡。

西峰区残疾人精准康复工作暨残疾人康复体育进家庭项目培训班

【特殊教育】协调83名残疾儿童在普通学校随班学习，18名儿童在幼儿园特教班学习，26名儿童到庆阳市特殊教育学校学习。适龄残疾幼儿入园率95%，残疾学生入学率98%。221名贫困残疾学生和150名特困残疾人子女，发放500～3000元助学金。考入高等院校的贫困残疾学生，大学期间每年发放2000～5000元资助金。

【就业培训】推荐24名有一定文化程度的残疾人或家属到省市职业技术学校参加中、短期培训学习。举办各类培训班23期，培训残疾人或家属1100人/次。转介56名残疾人或家属参加省市盲人按摩、牛肉拉面、电器维修等专业化培训班。培育盲人保健按摩、公厕看护、肉羊养殖、电商创业等残疾人就业基地18个/处，辐射带动残疾人或家庭成员就业200名。

【文体维权】举办区级"爱耳日""全国助残日""特奥日""残疾预防日"等主题文体活动15次。开展乡级残疾人群众性文体活动33场/次。建立残疾人文化艺术和体育特长人才库，收录残疾人240名。设区级盲人阅览专柜2个，配备盲文图书、有声读物和阅听设备120本/套。成立区级残疾人法律援助站1个，聘请爱心律师3名。成立乡级残疾人法律援助分站10个，各聘请爱心律师2名。受理残疾人来信来访、法律救助52人(次)，挽回残疾人经济损失38万元。

【兜底保障】1421名残疾人纳入低保范围，一、二级重度残疾人代缴100元养老保险金。6952名残疾人纳入医保范围。650户特困残疾人家庭发放救助金32万元。符合条件的残疾人纳入特困残疾人生活补贴、重度残疾人护理补贴和机动轮椅车燃油补贴。落实资金297万元，为1587名重度残疾人发放护理补贴，888名特困残疾人发放生活补贴，450名残疾人发放机动轮椅车燃油补贴。协调、帮助残疾户落实发展资金160多万元，栽植核桃树苗120亩、苹果树230亩，养殖肉羊1100只，转介输出家庭剩余劳动力120名，兴建住房17户、修缮住房14户。

【脱贫攻坚】赴肖金镇老山村免费捐赠轮椅5辆，为13户特困和重度残疾人家庭申请惠民补贴。组织农户参加实用技术培训42人/次，转介输出劳动力19名。

西峰区残疾人联合会领导班子成员名录

理事长　孙晓霞(女)

副理事长　窦永青

（供稿：杨永宁）

西峰区文学艺术界联合会

【文化活动】4月14—24日，组织区内外美术、摄影艺术家、青少年学生及艺术爱好者，在蒲河川美丽乡村艺术实践和艺术采风创作基地，开展采风写生活动。在油菜花节开幕式大会举行“陇东学院美术学院艺术实践基地”和“西峰区文联艺术采风基地”的授牌揭牌仪式；4月25日至5月2日，在毛寺村部与区教体(科技)局、显胜乡人民政府联合举办2017中国·庆阳首届油菜花节暨“花香蒲河、魅力西峰”系列活动之“寄情董志塬、拥抱蒲河川”美术、摄影作品展；5月25日，区文联与区委宣传部联合举办西峰区纪念毛泽东《在延安文艺座谈会上的讲话》发表75周年文学艺术交流培训会；6月25日，与区老龄办、科协、北街办事处、北大街社区翰墨书画家协会联合举办庆阳市“夕阳红”书画观摩展；7月10日，与区老干局联合举办“喜迎党的十九大，老少共筑中国梦”全区离退休干部、中小学生书画作品展。8月24日，与区妇联联合举办“翰墨传家”妇女儿童书法大赛，组织获奖作品举办书法作品展。9月21—27日，组织9个协会15名会员赴敦煌开展以“弘扬丝绸之路精神，领略一带一路风采”为主题的学习采风交流活动。讨论拟定《西峰区董志塬文艺奖评奖办法》《西峰区重点文艺创作项目资助管理办法》。全年发展国家级会员2名、省级会员3名、市级会员8名、

春节下基层开展“三送一慰问”活动

区级会员22名。戏曲发展会员20多人。

【文艺创作】全年编辑出版文学期刊《董志塬》4期，书画期刊《陇东书画》4期，8800册。庆阳市第九届李梦阳文艺奖西峰区有10件作品分别获一、二、三等奖。50多篇小说、诗歌、散文和报告文学在《四川文学》《星星》《中国报告文学》《陇东报》《平凉报》《北斗》等刊物发表。杨永康的作品荣获三毛散文奖和林语堂散文奖。侯永刚的作品荣获第六届甘肃黄河文学奖；郭崇勇歌曲《中国梦》在央视音乐频道播放50多次，承担庆阳市、县(区)大型音乐会的撰稿。影协创作《大美董志塬，运动新西峰》《水映山色无限美》《美丽西峰　生态蒲河》等大型电视专题片5部，与央视联合创作拍摄制作微电影、电视剧10部，宣传报道刘兰芳等先进典型。摄影协会张步农作品《巧手绘皮影》荣获第十九届全国艺术摄影大赛艺术摄影类优秀奖。孙杰作品《手工草帽》《唐槐村的故事》、封俊宽作品《飞》入选《中国摄影家》杂志社。孙杰作品《秦人遗风—乞巧女儿节》荣获第十届联合国教科文组织“人类的记忆”人类贡献奖全球摄影大赛提名奖。6月18日配合中央电视台《乡约·甘肃西峰》录制拍摄工作。

【脱贫攻坚】本部门帮扶后官寨镇帅堡村及5个精准扶贫户的帮扶工作。作为牵头单位，多次与区信访局、运管局、后官寨镇扶贫办和镇包村干部、帅堡村委会干部积极协调、研究座谈精准扶贫工作，组织召开座谈会、工作安排会、政策宣讲会6

次。研究制定村、户帮扶计划，明确了任务，靠实了责任；组织全体干部职工逐户进行了对接、调研，建立健全“八有”资料，与村、户开展针对性的帮扶，组织干部职工集中进村入户开展帮扶活动30多次。春节期间，开展“三送一慰问”活动，为贫困户赠送书画、春联、剪纸及食用油、大米、图书、生活用品等。帮助帅堡村建成农民文化广场，为帅堡村环境整治捐助5000元。

区文学艺术界联合会领导班子成员名录

主　席　吴立华

副主席　王天宁　杨　潇

（供稿：梁仲鑫）

军事

人民武装

【战备训练】严格落实战备制度，加强战备值班和战备教育，定期组织民兵应急分队战备演练，民兵队伍应急应战能力得到有效提升。狠抓现役军官组织指挥能力和军事技能练习，3名军官在军分区组织的年度军事训练考核中取得了优异成绩。严密组织20名民兵参加市、区反恐演练，完成任务出色，得到了市、区领导肯定和赞扬。

【学生军训和国防教育】区委、区政府，安置部队退役34名士官编入民兵应急队伍，组织集中训练后担任9所中学军事教员，军训4080名学生，军训期间，人武部分赴各学校开展国防教育，增强广大师生和人民群众的国防观念。

【双拥共建】建军90周年组织开展活动。“八一”前，区上班子主要领导在人武部集中慰问驻军单位，召开座谈会；人武部领导与区上领导一道走访慰问部分残疾军人、参战退役人员和退伍老兵；区委、区政府、区人武部联合召开纪念中国人民解放军建军90周年暨双拥工作表彰大会，对17个双拥工作先进单位和30名先进个人进行表彰奖励，人武部干部张天晶被表彰为“双拥工作先进个人”，举办“军爱民、民拥军、军民团结一家亲”主题文艺晚会；结合征兵宣传，联合区委宣传部，开展“庆八一暨征兵宣传文艺演出”活动。营造了良好的拥军优属和拥政爱民氛围。

【兵役工作】8月1日前，完成适龄青年兵役登记工作，登记率达到98.5%。深入开展征兵宣传发动，扎实抓好征兵体检、政治考核和廉洁征兵等重要环节工作，严把关口，确保兵员质量，圆满完成征兵任务，实现“零退兵”目标，征兵工作取得近年来最好成绩。新兵入伍前，区上四大班子和人武部举行新兵入伍欢送大会。

【自身建设】学习习近平主席系列重要讲话和党的十九大精神，狠抓党委中心组理论学习制度落实，重视抓好所属人员的思想政治教育，“维护核心、听从指挥”主题教育有效落实。扎实推进“两学一做”学习教育常态化制度化，认真严肃开展党员承诺践诺活动。结合学习宣传贯彻中共十九大精神，组织全体党员赴南梁参观见学，重温入党誓词，接受革命传统教育。大力营造强军文化氛围，干部职工在耳濡目染中增强“四个自信”。8月，甘肃省军区政委蒲永能少将带工作组检查调研，对人武部全面建设给予充分肯定。

区人民武装部领导班子成员名录

部　长　吕　伟(2月止)
　　　　付廷选(12月任)
政治委员　夏彦文(6月任)

副部长 龚辉斌(2月止) 王炳军(12月任)

(撰稿:李光乾)

法治

政法委及综治

【综合治理】西峰区划分网格1254个，配备网格员1416个。乡镇(街道)、综治委成员单位设置综治信息室,加强信息全面采集,做好消防安全纳入综治网格化信息采集工作，利用综治平台管理常住人口331930人、流动人口26829人,处理综治维稳信息5700余条。区政府出资按照每人每月100元的标准，建立的专职群防群治队伍在原有625人基础上增至829人。出动巡逻队员10500人次,巡逻车辆5250次、行程2万公里,对发现的邪教反动宣传品及时予以清除，参与辖区火灾救援工作2次，配合公安机关查处治安案件10余起。制定印发《西峰区虚拟专门学校建设工作实施方案》，在庆阳二中挂牌成立西峰区虚拟学校,加强对不良行为或严重不良行为的青少年的帮教转化。制定西峰区综治信息平台工作考评试行意见、健全各项管理制度。

【平台建设】公安分局业务技术用房,投资80余万元的法医科学DNA实验室和投资200余万元的综合侦查大队技侦平台正常运行，建成警犬基地全面。西峰区10个派出所,对4个派出所用房重新规划,其中:北街派出所、后官寨派出所、董志派出所新办公用房已使用，温泉派出所迁入市区办公。

【财政补贴】财政列支47.66万元,为926名精神障碍患者,购买个人精神障碍患者责任险,每年100元标准,132名重性患者由公安部门纳入列管，给 205名监护措施落实到位的患者监护人落实个人每年1800元的以奖代补资金。

【反恐防范】严格遏制无资质从事融资、放贷和吸收公众存款、发放高利贷等违法犯罪活动,持续加大打击力度,依法依规严肃查处。破获经济案件22起,公诉犯罪嫌疑人19人,摧毁传销组织2个。成立130人的集接处警、巡逻防控和应急处突三项职能为一体的应急处突专职队伍,制定13个行业的23个反恐防范标准,实施车站、学校周边、商场、医院等人员密集场所,以及水、电、油、气等重要目标安保措施。西峰区43家重点企事业单位和大中专院校安装互联网安全审查系统，封堵删除各类有害信息48条。开展专项执法检查,对西峰区39家微信公众号、贴吧、论坛、留言板等公众平台,查处各类网络犯罪12起,抓获犯罪嫌疑人10名,净化网络空间。

【治安处理】开展法治大宣传行动、矛盾纠纷大排查行动、矛盾纠纷大化解行动、治安大整治行动、案件大执行行动等六大专项行动为抓手,突出重点环节、重点领域排查管控,共破获各类侵财案件363起、抓获犯罪嫌疑人147人,公诉38人,查处利用寄递物流渠道实施各类违法犯罪案件7起、处理7人,破获贩毒案件64起,查处吸毒人员179人;破获“全能”神邪教案件1起、“法轮功”邪教案件2起,抓获“法轮功”邪教人员3人;查处各类交通违法行为19.6多起;排查高层建筑火灾隐患600余处,检查重点防火单位537家,督促整改火灾隐患1010处,下发《责令限期整改通知书》442份,行政处罚15家,“三停”8家,拘留4人。排查出各类矛盾纠纷3568起,调处成功3504起。

【反邪教工作】对摸排出的所有邪教人员全部登记造册,建立重点人员数字档案。对当年转化的7名邪教人员按季度进行回访，对全区涉案的12名重点邪教人员逐人落实了“三包三定”工作责任制,查处各类反邪教案件3起,公诉2人,治安处罚2人。充分利用新媒体传播手段,积极吸引群众关注飞天阳光反邪教微信公众平台。由区委防教办牵头发起,镇原、宁县、庆城、合水防教办响应支持,“四县一区”反邪教防控协作机制框架协议正式签署，反邪教工作措施得到加强升级。

【专项行动】成立速裁中心，对一些简易、小额的民事案件实行快审快结。西峰区法院继续开展“飓风行动”和“陇东风暴”专项行动，对被执行人的银行存款、房产、车辆、工商登记等信息予以查实查控。建立失信人员黑名单，利用媒体及时向社会曝光，让“老赖”无处躲藏。执行案件1985起，4128.8万元，拘留被执行人193人，移交公安机关侦查拒不执行生效裁判案件14件14人。

【脱贫攻坚】新修通村油路1.9公里，柏油路罩面0.5公里。春耕生产期间，为15户精准扶贫户每户赠送化肥2袋，地膜1卷，提供相关的政策、技术、信息。组织开展种植、养殖、劳务等各类技能培训4场(次)，培训群众400余人(次)，转移劳动力120余人。拨付专项资金5万元，15名帮扶干部入户达400余(次)，梳理问题29件，调解矛盾纠纷6起。

区政法委领导班子成员名录

书　记　张鹏瑞

副书记　杨彦军　白世海

(供稿:张　欢)

法治政府建设

【宣传培训】组织区政府常务会议集中学法8次，邀请平凉市中级人民法院行政审判庭庭长对西峰区所有行政执法人员开展综合法律知识培训2场次，发放《西峰区2017年依法行政培训资料》1500多本;组织行政复议人员、行政执法监督工作人员16人次赴北京、兰州等地参加依法行政、重大执法决定法制审核试点工作、行政复议应诉、行政执法监督检查、档案管理、机关文秘等业务培训。各单位报送各类法制信息254篇，被甘肃省法制办采录64篇，西峰网采录12篇，西峰区法制信息网采录73篇。

【制度建设】制定出台《西峰区人民政府行政执法公示制度》《西峰区行政机关负责人出庭应诉规定》《西峰区重大行政决策风险评估办法(试行)》《西峰区重大行政执法决定法制审核制度(试行)》《西峰区行政执法投诉举报登记和处理制度(试行)》《关于进一步规范重大行政决策行为的通知》《西峰区人民政府重大行政决策事项清单和年度目录管理办法(试行)》《西峰区法治政府建设指标体系考核评议方案》《西峰区重大行政执法决定备案制度(试行)》等9项制度。

【规范性文件】审查规范性文件19件，向市政府、区人大报备8件，剩余11件未正式发文。清理西峰区截至2016年底前发布的行政规范性文件43件，其中继续保留23件，废止7件，失效7件、拟修订5件，拟废止1件。完成区委、区政府领导临时交办的法制审查、法律咨询及征迁程序咨询25次;聘请法律顾问5名，选聘区政府法律咨询专家咨询委员会委员6名，特邀行政执法社会监督员6名，各类涉法事项决策聘请法律顾问法律专家参与讨论36场次。

【依法行政】制定《西峰区2017年度依法行政工作要点》，签订《2017年依法行政目标管理责任书》。清理区直行政执法主体和行政执法人员资格，审核确认行政执法主体46个，行政执法人员1286人，行政执法监督人员19人。建立区直部门行政执法主体及行政执法人员名录库。在甘肃省行政执法证件管理系统为447名申请执法证的人员审

西峰区2017年依法行政培训大会现场

核相关信息并提交市政府法制办审查。在庆阳市第二中学安排全省统一的综合法律知识考试3次。编印《行政执法工作实务》1000本,《庆阳市西峰区行政执法人员综合法律知识培训教材》1650本,《重大执法决定法制审核试点工作相关文件汇编》1000余本,指导行政执法单位开展专业法律知识培训135场次。9月底,全区45个行政执法部门已基本按照《甘肃省重大行政执法决定法制审核试点工作督查验收标准》完成西峰区重大执法决定法制审核制度试点工作任务。

【行政复议应诉】收到行政复议申请案件6件,其中办结4件,1件不予受理,1件正在办理;参与调处行政争议及信访案件3起。全年受理行政应诉案件18件(其中办结6件,12件正在办理);受理民事应诉案件4件(其中办结1件,3件正在办理),政府分管副区长和涉及的部门负责人全部出庭应诉。

【脱贫攻坚】春节前夕,为肖金脱坳村10户帮扶户送去10桶油,10袋大米;"七一"建党节前夕,为贫困党员干部送去慰问金2400元;7月,为脱坳村送去打印机及联想电脑各一台。自筹资金1800元用于清理村级道路两旁杂草和垃圾,整平道路。

区人民政府法制办公室领导班子成员名录

主　任　余飞鸿

纪检组长　刘一桥

副主任　胡晓刚

（供稿:康风政）

公 安

【维护稳定】年内核查、关注、稳控有外出活动轨迹涉稳人员111人,对在册818名邪教人员入户调查。处置网络有害信息115条,开展舆情引导1600次。对39家涉恐重点单位、98家物流寄递营业点、104家危爆企业门店多轮次安全大检查,督促及时纠改问题隐患。6月1日,启用广场派出所,对市委、市政府实施就近保卫,及时果断处置各类群体性聚集上访事件111起,其中市统办楼聚集上访78起,依法打击处理闹访、缠访、雇佣他人上访扰乱单位秩序违法人员26名。十九大期间,追回外流失控涉稳人员9名,对201名涉稳重点人员密切关注。辖区未发生暴恐案件、群体性事件、人员赴兰、进京上访事件,未发生死亡交通事故和火灾事故,安保工作实现"大事不出,小事也不出"目标。

【中心工作】开展尾气污染、燃煤污染、扬尘污染、烟花爆竹污染防治工作,淘汰老旧车1049辆,淘汰黄标车153辆。处罚违规燃放烟花爆竹违法行为人39人。每天出动警力36名,配合10个卡口开展渣土车、商砼车、拉煤车辆查控检查工作。取缔庆阳五中、市环保局周边停车场。配合拆除燃煤锅炉191座,办结环保信访投诉案件19起。对北师大附中、民俗产业文化园、银西铁路、冬季供热等项目建设进行保护性施工,出动警力参与征地拆迁安保执勤29次。查处阻挡工程施工、妨碍乡镇干部和城市管理人员执行公务案件18起,依法打击处置23人。制订安保方案,圆满完成各类节会、领导调研安保执勤29次。

【打击犯罪】破获各类刑事案件1518起,其中现案1023起,八类严重暴力案件202起,盗窃案件548起,诈骗案件3053起(电信诈骗案件48起),毒品案件66起,经济案件40起。命案发6起,破

违禁物品收缴

获6起。判决恶势力犯罪团伙1个，打掉恶势力犯罪团伙3个。公诉犯罪嫌疑人772人，其中盗窃案件151人，电信诈骗案件8人，毒品案件68人，经济案件36人。9月，在西峰召开全市禁毒工作现场会。12月，西峰区获"全省千人县区禁毒工作先进县区"称号，受省禁毒委表彰。查处治安行政案件4671起，其中涉黄涉赌案件47起，涉枪案件23起；打掉一个省督破坏易燃易爆设备犯罪团伙，起诉犯罪嫌疑人16人。抓获本辖区历年涉油上网逃犯4人。辖区刑事发案较去年大幅下降。共立各类刑事案件2681起，下降33.08 %，其中八类主要案件下降27.88%，抢劫案件下降52.63%，盗窃案件下降40.85%，抢夺案件下降65.9%，诈骗案件下降9.52%。

【安全监管】查处各类交通违法行为217020起，其中11种严重交通违法行为153087起，排查整改危险路段16处，完成"两类"非机动车挂牌28935辆，位居全市第一。检查重点防火单位2741家次，督促整改火灾隐患5152处，临时查封44家，责令"三停"29家，创建消防安全示范单位83个，在重点防火单位建成微型消防站130个。年内发生一般程序处理交通事故70起，死亡19人、受伤74人、财产损失48350元。事故起数、受伤人数、财产损失分别下降13.58%、16.85%、5.75 %。未发生亡人火灾事故。辖区道路交通安全和消防安全形势持续稳定向好。

【基础建设】投资4000万元，完成分局业务技术用房主体工程，11月20日封顶；投资300万元，完成北街派出所业务用房维修改造工程，6月28日整体搬入；投资600万元，完成后官寨派出所业务用房遗留附属工程和警犬基地建设，8月14日整体搬入；投资500万元建董志派出所，于12月1日搬迁办公。对原北街派出所、禁毒大队办公用房维修后，分别作为禁毒大队、温泉派出所办公用房使用，先后于8月10日、9月1日搬迁至新址办公。看守所、拘留所项目已完成选址、环评、可研批复、失地农民保险、设计招标等工作，计划2018年开工建设。与瑞信村镇银行合作，在东湖公园和市人民医院建成警银亭两座。投资80余万元建成法医科学DNA实验室，投资200余万元完成综合侦查大队技侦平台建设。投资300万元，新购置巡逻车辆12辆。通过大力实施项目建设，基层所队业务用房陈旧、狭小等问题逐步得到改善。

【队伍建设】开展"两学一做""迎接十九大，忠诚保平安"学习教育活动。举办"轮训轮值、战训合一"培训班4期，培训民警职工700余名。刊发各类新闻稿件1200余篇。为全体民警职工办理人身意外伤害保险，全面落实年休假、体检制度。开展各类现场督察240余次，警务督察追究138人。纪律处分4人，呈报申请调离6人。共有27个集体，

体能训练

104人分别获省、市、区表彰奖励，4个部门获集体三等功，23名民警获个人三等功。

【脱贫攻坚】为7个脱贫村因地制宜，精准施策，逐村编制项目需求清单，逐户制定"一户一策"巩固方案。在后官寨路堡村，争取帮扶资金，硬化后官寨路堡村农家堡专业合作社基地道路14.6公里。争取危房改造工程，完成土坯房改造14户。对有一定产业基础、发展潜力、创业激情的100余家农户，为其协调办理小额贷款，用于房屋改造、牲畜养殖和果树栽植等。在后官寨路堡村建成110亩果园1处，栽植三年生果树苗6050株。

庆阳市公安局西峰分局领导班子成员名录

党委书记、局长　白　洁

党委副书记、政委　赵迎民(4月止)

　　　　　　　　　肖建军(4月任)

纪委书记　徐庆恒

副政委　袁永华

副局长　豆　叙　原卫东　曹怀玉　刘红军　张紫刚

（供稿：脱伟东）

消 防

2017年，西峰区发生火灾497起，无伤人和亡人火灾发生，直接财产损失34.83万元。

【消防举措】年初，区政府召开全区消防工作会议，与各乡镇、行业部门、重点单位签订《消防工作目标管理责任书》；区委、区政府办公室印发《2017年全区消防工作要点》《西峰区消防工作发展第“十三五”个规划2017年实施计划》，确保消防工作十三五规划得到落实。区消防安全委员会召开4次联席工作会议，研究解决消防工作重大问题，部署消防安全重点工作，建立健全部门齐抓共管协调机制。市委常委、区委书记章志兼，区长王驰等党政领导先后多次听取消防工作听取消防工作汇报并做出批示，分别带队开展消防安全专项督查8次。推动教育、民政、建设、文化、卫生、安监、宗教、旅游、粮食、文物等部门开展行业消防标准化管理示范单位创建工作。

【隐患整治】区政府召开会议部署开展冬春火灾防控、夏季消防检查、易燃易爆危险化学品、电气火灾综合治理、农村消防安全、施工工地专项检查、彩钢板建筑专项整治、高层建筑综合治理等火灾隐患常态化专项整治活动，全区共182栋高层建筑，逐一排查登记并全部录入消防安全示范单位管理平台。检查单位2482家，发现火灾隐患5088处，督促整改火灾隐患5066处，临时查封33家，责令“三停”27家，罚款99.84万元，行政拘留6人，区政府挂牌督办的1家重大火灾隐患单位已整改销案。定期派出执法服务队帮扶指导派出所消防工作，督促和指导全区公安派出所共检查“九小场所”单位4292个，整改火灾隐患1206条，下发行政处罚决定书34份，罚款17.07万元，警告11人。

【消防安保】大队多次向政府主要领导专题汇报十九大消防安保工作。政府、大队两级分别组织召开“迎接十九大忠诚保平安”消防专项行动集中约谈会，对全区火灾高危重点单位、重大火灾隐患单位消防安全责任人和管理人进行集中约谈。

【示范单位创建】建立干部分片包干责任捆绑工作体系，督促全区消防安全重点单位全面落实“户籍化”管理，深入开展消防安全示范单位创建工作录入工作，会同区综治办对全区网格员开展甘肃省消防安全网格化管理平台APP使用培训4次，督促开展消防安全网格信息采集录入工作。全区配备网格化手持终端设备205个，终端共录入单位1081家，采集消防部件239个，检查单位2684家，开展宣传培训6827场次，网格化管理成效明显。全区社区“微型消防站”达标15个，消防安全重点单位微型消防站达标130个，推广安装独立式火灾探测报警器800个，建成消防物联网远程监控系统并对10家火灾高危单位建筑消防设施运行情况实现实时监控。全区共创建消防安全示范单位83个。

【消防宣传】督促260余人参加消防控制室集中培训，取得资格证160余人；大队开展集中培训19次，培训人员共计3500余人；在人员集中地点制作固定消防宣传牌10块，督促80余个单位利用LED屏定期播放公益广告，累计380余次，滚动播放消防安全提示字幕200条；利用微信公众平台和手机短信定期发送消防安全信息，提醒社会消防安全，大队微信公众平台关注人数6000余人，共发送消防安全短信和推送消防安全信息共7000余条。

【实战练兵】坚持依法治警，扎实推进实战练兵，以部队正规化建设为抓手，通过抓干部带战士，抓中队促正规，进一步规范部队“四个秩序”。按照新模板制作数字化灭火救援预案30份；组织开展大型联合实战演练2次；大中队坚持每月安全形势分析，安全警示教育；每月定期督导中队执勤战备情况，全年开展督察10次。

【安全管理】以安全“五无、三争、一创”活动为抓手，为所有车辆升级安装行车记录仪、倒车雷达、GPS卫星定位系统，建立车辆安全每季度专题分析通报机制，督促中队官兵开展安全管理等授课11次；将人员、车辆、安全、卫生、营区安全等重点方面、重点环节落实情况全部细化量化，每月进行公示通报，做到了定期检查、分析安全管理形势，对存在问题的单位、个人严肃问责，有效警示了部队，切实拧紧了各级安全管理的“松紧阀”。

【队伍建设】全国重点镇肖金镇已经完成专职消防队员15人招录工作，大队提请汇报区政府分管主要领导，拨付5万元配置个人基本防护装备和灭火器材，依托镇环保部门洒水车进行辖区防灭火救援任务。整体推进辖区肖金镇重点镇专职消防队建设，确保在“十三五”建设规划中完成装备、营房建设任务。

【救援演练】开展重点单位“六熟悉”130家，灭火救援演练80次，制作数字化预案30份。区政府组织相关部门开展大型综合应急消防演练2次。落实联训制度，辖区中队共联合重点单位微型消防站开展演练85次，部队实战打赢能力进一步提高。狠抓安全防事故工作，扎实开展安全“五无、三争、一创”、安全工作大检查、“法治警营”建设等活动，认真落实“六查六防”举措。

【消防设施】2017年全区消防部队业务经费列入财政预算388.3万元，并将45名官兵的高危补贴、执勤补助及加班补贴全额纳入预算予以保障。争取各类经费390.34万元，采购3.5吨水罐车1台，修建市政消火栓32个，公共消防基础建设逐步得以夯实。

区消防大队领导班子成员名录

政治教导员 孙晓平(11月止) 马银刚(11月任)

大队长 沈永刚

(供稿：田雪剑)

检 察

【侦监、公诉】受理提请批捕案件256件338人，批捕235人。受理审查起诉案件630件881人，提起公诉493件639人，改变管辖6件6人，撤回移送起诉9件17人。不捕102人，不诉123人。受理未成年人特别程序案件30件48人，提起公诉18件25人，不诉5件7人(含附条件不诉3件3人)，批捕9件17人，不捕4件7人。在陈户中学“爱心检苑”、后官寨观护基地、庆阳市心怡心理咨询中心帮教基地开展法制教育、留守儿童远程亲子交流、临界生帮教等服务。在中小学开展“预防校园欺凌”法治巡讲活动15场次。

【职务犯罪查处及监督预防】在银行金融、环境保护、安全生产等重点领域和惠民政策落实、扶贫项目审批、涉农资金管理使用等方面，开展集中整治和加强预防扶贫领域职务犯罪。受理职务犯罪案件线索24件，立案侦查15件15人，其中大要案12件12人，有罪判决5件5人。监督立案3件，纠正漏捕2人。对法律适用错误、量刑不当案件依

预防职务犯罪专题知识讲座

法提起抗诉3件，发现漏罪4件，追加漏犯1人。受理不服法院生效的民事、行政判决裁定监督案件6件，提请抗诉2件，受理民事行政执行监督案件2件，办理行政公益诉讼案件3件，均向法院提起诉讼，其中1件当庭宣判，另外2件等待开庭。纠正刑期计算错误3人。完善羁押必要性审查案件的办理流程和审查标准，共办理羁押必要性审查案件8件，对判处实刑未交付执行罪犯监督收监2人，发出纠正违法通知书2件，检察建议书2份。开展预防调查2次，开展职务犯罪警示教育56次，提出预防检察建议2份，开展行贿档案查询4158宗。利用微信、微博、APP等新媒体，推送廉政信息10万余条。

【案件管理】制作电子卷宗296件985册，接待律师及辩护人阅卷94次，刻录光盘94张，公开程序性案件信息1036条，律师及辩护人网上预约16条，公开重大案件信息16条，各类终结性法律文书651份。接受公安机关、上级院查询调取数字15次，提供15次。开展案件质量评查工作4次，共评查案件287件，评查结果优秀276件，良好11件。严格管理刑事案件涉案财物，共接受入库涉案物品1127件，涉案款118.16万元，出库涉案物1131件，涉案款138.11万元，在接收移送涉案物品时口头提示公安机关处理违规情形6次，提醒本院办案部门及时移送涉案物品17次。

【检察改革】推进司法责任员额制和大部制改革，遴选出员额检察官21名，成立新型办案组织27个，将原有15个内设机构优化整合为“七部一室”。严格执行“三类人员”权力清单，制定绩效考评办法，“谁办案谁负责、谁决定谁负责”。院领导带头办理案件92件，占全院案件总数8%。在环境资源、国有资产保护、国有土地出让、食品药品安全等重点领域，推进公益诉讼改革。与相关职能部门完善线索移送、案件协查、结果反馈等工作机制，维护国家利益和社会公共利益。共受理公益诉讼案件线索6件，履行诉前程序2件，提起行政公益诉讼2件，为国家挽回经济损失160余万元。其中庆阳市规划局不当履职案的快速办结，受群众好评，被评为全省公益诉讼试点工作先进集体。以审判为中心的刑事诉讼制度改革，建立和完善繁简分流机制，切实做到“简”案快办速办、“繁”案精办细办。充分发挥诉前主导和审前过滤功能，办理提前介入引导侦查案件26件，退回补充侦查案件235件。

远程视频接访室

【专项行动】依托“两联系、两促进”专项行动，深入企业项目实地调研走访6次，召开检企共建联席会议4次，为全区6家重点企业提供各类法律咨询64次，依法监督有关部门为企业办理手续16件，协助2家企业起草管理制度4件；及时在全区6家重点企业项目建设单位挂牌成立检察服务室，同6家企业单位签订“两联系、两促进”专项行动协议书。开展法制宣传活动74场次，开展巡回警示教育45次，协调解决矛盾纠纷32件，利用行贿犯罪档案联网查询系统向有关单位提供查询216件。开展“保民生、促三农”专项行动预防宣传124次，行贿犯罪档案查询1268件，提供法律咨询和司法帮助64件，督促各涉农部门、乡(镇)、村社组织对各项惠农政策、各类资金总量、资金分配情况依法、如实、逐级、全面公开。组织各涉农部门、乡(镇)、村社制作“惠民政策公示宣传栏”200余个，公示内容包括各项惠农政策、各类惠农补贴资金总量和分配情况。

【党风廉政建设】 强化“三重一大”事项监督，重要工作部署、重大开支、干部任免等问题，坚持集体研究，实行民主决策，确保各项决议的正确性和科学性。严格执行廉洁从检承诺及“一岗双责”“一案双查”等制度，建立入额检察官执法档案21份，对中层干部和新进人员开展诫勉谈话、集体约谈32人次，查处违纪干警2人。严格执行《最高人民检察院检务督察工作暂行规定》《人民检察院执法办案内部监督暂行规定》和“一案三卡”制度，通过明察暗访、现场督察等方式，重点对干警履行职责、行使职权、遵章守纪和检风检容等方面进行监督检查和督促落实，共开展检务督察9次，整改执法不规范等问题7项。开展“三纠三促”专项行动，针对查摆出的不担当、不作为、弄虚作假方面的5类9项问题，主动认领，对号入座，狠抓整改，检察干警廉洁意识增强，纪律作风好转。

【队伍建设】 设立派驻乡镇（街办）检察室6个，配备工作人员19名，购置办公设备20多万元，协调办公场地240多平方米。深化岗位技能、舆情应对、信息化应用培训，培训检察人员160人次。鼓励和支持干警参加国家司法考试和继续学历教育，2人通过2017年国家司法考试，4人考取在职研究生。

【脱贫攻坚】 坚持把脱贫攻坚作为一项重要政治任务来抓，先后组织干警集体入户12次，向群众赠送图书100册，帮助发展种植养殖59户，完成危房改造1户。积极向农户宣讲党的十九大精神及各项惠农政策，举办专题知识讲座5次。为什社乡永丰村协调争取基础建设、村容村貌整治资金10万元，新修通村硬化公路7.6公里。

区人民检察院领导班子成员名录

党组书记、检察长　张　发

纪检组长　王阎利

副检察长　张慧慧(女)　李登峰

（供稿：张宇星）

法 院

【案件审理】 全年受理各类审、执案件10742件，结案8433件，法定审限结案率100%。受理刑事案件710件1055人；审结530件，其中判处10年以上有期徒刑3人，5年以上10年以下有期徒刑25人，5年以下有期徒刑238人，单处罚金34人。审结故意伤害、抢劫、盗窃、诈骗、贩卖毒品等案件253件336人；审结贪污、贿赂、滥用职权等职务犯罪案件7件9人。对未成年人犯罪、轻微刑事犯罪以及具有自首、立功情节的被告人依法从宽处理，依法免予刑事处罚14人。受理各类民商事案件7049件，审结5394件，审结民间借贷等经济纠纷案件1956件。审结涉及人身损害赔偿案件和涉及民生的劳动争议、拖欠劳动报酬等纠纷602件。审结婚姻家庭、赡养抚养、继承等纠纷案件857件。受理非诉案件26件，审查26件，审查率100%，其中裁定不予执行2件。

【案件执行】 坚持以破解“执行难”为导向，开展“执行积案清理”“陇东风暴”“百日攻坚”专项行动。将拒不履行生效裁判义务的被执行人列入失信被执行人名单，并定期通过公告、网络等方式公开曝光。年内，被执行人列入失信人名单382人，依法拘留309人，移送公安机关立案侦查98案98人。健全社会联动威慑机制，运用网络司法查控平台，查询被执行人银行存款、车辆信息等近2万人次。震慑了一批逃避、抗拒执行的不法分子，使一批“骨头案”“钉子案”得到有效化解。全年共受理执行案件2181件，涉案标的额11.2亿元；另有历年未执案件1469件，涉案总标额5.05亿元。历年案件全部执结，新收案件执结率84.5%。

【审判管理】 建成上联上级法院、下至派出法庭的专线通信、数据交换法院专网。案件节点全程网络转批，实现全流程网上办案。通过建立网上办案系统与司法公开平台的有效对接机制，当事人可凭立案时获取的查询码在服务大厅触摸屏和互联网上查询案件办理进度等信息。放权主审法官，自主签发裁判文书，谁裁判，谁负责，保障法官依法独立办案。推行院、庭长办案责任制，院领导分解审判任务，带头办理疑难复杂案件。严格控制案件流程节点，对立案、送达、开庭、合议文书制作、审结、送评等环节进行监控，规范扣除审限和延长审限操作流程，杜绝超审限。坚持逐案评查原则，对评查中发现的案件质量问题及时督促案件承办人予以整改；以诉讼案件为评查重点，二审发、改案件为评查的重中之重，分析发、改原因，提出相应评查分析意见和整改建议，提升办案质量。

【法律服务】强化立案、信访工作，完善诉讼服务中心功能建设，实现立案“有门无槛”的新常态，保障当事人诉权。严格执行立案登记制度，对符合法律规定的初始起诉、自诉和申请，一律受理，当场登记立案，做到“有案必立、有诉必理”。落实信访工作各种便民措施，作好当事人答疑释惑，法律宣传工作，规范信访案件处理程序。全年接待信访当事人200余人次，召开信访专题会议5次，收到上级部门转、交办信访案件10件，已办结或书面上报结果10件，息诉化解10件，未出现因处理不当而引发非正常上访和群体性事件。将弱势群体和涉民生案件当事人纳入司法救助范围，尽力把有限的救助资源用到最需要维权的人身上，全年累计发放司法救助金39万元，为经济确有困难的10余名当事人缓、减、免交诉讼费5万余元，特别是对追索劳动报酬、赡养、抚养案件的困难当事人给予积极帮助，彰显司法人文关怀。

【队伍建设】恪守“从严治院”方针，加强自身建设。开展主题教育，强化司法作风建设，树立“合格党员”“合格法官”形象。开展“机关作风大整顿”活动，从严整顿院风院纪，建立明察暗访长效机制，对庭审活动、工作纪律、司法礼仪等进行专项检查，及时督促整改存在的问题，约束干警不越雷池、不踩红线，保持对各种违纪违法问题“零容

法官宣誓

忍”，做到工作有规范、行为有要求、违纪有追究。接受人大及其常委会的监督，主动向人大常委会报告工作，抓好审议意见的落实。

【“两学一做”学习教育】围绕监督、执纪、问责中心工作，落实监督责任和“一岗双责”，开展“三促三纠”专项行动，加大“六难三案”整治，结合“两学一做”和“三促三纠”学习教育活动，严格执行党风廉政建设主体责任和监督责任清单，综合运用廉政谈话、签订党风廉政建设责任书等方式，层层传导压力。大力查办违纪案件，加强监督，确保司法廉洁。设立违法违纪举报中心，制定《西峰区人民法院审务督察工作实施方案》，增强反腐倡廉整体合力。开展“两学一做”学习教育常态化制度化学习教育活动，以中共十八大、十八届历次全会和十九大精神及习近平新时代中国特色社会主义思想为指针，牢牢把握“司法为民、公正司法”工作主线，紧紧围绕“努力让人民群众在每一个司法案件中都感受到公平正义”的目标，坚持以“创新、协调、绿色、开放、共享”五大发展理念，全面推进执法办案、司法改革、队伍建设等各项工作，不断提高司法公信力和群众满意度。

【脱贫攻坚】将脱贫攻坚工作和审判业务工作同部署、同落实，加强同相关部门的沟通联系，多方争取扶贫资金和技术支持。配合交通局完成村陈廖公路柏油提质改造工程；衔接国土部门，在吴庄、廖坳土地复垦800亩，其中新增农田面积130亩。联系电力局对廖坳北头、对面、前咀3个村民小组农网进行改造升级；协调专项资金、指派专人

对2014年实施的120亩杂果园树木进行了施肥浇灌，除草剪修；帮助廖坳村新建垃圾集中填埋点1处，推进农村全域无垃圾治理、美丽乡村建设工作；扶助发展养羊等养殖专业户3户；帮扶的吴庄、廖坳99户贫困家庭，除1户外，人均收入超过贫困线。

区人民法院领导班子成员名录

党组书记、院长　刘文宪

副院长　郭　岩　高克军

纪检组长　王晓军

（供稿：芮　慧）

司法行政

【法治宣传】制定西峰区“七五”普法规划、人大决议，召开“七五”普法工作大会，各乡镇（街道）制定各辖区“七五”普法规划和年度法治宣传教育工作计划。调整充实成立普法领导小组162个，充实专兼职工作人员648名，与西峰电视台联合创办《老徐说法》栏目，已播出50期，重播350期，及时更新《西峰司法》官方微博和微信公众平台，发布法治信息和解答法律知识100多期。开展“法律九进”活动，开展送法送戏进乡村（社区）活动25场，为乡村、社区和基层单位举办法律讲堂、法治文化普法宣传活动60余场次，发放干部和青少年法律知识读本2万多册，受教育45000余人。

法治宣传

【人民调解】健全完善区、乡、村（组）四级调解组织机构，建立各类调委会273个，其中建立村（居）调解组织125个，专业性、行业性调解组织5个。创建人民调解“援调”新机制，法援中心律师参与调处重大疑难纠纷4起。庆阳心怡咨询调解服务中心调解矛盾纠纷42件，开展“社会矛盾纠纷排查化解专项活动”“依法处置信访突出问题及群体性事件”“全区集中开展新一轮影响社会稳定矛盾问题摸排化解”“司法行政信访积案化解工作”及“党的十九大维稳安保工作”等专项活动，排查化解矛盾纠纷758件，调处成功率98.9%。

【特殊人群管理】成立“西峰区社区服刑人员心理疏导康复基地”，社区矫正引入心理咨询，成立各级社区矫正工作领导小组11个，确定社区矫正工作专干15人。累计接收社区服刑人员2176人，解除社区服刑人员1671人，建立大型社区服刑人员学习教育劳动基地2处。刑满释放人员网络化管理，新开通监狱服刑人员远程帮教会见系统。刑满释放人员322人，衔接率和安置率均100%。创建具有一定规模的刑释解教人员过渡性安置基地7家，创建甘肃天虹优质驴全产业化发展有限公司和庆阳市庆瑞农民果蔬专业合作社2个安置基地，最大限度地减少了重新违法犯罪。

监狱服刑人员远程帮教会见系统

【基层建设】各司法所全部落实科级建制，5

社区矫正心理咨询服务基地签约授牌

个司法所配备正科级所长。对5个司法所办公用房进行维修，配齐办公桌凳、电脑等设备，各所面积全部达到100平方米以上。司法所背景墙制作规范，各种标牌标识、制度、工作流程、文书档案等规范统一，办公设施设备配备齐全，实现了司法所“四有三化”标准，达到市级规范化司法所的要求。其中彭原、后官寨司法所被评为省级规范化司法所。加强村级司法行政工作室建设，建成司法行政工作室80余家，达到“5+1”模式37家，取得了工作职能向基层延伸，矛盾纠纷在基层化解的效果。

【法律服务】推行“法律援助一卡通”，扩大法律援助范围。承办各类法律援助案件 364件，办理未成年人刑事案件130件，代写法律文书300余份，评查法律援助案件208件，接待来访、来电法律咨询2600余人(次)，开展法律援助专项宣传活动6场次。公证处办理各类公证事项4229件，接待公证法律咨询3800人(次)，完成公证法律援助案件73件，开展案卷评查1400余件，办证数量比上年增长12%。律师事务所办理各类案件383件，律师办案数量比上年增长12.1%。律师担任党政机关、企事业单位法律顾问52家代写法律文书330余份、法律咨询3600人次。参与评查的60%以上的案件评为优秀案件。组建“法律服务直通车”便民服务队，深入乡镇村组、街道社区开展大型宣传13场(次)，实地律师讲法5场(次)，累计发放宣传书籍、资料21000多本，发放宣传物品50000多件。

【党风廉政建设】健全完善司法行政机关和窗口服务单位的限时办结、质量监督、承诺服务、效能考评、行政过错责任追究等制度，修订完善《岗位目标责任制度》和相关的细化考评表等绩效考评规定，实行目标管理、量化跟踪，并把股室岗位职责分解落实到个人，实行定人、定岗、定任务，实现制度管人的目标。落实“一岗双责”，建立了廉政风险防范管理工作领导责任制，增强了党员干部的风险意识和廉政意识。

【脱贫攻坚】开展帮扶法律服务直通车活动，结对参与单位3个，参与人员55人，结对村组12个，宣传场次9场(次)，参与化解矛盾纠纷103件，现场或电话(上门)解答法律方面各类咨询225件，接受咨询人数352余人，法律援助案件2件，受援人数10人(次)。按照“5+1”工作模式，创建司法行政工作室，由村委会主任兼任，选聘用各方面素质较高、懂政策、懂法律的村级人民调解员3名，化解矛盾纠纷5起，举办各类农民法律知识培训讲座3次，解答群众法律咨询322人(次)，援助弱势群体3人。庆丰村已建成观光、种植油葵基地1处，面积300亩。建成观光、采摘大型葡萄园一处。为庆丰村资助10000余元，开展专项环境整治行动10余次。在庆丰村村委会对面修建百米法制文化长廊、增建文化墙、村规民约。设置设施农业围栏200米、铁艺门3个，完成文化墙绘制和宣传版面设置30多处，面积1000余平方米。

区司法局领导班子成员名录

党组书记、局长　米埕德

党总支书记　米发雄

纪检组长　李　娜(女)

副局长　冯　杰　翟卫东

(供稿：马玉琼)

工 业

工业和信息化

【工业经济指标】2017年规模以上地方工业完成增加值8.67亿元，新增规模以上企业3户，非公经济占GDP比重提高1.36个百分点，开发工业新产品6项，全区万元工业增加值能耗降低3%、万元工业增加值用水量降低7%。

【工业经济运行】制定“一企一策”帮扶措施，帮助辖区3户停产半停产企业恢复生产。摸排正常生产企业情况，引导企业开展技术创新、升级管理、拓展市场，每周了解企业生产经营状况，半月现场督查企业运行。把“规下转规上”作为促进工业止滑稳增的重要举措，帮扶现有规模以上困难企业“保一批”、推动企业项目投产达标“增一批”、培育现有小微企业发展“长一批”、支持新近退规企业“返一批”、筛查漏统工业企业“补一批”。组织4户企业参加省级服务平台认定和参与庆阳市2017年工业企业红黑榜评选，推荐申报省级诚信企业和专精特新企业2户、市级工业企业5户。帮助企业解决融资难题，组织召开银企对接会，搭建银企合作平台，为4户企业争取银行贷款1500万元，为26户企业申报助保贷、互助贷。

【工业项目建设】出具工业项目前期工作函21份，备案登记项目3个。协调推进庆阳益翔药业、甘肃新鑫能源等项目实施，对投资5000万元以上项目实行动态调度，对进度明显缓慢、月度投资降幅较大的项目实行重点分析、跟踪督导，协调解决项目建设中的困难问题。组织12户企业申报省市级专项资金项目，为前进机械、益翔药业、中庆农产品等6户企业争取项目资金160万元。引导外来资本投资工业领域，与甘肃驻外商会、协会建立合作发展关系，签订意向性投资项目13个，协议资金48亿元。标准化厂房建设项目中6、7号厂房安装玻璃幕墙，C2、C11道路敷设地下管道，整修厂区院坪、论证设计厂区排水。

【工业节能降耗】开展环保知识宣传和工业企业用水、污水排放及辖区燃煤消费情况摸底调查。对热力集团、西峰制药等企业用煤、用水等能源利用状况开展监督监察和监测。督促企业开展废水、废气、废渣等污染物排放治理，开展砖瓦行业专项整治活动，35户砖瓦生产企业完成节能环保改造27户。整改6起中央环境督察组和省环保督察组反馈的环保问题。

【工业安全生产】开展“安全生产月”宣传活动，制作宣传牌2面，印发宣传资料2000份，举办工业企业安全生产培训班1期。开展工业系统安全生产大检查、电力设施安全隐患专项整治、工业领域电气火灾防范专项整治、防汛减灾工作专项行动大检查及危险化学品生产企业及民爆物品储存企业专项检查活动，排查生产隐患118条，责令现场整改88条，限期整改30条，对限期整改的30条隐患建档立卡、整改销号。2017年，未发生重特大工业安全事故。

【煤质管控】备案登记煤炭销售点40处。五中片区未接入集中供热的采暖用煤户实施补贴。建设优质煤炭经营市场和二级配送网点，煤炭市场一期工程签约入驻商户8户，建成二级配送网点8个。在入城口设立5处煤炭检查卡口，实行24小时3班值守检查，检查登记运煤车辆1627辆，其中：劝返235辆、放行1392辆。

【信息化建设】开展电信普遍服务试点，对显胜乡毛寺村、温泉镇新桥村、后官寨镇帅堡村、肖金镇胡同村4个行政村实施互联网接入工程。推动"互联网+智慧西峰"建设，服务庆阳华为云计算大数据中心开展项目建设。引导企业使用由中国电信"天翼云"提供的云资源、云能力、云服务、云应用四大类产品服务。召开西峰区中小企业信息化人才培训暨"中小企业上云"培训会，推荐辖区40户企业参加上云培训。组织庆阳移动、庆阳联通、庆阳电信召开网络安全协调会，净化网络环境、维护网络安全。

【脱贫攻坚】帮助贫困村制定"精准扶贫"计划和帮扶措施，扶持贫困村建设玫瑰园、黄花菜种植基地和野兔、鸡猪养殖基地。为群众举办技术培训班3期，十九大精神宣讲等知识讲座3次。为贫困户捐赠化肥、地膜，解决贫困户生产困难。对70户未接入联网贫困户配发小辣椒5英寸4G智能手机一部。

区工业和信息化局领导班子成员名录

党组书记、局长 赵 贵

支部书记 左风森

副局长 杨 英

纪检组长 李菊红(女)

副局长 杜 炜

（供稿：顾晓霞）

石油开发管理

【地企合作】考察论证《肖金油区道路建设项目》《彭原油区道路建设项目》《后官寨油区道路建设项目》《显胜油区道路建设项目》等4个油田支地项目。油田单位支持地方基础设施建设资金1148万元。

【油田产能建设】7个乡镇签订年度石油开发目标管理责任书，各乡镇与各涉油村签订责任书。召开区级地企联席会议5次，涉油乡镇协调村组、作业区、井站负责人召开矛盾纠纷协调座谈会12次，实行上报一级制度。

【"一站式"管理】改会议审批为会签审批，审批油田单位申报的5个油（气）探井项目和1个二维地震勘探项目，协调解决项目用地40余亩，60多公里；督促钻前服务公司对兴建的井场完成土地征借补偿、障碍物清理、道路开通和场地平整等工作，钻井工程队已进场施工。

【"和谐模范油区"创建】查处涉油行政案件2

西82-58封井现场

起、涉油刑事案件3起,抓获违法行为人16人。督促油田相关单位报送《油区绿化造林植树方案》,油区绿化造林工作领导小组负责抽查进展情况,所有联合站、单站单井场和油区道路栽种树木、花草等。5月,石油办协调安监局等相关部门对辖区内油气管道企业和危化品经营单位开展百日专项执法监督检查,排查出各类安全隐患2处,已整改到位。6月,石油办协调环保局等相关部门,对水源流域内存在安全隐患的西156井场和西83井场做封井处理,对井场内油泥以及少许附属物垃圾进行清理;协调环保部门对宁102井区及西150-15等18个井场存在土壤污染隐患问题要求限期整改。8月初至9月底,省环保督查组转办的13个涉油上访案件已协调处理结束,调处成功率100%。对2017年后建设的井场、站所,凡绿化不到位,环保不到位的不予验收;对2016年前建设的井场未达到绿化标准和环保要求的,责令限期整改。

区石油开发管理办公室领导班子成员名录

主　任　李　旭

党支部书记　邹　赟

副主任　文　浩　田　丽(女)

（供稿:刘永洋）

电力供应

【电力保障】西峰区供电公司辖彭原、董志、后官寨、肖金、什社5个供电所。网内35千伏输电线路6条,全长48.323公里。有什社、显胜、李家寺、董志、后官寨35千伏变电站5座,容量57.2兆伏安,10千伏配电线路31条889.906公里。用电客户6.81万户,用电容量54.25万千伏安。

【安全生产】配网跳闸治理成效显著。落实"一线路、一方案、一责任"管理要求,对117董陈线、122什永线等5条频繁跳闸线路开展树障清理、过负荷治理、防撞标识加装。落实应修必修、修

变电站检修

必修好的原则,完成5座35千伏变电站、37条输配电线路、1279台配变检修和试验,未发生因检修质量造成设备停运事件。开展新到货及在运配网设备质量问题排查整治,更换河北乾城抽检不合格绝缘子到货物资。对照《变电专业一体化管理检查大纲》,更换标识165项,部署网内5座变电站"五防"钥匙管理,上传综自信息。春节完成933处10千伏线路接头红外测温成像和1316台配变负荷实测,解决14台重载配变过负荷问题。利用线损系统辅助平台,整改异常数据423条。加装5座35千伏变电站7条互供线路关口计量装置。协助配电运检室处置南北大街电缆管沟雨水清理,完成春节、十九大、中央电视台《乡约·甘肃西峰》节目录制等重要节日及活动保电任务。

【电力体制改革】依托手持业务终端、线上报装管控平台,推行"一次性告知"和"一站式服务",新增高压客户108户容量45565千伏安,低压客户1640户容量17754千瓦。开展营业窗口服务质量抽查、业扩工程定期回访、领导临柜日,对业扩报装办理工作时限、施工质量、服务质量进行暗访和跟踪督查,未发生人员触碰服务红线和责任类服务投诉事件。宣传自助缴费终端、手机APP、银行代收点等缴费方式,签订电费代扣协议11038份。开展营业普查、"三查三强化"、客户联合检修、高危及重要客户安全隐患排查、整改和督办,通过特勤服务、技术支撑,解决兰州大学试验基地、永欣石化

等客户隐患 12 项。

【电网建设】完成什社变电站主变增容改造、后官寨变电站Ⅱ回电源建设和 215 个自然村电网改造，解决低电压、供电卡脖子等供电突出问题。成立“2017 年农网改造升级工程业主和施工项目部”，层级签订施工目标责任书 5 份，对工程建设目标、安全责任、施工质量、工程进度明确细化。修编“十三五”滚动规划、两个工业园区规划专项编制，梳理编制电网低电压卡脖子项目清册 542 项。2017 年，小城镇(中心村)电网改造升级 10 千伏及以下工程新建线路 9.461 千米、0.4 千伏线路 63.18 千米，新建、改造配变 42 台 4350 千伏安。

【“两学一做”学习教育】把推进“两学一做”学习教育常态化制度化作为从严治党的战略性、基础性工程，履行主体责任，教育引导党员干部提高思想政治觉悟。以“网络大学”“微课堂”为载体，建立“一线岗位导师带徒”“管理岗位互为 AB 角色”“管理岗位‘下班组、进一线’”“生产—管理岗位上下联动”岗位培训模式。认领省公司巡查监督通报问题，召开会议分析问题成因、优化工作流程、制定预控措施 11 条，常态化开展业扩工程建设、电费收缴、可控成本项目实施等，建立自查自纠长效机制。开展问题清单梳理和安全生产问题清单梳理，梳理问题 24 项，整改到位。收集各专业自评材料，按照电网坚强、资产优良、服务优质、业绩优秀、现代公司五大模块分析对比，制定整改措施。完成3 名长期不在岗人员清理。处置温泉镇触电伤害诉讼案件，挽回经济损失 21 万元。

国网庆阳市西峰区供电公司领导班子成员名录

经理、党总支副书记　李　庚

党总支书记、副经理　王志鹏

副经理　杨新锐　李政鸿

工会主席、纪检组长　黄皓通

总会计师　刘晓霞(女)

(供稿：宋华平)

农业

农业经济综述

【农业综合效益】粮食播种面积 48.07 万亩，其中小杂粮播种面积 8.28 万亩。粮食总产 12.12 万吨，油料总产 1.6 万吨。种植全膜双垄沟播玉米 5.02 万亩，推广脱毒马铃薯 4.03 万亩。以什社乡新庄村为中心，建立谷子生产示范基地 5000 余亩，产优质谷子 125 万公斤。

【惠农项目建设】紧盯国家政策投资导向，组织农牧业项目的储备申报、争取和实施，储备申报各类项目 45 个，争取土地流转、农业支持保护、标准化养殖场建设等国省市投项目资金 4000 万元。

【特色产业开发】着眼培育新型经营主体，转变经营方式，扩大规模化、集约化，提升效益。瓜菜产业　建成集中育苗点 2 处，育苗 1100 万株；种植瓜菜 17.81 万亩，其中高原夏菜 9.7 万亩、特色瓜菜 5.1 万亩，设施瓜菜 3.01 万亩。瓜菜总产量 30 万吨，总产值 3.6 亿元。肖金设施蔬菜基地 1185 座日光温室投入生产，生产各类蔬菜 640 万公斤，销售收入 6402 万元；建成什社庆丰设施示范点 1 个；建成显胜三泉刘、什社永丰、肖金杨咀和上刘、彭原五郎铺、董志南庙等露地瓜菜示范点 6 个。三川搭建钢架大棚 1244 座、水泥骨架大棚 71 座，以西甜瓜为主栽品种，甜瓜收入达 500 万元以上。后

肖金镇杨咀 500 亩大蒜基地

官寨王岭、彭原下庄及鄢旗坳、董志南庙、什社新庄等设施基地日光温室投入生产，棚均收入8000元以上。建成显胜三泉刘和什社永丰千亩露地瓜菜种植基地2个，示范面积1800亩和1050亩。建成肖金杨咀大蒜和上刘西瓜、彭原五郎铺加工型辣椒等3个百亩露地瓜菜示范点，示范面积500亩、200亩和300亩。其中，肖金杨咀大蒜种植基地填补西峰区大蒜规模种植空白，亩收入9000元以上。草畜产业 种植饲用甜高粱、禾草等一年生牧草1.12万亩，紫花苜蓿等多年生牧草1.24万亩。中盛华美养羊场及耀辉、牧隆、德馨园等养牛场建成1000立方米以上青贮窖13个，200立方米青贮窖20个，青贮氨化饲草21.4万吨。完成草原监测，草原综合植被覆盖度达到72.7%。启动新(改、扩)建养殖小区(场)13个，其中：新(改、扩)建彭原镇中盛华美国家级核心种羊场和正大6000头种猪场等千头只以上养殖场4个。生猪饲养量29.2万头，肉牛饲养量3.6万头，肉羊饲养量30万只，肉蛋奶总产量达1.53万吨。黄牛冻配改良1.03万头，肉羊杂交改2.25万只。中盛华美国家级核心种羊场及正大集团15万头生猪项目招引落地，中盛华美国家级种羊繁育场建成羊舍40幢及青贮池、饲草房等配套设施。正大集团15万头生猪项目彭原镇草滩村6000头母猪繁育场完成怀孕舍、分娩舍基坑开挖，肖金镇左咀育肥三场完成4栋饲养车间基坑开挖、地基处理。

【农业科技服务】新品种、新技术引进 引进示范西多Q1玉米、“鲁玉一号”大蒜、杜泊羊等农业新品种24个。引进秸秆带状覆盖、大蒜双膜覆盖、饲用甜高粱丰产栽培等新技术12项。农村能源沼气建设 新建1000立方米厌氧发酵沼气工程1处，结合省级美丽乡村建设和农村清洁能源示范村建设，在显胜冉李、后官寨赵咀村等村安装太阳能路灯31盏，为居民点农户安装太阳能热水器75台，发放太阳灶100个。对2218座沼气池全面排查，修复105座。农作物病虫害预测预报 发放各

人工增雪作业

类农药18吨，防治农作物病虫害面积45万亩，挽回损失0.5万吨。设立监测点23个，成立统防统治组织10个，专业化统防统治面积36万亩次，主要农作物病虫害专业化统防统制率达到35%以上，农作物重大病虫害平均防控效果达到80%以上，病虫损失率控制在5%以下，中短期预报准确率达到95%以上。人工影响天气 对15座小气候观测站检查维护6次，开展人影作业6次，发射除雹及降雨炮弹88枚。对“村村响”气象预警系统检修，确保信息及时传送。水产养殖 建立鱼病测报点2处，成功引进武昌鱼等新品种30万尾，编制《西峰区水域滩涂养殖规划》，检查养殖企业40余家。水产品产量99吨。农牧业信息发布 梳理权责清单238项、公共服务事项11项、政务服务事项32项，制作流程图和办事指南，加载到甘肃政务服务网。依托农业信息网发布信息420条，在示范户、培训对象中推广“中国农技推广”“云上知农”等APP，安装使用人数达到2000人。

【农村经济管理】农村集体“三资”管理 完成52个村级财务抽查审计，审计资金6.2亿元。制定《农村集体产权制度改革实施方案》，在西街办东门村、温泉镇黄官寨村开展试点。土地确权颁证登记和土地流转 完成100个行政村、950个村民小组的土地权属调查、地块测量、审核公示、数据入库、合同签订和资料归档，采集农户信息51452户，

测量地块14.77万块47.68万亩，完成确权证书颁发100个村、950组、50948户，以“优秀”等次通过省市验收。土地纠纷调处 受理土地纠纷案件17起，全部办结。农民合作经济组织管理 建成农民专业合作社130个。建成家庭农场6个(其中2个被评为市级示范性家庭农场)。成功申报21家市级示范社，推荐5家合作社申请省级融资担保贷款。对15个贫困村的91个农民专业合作社进行规范化管理、指导、培训。农民负担监管 对7个乡镇上报的村级公益事业建设“一事一议”财政奖补项目实地核查，批复51个项目，申请财政奖补资金2726万元，预计受益人口77412人。

【农产品质量安全】农资市场监管 出动执法车辆62 辆次，执法人员185人次，整顿市场16次，检查农药、化肥和种子门店238家。查获违法肥料8.3吨，农药52公斤，罚款2.7万元。办理涉农违法案件21起，其中一般程序案件15起，简易程序4起，全部办结，发放责令整改通知书10份，未发生一起行政复议或行政诉讼案件。农产品质量检测 例行抽检蔬菜、水果样品1260样次，畜产品3700样次，未发生农产品质量安全重大事件。7家追溯企业接入省级农产品质量安全电子追溯平台。完成7家企业9个产品的绿色食品认证审核上报和14家企业的绿色食品年检及无公害农产品复查换证。承办2017年全省农产品质量安全监管工作现场会。动物疫病防控 开展高致病性禽流感、牲畜口蹄疫、小反刍兽疫及猪瘟等重大动物疫病防控，免疫密度达到95%以上。血检羊2.4667万只，检出阳性40只扑杀并无害化处理。炭疽疫苗免疫注射易感家畜3.93万头(只)，狂犬病免疫注射犬1.32万只。检疫肉品7753.32吨，产地检疫畜禽22.7万头(只、羽)，检出不合格肉品30.66吨，病害畜禽104头(只、羽)，均无害化处理。

【农民科技培训】围绕富民产业开发，按照“便捷、易懂、实用”的原则，多渠道、多层次开展农民科技培训。实用技术培训86期1.31万人次，科技“三下乡”6次，科技咨询600多人(次)，培育、指导新型职业农民800人，发放科技资料3.5万份册。挂牌成立“庆阳恒丰源苹果专业合作社农民田间学校”。

庆阳林校教授定光凯(左一)讲解果园管理

【脱贫攻坚】农业产业扶贫 依托区委、区政府“东果、南菜、北畜、西游”的产业布局，推进农业产业富民。对甘肃居立现代苹果产业示范园、110个果业合作社和果农大户投放地膜、农药等生产要素。带动肖金纸坊川、什社武家川大力发展设施瓜菜产业，贫困群众瓜菜种植达1万多亩。招引甘肃中盛、正大集团两个畜牧产业龙头企业，推行“龙头企业＋合作社＋贫困户”的模式，引导贫困户到企业务工、建办养殖场、种草养畜。蒲河村扶贫 帮扶显胜乡蒲河村21户贫困户。选派1名正科级领导干部担任蒲河村驻村工作队队长，选派1名党员干部担任蒲河村第一书记。突出“内扶精神、外扶产业”的扶贫思路，进村入户宣传中共十九大精神和各项惠农支农政策。“双节”期间为21户贫困户送去粮油、春联等慰问品。建成日光温室和高架大棚西甜瓜标准化种植示范区1个。搭建钢架大棚367座、种植地膜西瓜157亩、建成育苗日光温室2座。捐资1.6万元助推蒲河村发展设施瓜菜。举办瓜菜、粮油种植培训班5期，培训120人次，发放科技资料120份。

区农牧局领导班子成员名录

党委书记、局长　郭　宁

党委委员、纪委书记　梁　樱(女)

党委委员、副局长　张效安　马成哲　罗新民

畜牧兽医局

局　长　吴有贵

纪检组长　李爱琴(女)

副局长　高继东　万　毅　方　刚

农业技术推广中心

主　任　贾卫东

纪检组长　周红星

副主任　殷生俊　顾晨华

瓜菜产业开发办公室

主　任　张继先

纪检组长　包广宗

副主任　王彩芳(女)

农民技术培训中心

主　任　王天保

纪检组长　骆　强

副主任　梁晓霞(女)　胡正潇

农村合作经济经营管理局

局　长　杨春峰

副局长　张　钊　田忠义

种子管理站

站　长　任世东

纪检组长　郑一平

农村能源建设办公室

主　任　张忠成

副主任　马荣辉　马　骥

农业综合执法大队

队　长　郝正平

副队长　任海峰

设施蔬菜基地管理办公室

主　任　毛　进

副主任　蒋吉贤

水产工作站

站　长　李宏才

副站长　惠　熙

人工影响天气办公室

主　任　冯建全

(供稿:马志尧)

林 业

【项目建设】以荒山兼苗林培育的苗林结合培育 5.6 万亩，栽植油松 1232 万株；蒲河川流域绿化 0.4 万亩，栽植油松 351660 株；国省市投资林业项目 1.7 万亩，其中中央财政专项造林补贴项目人工造林 0.9 万亩；三北防护林体系建设人工造林 0.3 万亩，各乡镇千亩荒山造林 0.5 万亩；中幼林抚育工程 0.9 万亩；薪炭林营造 0.1417 万亩、补植历年退耕还林工程建设地块 1.0084 万亩、建成种苗基地 0.04086 万亩、栽植果树 0.45197 万亩；对 25.14 万亩国家级公益林和 33.8 万亩天保区公益林管护，兑现农户公益林补偿资金 477 万元。

荒山造林工程

【林下经济】林地流转 3 万亩，林权抵押贷款 1000 万元。投资 38 万元建成温泉镇新桥村林下经济产业发展示范点 1 处，林下珍珠鸡循环养殖达 1 万只，创收 30 万元。建办家庭林场 14 个，组建农民专业合作社 7 个。

【林政执法】突出森林公安派出所和乡镇林业站在森林保护中的主体地位，严厉打击乱砍滥伐

林木、乱垦滥占林地、乱捕滥猎野生动植物资源等违法犯罪行为。出动人力200人次，查处违规放牧事件30起，处理违规人员26人次，清理在林区违规放牧羊只150只。落实天保工程森林管护面积33.8万亩，公益林管护面积25.14万亩。

【护林防火】利用GPS定位技术修订林木分布图，健全防火体系，加强森林专业、半专业消防队伍建设。未发生重大森林火灾事故，森林火灾发生率控制在3‰以内。采取标语、专题会议等宣传《中华人民共和国森林法》《森林防火条例》等林业法律法规。举办大型森林防火知识培训2次，参加培训人员1000人次，发放宣传信10万份，宣传横幅30幅，增加更换警示、告示牌160块。召开区、乡、村森林防火专题会议20余场次。

【森林检疫】调查林木种质资源，设置线路30条、样地2000个，普查木本植物212种，采集标本561份。在7个乡镇72个行政村435个自然村369个点调查乡土树种38种，15科，28属，采集标本114份，定名105份。在国家级中心测报点发布虫情动态及短期预报50次。发生林业有害生物面积4.48万亩，成灾率0%，无公害防治率93%，测报准确率98%，种苗产地检疫率100%。育苗户及苗木调查统计，增育苗木4100亩，留床苗木5900亩，容器育苗1155多万株，花卉600多万株。办理植物检疫登记30余份，产地检疫100份、出省检疫40份、省内检疫15份。

【亚行贷款】七年连续实施亚行贷款林业生态发展项目，7个乡镇45个村65户百亩以上果业合作社（果农大户）和1300余农户栽培“铁杆庄稼”，辐射带动75%的村以林果产业为主导产业。近六年增加果农大户110户（其中苹果80户），成为全市培育果农大户最多的县区。苗木栽植、幼林抚育、补植补造等外业实施到位，多数已挂果，通过亚行办验收。

【城南绿地项目】庆阳市城南绿地项目位于董志镇与城南结合部，北至纬一路、西至庆化大道延伸段、南至董陈西路、东至岐黄大道。总规划面积2955亩，其中一期规划1905亩，二期规划1050亩。投资1亿元，栽植大型乔木1万余株，预案区基础路基建成，8个功能区的供排水、排污、安防强弱电、7处公厕建成，铺设地下管道2.8公里，栈道3000米，硬化场地24000平方米，完成28户拆迁和垃圾清表拉运。

【脱贫攻坚】加大宣传力度、发挥行业优势和惠农政策引导，苗林结合培育脱贫攻坚52073亩，封山育林7000亩，增植苗木4100亩，以上苗林结合培育脱贫攻坚集中连片示范点4处，苗林产业收入2580万元。在温泉镇新桥村培育林下经济示范点秀湖山庄1个。苗林覆盖农户3100户，覆盖贫困户312户，实现“育苗增收”向“造林增绿”转变。对15个精准扶贫村的300户贫困户林（果）业生产实用技术及苗林结合产业培育知识培训，举办培训班2期，培训人员550人（次）。

区林业局领导班子成员名录

局　长　李浩廷

党支部书记　刘　峰

纪检组长　张云霞（女）

副局长　冯正伟　景　梅（女）

退耕办

主　任　魏金会（女）

森林派出所

所　长　汪小勇

林业综合服务中心

主　任　高振贤

亚洲开发银行贷款项目办公室

主　任　李昀蔚（女）

（供稿：刘　鹤）

水　务

【项目建设】建成4个水利项目，投资3640.11

万元。高效节水灌溉项目 投资 1542.73 万元实施果园滴灌工程 8 处，增加灌溉面积 0.8 万亩。农村饮水安全巩固提升工程 投资 489.52 万元建成集中供水工程 4 处，解决 845 户 3536 人的饮水问题。蒲河庆阳市西峰区石咀子至毛家寺段防洪治理工程 规划在蒲河西峰区石咀子至毛家寺段河道范围内建护岸 7.98 公里，项目 10 月 18 日开工建设，12 月底完成投资 1565 万元。山洪灾害防治项目 投资 42.86 万元升级改造自动监测站点 3 个、预警广播站点 44 个、更换警示牌 5 组、宣传栏 8 块，组织山洪灾害群测群防培训演练 300 人次。

【河长制】成立河长制协调领导小组，制定《庆阳市西峰区全面建立河长制实施方案》。落实河长 132 名，区、乡、村三级河长制管理体系建成。编制"一河一策"专项治理和管理保护方案，建立"一河一档"。加强排污监管，对东区污水处理厂和雨润集团两个排污口实行 24 小时动态监管。开展河道巡查和河道环境综合整治，河道环境实现"三洁六无"。

【抗旱防汛】7 月至 8 月中旬，36℃以上高温天气持续多日，致使 29.65 万亩大田农作物受灾，7 个乡镇 15974 人、3330 头大型家畜出现饮水困难。对井灌区和巴家咀灌区灌溉设施疏浚、清淤、维护，将灾害损失降到最低。完善防汛机制，汛前检查 3 次，储备防汛物资 30313 件，强化汛期 24 小时值班制度，加强预警监测，发送预警信息 9825 条，协调相关单位和部门第一时间抢险救灾，维修水毁设施，安全度汛。

【水政水资源管理】强化水资源论证和取水许可审批，换发取水许可证 7 份，征收水资源费 28 万多元，执法巡查 52 次，查处水事违法案件 3 起，调查整改环保信访案件 9 起。

【农村供水】禾顺果蔬种植农民专业合作社、庆阳恒丰源苹果农民专业合作社等果园滴灌工程和中盛养殖场二期供水工程完成，为农村产业发展提供用水保障。定期对农村饮水水源检测，维修

农村安全饮水自动化控制系统

农村供水站故障 327 处，保障居民正常生活用水，收缴水费 108 万元。

【申报省级水利风景区】蒲河水利风景区位于庆阳市巴家咀水库下游，西峰区西南部的蒲河川，全长 24 千米。景区充分利用地形水文等自然优势，融入现代和历史文化元素，形成风景区的主构架。依托蒲河川综合治理项目，建设生态蒲河、自然河堤、美丽村庄、娱乐竞技、休闲滨水 5 个景观带 24 处生态景点，以点带面，辐射周边，逐步形成美丽的河道生态景观体系。10 月 31 日，成功申报蒲河省级水利风景区。

【脱贫攻坚】在后官寨、董志、温泉 3 个乡镇打机井 4 眼，铺设 20.8 千米供水管线，解决 3536 人的饮水问题，农村居民安全饮水率 100%，自来水入户率 92%。为什社乡新兴村建垃圾堆放点 4 个，优化卫生环境，改善村容村貌；开展贫困户慰问活动，为贫困户送去大米和食用油 46 袋，价值 7000 多元；什社乡开展"文明武川行"活动，为贫困群众送去春耕化肥 10 袋，玉米种子 50 袋、蔬菜种子 800 袋；组织帮扶干部深入农户帮办实事，为贫困户送去大米、床单、衣物等各种日常用品。

区水务局领导班子成员名录

党组书记、局长 郑志华(6 月止)

党总支书记 陶步升

纪检组长 原永杰

副局长 刘光权 袁晓东

主任工程师 班 上

（供稿：金恒发）

农业机械化

2017年，拖拉机拥有量6346台，农机总动力22.3万千瓦，机耕86.1万亩，机播80万亩，机收58.3万亩，农机经营收入2.61亿元。

【亮点工作】探索引进"互联网+"技术，对从事深松整地作业的45台拖拉机安装GPCS-300型深松检测系统，实现农机深松作业过程、面积、深度等数据的精准检测和视频全程监控，有效解决深松作业人工检测劳动强度大，工作效率低等问题，避免弄虚作假、瞒报漏报问题的发生，确保专项惠农资金落到实处。

【农机作业】春耕生产，抽调13名专业技术人员，投入机械1660台，完成农机农田作业68万标准亩。夏收开始，印发《关于做好2017年全区"三夏"农机跨区作业工作的通知》，成立跨区机收领导小组，设立跨区机收指挥中心，印发"告联合收割机手书"3000余份，引导外省区跨区作业机械有序、合理流动。在乡镇设立跨区机收接待站7处，机具维修点11处，油料供应点6处，引进跨区联合收割机560台，收割小麦、油菜30.1万亩。深松整地5.1万亩，补贴资金100万元。

【新技术推广】围绕"东果南菜北畜西游"农业产业发展布局，引进饲料青贮机、秸秆捡拾打捆机、搂草机、玉米覆膜施肥播种机、秸秆还田机、免耕播种机、联合整地机、深松机等机具202台，召开现场会22场次，参加人员2000人次。培训农机人员2120人次，建立农机科技示范点12个，示范面积18.9万亩。玉米全程机械化技术 引进双垄沟玉米覆膜机27台、气吸式玉米铺膜播种机13台、旋耕灭茬起垄施肥铺膜机17台，玉米联合收割机12台，残膜捡拾机10台，玉米联合收割机拥有量129台。设立机械化生产示范点5处，玉米机械化覆膜（播种）6万亩、收获4万亩，残膜捡拾回收1100亩。畜牧养殖机械化技术 将彭原镇草滩村正大15万头生猪现代农牧产业化项目、甘肃中盛国家级核心种羊场项目作为草畜产业机械化推广的主阵地，以饲草加工机械化技术和设施养殖机械化技术为重点，大力推广饲草铡切粉碎、揉丝、青贮、饲料搅拌等技术。引进推广牧草播种机、牧草收获机、搂草机、秸秆捡拾打捆机、中小型揉丝机、饲料粉碎、铡草机等机械49台，自走式饲料青贮机5台，饲料搅拌机1台，设立养殖机械化示范点2处，秸秆青贮10.3万吨。设施农业配套机械化技术 围绕肖金镇米王村设施蔬菜基地和彭原镇循环农业建设，开展卷帘机、滴渗灌等机械化技术的配套，补贴投放微耕机23台、喷雾器16台，建立示范点2处，示范面积1000亩。果园管理机械化技术 以董志镇现代苹果产业示范园和温泉、什社优质苹果示范区建设为中心，推广果树机械栽植、果园机械化耕作、修剪、植保技术，补贴投放田园管理机16台，果树施肥机12台，弥雾喷粉机4台，建立果园机械化管理示范点3处，示范推广面积30000亩。油菜、胡麻、糜子机械化收获技术 引进油菜种植、收获机械5台，收获油菜4.2万亩。改型胡麻、糜子收割机2台，收获胡麻600亩，糜子500亩。在彭原镇彭原村、肖金镇上刘村召开胡麻、糜子机械收获现场会1次。

新型玉米覆膜和深松整地机

【农机具补贴】争取国家农机补贴资金850万

元，省级累加补贴资金12万元，市级累加补贴资金24万元，以“自主购机、定额补贴、区级结算、直补到卡”的方式实施机具补贴。补贴投放农机具260台(件)，受益农户170户，补贴资金561.68万元。

【农机安全监理】新机入户100台(其中拖拉机85台，联合收割机15台)，驾驶员考证合格64人，检验农业机械4126台，换审驾驶证147人。电视网络报刊等新闻媒体宣传报道7次，举办农机安全讲座12场(次)，悬挂横幅110条，制作大型宣传牌36个，发放安全宣传资料手册6类12.85万份。出动监理人员530人(次)，出动检查车106(台)次，检查农业机械1120台(次)，查出并治理违章197台(次)。

【农机服务体系建设】建成农机专业合作社3个，每个合作社补助机具库棚建设资金1万元，建设标准高的毓科合作社奖励1万元。2户服务不到位的空壳合作社退出行业管理。农机专业合作社达到17个。对运营两年以上，效益良好的什社乡春石合作社、肖金镇万盛丰合作社各给予6万元拖拉机购置累加补贴。培育发展农机大户46户。

【农资市场监管】依法开展农机市场整顿与打假专项整治行动，重点打击未经法定农机鉴定机构检验，擅自在产品上粘贴“农业机械推广许可证”的行为，盗用其他企业“农业机械推广许可证”、合格证以及标示混乱、不符合要求的违法违规的行为，无厂名、无合格证、无铭牌的“三无”产品。出动人员105人次，车辆28车次，检查、整顿城区及6乡镇经营销售、维修场所63处，查处农机及零配件275起，发现整改问题70起。

【脱贫攻坚】农机系统43名干部职工对扶贫户逐户走访，宣传国家惠农政策，了解春耕夏收情况。推广农机新技术，开展农机实用机具操作培训2次，发放科技技术书籍40本、安全宣传手册80本。为帮扶群众送去米、面43袋，菜油43桶，化肥40余袋。利用国家惠农政策，为双桐村补贴投放穴播机2台，投入保护性耕作资金1万元。

区农机局领导班子成员名录

局　长　杨　奎

纪检组长　袁　真

副局长　刘满荣　宋宏斌

农机监理站

站　长　施小金

纪检组长　孙明琥

副站长　李庆华

农机推广站

站　长　张志军

副站长　马文瑞

(供稿:郭　茜)

果业

2017年，林果面积30.05万亩，其中苹果25.4万亩。果品产量15万吨，产值6亿元，其中苹果产量14万吨，苹果产值5.6亿元。农民人均果树经济林纯收入1580元。规模流转土地建设果园面积2.31万亩，其中苹果80处，1.8万亩。建成3个苹果基地乡镇、30个苹果重点村、66个果品专业合作社、110处百亩以上流转土地果园专业合作社和经营大户。建成存量3000吨以上果库12处，农户果窖539处，苹果组装式冷藏库134座，总储藏库容量7万吨。

【新增果树】以流转土地为主、农户自愿栽植为辅，栽植果树2.02万亩，其中苹果1.21万亩，其他水果0.36万亩，核桃0.45万亩。区级财政支持1000万元(已到位500万元)，甘肃居立生态科技有限责任公司投资2.2亿元，启动董志镇陈廖万亩果带区域2000亩苹果标准化示范园建设。大连春鹏大樱桃有限公司与本地5户客商股份制合作，在显胜乡显胜村、冉李村集中连片栽植樱桃1000亩，显胜乡3000亩大樱桃基地初步建成。

【老果园提质改造】提质改造苹果郁闭老果园2.31万亩，果树幼龄园1万亩，集中抓好3处(居立、铁楼、吴庄)省市级苹果标准示范园建设。

【国省市投资项目】 争取国省市级财政投资经济林果项目资金360万元(中央120万元;省级财政农牧60万元,林业100万元,组织部门人才工程30万元;市级果业40万元,林业10万元),分别安排在庆阳居立现代苹果产业园130万元、董志镇吴庄村苹果园30万元、显胜乡铁楼村苹果园30万元、彭原镇周寨村苹果园50万元、温泉镇刘店村40万元、齐楼村苹果园40万余元,陇清有机果园10万元,齐楼(湫沟)村樱桃园30万元。

【苹果产量及效益】"十二五"期间栽植的规模连片流转土地果园2017年普遍挂果,彭原镇顾咀村、周寨村、后官寨镇沟畎村、肖金镇芮岭村的合作社新建果园效益明显。玉祥果业合作社80毫米以上苹果每公斤2.5元,一次性出售1.5万公斤,其中一个苹果(740克)微信最高售价3000元。

【有机肥替代化肥】 集中在5个乡镇、14个村落实有机肥替代化肥5874户,2.52万亩。甘肃居立生态农业有限公司、西峰区广兴泰果业合作社、玉祥果业合作社等联合从青海购回羊粪2万立方米,促进绿色有机果品生产。

【技术培训】 邀请河北农大果树专家孙建设教授团队和西北农大果树专家赵政阳教授团队对建成的110户果业合作社(果农大户)进行果品经营与管理系统性专业培训3次。配合山东农业大学姜远茂教授在彭原镇周寨村设立果园配方施肥示范点1处。邀请西北农林科技大学蔡玉良教授一行在显胜乡进行大樱桃生产管理培训。在陇东学院和庆阳现代苹果产业体系专家教授支持下,集中培训21次,3170人,发放教材6040本,发放资料5630份。

【科技创新】 立架矮化栽培模式项目获得庆阳科技进步奖二等奖;果树放雹伞获得国家专利局发证的实用新型专利。显胜乡樱桃基地手工酿制的大樱桃红酒,对延伸果品产业链、开展果品深加工具有启示作用,值得推广。

【品牌推广】 庆阳恒丰源苹果合作社、西峰区三姓林果专业合作社的产品自主品牌与包装,与海口、厦门、广州等超市产销对接。以CCTV1"甘肃庆阳西峰童话果园"宣传为起点,CCTV2《生财有道》、CCTV7《乡约》、CCTV13及甘肃电视台、农业科技报对西峰苹果报道。以"陇清牌"SOD奶蜜有机苹果基地为题材创作的《大美中国·甘肃西峰》视频荣获"全国最美收获地"评选第一名。

【脱贫攻坚】 显胜村辖12个村民小组,650户,2740人,耕地面积5585亩(其中粮田4716亩),建档立卡贫困户72户,区果业局帮扶56户、房改办14户、显胜乡2户。显胜村东施组有残疾人、大病号23人,帮扶任务繁重,鼓励干部职工与帮扶户同吃一顿饭,同干一件农活,同照一张相。帮扶干部经常入户探望,每月最少入户2次,过问贫困户生活生产情况,因户施策。

区果业局领导班子成员名录

局　长　雷普雄

纪检组长　张可祯

副局长　李　密　李保卫

(供稿:李　娟)

水土保持

【流域治理】 以固沟保塬、水利部农业综合开发黄土高原塬面保护项目、病险淤地坝除险加固工程等生态建设项目为依托,水土流失治理面积20平方公里,其中造林1200公顷,封禁治理200公顷,梯田600公顷。

【梯田建设】 依托甘肃东部百万亩土地整治重大工程在显胜乡蒲河、毛寺等村修梯田0.9万亩。

【项目建设】 续建西峰区温泉镇冯家对坡沟综合治理工程。总投资400.57万元,其中市级投资250万元。增加综合治理面积26.8公顷。续建西峰区庆丰沟骨干坝除险加固工程。总投资180.00万元,其中中央投资144.00万元,省级投资30万元,

冯家对坡沟综合治理工程碑

地方匹配6万元。建设西峰区孙家大湾西沟4号病险淤地坝除险加固工程。总投资105万元,其中中央投资84万元。启动实施西峰区2017年农业综合开发黄土高原塬面保护项目,总投资1412.76万元,其中中央投资1000万元,省级投资320万元。建设董志塬水沟小型淤地坝工程。总投资112.61万元,其中市级投资70万元。

【淤地坝管理及防汛】西峰区累计建成并保存淤地坝39座,其中:骨干坝20座,中型坝14座,小型坝5座。坚持“安全第一,常备不懈,以防为主,全力抢险”的方针,落实工作责任制。建立健全防汛值班制度、信息联络制度和安全生产管理制度。在汛前、汛期和汛后分3次组织人员,检查维修淤地坝,储备草袋、编织袋、抽水机等防汛抢险物资。从4月15日起开始防汛值班,每班由一名科级领导负责,安排两名以上值班人员24小时值守。工程所属乡、村组建30－50人的应急抢险队伍,分工负责,责任到人。与施工单位签订安全生产责任书,定期不定期安全检查,发现违反安全生产行为,责令整改,确保施工安全。

淤地坝除险加固工程

【水保监督执法】开展水土保持法宣传教育,印发宣传资料1万多份。在“今日西峰”、《陇东报》和市、区电视台等媒体报道宣传水土保持。开展水保方案催报76次,下发《限期编报通知书》18份,审批水保方案17个(其中省级审批2个,市级审批1个,区级审批14个)。对砖瓦企业水土流失防治情况造册登记,限期编报水土保持方案。征收水土保持补偿费116.3万元。

【脱贫攻坚】投资50万元在夏刘村整修标准化梯田500多亩。投资70万元修建排水渠120多米,埋设排水管线150多米,修建涝池1座,切实解决村级文化广场、幼儿园、居民点排水问题。协助残联在夏刘村建成残疾人分散羊舍42处。建卫生厕所17户,维修20户。组织帮联干部为55户贫困户送去玉米籽种300公斤、地膜2吨、农药400袋。开展送温暖活动,给贫困户送去大米110袋,床单、被套55条,牛奶55箱。

区水土保持局领导班子成员名录

局　长　曹志龙(6月任)

支部书记　张鹏举

纪检组长　马小林

副局长　刘富荣　任建华　范正印

(供稿:张　斌)

脱贫攻坚

【专项资金】争取国省市专项资金2790.6万元,资金报账2736万元,项目实施进度及资金报账率稳居全市第一。

【动态监管】推行科学化、精准化管理,扎实抓好国、省、市三级大数据平台建设。对西峰区

2014—2016年9016户3.5642万名贫困人口开展"四有"问题核查、错误数据清洗、基础数据更新、帮扶措施录入、"七个一批"管理、结对帮扶等，确保贫困人口精准识别、精准管理。按照"缺什么、补什么"的原则，安排实施基础设施建设、增收产业培育、互助资金、农村小额信贷扶贫等16类项目。脱贫348户1341人，贫困发生率由0.64%下降到0.51%，实现2017年项目需求"一人不缺、一人不漏"。配合华池县对西峰区贫困人口进出识别程序、农民人均纯收入测算、基础设施等交叉检查，检查组充分肯定脱贫成果。

【易地搬迁】在"易地搬迁脱贫一批"上，践行"集中建点+插花建房+购房安置"的易地搬迁扶贫新模式。2016年前的跨年建设项目全部完成，建成集中安置区8处、插花安置点72处，搬迁入住群众371户1673人。2017年4乡6村17户建设项目完成。

显胜乡纯惠家园易地搬迁安置点

【互助资金】投入互助资金3288万元，发展入会农户6079户，扶持贫困群众3074人次，发放借款3533万元。资金到户率100%，资金周转率102.18%，扶贫互助协会运转率100%，三项指标高居全市第一。率先在全市实现互助资金在贫困村、稳定脱贫村、有贫困人口的非贫困村"三个全覆盖"，建立村账乡代管、乡镇审查备案、目标责任管理"三项制度"，健全周统计、月报表、季督查、年总结"四级联动监管机制"。修订《西峰区村级扶贫互助资金管理细则》，借款额度2万元，借款期限2年，借款占用费率6%。

【农村小额信贷】列支专项扶贫资金300万元作为风险补偿金，列支185.25万元作为贷款贴息，按1:10放大比例撬动邮储银行贷款3000万元，扶持2014年以前有贷款需求且未享受精准扶贫专项贷款的贫困群众发展增收致富产业，在全市首次探索出可复制可推广的金融扶贫新路子。印发宣传横幅230条、宣传彩页8万份，提高政策知晓度。在93个村成立评级授信小组，指导评级授信，申请贷款2045户9781万元。

农村小额信贷扶贫

【贫困退出验收】组织召开贫困退出验收推进会、工作安排会、专题培训会、督查反馈会20余场次。制定"12345"核查程序，利用1月时间，组织成员单位48名骨干成立核查组，对2017年初362户0.1408万名贫困人口核查，对2016年以前4500户1.802万名脱贫人口随机核查70%以上，做到逐项核验，逐人补救，逐户销号。省级验收，以99.88分领跑全市第一。

区扶贫办领导班子成员名录

主　任　李本文

副主任　杨　春

（供稿：肖鉴真）

金融业

政府金融工作

【体系建设】构建银行、证券、保险及新型金融服务机构体系，引进金融机构设立分支机构，鼓励现有金融机构增设服务网点。2017年，西峰区有银行机构11家，证券机构3家，保险机构20家。增设村级便民服务点34个，村级惠农、便民服务点累计182个。

【金融扶贫】开展合作社业务人员培训4次，指导乡镇资金管理中心和村级合作社规范运营机制。合作社入股社员10529户，入股资金526.45万元，自有资金发放贷款余额1640万元，资金使用率97.5%。与兰州银行联合建立资金合作社现金管理平台。建立农村产业发展资金专业合作社大数据综合管理平台，录入合作社入股社员、入股资金及贷款发放信息，专人负责系统及信息维护。开展农村扶贫小额信贷扶贫试点，由区担保公司一次性存入300万元风险补偿金提供担保，撬动邮政储蓄银行3000万元贷款投向农户。与农商行联合制定农村产业合作项目贷款方案，扶持特色种植、养殖、乡村旅游等产业，计划发放金额5000万元。开展产业扶贫专项贷款工程和农村人居环境改善专项贷款工程前期准备，贷款需求及产业现状初步掌握，与国开行省分行和甘肃银行对接。配合纪检监察部门专项检查两次，处理涉及贷款信访事件17起，迎接省市专项审计3次。

【改革创新】工商银行小微企业流动资金贷款、个人经营性贷款及建设银行“小企业快贷”信用贷款降低贷款门槛和成本。甘肃银行“薪e融”个人贷款将贷款审批、发放程序移至手机客户端。瑞信银行仓单质押，“E租赁”等贷款产品解决贷款户抵押担保制约问题。至11月底，金融机构人民币各项存款余额359.83亿元，人民币各项贷款余额319.61亿元。参加温州市组织的年度民间融资监测研讨会，对接加入了温州指数体系。对接融资项目28个，对接资金6926万元，涉及出借人203人，出借人收益210万元。

【风险防控】制订印发《西峰区非法集资及民间借贷专项排查整治工作实施方案》《西峰区非法集资举报奖励细则》《西峰区2017年涉嫌非法集资广告资讯信息排查清理活动实施方案》等文件。衔接协调主管部门和乡镇对金融交易场所进行风险排查，对网络借贷、股权众筹、第三方支付、跨界从事金融业务、通过互联网开展资产管理业务的公司建立动态监测。开展涉嫌非法集资广告资讯信息排查清理。调查王鑫及华兴实业公司等民间借贷纠纷，涉及民间借贷资金约3亿元，涉及人员260余人。对往年移交司法部门的穆东元、范丕渊、陈富民等案件跟踪了解和处置，抽调专人配合公安机关对嘉馨国际酒店集资案件调查处理。

【风险宣传】在小崆峒节会现场和东湖公园、昊鑫广场开展“打击非法集资，倡导理性投资”专项宣传活动。在乡、村主要路段悬挂宣传横幅80余条，电视新闻报道2次，电视专题报道2期，城区各商业银行的所有营业网点和各小贷公司的电子显示屏连续滚动播放宣传标语。制订《西峰区2017年防范非法集资宣传月活动工作方案》，在城区及乡村人流密集处设点宣传，发放宣传资料7万多份，接待群众咨询1万多人(次)。

【政府债务】提前归还贷款1.63亿元，其中归还市政工程欠款贷款1.13亿元，项目贷款本息全部还清；归还彭原土地整理二期项目和工业园区A1路道路建设项目贷款0.5亿元。做好棚改项目筛选、论证及贷款申报。棚改项目获国开行贷款授信额度25.1亿元，其中2014—2017棚户区改造四期3个片区获国开行贷款授信9亿元，五期3个片区获国开行贷款授信8.3亿元，2018—2020棚户区改造一期北大街片区、南大街片区及配套工程3个项目获国开行贷款授信7.8亿元；年内发放到位贷款资金24.3亿元，其中棚改二、三、四、五期项目分别发放4.3亿元、13.5亿元、5亿元、1.5亿元；年内支付贷款资金18.37亿元，其中二期、三期、四期、五期分别支付2.1亿元、11.5亿元、3.3亿元和1.47亿元。

【项目建设】陇东汽车城项目：一期车立方主体建成，广汽丰田4S店建成并投入试运营。二期（陇东商贸物流中心）项目经与安徽南翔集团对接，确定概念性规划方案。用地指标申请上报省、市国土部门待批。福景家园项目：主体工程建成，室内网络通信、有线电视、天然气接入等配套设施到位，地下车库通风设施、消防泵站、高低压配电室、换热站建成。室外工程地下管网完工，管网内给水、排水、消防、供热管道安装到位。配建的小区幼儿园达到使用条件，小区整体达到交付使用条件。小区园林景观设计方案提交市海绵办增加海绵元素。

【党的建设】学习中共十八届六中全会精神、甘肃省第十三次党代会精神、习近平“7·26”讲话精神、“八个着力”指示精神、中共十九大报告精神、习近平总书记系列重要讲话精神及习近平新时代中国特色社会主义思想，班子成员和股室负责人讲党课5次，组织观看警示片5次。组织党建知识测试，开展“测一测，2017政府工作报告知多少”在线专题学习及答题活动。组织党员干部参加区直机关工委组织的迎“七一”庆祝建党96周年诗歌朗诵比赛，获三等奖。赴环县山城堡战役遗址和陕甘宁省委省政府旧址开展“缅怀革命先烈，踏寻红色之旅，重温入党誓词，接受红色教育”活动。开展“三纠三促”专项行动，查找问题32个，归纳梳理为9条，逐一制定整改计划，建立问题整改销号台账。征订《中国检察》《党风廉政建设》《中国纪检监察报》等报刊杂志。组织党员干部观看《打铁还需自身硬》《巡视利剑》《人间正道》等6部专题教育片。

【脱贫攻坚】对义门村11个建档立卡贫困户逐户走访，从住房、安全饮水、基础生活设施、子女教育等方面掌握贫困户现状。对其家庭收入情况进行统计分析，均达到稳定脱贫水平。新村部建设完成，村级文化广场投入使用。

区金融工作办公室领导班子成员名录

党组书记、主任　张永平

党支部书记　陈燕妮（女）

副主任　王振东　田　荣（女）

（供稿：郭文财）

世行贷款甘肃庆阳城市基础设施建设项目

【项目采购】世行贷款甘肃庆阳城市基础设施建设项目采购合同包20个。其中：土建合同包12个、设备供货与安装合同包1个、货物合同包2个、咨询服务合同包4个及能力建设子项1个。招标采购16个。土建类项目10个。建成通车合同包4个：慢行交通综合整治项目、古象路东延伸段和庆化大道中段改造（2个标段，LCCP2、LCCP3）。施工中合同包6个：庆化大道南延伸道路工程、北京大道北延伸项目（共2个标段，GJCP2、GJCP3）、安定西路西延伸段道路工程、城东污水处理厂土建工程、城北泵站及配套管网工程。咨询服务类项目3个。项目实施阶段咨询管理、交通管理调查研究及水资源管理调查研究。交通管理调查研究完成所有报告，报世行审查。水资源管理调查研究完成全部报告编制，通过国内外审查。设备包1个，办公设备配置到位。能力建设类1个，城市公用设施运行维护能力、政府部门机构强化和培训合同包开始执行。招标中合同包1个（设备供货与安装类合同）：购置及安装污水处理厂设备，编制评标报告。

【项目进展】慢行交通综合整治项目、古象路东延伸段和庆化大道中段改造3个项目建成通车（庆化大道中段改造2个标段，LCCP2、LCCP3）。庆化大道南延伸道路通车。北京大道北延伸项目火巷沟高填方工程，地形地貌复测，沟边刚性围护，

北京大道北延伸项目施工现场

围护长度2000米，对高填方区域进行清表，挖除生活、建筑垃圾26.7万立方米，修筑取土场临时施工便道4.88公里，铺设天然砂砾层4712.4立方米，特殊路基处理抛填片石13500立方米，堰塞湖抛填片石15912立方米，修筑管式渗水盲沟684米，土方回填148.4万立方米，土工格栅125000平方米。道路段（安定路至火巷沟南沟边、火巷沟北沟边至古象路）完成双舱综合管沟主沟凝土浇筑1418米，支沟混凝土浇筑260米；安装雨水、污水管道2700米，安装给水管道1418米；城东污水处理厂配套管网北京大道段完成管道安装1260米，道路工程完成天然砂砾垫层26172平方米，安装路缘石5913米，混凝土靠背430立方米。安定西路西延伸段道路工程铺设污水管道和给水管线，安装路缘石5170米，铺筑沥青路面8100平方米。城东污水处理厂土建工程完成挤密桩58万米，土方开挖9.5万方，综合楼、机修仓库、锅炉房、初沉池三七灰土垫层2300方。城北泵站及配套管网工程完成883米顶管，泵站土建完成，土方量1700方。

【综合协调】庆化大道中段、东区污水处理厂、庆化大道南延伸项目征地拆迁安置完成，补偿款兑付到位；北京大道北延伸工程签订征拆协议96户，剩余6户和1个商户；古象路东延伸工程涉及西街办老城村19.72亩土地征用协议未签订；安定西路西延伸涉及西街办1户拆迁正在商谈。拨付乡镇（街办）征拆费33367.9万元。外部监测完成移民安置、环境外监现场跟踪入户调查问卷，全程跟踪调查和督促落实施工环境管理计划，参加村组公众咨询会议，听取移民意见与要求，解决拆迁安置过程中遇到的困难和问题，于3月、9月中旬向世行提交移民、环境外部监测半年报。

【资金管理】2017年，提款报账32次，申请报账金额21272.38万元，财政厅回补资金16002.38万元。配合甘肃省审计厅于4月中旬对世行贷款项目2016年度项目执行和财务收支情况进行审计。按照《贷款协定》规定，分别于3月15日、9月15日向世行提交财务半年报。

【脱贫攻坚】参与彭原镇刘岭村、后官寨镇孔塬村的帮扶工作，8月调整为什社乡贺塬村的帮扶单位，单位5名干部与贺塬村5户贫困户结成“一对一”结对帮扶关系，抽调一名同志为贺塬村驻村帮扶工作队队员，脱岗投入贺塬村扶贫攻坚，邀请区委党校讲师在贺塬村开展题为《学习贯彻落实党的十九大精神、扎根中国大地，建设一流强国》宣讲报告会，为广大群众解读乡村振兴战略、农村土地政策等知识。

世行贷款甘肃庆阳城市基础设施建设项目办公室领导班子成员名录

副主任　李少鸿　曹志峰

（供稿：金　伟）

部分金融单位

中国农业发展银行庆阳市西峰区支行

【银行资产】2017年，银行总资产16.89亿元，总负债16.7亿元，所有者权益0.17亿元，各项存款余额6.08亿元，各项贷款余额16.86亿元，实现各项营业收入0.69亿元，利润0.17亿元。

【银行业务】2017年，实现收入0.69亿元，办理贷款展期12笔，贷款金额8163.54万元，发放流动资金贷款 1000 万元，棚户区改造贷款 20000 万元，收回不良贷款 1285.91 万元。国际结算业务办理外汇结算业务收入 31 万元。

【脱贫攻坚】为董志村联系组织培训多次，培训人次 100 多人。帮助协调交通局为南门新建市场硬化 1 万多平方米，道路硬化 3 公里。捐赠办公用品共计 1800 元。

中国农业发展银行庆阳市西峰区支行领导班子成员名录

支行行长　刘利民

支行副行长　白正峰　张智轩

（供稿：李亚妮）

中国农业银行庆阳西峰支行

【银行资产】2017 年，总资产 31.46 亿元，总负债 31.35 亿元，所有者权益 0.36 亿元。各项存款余额 30.95 亿元，各项贷款余额 30.92 亿元，其中涉农贷款余额 0.46 亿元，小微企业贷款余额 124630 万元；实现各项营业收入 0.93 亿元，利润 5888 万元。净利润 3679 万元。

【业务概况】2017 年，收入 9327 万元。储蓄存款余额净增 26122 万元。当年放款 346 笔，绝对值 13254 万元，其中涉农户贷款 145 笔 1730 万元。小微企业贷款 13 笔，124630 万元。

【脱贫攻坚】衔接精准扶贫贷款 50 万元，送去春耕物资价值 5000 元，先后驻村帮扶 14 次，慰问贫困户 5 次，宣讲医保等政策 6 次。

中国农业银行庆阳西峰支行领导班子成员名录

支行党委书记、行长　靳正甫

支行党委副书记、副行长　门维涛

副行长　李海燕(女)　吴国平

纪委书记　郑　浩

（供稿：杨　潇）

庆阳农村商业银行股份有限公司

【银行资产】2017 年，总资产 733125 万元，总负债 642387 万元，所有者权益 90738 万元。各项存款余额达到 601700 万元，各项贷款余额达到 498485 万元。

【业务概况】2017 年，涉农贷款增加 49246 万元，余额达到 435235 万元，小微企业贷款余额达到 60973 万元；实现各项营业收入 48825 万元，上缴利税 5504 万元。目前已形成以 7 个乡镇支行、2 个城郊支行、15 个城区支行为主体，以 1 个小微企业信贷服务部、27 个“三农”金融服务便民点、35 个惠民服务点、31 台 ATM 自助设备以及 910 台 POS 机具为补充的金融服务网络。网上银行、手机银行、微信银行等以互联网为载体的终端客户数量达到 36.24 万。

【脱贫攻坚】帮助后官寨中心村硬化村级道路 5.5 公里，完成村部党建办等办公宣传阵地改造，完成文化广场绿化，修建栅栏 380 米，共计支持资金 15 万元。慰问入学儿童 10 人(次)，送去慰问金及生活用品共计 1.5 万元。

庆阳农村商业银行股份有限公司领导班子成员目录

党委书记、董事长　孙晓英

党委副书记、行长　陈怀宁

纪委书记、监事长　王　琨

（供稿：张卓强）

庆阳市西峰瑞信村镇银行股份有限公司

【银行存款】2017 年，各项存款 57929 户 122119.36 万元。户均存款 2.11 万元。其中，对公存款余额 20231.11 万元；储蓄存款余额 101888.26 万元；低成本存款 34768.32 万元。

【银行贷款】2017 年，各项贷款 3888 笔

118273.46万元。户均贷款30.42万元。其中：单位短期贷款31775.45万元；单位中期贷款15799.66万元；单位长期贷款1761.2万元；个人短期贷款31708.31万元；个人中期贷款8985.77万元；逾期贷款1142.44万元；非应计贷款27100.63万元。不良贷款21854.32万元；完成小微企业金融服务工作贷款增速、户数、审贷获得率“三个不低于”工作目标。使用人民银行支农再贷款1亿元。

【银行效益】2017年，实现营业收入10323.15万元。其中，贷款利息收入9642.61万元，利润总额60.16万元，净利润51.14万元。

庆阳市西峰瑞信村镇银行股份有限公司领导班子成员名录

董事长、党总支书记　米吉锋

党总支副书记　李旭秀

监事长　姚陇辉

行　长　周尚臻

副行长　耿　冲　李科峰

（供稿：翟颖龙）

中国人寿保险股份有限公司庆阳市西峰区支公司

中国人寿保险股份有限公司庆阳市西峰区支公司隶属于中国人寿保险股份有限公司庆阳分公司，位于西峰区兰州路17号。

【保险业务】2017年，全年个险渠道总保费收入1.44亿元，占庆阳分公司总保费收入的26.35%。其中，首年期交保费收入3493.43万元，10年期及以上期交保费收入2331.44万元，长期险首年标准保费收入1501.39万元，续期保费收入10915.7万元；短期险总保费收入298.73万元，其中意外险保费收入193万元，健康险保费总收入105.73万元。死、伤、医、赔给付623.32万元；满期/年金给付2288.72万元。

中国人寿保险股份有限公司庆阳市西峰区支公司领导班子成员名录

经　理　杨　斌

副经理　刘　花(女)

（供稿：惠少兰）

中国人民财产保险股份有限公司庆阳市西峰支公司

中国人民财产保险股份有限公司庆阳市西峰支公司隶属于中国人民财产保险股份有限公司庆阳市分公司，公司位于庆阳市西峰区马莲河大道4号。

【保险业务】2017年，全年保费收入6725.5万元。车险保费收入5360.91万元；商业车险保费收入6570.94万元。各渠道保费收入：电网销保费收入833.83万元，直销业务保费收入360.14万元；个代业务收入3285.12万元；车商业务收入1332.97万元；交叉互动保费收入223万元；商业非车险保费收入1210.03万元；政策性农险保费收入154.56万元。

中国人民财产保险股份有限公司庆阳市西峰支公司领导班子成员名录

经　理　王亚锋

副经理　冯孝峰　杨光宏　刘馨阳(女)

（供稿：王君芳）

商贸流通

商业贸易

【经济指标】2017年，西峰区社会消费品零售总额73.03亿元，争取无偿资金13万元，国省市投项目资金611.7万元，招商引资13.9亿元，固定资产投资4.8亿元，外贸进出口总额2100万元。

【市场建设】市列重点项目东区放心食品城完成投资3.5亿元，9幢商务主体框架建成封顶，于

嘉鑫国际建材城二期开工奠基仪式

11 月 22 日竣工招商。嘉鑫国际建材城项目一期完成投资 6.6 亿元，步入正规化运营，年销售额 4 亿元，二期项目开工建设。建肖金活禽活畜交易市场 1 处。

【内贸流通】 培育良志汽贸、恒众汽车、新大兴汽车、金长安汽车、原华医药、瑞隆商贸、真味生态餐饮 7 户“四上企业”。申报西峰区天禄水产食品批发市场为全国农产品冷链物流标准化示范试点企业。西郊蔬菜瓜果市场为全省大型商品交易建设项目。百诚家福乐、志源汽贸 2 户企业为消费促进项目；庆阳家政服务网络中心为服务业升级改造项目。配合省、市商务部门和区政协完成社区商业发展情况调研、全市消费市场发展情况调研、全区商贸流通发展情况调研、全区限上企业经营现状及社零完成情况调研、西峰区家政服务行业发展现状 5 项调研。与市商务局衔接争取市财政 455 万元，鼓励扶持限上企业开展年底促销增收活动，引导商贸企业在“五一”、中秋、国庆等重大节假日开展“促消费”活动，拉动城乡居民新增消费 1 亿元以上。

【对外贸易】 对天露油脂、中江商贸、春园果蔬、百利通商贸、润丰园、陇骄农特产 6 户外贸企业备案登记，自营出口企业入库 5 户。为中庆、康辰、合晨 3 家公司申报 2017 年外贸稳增长调结构项目，争取外贸企业补助资金 211.1 万元，推荐康辰公司负责人为区领导联系专家。帮助企业宣传推介，组织 15 户外贸企业参加兰洽会、广交会、以色列企业走进甘肃对接会、中国—东盟博览会等 10 个节会，参加市第四招商小组并成功商洽项目 3 个。

【电子商务】 引导陇东果业和沃农农业 2 户电商企业进驻西峰区电商服务中心，建村级电子商务服务点 20 个。申报中庆公司、三姓林果专业合作社淘宝店等 3 户企业入选全省 2017 年“优秀电商企业”和“优秀网店”。指导庆阳家立方在前海股权交易所上市交易，引进世界 500 强企业苏宁云商入驻，与阿里巴巴集团签订农村淘宝项目合作意向书。带动新增物流网点 15 个，电商交易额 6.2 亿元，“天猫双 11” 购物节电商交易额突破 500 万元。电子商务与精准扶贫有效对接，建成人才培训基地 1 处，组织电商从业人员、返乡创业青年、大学毕业生、贫困户参加电商培训 1680 人次。为温泉、彭原、后官寨 3 个镇和蒲河、孔塬、巨塬 3 个贫困村争取省级电子商务专项补助资金 21 万元。

【市场监管】 审核备案 “黄标车” 185 辆，对省、市、区备案的天马物资公司、4 个经销企业、8 个二手车交易市场、20 个成品油市场、45 户批零住餐企业进行联合执法检查，整改问题隐患 63 条。集中购置安全消防设备 28 套，对工作人员和商贸企业负责人开展安全生产培训 2 次，排查整治千旺、丽晶、民生百货、新好又多超市、小什字地下商业步行街、惠通宾馆等 20 户重点商贸企业安全隐患34 条。

【酒类商品管理】 酒管执法与社会综合执法、企业打假相结合，与公安、工商、质监、食药监等相关职能部门的协作配合，邀请西凤、牛栏山二锅头、崂山、青岛、哈尔滨等酒类生产企业人员协同打假。专项检查 4 次，出动执法人员 430 人(次)，受理举报投诉案件 10 起，查结酒类违法案件 10 起。检查经营门店 1570 余户，查封没收假冒过期酒品、劣质酒品 1720 瓶，案值 3.59 万元。“3•15” 活动销毁伪劣酒品 1525 瓶，价值 2.39 万元。酒类批发企业持证率99%以上，散装酒经营者购销协议备案率和《散装白酒质量安全承诺书》签订率100%，酒类违法违纪案件查结率100%，未发生一起因酒品质量引发的安全事故。

【创建活动】在节庆期间开展“迎元旦、健步行、跟党走”“庆三八、讲礼仪、树形象”“‘五好家庭’评选”“公职人员礼仪常识培训”“缅怀革命先烈、弘扬民族精神、不断激励自我”“庆端午、看村淘、话发展”“瞻先烈、听党课、唱红歌”“迎中秋、庆国庆、促和谐”8次主题活动。引

在南梁开展“瞻先烈、听党课、唱红歌”主题活动

导工会、妇女组织看望慰问困难党员、患病职工及其父母、配偶8人次。

【党的建设】组织16名党员干部职工分别到江苏苏宁易购总部、南京点石集团电商培训基地、安徽半汤学院和省内兰州、张掖、白银、南梁等地参加文秘、电商、劳务、依法行政培训班9场次，邀请庆阳市委、华池县委党校讲师为党员干部职工作专题讲座4次。强化“第一责任人”和“一岗双责”的落实，签订《商务局2017年党风廉政建设“一岗双责”责任书》。修订完善《商务局工作人员守则》和财务等18项规章制度。制定印发《西峰区商务局关于2017年重点工作目标管理任务分解的通知》。严格按照规定进行接待，接待外地客商4次，接待上级调研检查13次，外出学习、考察和承办商会6次，做到“同城零接待”。

区商务局领导班子成员名录

局党组书记、局长　李保林

党支部书记　李宗旺

纪检组长　胡文静

副局长　杨　琛　刘　荣

区酒类商品管理局

局　长　计成勇(6月止)

　　　　寇智权(6月任)

党支部书记　田　野

副局长　赵新文

(供稿：王小龙)

经济合作

6月20日，西峰区招商局更名为西峰区经济合作局。

【招商情况】实施省外资金项目57个，投资292.94亿元，完成投资117.51亿元。其中新建项目38个，投资98.45亿元，完成投资70.39亿元；续建项目19个，投资194.49亿元，完成投资47.12亿元。

【外出招商】整理相关联的16个行业160个全国知名企业名录，制作项目宣传册，区委、区政府主要领导和分管领导带队，20余次分赴上海、湖北、湖南、广东、陕西、北京等地，衔接各地甘肃商会，举办恳谈会。与湖北良品铺子、德成控股集团、

“津洽会”西峰区签约仪式现场

深圳市芸众科技、颐高集团等130多户知名企业、300多名企业家进行对接，接待来峰考察和对接项目企业20多户，发放宣传册500余份，论证储备的37个项目对接推介已全覆盖。

【服务机制】深入各乡镇、街办、区直有关部门挖掘统计招商项目，加大对西峰区招商引资项目的督促检查，坚持“月统计分析、季督查通报、半年考核排名、年终综合评估”的原则，定期不定期抽查；实施“引强入峰”工程，全面落实服务最优、环境最佳、速度最快、效率最高“四最”服务机制。

【论证储备】论证储备产业关联度大、互补性强的项目107个，达到项目建议书程度37个。

【脱贫攻坚】协助彭原村修建村部至新庄、雷庄至北庄、至任咀村组道路5.5公里，当庄队砂石硬化2公里；协助完成自来水总表改造及检查井维修，新打机井1眼，建水塔1座、新庄、沟畔沟水上塬2处；自筹资金，购买电脑2台，打印机2台，会议音响系统1套，改善村部办公条件；为彭原镇16名困难农民工家庭考入二本以上的应届大学生，每人发放2000元的“金秋助学”救助金；招引中盛农牧、青藤农业成功落地彭原村，流转土地1910亩。

区经济合作局领导班子成员名录

局　长　张亚峰(女,1月止)
　　　　徐君位(1月任)
副局长　陈永凯　齐海荣(1月止)　殷经纬(1月任)

(供稿：王美霞)

供销合作

【经济指标】销售总额94443万元，利润总额620万元；拥有资产总额10838万元；拥有所有者权益6825万元；农产品收购60293万元，农产品市场交易2300万元。

【服务体系建设】建彭原镇周寨农业服务中心1处。建显胜乡庄稼医院、肖金镇庄稼医院。依托肖金农盛农资专业合作社、邵家寺农强农资专业合作社开展统防统治、配方施肥、农机服务面积5000亩。农村连锁经营网络销售额215万元，占计划200万元的108%。建再生资源回收站8个，回收点101个。再生资源回收3.5万吨，回收额6200万元，销售6320万元。建“庆阳淑芳香包刺绣有限公司公司”县级电子商务运营中心1个，建彭原、显胜乡级电商服务站2个，建村级电商服务终端15个，电商销售150万元。

【组织体系建设】建成西峰区宏盛种植农民专业合作社、庆阳逸珍玫瑰种植农民专业合作社、庆阳彤园中药材种植农民专业合作社、庆阳庆瑞果蔬农民专业合作社和庆阳毓科农机农民专业合作社。为28个村级供销综合服务社统一制作门头标识，发放补助金各5000元。

【综合改革】制定区供销联社发展章程，成立社有资产管理董事会、监事会、农资供应协会、再生资源协会、日用工业品协会、农产品协会。与西峰瑞信村镇银行、庆阳农商银行签订合作协议，随着乡级供销社的重建、村级综合服务社的设立，两家银行的金融服务及时跟进。设立供销专项发展基金，出台《西峰区供销联社发展基金使用管理办法(暂行)》，为加入区联社的农民专业合作社发放发展基金80万元。联同区委组织部对7个乡镇的改革分管领导和14名业务专干行业改革理论和业务培训，赴国家级综合改革试点县天水市甘谷县考察学习。

【脱贫攻坚】立足肖金镇三不同村实际，配合村组制定《扶贫工作计划》《小康发展规划》《“集中环境整治 创建美丽家园”活动实施方案》《干部驻村工作制度》。集体入户40次，入户600人次，编发信息24期，开展党群联谊活动2次、美丽乡村建设活动3次、十九大精神宣讲3次。把实施贫困家庭脱贫致富工程与惠农政策结合起来，帮扶的12户全部脱贫。

区供销社领导班子成员名录

党组书记、主任 周小平

党支部书记 寇积荣

纪检组长 陈亚丽(女)

副主任 景乃斌 李怀奎

（供稿：张树泰）

粮食管理

【目标管理】贯彻“预防为主、综合防治”的储粮方针，落实“谁储粮、谁负责，谁坏粮、谁担责”的粮油储存责任，规范安全储粮行为，确保粮食数量真实、质量良好、储存安全。制定目标管理责任制，与各下属公司签订目标责任书。

【粮油购销】收购粮食37166.3吨，其中：国有粮食收购3639.2吨，非国有粮食收购33527.1吨；销售各类粮食38983吨，其中国有粮食销售3027.3吨，非国有粮食销售35955.7吨。粮价平稳，粮食市场稳定。

【仓储管理】春秋两季对庆阳耘新粮油购销有限责任公司及其所属企业库存的19779吨粮食检查，其中省级储备粮4000吨、区级储备粮5000吨、周转粮959吨，成品粮189吨，副产品34吨。企业对承储的地方储备粮做到专账记载、专人管理，没有虫粮、高水分粮、霉变粮，严格执行定期质量检验及出入库质量检验制度及各项规范化管理制度。

【粮食执法】依法把好粮食收购市场准入关，实施粮食行政许可。成立行政执法领导小组，确立“一把手”负总责，主要领导全面抓，分管领导具体抓。建立具体行政执法机构，充实行政机构人员。建立行政执法统计报告分析制度、办案协作制度、办案交流制度、联络员制度、评议考核制度和执法监督制度及重案备案制度，及时报送各种数据。

【军粮供应】军粮供应站必须在定点加工企业采购军粮，严抓采购、入库、出库环节质检，确保供应部队军粮合规达标。加大对军供站管理及业务指导，确保军供粮油手续完备、数据准确。落实保密制度，军粮供应相关文件、报表严防丢失泄密。深入部队走访慰问，征求部队意见，提高为军服务水平。

【放心粮店创建】建成粮油超市1处，放心早餐配送中心1处。修订完善《西峰区“放心粮店”评审认定授牌管理办法》《西峰区“放心粮店”粮油购销制度》《西峰区“放心粮店”粮油保管及卫生管理制度》。严格评审申报、审核授牌、规范运行，对创建的21户“放心粮店”向社会公示，加强监督管理，努力打造“放心粮油”品牌。与市区及乡镇建立的26个粮油供应网点签订《服务质量承诺书》《粮食应急保障协议》，修订《西峰区粮仓监测预警和保障应急预案》，确保非常态下的粮食应急保障能力。

放心粮店

【脱贫攻坚】年初，召开村组干部、精准扶贫户座谈会，分析产业发展现状，了解发展短板、瓶颈，制定帮扶计划，帮助帮扶户明确发展思路、增强发展动力。深入宣传党的路线方针政策,强农惠农政策及党的十九大精神,开展政策宣传 4 次,发放宣传资料 200 余份。帮扶干部深入村组农户,了解民情、民意、倾听群众心声、解疑释惑。配合项目组完成污泥处理厂征拆、安置、围界,清洗北畔组机井,更换配套设备。为 15 户帮扶户各送去面粉 1 袋,食用油 1 桶。请专家开展果树管护及种植知识培训 2 期, 培训农户 200 人次,使帮扶户户户都有科技明白人。

区粮食局领导班子成员名录

党总支书记　刘发利

副局长　刘小平

（供稿:张婷婷）

烟草专卖

【烟草销售】2017 年,烟草销量 17168.98 箱,销售收入 5.23 亿元。单箱值 30437.5 元,单条值 121.75。

【烟草执法】2017 年,查处违法案件 88 起,查扣卷烟 1739.7 条,案值 44.68 万元,其中查处万元案件 13 起。在物流快递中心共查处 51 起假烟案件,共计 829.4 条,案值 28.59 万余元,其中万元以上案件 5 起。

【证件发放】每季度对所有零售户进行一次全面检查。2017 年, 共受理烟草专卖许可证申请 239 户,准予许可 217 户。2017 年,辖区共有有效卷烟零售客户 2759 户,其中正常经营户 2363 户,暂停户 396 户。组织稽查人员从 2 月份开始,对所管片区零售户进行一次全面摸底排查, 共采取信息照片资料(身份证、营业执照正副本、许可证正副本、门头照片)共 2530 份,建立零售户电子档案,通过清查对转让、无门店、关闭停业、非法搬迁等 342 户零售户进行了暂停、注销。

【脱贫攻坚】为董志镇冯堡村捐赠资金 8 万元用于村组道路建设,年底完成道路建设。

西峰区烟草专卖局(营销部)领导班子成员名录

局长、主任　张金瑞

副主任　白克鹏

副局长　马之程

（供稿:黄小虎）

盐务管理

【财务指标】2017 年, 营业收入 448.8 万元(主营业务收入 407.9 万元,其他收入 40.9 万元)。毛利 139.6 万元; 利润 10.8 万元。交缴各种税金 71.2 万元。

【盐业销售】2017 年, 购进各种盐产品总量 1779 吨。其中:小袋盐 1293 吨;日晒盐、肠衣盐、散精盐、畜牧盐 299 吨;工业盐 187 吨。2017 年,食盐销售 1816.1 吨。其中:小袋盐 1241.3 吨;日晒盐、肠衣盐、散精盐、畜牧盐 381.2 吨;工业用盐 193.6 吨。

【盐业管理】坚持每月对辖区重点市场,重点人群、重点路段,进行排查式管理,排查 7 个乡镇 1050 个自然村,对城区的餐饮、商店、食品加工及锅炉用盐进行排查, 查处私盐违法案件 16 起,查获违法盐产品 10.91 吨。针对西峰区市场为庆阳市私盐集散地特殊情况,多层次、全方位对重点市场、重点人群进行监控、检查的同时,对 3 户工业盐用户,50 户食品加工用户建证立账登记定期抽查,回访跟踪检查等措施。

区盐务管理局领导班子成员名录

局长、经理　刘　敏

书记、副局长　王景军

副经理　孟拴田

副局长　杨庆军

副经理　张素芳(女)

（供稿:张素芳）

投用。

【公路养护】2017年养护区、乡、村公路192条861公里。后官寨村下马组村道岘子段等4段水毁塌方路段应急抢险救治，对4360平方米小型坑槽进行修补。排查水毁道路隐患91处，疏通排水系统12处，修复完善安全设施6处37米，拆除非公路标志牌23个，清理占用公路建筑物4处。累计投资200万元，绿化农村道路130公里，修剪行道树300公里，清理道路边沟杂物3000余吨，整治夏收打场晒粮382处，乱堆乱放192处，营造“畅、洁、绿、美、安”路域环境。

【路政管理】开展路政巡查，狠抓超限运输管理，采取预防提醒、蹲点堵截等方式，巡查180多次，源头治理超限超载54起，联合执法2次，治理超限车辆19辆，劝返5辆，超限超载治理罚没1600元。对学校周边环境等路政管理重点区域专项治理，联合交警大队、教体局对辖区内幼儿园校车停靠站点及新增线路摸底排查，集中整治。春播、夏收农忙时节等公路侵占易发时段专项督查。

【安全生产】增设安全股，调配专职工作人员，层级签订安全生产责任书，强化日常安全监管。督查交通项目施工现场、施工企业安全措施落实及农村道路安全状况，开展监督检查20多次，排查处理交通安全隐患18处、道路隐患49处、交警方面隐患6处、农机方面隐患14处。通过GPS监控平台发送安全提示信息、召开安全例会、悬挂横幅标语、散发宣传资料、播放安全教育警示片等形式，提高全民交通安全防范意识。

【“两学一做”学习教育】推进“两学一做”学习教育常态化制度化，围绕中共十九大精神，定期培训集中学，专家宣讲辅导学，开展活动竞赛学，反面教育警示学，交流经验讨论学等形式，开展班子成员“讲学”谈心得、知识竞赛、干部心得交流等活动15场(次)，营造“想学、真学、常学”氛围。完善班子议事规则、监督办法、问责机制，对财务收支、人事调整、项目建设等事项。健全完善和贯彻执行

交通运输

交通管理

【项目建设】建成农村公路21条156公里，总投资8268万元，其中争取省列补助资金5431万元。建成安全生命防护工程26条122公里。其中

西环川公路新开路基施工

2016年结转1条16.08公里（董志至镇原）；2017年甘肃省下达11条40.3公里，市级下达14条65公里(文明样板路示范工程)。为中盛牧业、正大集团建产业扶贫道路4条7.5公里。分三个标段实施毛巴三级公路建设。第一标段建成投用，第二标段累计投资1.48亿元，开挖土方193万立方米、石方131万立方米，建成桥梁2座、板涵7处、管涵28处、挡土墙3处320米，急流槽、护坡、护面墙等构造物基本完成。完成显胜至毛家寺三级公路土方路基工程。投资3.68亿元实施17.78公里市政、园区道路和1处排水工程。其中，建设市政道路3条，庆化大道南延伸段建成通车；城南运动公园自行车环道、纬一路建成地下管网及路基工程；园区道路2条，A1道路铺油罩面780米，新开路基2.1公里，铺设综合管沟、雨污水管道各2100米，人行道铺砖1100米；A3路完成2.2公里土路基及砂砾石铺设、人行道铺筑、雨污水管道；市政排水项目，工业园区冯堡排水下沟附属工程建成

机关首问责任制、办事引导制、公开承诺制等管理制度。落实"三会一课""主题党日""党性锤炼日"。组织党员干部赴环县山城堡接受革命传统教育，举办"庆祝建党96周年表彰大会"等活动。纳新党员1名，培养入党积极分子2名。推荐副科转正科干部1名，新任副科级干部1人。

【脱贫攻坚】投资93万元为肖金镇张庄村岭背组建柏油路1条1.6公里。为村小学争取经费2万元。筹资4500元为15名贫困儿童捐赠爱心书包15套。

区交通运输局领导班子成员名录

局　长　刘军锋(1月止)

　　　　郭光瑞(1月任)

党总支书记　秦彦越

纪检组长　第忠合

副局长　张彦涛　苏祥云　李相宏　蒋永宏

区公路局

局　长　邵永帆

副局长　贾伟忠　袁　辉

区路政大队

队　长　蒋永宏

副队长　张文科

区汽车北站

副站长　刘兴堂

（供稿：毛润德）

道路运输管理

【行政许可】行政许可"减要件、减程序、减时限"，由运政大厅一站式办结，编制调整事项内容和办理流程图。编制新增普通货物运输企业、机务维修企业资质条件审查表，从基础设施、安全条件、制度建设方面规范行政许可资质条件审查。受理行政许可89件，许可55件（其中二类维修9户、三类维修15户、普货14户、租赁1户。重新许可客运线路16条）。清理失联企业（有户无车）360户，脱管车辆1770辆（普通货运车辆1594、教练车176辆），三类维修企业130户。

【安全生产管理】遵循"党政同责、一岗双责、齐抓共管、失职追责"原则，调整安全生产领导小组人员，明确责任分工，与单位股室签订《安全生产监管责任书》，与企业签订《2017年度安全生产目标管理责任书》。开展道路运输行业安全生产大检查专项行动15次，开展重大节假日专项安全检查7次。检查企业1300户（次），出动执法人员3900人（次），出动车辆2000辆（次），排查隐患问题550条，整改复查验收550条。整改汽车北站办公场所不符合消防条件、安检门设备损坏的重大安全隐患。制定《关于在全区道路运输行业开展驾驶员警示教育活动的通知》，整理驾驶员警示教育培训资料10余份，警示教育片4部，制作事故案例分析PPT 1份，组织培训100场，培训驾驶员7000余人。加强应急队伍建设，成立应急队伍1支、101人。储备应急救援客运车辆20辆，座位685个；货运车辆80辆，总吨位1342.9吨，应急抢修车辆10辆。投入应急管理资金2万元。

西峰区道路运输行业安全警示教育会

【市场监管】客运市场　8辆长途班线车辆由班线客运变更为旅游客运。西峰至显胜城乡客运一体化运营。货运市场　对7县1区各乡镇物流零距离配送。完成"城乡物流最后一公里"配送工程。查处辖区货运车辆无覆盖出行，货物、渣土撒落行为。公共交通市场 开展城区出租汽车整治，协助企业解决管理问题。指导公交集团选派优秀驾驶员赴发达城市开展学习活动，帮助企业组建“雷锋车队”。11月，庆阳公共交通集团首批60辆纯电动公交车上线运营。维修市场 指导企业发展维修连锁化、专业化经营，推广“绿色维修”。对一、二类维修企业排查摸底，将5户二类维修企业因不符合《机动车维修业开业条件》标准降为三类维修企业；3户二类维修企业经检查因不符合二级维护作业条件取消其二级维护业务资格。对经营许可证到期未换证年审的130户“僵尸”企业下发公告，清理注销。驾培市场 对17所驾校排查摸底，建立企业档案，完善19项管理制度，7项岗位职责，对教练场地、教练车辆、教练员持证上岗检查。17所驾校实施计时培训，三星驾校试行先培训后付费模式。

【“两学一做”学习教育】落实“两学一做”学习教育常态化、制度化。落实“主题党日”活动。开展“戴党徽、亮身份、树形象、争先锋”及重温入党誓词活动，更新党建阵地宣传内容，设立党员示范岗、青年文明号、巾帼示范岗。开展“党性锤炼日”活动，支部委员进企业开展调研，进村入户开展帮扶，开展街道区域卫生和机关环境卫生集中清洁打扫。编制“两学一做”专用学习笔记，将党章、廉洁自律准则、纪律处分条例等内容印入其中。开展“两学一做”学习教育笔记展评，进行“两学一做”知识考试，印制《“两学一做”应知应会》《“十九大”精神学习手册》。购买发放《习近平谈治国理政》《习近平讲故事》《做“四讲四有”合格党员》等学习资料。

【脱贫攻坚】帮助帅堡开展村级环境整治，为帅堡村解决清理垃圾费用5000元。春耕秋播时期“赠送农资、助力生产”。协调解决东庄村、堡子村流转租赁土地240亩，增加收入72000元。众筹帮扶资金15万元，修建文化中心。帮助扶贫户刘民政销售苹果172箱，增加收入10220元。

区道路运输管理局领导班子成员名录

局　长　贾小刚

党支部书记　郝艳梅(女)

副局长　王　轲　李　强

（供稿：徐　涛）

通信

移 动

【企业概况】2017年，移动客户总数突破40万户，宽带用户达到3.5万户，实现运营收入3.5亿元。

【业务种类】公司主要产品和服务内容有移动话音、数据业务和传真、IP电话、多媒体业务，并具有计算机互联网国际联网单位经营权和国际出入口局业务经营权；拥有“全球通”“神州行”“动感地带”“动力100”“G3”及4G“And！和”等服务品牌，经营GSM(GPRS、EDGE)、TD-SCDMA、TD-LTE网络，服务网号码为134(1347除外)、135、136、137、138、139、147、150、151、152、157、158、159、182、183、184、187、188。

中国移动通信集团甘肃有限公司西峰区分公司领导班子成员名录

总经理　魏　鹏

副总经理　陈　磊

（供稿：嘎日迪）

联 通

【营销收入】2017年，市区营销中心实现出帐收入3840.08万元，完成市分公司公司下达计划任务的114.05%。同比增幅29.87%。2017年，全业务净增出账用户28628户；出账率为77.62%，较上年同期增长-7.4%。全业务发展66158户，其中：移动宽带发展23504户，固网发展1268户。

中国联合网络通信有限公司庆阳市分公司西峰市区营销中心领导班子成员名录

总经理　李晓娟(女)

总经理助理　张志荣　肖春霞(女)

（供稿：倪小娟）

电信

【企业概况】中国电信股份有限公司庆阳分公司拥有固定资产12.72亿元，拥有互联网宽带用户28.9万户，手机用户58.7万户，电视用户21.1万户，网络覆盖率达到98%，年收入突破4.5亿元。公司主要经营移动电话、互联网接入及应用、固定电话、数据通信、视讯服务、国际及港澳台通信等多种类综合信息服务，能够满足国际、国内客户的各种通信及信息服务需求。

【客户服务】2017年3月，庆阳电信在全省率先推出“当日装、当日修、慢必赔”服务承诺，装移修维平均历时缩小到15小时以内。客户满意度连续五年来保持全省各地州分公司第一和本地行业第一。

【网络运营】庆阳电信城域网出口带宽达460G。2017年3月，有线宽带网络进入全光网时代，FTTH端口累计达到48.38万线。LTE 4G基站数量达到1647个，各乡村、城镇、主要公路沿线实现移动电话和4G无线网络无缝覆盖。

中国电信股份有限公司庆阳分公司领导班子成员名录

党委书记、总经理　刘永革

党委副书记、工会主席　李晓鹏

纪委书记、副总经理　脱正红

党委成员、副总经理　贯学成　李乐基

（供稿：陈　虹）

经济管理与监督

经济管理

发展和改革

【经济运行】西峰区地区生产总值209.3亿元。全社会固定资产投资90.07亿元。大口径财政收入16.25亿元，地方财政收入7.3亿元。地方规模以上工业增加值8.67亿元。社会消费品零售总额73.03亿元。城镇居民人均可支配收入28149.9元，农村居民人均可支配收入9160.7元。城镇化率59.51%。城镇登记失业率控制在4%以内。单位生产总值能耗下降控制在2.75%以下。

【项目建设】实施50万元以上各类建设项目219个，完成投资98.2亿元。其中，续建项目84个，完成投资58.5亿元；新建项目135个，完成投资39.7亿元。亿元以上项目67个，完成投资86.9亿元。市级重点建设项目27个，其中：续建项目14个，新建项目11个，前期项目2个。论证储备项目140个，其中亿元以上项目20个以上。出具项目前期工作函67个，审批（核准、备案）项目78个，其中，批复项目建议书41个、可研21个，核准项目12个，备案项目3个。争取国省市投项目182个，总投资11.68亿元，其中：中央资金4.39亿元、省级资金3.66亿元、市级资金1.64亿元、区级配套及自筹1.99亿元。申报2018年中央预算内投资项目98个，总投资125.89亿元，拟申请中央预算内投资35.09亿元。其中：列入市级计划项目42个。

【气候适应型城市建设】委托兰州金石资源环境科技有限公司编制《庆阳市西峰区气候适应型城市建设试点方案》，2月，国家发改委、住建部联合印发通知，将庆阳市（西峰区）在内的28个城市列为全国气候适应型城市建设试点。编制印发《庆阳市西峰区气候适应型城市建设试点方案》。

【公务用车改革】西峰区129个涉改单位实施方案已正式批复128个，仅剩庆阳市城管局未正式批复。公车改革取消车辆举行拍卖会三次，拍卖194辆，报废88辆。

【项目在线审批监管】5月1日起，西峰区项目在线审批监管平台运行，工信、农牧、规划、住建、国土、环保、维稳、安监、消防、文广、水务、水保、林业、交通、卫计、教体、民政等17个职能审批部门实现在线联审联批。受理项目128个。其中，审批类111个，总投资45.92亿元；核准类项目11个，总投资45.73亿元；备案类项目6个，总投资4.49亿元；已办结审批项目11个，总投资6.17亿元。

【银西高铁项目征地】签订红线用地协议1498.81亩、交付1167.03亩，签订临时用地协议1082.75亩、交付888.24亩；签订全迁户征迁协议218份、已拆迁104户，签订坟墓搬迁协议325份、已搬迁323穴；7宗国有土地上房屋开展征迁工作，已签订协议4家；15处集体土地安置点已完成前期手续办理，3 处划拨土地安置点市规划等相关部门正在确定选址用地。

【各类规划和方案编制】完成《关于建立健全庆阳市“十三五”规划纲要实施机制的意见》《西峰区电动汽车充电桩“十三五”发展规划》《西峰区现代冷链物流“十三五”发展规划》《西峰区脱贫攻坚基础设施规划》等事关全区经济社会各领域的重大规划及《西峰区贯彻落实省委、省政府“1+19”系列配套文件工作任务分工方案》《西峰区“一业一策、一企一策、一事一议”实施方案》《西峰区落实“三重”“三一”重大举措促进全区经济稳健增长推动方案》《西峰区推进大众创业万众创新实施方案》，出台《西峰区政府投资项目咨询评估管理办法》。

【失地农民安置】组建失地农民安置办公室，制定印发《庆阳市西峰城区失地农民安置住房建设实施意见》和《庆阳市西峰城区失地农民安置住房代建项目建设管理办法》。完成陇尚城项目一期失地农民安置住房交付工作，安置住宅 23460 平方米，商业用房 8638 平方米。

【主体业务】编制下达 2017 年全区国民经济和社会发展主要指标计划(草案)，分解下达全社会固定资产暨建设项目投资计划、项目论证储备计划任务。完成经济体制改革 161 项，持续推进 52 项，有 12 项由于客观条件所限未能启动。签约招商引资项目 4 个，总投资 35 亿元，到位资金 9.49 亿元。完成国务院第三次大督查、第四次大督查反馈问题整改方案自查报告上报，国务院第四次大督查群众反映问题的整改落实报告。组织干部职工完成庆西公路彭原镇段、董志镇网格化卫生保洁任务。定期不定期巡查辖区内的兰郑长输油管线、庆咸原油管线 2 条干线，对存在的安全隐患督促相关企业整改。配合区统计局完成阶段性小康指标监测和第三次全国农业普查阶段性工作。

【脱贫攻坚】为董志镇庄头村争取资金 40 万元、20 万元、5 万元，筹建党建办公场所。协助庄头村衔接争取文化广场、村组水泥路、宽带网络户户通工程、动力电入户、护栏工程等基础设施建设项目 20 多个，总投资 2000 多万元，硬化水泥道路 4 公里，安装 LED 路灯 15 盏，解决群众水、电、路、房、网等生产生活困难和问题。办公经费中列支 5 万元，组织群众赴陕西杨凌参观学习，慰问资助 30 名品学兼优的困难学生，表彰奖励 30 名支持村经济建设、敬老爱幼的优秀妇女。指导完善庄头村的村务公开和村务监督平台。协助市纪委为庄头村争取村部建设资金 40 万元，帮助庄头村购置办公设备和公共服务设施。

走访贫困户

区发展和改革局领导班子成员名录

局　长　冯　岩

党总支书记　郭军民

纪检组长　毛志东

副局长　刘　哲　张志华　张建波

（供稿：马云霞）

财政预算与管理

【财政收支】2017 年，西峰区大口径财政收入 16.25 亿元，地方财政收入 7.30 亿元，政府性基金收入 7.91 亿元，社会保险基金预算收入 3.47 亿元。一般预算支出 26.75 亿元，政府性基金支出 11.03 亿元，社会保险基金预算支出 4.51 亿元。国省投、转移支付、政府置换债券、银行信贷等资金33.48亿元。

【国库集中支付资金管理】完成公共财政预算、政府性基金预算、社会保险基金预算、国有资本经营预算编制。72个一级单位预决算在区政府网站予以公开。扩大国库集中支付业务范围，177家预算单位一般预算、政府性基金实行国库集中支付，将预算单位实有资金银行账户纳入国库单一账户体系实施动态管理。2017年支付29376笔，金额354972万元。集中支付方式办理业务28801笔，金额305380万元。按照《西峰区推行行政事业单位公务卡制度改革工作实施方案》《西峰区预算单位公务卡强制结算目录》等文件，177个预算单位办理公务卡1510张，刷卡使用231张涉及金额159.38万元。优化会计核算设置，支出严格落实区纪委审查备案(或公示)制度，逐月向区委、区政府、财政局报送"三公"经费支出报表，截至12月20日行政事业单位"三公"经费支出574.89万元。

【一事一议项目】2017年实施村级公益事业建设一事一议财政奖补项目51个，项目总投资4526.4万元，村民自筹1663.9万元，财政奖补资金2862.5万元。其中：新修油路20条30公里，新建农民健身文化广场13处，新建农村便民服务大厅7个，实施农村村容村貌整治项目6个，完善新农村基础设施建设项目5个。惠及51个行政村441个村民小组9万村民。

一事一议项目李岭村精神文明一条街

【社会保障资金管理】2017年，社保基金收入34726.72万元，支出45087.92万元。参合农民236614人，合作医疗基金收入14393.78万元，农村合作医疗统筹基金支出14214.42万元；有7131人参加企业职工基本养老保险缴费，养老保险缴费收入7739.71万元，基本养老金支出7085.05万元；16262人参加西峰区职工医疗保险，基本医疗保险基金收入5898.56万元，支出5526.37万元；13102人参加生育保险，生育保险基金收入132.55万元，支出108.04万元；城乡居民参加养老保险168899人，缴费人数112783人，享受待遇人数39783人，城乡居民养老保险基金收入6562.20万元，支出18154.02万元。

五项社会保障资金收入11203.96. 万元，支出10493.26万元。城市低保资金收入7492.05万元，为4547户11297人发放低保资金5766.19万元，农村低保资金收入1724.83万元，为3416户11349人发放低保资金2312.12万元；再就业资金收入460.5万元(其中市财政补助收入450万元)，支出928.36万元，用于职业介绍补贴，职业培训补贴、公益性岗位补贴、劳务品牌家政服务员培训、技能签订补贴社会保障等方面；城乡医疗救助收入1128.14万元，为30496人发放医疗金1039.04万元；临时救助收入398.44万元，支出447.55万元。

【农业综合开发】实施高标准农田建设项目2个，涉及董志镇崔沟、寺里田、胡同赵、南庄4个行政村，项目计划投资1430万元，中央财政资金995万元，地方配套资金398万元，农民筹资筹劳折资37万元。新修田间道路60公里，修建排洪渠1.5公里，栽植农田防护林450亩，修复配套机电井13眼，埋设输水管道46公里，新建大口窖532座，维修提灌站2座，安装太阳能灭虫灯90台，发放防虫板25000张，开展技术培训1800人(次)。建设高标准农田面积9300亩，受益群众4个村，2664户11930人。西峰区苹果产业融合新建项目投资700万元。建苹果示范基地530亩，引进优质苹果

苹果产业融合新建项目防雹网搭建现场

苗木44100株,修建基地道路1.7公里,滴灌系统覆盖530亩,布设防雹网50亩,建设包装车间800平方米,拣选棚770 平方米,配电室20平方米。带动周边1000余户农民从事苹果种植。

【政府采购】2017年,完成采购项目200个,其中:公开招标182个、竞争性磋商1个、竞争性谈判8个、单一来源采购9个,以融资类项目为主。采购总金额61446.43万元,节约资金1630.9万元。

【非税收入】购回机打票据316500份,手工票据3700本。发出机打票据313500份,手工票据1784本。核销机打票据293151份,手工票据1196本。征收入库政府非税收入102951万元。其中:专项收入5542万元,行政事业性收费2050万元,罚没收入2726万元,国有资源(资产)有偿使用收入1443万元,捐赠收入1273万元,其他收入2万元,政府性基金收入73952万元,预算外财政专户收入15963万元。

【会计管理】2017年3月会计中级报名审核及缴费,报名194人,收取报名费2.70万元,订购中级考试资料74本。11月会计初级考试报名审核及缴费,报名2481人,收取报名费22.33万元。办会计从业证203份、调转61份、补办3份、发放会计从业证267份,并登记造册。

【财政监督检查】开展预决算执行、会计制度建设、“小金库”、内控等专项监督检查63次,对区农业行政综合执法大队等20个单位2015、2016年度会计信息的真实性、合法性及“小金库”长效机制建设情况等进行监督检查。制定印发《庆阳市西峰区财政局关于进一步加强“小金库”治理工作的通知》,组织177个行政事业单位,从易发“小金库”问题的会议费、培训费、劳务费、国有资产出租及处置等方面自查自纠,在政府门户网站公示举报电话、电子邮箱,接受社会监督,单位就自查自纠结果在本单位信息公示栏等醒目位置进行公示。开展财政资金绩效评价2次,强化“花钱必问效,无效必问责”的绩效评价机制。

【国有资产管理】2017年,新增固定资产105945856.63元;调拨固定资产2745254.54元,核销固定资产6923371.47元。清查出待处理资产5258370.36元。配合区瓜菜办对肖金蔬菜大棚的资产进行实地调查,督促资产登记,定期将经营性收益全额上缴国库。对工商局等15家单位燃煤锅炉采取公开竞卖方式集中处置,成交价款全额上缴财政。对7个区属国有企业下发《关于编制2017年国有资产经营预算的通知》,编制区属国有企业2017年度国有资产经营预算。取消公务车辆278辆,经评估公司评估鉴定,符合拍卖条件的公务用车203辆,报废回收75辆。公车分三批公开拍卖,成功拍卖车辆194辆,成交价款783.87万元,成交款项全额上交区级国库。

公务用车公开拍卖现场

【投资评审】2017年,评审项目632个,评审资金总额13.58亿元,审查核减工程总造价8250万元。现场取证58人(次),核实工程量1.985亿元,核减782万元。对评审资料不全,退回不予评审的项目43个。

【乡镇财务管理】控制乡镇预算,监督乡镇落实财政预决算公开公示制度,乡镇将预决算在政府门户网站公开公示。2017年,拨付乡镇补助资金18909.98万元,其中:省市专项资金1848.26万元,区级专项资金3280.19万元,基金支出1661.34万元,人员及公用经费支出12120.19万元。

【"两学一做"学习教育】制订印发《西峰区财政局"两学一做"学习教育实施方案》,制订学习计划,划分学习小组,自定内容、自定形式、固定时间进行讨论交流。落实每周二党员学习日制度。开展"党性锤炼日"活动,按照"全域无垃圾"工作要求,做好环境卫生整治。召开"两学一做"学习教育常态化制度化专题推进会议1次,召开党委中心组学习8次,党员干部集体学习40余次。举办"全系统干部职工服务礼仪培训"邀请国家高级礼仪培训师周书羽专题讲解。组织190名财务人员进行财务知识培训1次。

【脱贫攻坚】2017年,预算安排专项扶贫资金5281万元。当年项目资金报账2676.76万元。精准使用到建档立卡贫困村、贫困户财政专项资金2297.58万元。其中:安排到建档立卡贫困村的资金330.08万元,安排到建档立卡贫困户资金1967.5万元。更新完善村级脱贫攻坚项目库,储备项目96个,计划总投资11898.1万元。投入互助资金1159万元,互助资金总规模3345.52万元,88个村级扶贫互助协会入会农户6079户,建立互助联保小组920个。使用借款2786户3345万元。累计使用借款3074户3533万元,扶持3074户贫困户及低收入群众通过发展特色产业稳定脱贫。

区财政局领导班子成员名录

党委书记、局长　刘晓龙
党委委员、党支部书记　高明志
党委委员、纪检组长　吕雅玲(女)
党委委员、副局长　李兴科　赵　龙(6月止)
　　李俊辉(6月任)
党委委员、总会计师　王军锋(6月任)

区农业综合开发办公室

主　任　脱翀博
支部书记　冯建设
纪检组长　曹丽荣(女)
副主任　李养正　米　骞

区国有资产监督管理局

局　长　司　南
党支部书记　王德明
副局长　李　涛　冯丽丽(女)

区政府采购中心

副主任　杨　丽(女)　王　勇

区会计核算中心

主　任　李俊辉(6月止)
　　程建新(6月任)
副主任　董华宁(女)　王　菊(女)
　　盖亚宁(女)　李文博

区税收监督检查局

局　长　王骁飞(6月止)
　　赵　龙(6月任)
党支部书记　窦明权
纪检组长　白　雪(女)
副局长　王　军　齐亚玲(女)

区非税收入管理局

局　长　包建荣
副局长　汪　琳(女)　田　地

区财政监督检查办公室

主　任　郭俊龙
党支部书记　孙守锴
纪检组长　杨小平

副主任 李一新 王志峰

区财政投资评审中心

主 任 王骁飞(6月任)

副主任 程建新(6月止) 胡天睿

(供稿:余文强)

国家税务

【税务改革】国、地税联合办理设立登记1938户、变更登记3314户(次)、注销登记291户。联合评定纳税信用等级，评出A级纳税人30户,B级纳税人182户,C级纳税人512户,D级纳税人607户。11月13日,西峰区国地税合作工作通过省级“国地税合作县级示范区”考核验收。8月22日,印发《西峰区国家税务局系统深化“放管服”改革优化营商环境大讨论活动实施方案》。

西峰区国家税务局纳税服务大厅

【税法宣传】与西峰区地税局联合,邀请30家民营企业代表,召开“深化税收改革,助力企业发展”民营企业座谈会,开展西峰区第26个税收宣传月活动。发放《小微企业税收优惠政策宣传手册》《居民纳税指南》《税选一本通》和“营改增”“放管服”宣传资料10000份,解答纳税人咨询100人(次);开展“六进”(进机关、进乡村、进社区、进学校、进企业、进单位)等活动宣传税收知识;印制11200张“便民办税联系卡”及5000张落实国务院6项减税政策二维码图片向纳税人免费发放。

【纳税服务】推行以电子税务局为主的多元化涉税事项办理服务，引导纳税人使用网上申报纳税以及财税库银横向联网系统进行网上扣缴税款,推行电子税务局发票“网上申领,线下配送”以及便捷开票二维码。2017年电子税务局受理业务452笔。取消全部非税务行政许可审批事项,行政许可事项办理“零超时”。办税服务厅设立“简事易办”快速窗口4个、“放管服”绿色通道6个。设立自助办税服务厅,2台自助领票机共发售发票154304份。与工商银行、建设银行等9家银行开展“税易贷”业务,为60户小微企业提供了12597万元贷款。“一窗一人一机双系统”全覆盖,国地税联合大厅服务“一窗通办”,通过双系统国税为地税代办业务5543笔,地税为国税代办业务2706笔。组织开展纳税人培训班5次61期,培训纳税人及财务人员7685人次。

【依法治税】落实税收优惠政策,减免增值税7548.62万元,消费税11.44万元,减免企业所得税107000万元,办理出口退税业务16笔,已退税款69万元。在18户住宿业、33户鉴证咨询业、58户建筑业小规模纳税人推行自开增值税专用发票,在128户营改增餐饮、驾校等行业推行电子发票。委托异地核查18户次360份专用发票,接收异地核查138户次543份专用发票，查补入库税款33.4万元,核减留抵3.3万元,入库稽查收入49.2万元。西峰区国税局被甘肃省国税局命名为“全省国税系统法治基地”。

【税收征管】开展税收风险应对任务290条、稽查35户,发现问题294户,查补税款、滞纳金及罚款入库696.31万元,弥补亏损5.6万元。采集第三方涉税信息37529条,应用外单位获取的信息查补入库税款34.14万元。实名办税采集纳税人信息14342户,实名办理业务72932笔。清理比对修改征管数据20798条。

【党风建设】落实党建工作第一责任人责任,“三会一课”制度,签订党建目标责任书。对东郊分局、西郊分局、办税服务厅、老干部支部的委员进行部分调整。对党员活动室、党建展览室补充升级，完善党建资料 36 册，打造党建长廊，制作悬挂党建展板 44 块，开展“十五个一”创建活动。以特别党小组、党员突击队为核心，开展“结对共建、先锋同行”，创建“一局一品牌”特色党建，组织党员开展“重走长征路”红色教育主题实践，与陇南市两当县国税局城区分局、西安市国税局灞桥税务分局开展联创联建活动。获西峰区委“基层组织建设奖”。

【脱贫攻坚】成立“精准扶贫”工作小组，确定专人专项负责精准扶贫工作，明确“深化扶贫、精准帮扶、责任到人、限期脱贫”思路，组织干部职工进村入户，核实基本情况。邀请庆阳市农业科学研究院经济作物研究所专家，在肖金镇纸坊村为扶贫户进行种植技术培训；联系庆阳市超微骨科医院，为帮扶村民进行身体体检，对患病村民 3 万元以内的治疗费，除合作医疗报销部分外，其余的一律免费，有 19 人住院，9 人康复出院。为帮扶村购置打扫卫生工具，对缺资金 2 户贫困户筹资打井 2 口，解决吃水问题。春节前，购买大米、食用油 117 份发放到纸坊村、寺里田村扶贫户家中。

精准扶贫户赠送锦旗

区国家税务局领导班子成员名录

党组书记、局长　魏　严(7 月止)
王宏洲(7 月任)
副局长　杨义涛　李培翔　武宏刚(8 月止)
杨家玮　周向丽(女)

(供稿：马志华)

地方税务

【地税收入】2017 年，组织收入 65986 万元，其中，税收收入 51810 万元，非税收入 5368 万元，社会保险基金 8381 万元，工会经费 423 万元，甘肃省价格调节基金 4 万元。

【税收征管】结合“征管质效提升年”活动，开展漏征漏管户清理；核对“金三”系统基础信息；建立完善国地税户籍信息同步管理机制；管控小税种，对 14 户保险公司代收代缴车船税进行专项检查；接收采集 33 户环保税纳税人相关资料；开展网络与信息安全检查。针对“营改增”后税源管控、信息管税、“两查一评”“两查一控”“风险应对”工作需求，实施税收管理员制度改革，岗责明晰、业务重组、流程再造、人力优化配置，确保应收尽收，应管尽管。

【依法治税】与工商、国税部门配合，推行“多证合一、一照一码”及“两证整合”改革，办理“多证合一”7112 户，“两证整合”1453 户。实施“双随机、一公开”制度，与国税部门联合开展纳税信用评价，推动西峰区信用体系的建设。落实“国务院六项减税”措施，对 667 户(次)小型微利企业减免企

国家宪法日税法宣传

业所得税870万元；对9户企业备案减免地方各税138万元。开展“七五”普法工作，组织举办法制讲座2次；组织干部法律知识考试1次；在国家宪法日、税收宣传月等重要节点，集中开展税收法治宣传活动。通过落实税收执法责任制，开展税收执法督察和执法案卷评查，促进执法水平提高。

【纳税服务】落实《纳税服务规范》，推进“便民办税春风行动”，对31项涉税事项，移至办税服务厅窗口统一受理、办理、出件；把附送的187项办税资料缩减为79项，75类办税表征单书简并为27类36个表单；对13项经常性涉税事项涉及的6种资料实行免填单办理。推行税务机关主动预约纳税人办税制度、一次性告知制度、限时办结制度和网上报税，建立申请人评议制度，接受申请人满意度评价，依托移动办税终端手机APP，采取电话、短信等多种形式，为纳税人提供办税服务厅预约办理涉税事项服务，实行错峰办税，安装开具发票人脸识别系统和自助办税终端系统。

【合作办税】与区国税局召开联席会议5次，联合开展纳税信用评价1340户，联合开展户外大型宣传4次，联合举办纳税人学堂11次，联合稽查案件1起。通过联合开展信息比对增加税款195万元，协同管理建筑服务企业外出经营税收增加税款182.34万元，协同实施税收风险应对增加税款240.71万元。为国税局代开发票征收增值税78.32万元，国税局代征地方各税430万元。与国税局联合推行“一窗一人一机双系统”，实现“一窗通办”突破。

【廉政建设】推行“两个责任”和“12439”标准化建设模式痕迹化管理，形成“党组负责、党组书记尽责、班子成员担责、科室分局各负其责、纪检组督责”的工作机制。开展以“牢固树立四个意识强化遵纪守法自觉”为主题的反腐倡廉“警示教育周”活动和中层干部“三述”活动。组织对2015年至2017年3月的财务支出凭证逐项进行监察内审。对照省市局“三纠三促”专项行动所列问题清单，制定《西峰区地税局“三纠三促”问题清单》3张，《整改台账》3本，进行全面纠改。开展日常谈话360多人(次)，提醒谈话2人。

【从严治党】对原党总支委员会进行了调整，成立党总支委员会1个、党支部委员会4个、党支部5个。设立党建活动室、党建宣传栏，常态化开展“两学一做”学习教育、“党性锤炼日”、“主题党日”、政治理论学习、领导干部“讲党课”等活动，学习宣传贯彻十九大精神。创建拓展党总支部委员联系党支部制度、党员网络文明宣传、党员先锋示范、党总支委员联系支部等党建亮点。组织开展“缅怀先烈不忘初心，祭奠忠魂继续前进”主题教育、“为党旗添彩、为税徽争光”演讲比赛、“敬老助残、共助温暖”等党员志愿服务活动。“七一”建党节前夕，党总支委员会被中共西峰区委授予“先进基层党组织”称号。

【脱贫攻坚】为肖金镇左咀村送去帮扶资金5万元，援建村史馆10万元，44名帮扶科级干部结对54户贫困户，抽调2名科级干部长驻左咀村，开展“大走访、回头看”活动，十九大后，组织43名帮扶科级干部进村入户，宣传十九大会议精神，制定2018—2020年脱贫攻坚帮扶计划，人均入户帮扶6次。

帮扶干部入户宣传惠农政策

区地方税务局领导班子成员名录

党组书记、局长　甄　武

党组副书记、纪检组长　李志龙

党组成员、副局长　谷东风　刘文杰　王星玲(女)

（供稿：李永红）

工商行政管理

【注册登记】3月1日、9月26日、10月30日启动实施企业简易注销、“多证合一、一照一码”营业执照发放、电子营业执照发放等改革。6月与工商银行启动实施“政银便民通”项目。2017年，登记注册企业2498户，农民专业合作社84户，个体工商户3418户。累计登记企业13106户，农民专业合作社1101户，个体工商户25690户，实施政银便民通项目24个。

多证合一营业执照发放

【企业监管】在国家信用信息公示系统（甘肃）上公示企业年报9866户，公示农民专业合作社年报1000户，公示个体工商户年报19851户。不按规定进行年报或抽查到有经营异常行为、行政处罚行为的市场主体列入经营异常名录，公示622户企业、18户农专社和3084户个体户。进入异常名录或存在严重违法的企业限制或禁入政府采购、工程招投标、国有土地出让、颁发荣誉。落实《失信企业协同监管和联合惩戒合作备忘录》，与法院、公安、税务等部门实施信用信息共享，对失信信息的105人(次)进行联合惩戒。

【商标广告】开展“商标兴企”“商标富农”战略，扩大有效注册商标总量，引导知名老店、传统土特产、知名农副产品申请商标注册。创建8个商标品牌服务指导站，联合广告公司在电视台、报纸和沿街门面加强公益广告宣传。至9月，申报注册商标403件，注册通过265件，商标注册总数915件。发布公益广告牌18块，播发公益广告3500条(次)。

【市场监管】开展专项整顿和打击假冒伪劣执法行动，查办经济违法案件315起(其中万元以上案件45起)，收缴罚没款172万元。以农资、建材、汽配、家电、服装为重点，查处侵犯注册商标专用权、商品包装装潢等仿冒假冒不正当竞争行为。开展市场主体经营行为和企业信用信息公示行为双随机抽查监管，开展不定项抽查2次、定向抽查4次，抽查市场主体2075户。开展“双节”市场安全检查、“红盾护农”专项行动、二手车市场专项整治等检查和专项整治10次。检查11处专业市场和城区大型商场、商厦、超市，检查市场主体9589户(次)，发现安全隐患21处，安全排查21处，下发《限期整改通知书》42份，查处无照经营59起。

煤炭市场专项整治

查获“茅台醇”“唯宝汇”“国投盛嘉”3起网络传销案件。

【非公企业党建】2017年，非公企业新组建党组织2个，举办入党积极分子培训班2期，培训党

消费维权宣传

务工作者43名，入党积极分子27名，纳新党员9名，转正党员6名。对2名长期与企业党组织失去联系的党员暂停党籍。西峰制药有限公司和嘉鑫国际建材城两户企业调整党支部和群团组织的设置，布置党建活动室，整理更新党建工作内务资料，补充完善党建工作交流资料。

【消费维权】创新维权机制，推进12315五进和一会两站建设，建立丽景百货等4个市级12315维权联系点，落实消费环节经营者首问和赔偿先付制度。加强流通领域商品质量监管，抽检4次，抽样10个品种148批次，对抽检不合格商品，要求企业下架、召回和查处。利用诉转案机制查处侵害消费者权益案件33起。开展流通领域商品质量监管行政约谈会，两次对万世天然气公司、自来水公司、亿阳房屋进行专题约谈，推动商品质量诚信建设。受理消费投诉897件，办结897件，为消费者挽回经济损失194.26万元。

【队伍建设】参加省外培训学习13人（次），参加市、区培训学习190人(次)，单位组织培训8次，培训260人(次)。在媒体、报刊发表新闻报道154篇。为工商所配备执法记录仪等执法设备，对什社工商所和局机关暖气进行改造，解决干部职工冬季供暖困难。加强党委学习和干部职工学习，召开党委会议58次，落实"三重一大"事项民主决策及"五个不直接分管""末位表态"等要求。落实党风廉政建设主体责任和监督责任，严格三公经费、接待费用管理。加强机关效能建设，简化办事流程，推行"一站式"服务办事理念，提升干部职工服务意识和服务水平。

【脱贫攻坚】制订《西峰区工商局2017年帮扶计划》，加强陈户村基础设施建设，在张咀组建垃圾场1处，协助曹南组新打机电井1口，协助完成李庄组砂石路柏油罩面1.5公里，户庄、张咀砂石路项目2.5公里，协助新建的80个大口窖工程开工实施。引导村民扩大果树栽植范围，协助91户果农完成老果树改造，为50人完成科技知识培训。捐赠10000元，用于陈户村环境卫生整治，修剪主干道树木、清理村部及道路垃圾。

区工商行政管理局领导班子成员名录

非公企业党工委书记、局长　尚国庆

党委书记、副局长　惠天珏

纪委书记　李济沛

副局长　何　伟　程　灏　袁纹龙　陈海谋

李国荣　朱政铭

（供稿：景　升）

统计工作

【统计服务】召开经济运行分析调度会议8次，固定资产投资项目入库和国民经济核算专题会议5次，配合省、市、区经济调研督查32次，提出意见建议30多条。全面建成小康社会进程统计监测、妇女儿童发展规划纲要统计监测、地方工业生产现状、服务业发展状况、城乡居民收入情况、新生代农民工基本现状、全面二胎政策对西峰区育龄夫妇生育意向的影响等方面撰写分析报告7篇。结合宏观经济形势预判、季度经济发展态势、房地产业发展形势、消费市场增速放缓、全社会固定资产投资持续下滑等社会关注度比较高的热点问题编发《统计呈阅件》7期、《季度经济运行分析报告》3 期、《经济运行快报》10 期、《区情视窗》4 期，统计内部刊物上刊登发展报告文章 49 篇，调查研究文章 10 篇，监测报告 3 篇。向社会发布《西峰区 2016 年经济社会发展情况统计公报》《2016 年西峰发展年鉴》《“十二五”优秀统计信息汇编》。2017 年，报送统计信息、工作动态 500 余条，市局采用 368 条，省局采用 53 条，西峰网采用 78 条。

【数据质量】区政府制定印发《关于加强统计数据质量管理的通知》。区政府将固定资产投资、城乡居民人均可支配收入等 8 项主要经济指标、统计基层基础工作、重点统计调查工作纳入各乡镇(街办)和行业主管部门年度目标管理考核。对统计调查名录库系统进行维护更新，纠错法人和产业活动单位 1300 余条。纳入全区基本单位名录库管理系统的产业活动单位 1235 个，法人单位 5369 个。甘肃新鑫能源工程有限公司、苏宁易购、庆阳市华庆工程运输有限公司等 42 户企业纳入统计调查单位。

【农业普查】第三次全国农业普查历经 8 个

甘肃省统计局农村处副处长熊艳翎(中)在董志镇农户家中复查农业普查数据

月，登记农户普查对象 55333 户，规模农业经营户 137 户，农业经营单位 310 户，乡镇(街办)普查表 10 个，行政村（社区）普查表 115 个，累计录入 56890 户，修改错误数据 6000 余条。

【统计调查】受市环保局委托，开展环境满意度调查，发放问卷 1000 份；受区文明办委托，开展创建文明城市满意度调查，发放问卷 3000 份；配合区委农村工作部，对涉及西峰区 100 个行政村村级小康 22 项指标全面监测，形成监测报告；6 批抽调业务能手 40 人次配合区扶贫办完成精准扶贫省、市、区级退出验收工作。完成 2017 年人口变动抽样调查、工业品价格调查、建筑业原材料调查、香包节调查、烟草调查、旅游业调查等专项调查 10 多项。

【样本轮换】历时 3 个月，完成 5 个社区 5 个村组 1000 户调查对象的住户调查样本轮换工作，完成样本框核实更新、地图绘制、入户摸底等各阶段工作任务，代表全区 38.83 万人口的 100 户城乡居民收入调查样本被确定，新旧样本轮换交替工作完成。

【统计执法】建成全区 16 个街道社区、100 个行政村村级统计室，配备统计从业人员 120 人，实现统计工作区、乡、村三级全覆盖。开展为期三个月的“数据质量专项治理”活动。对个别乡镇统计工作站虚列固定资产投资违纪行为进行通报；对庆阳市庆渝建材装饰有限公司、庆阳银座餐饮服务有限公司迟报统计资料违法行为和庆阳市九龙春酒业有限公司拒报统计资料违法行为进行通报，并立案查处。调研企业 300 多户，指导改进问题 200 多项。

【脱贫攻坚】协调帮助义门村新建综合服务中心大楼、修建文化广场、拓宽新庄组、张坳组道路 3 公里，配合村部班子做好居民安置点道路修建、水电进户等工作，落实帮扶资金 1 万元。

区统计局领导班子成员名录

局　长　郭继峰

纪检组长　卢　阳

副局长　张　靖　刘　斌(6 月任)

总经济师　张俊英

西峰区社会经济调查队

队　长　张　靖(兼)

副队长　左建聪

甘肃省城乡抽样调查队西峰调查队

队　长　何进平

副队长　冯丽萍(女)

（供稿：张鹏龙）

经济监督

审计监督

【预算执行审计】对区财政局、地税局、区食药监局等10个预算执行部门进行审计。7月，向区政府提交预算执行审计结果报告。9月，受区政府委托向区人大常委会作《关于西峰区2016年度区级财政预算执行及其他财政财务收支情况的审计工作报告》。

【经济责任审计】完成温泉镇原党委书记、什社乡原党委书记、区质监局原局长等9个单位主要领导任职期间经济责任履行情况审计；实施区发改局局长和区人社局局长任职以来经济责任履行情况审计；开展区交通局原局长、区食药监局原局长离任经济责任事项交接。

【政府投资审计】完成庆阳市新城南区雨洪集蓄保塬生态项目彩虹桥工程、庆化实验学校一期工程、西峰工业集中区A3路道路工程、2016年第一批中央财政资金土地治理项目等30个重点政府投资项目决算审计，核减工程投资275.22万元。

【民生保障专项资金审计】对2015年西峰区财政性教育经费投入及管理使用情况、西峰区2015—2016年扶贫政策措施落实和扶贫资金分配管理使用情况、西峰区2014—2016年计划生育特殊困难家庭救助金筹集管理及使用情况、区环保局2014—2016年环保专项资金管理使用情况进行审计。

【交办项目审计】对西峰区北地情演艺有限公司2012—2013年财务收支及债权债务情况、西峰区价格调节基金征收使用管理办公室2013—2016年经费及专项收支情况和庆阳北站2017年1—7月财务收支情况实施审计；委托社会审计机构实施庆阳汽车北站2009—2016年财务经营状况审计、西峰区小什字电影院2005年5月至2016年底资产负债及经营情况审计和西峰区基督教三自爱国运动委员会2006—2017年经营状况审计。

【统审项目】配合上级审计机关实施古浪县、泾川县2015—2016年扶贫政策措施落实和扶贫资金分配管理使用情况审计、古浪县2016年政府性债务资金专项审计、黄河甘肃段防洪治理工程建设情况专项审计调查、镇原县党政主要领导自然资源资产离任审计、庆阳市2014—2016年退耕还林专项资金审计、西峰区工会经费收支情况审计。

【审计整改】督促各相关单位完成2016年度重大政策落实跟踪审计、审计署2016年度中央预算执行和其他财政收支审计和市对区级财政预算执行审计涉及区属问题的整改落实，提交整改报告。

【信息宣传】向各级媒体报送审计信息和理论调研文章90篇，被《中国审计》采用1篇、《甘肃审计》采用2篇，中国审计网采用82篇。

【脱贫攻坚】成立贺塬村脱贫攻坚帮扶工作协

在贺塬村农户家中查看安全饮水情况

调领导小组，印发《西峰区审计局关于进一步做好脱贫攻坚帮扶工作的意见》。协调帮扶资金 2 万元，完成贺塬村贺川过河机耕路维修及新建垃圾填埋点 1 处。

区审计局领导班子成员名录

局　长　王永祥

党组副书记、副局长　巨光银

纪检组长　刘乃春(1 月任)

副局长　秦占明

总审计师　王凤珍(女)

(供稿：李久铭)

产品质量监管

【质量发展】联合区教体局开展消费品质量安全“进校园、进社区、进乡镇”消费者教育活动，设立消费品质量安全风险信息监测点 2 个，8 次深入乡镇、社区和中小学开展宣传。结合“质量服务在企业”活动，对 8 户企业制定实施帮扶计划 22 条，整改问题 34 项，培训企业员工 411 人次。培育甘肃名牌产品 3 个、质量信用等级 AA 级企业 1 户、A 级企业 3 户、标准化行为良好企业 3 户，上报市政府质量奖企业 1 户、市政府质量贡献奖个人 1 名。

【质量监管】开展巡查和监督检查 3 次，与辖区 62 户企业签订产品质量安全责任书，对 6 户获证企业开展年度审查，指导 5 户许可证到期企业申报换证。对辖区 29 户认证机构认证认可活动现场监督检查。对辖区 38 户获证实验室开展监督检查和日常巡查 12 次。开展农资、建材、检验检测机构、强制性认证产品(电线电缆相关产品)、食品相关产品、危险化学品和危险化学品包装物(容器)、产能落后企业、无证生产列入国家工业产品生产许可目录产品等专项监督检查，联合开展“清真”标识标牌食品安全、机动车安全技术检验机构监督检查。检查企业 79 户，查处整治问题 43 条。

【执法宣传】利用 “3•15” 消费者权益日、首个“中国品牌日”及“安全生产宣传月”“食品安全宣传周”“质量月”“宪法日”等时间节点，开展法律宣传 10 余次，发放宣传资料 15000 余份，接受现场咨询 550 人次。立案办理行政处罚案件 10 起，按照制度要求结案归档。处理群众举报、信访案件和“12365”投诉热线以及市区转办投诉 19 起，整改落实和反馈率 100%。

“安全生产月”特种设备安全宣传

【标准化管理】对 12 户企业执行的 13 项产品标准上网公示，有 22 户企业上网公示执行标准 44 项，涵盖 12 大类 54 种产品；指导辖区养老服务机构和企业制修订标准 4 项，指导企业完善技术、工作和管理等 12 项标准。帮扶指导省级农业标准化示范区西峰区无公害生猪养殖专业合作社扩大 2000 头养殖规模，申报“绿色陇清 SOD 奶蜜苹果”省级农业标准化示范区立项。

【计量监管】与城区 6 家集贸市场签订《诚信计量责任书》和《诚信计量承诺书》，监督检查集贸市场在用电子秤 685 台件；监督检查民用四表 13.5 万块，登记备案在用电能表 87743 块、燃气表 28411 块、水表 18143 块，辖区“民用四表”首检率 100%。开展加油站、加气站、医用计量器具、车辆检验检测机构、警用车辆超速仪和酒精探测仪等计量专项监督检查 6 次。检查相关单位 41 户，检查计量器具 1592 台(件)，督促相关单位整改问题 46 条；指导 2 户企业通过计量能力确认，其中 1 户企业达到《重点用能单位能源计量审查规范》要求。

【特种设备安全监管】修订《维保单位定期优劣评分制度》《西峰区防范和遏制特种设备重特大事故工作实施方案》《西峰区特种设备事故应急救援预案》等共计 11 项制度。开展特种设备安全大检查以及重大节会、大型游乐设施、起重机械、涉氨制冷等专项检查 27 次,检查特种设备相关单位 220 家,特种设备 3349 台(件),签订《特种设备安全责任书》160 份,下达《特种设备安全监察指令书》156 份,整治安全隐患 624 条。依托甘肃省特种设备监管信息平台录入 6973 条数据和办理 51 笔特种设备注册登记业务,对辖区内特种设备开展定点隐患排查。在册特种设备 8974 台,设备登记率 98.24%,设备检验率 98.86%,隐患设备率 1.69%。在区安全生产教育培训基地举办 1 期特种设备安全教育培训班。在西峰区御景城小区开展一次电梯突发事故应急演练。

【环境保护】对辖区 74 台在用燃煤锅炉摸底排查和建账立册。抽取煤样 162 组,检验 102 组,合格率 84.3%,11 组不合格检验报告单分别交由环保和工商部门处理。抽调 7 人参与燃煤锅炉的拆除和省级改造、综合执法、小型企业排查整治以及卡口管理。联合区环保局对环境检测类计量器具监督检查,检查相关单位 10 户,检查设备 255 台(件),整改西峰区热力公司 3 台 CEMS 环境检测类计量器具因设备故障原因未做比对实验。

【脱贫攻坚】召开扶贫部署会议 14 次,组织干部职工走访解民情 12 次,入户对接 12 次,召开座谈会宣讲政策 12 场,入户宣讲 25 次,发放扶贫政策宣传手册 500 余份。投资 2 万元对冯堡村部院落改造硬化,捐赠电脑 11 台,协助冯堡村 1.5 公里柏油路路面修补,栽植绿化树木 4593 棵。帮助 47 户精准扶贫户制定产业收入计划,协调成立专业资金互助合作社,为扶贫户解决产业发展资金问题,新发展养殖户 4 户,专业种植户 34 户。

区质量技术监督局领导班子成员名录

党组书记、局长　李卉放

纪检组长　孙亚诚

副局长　何晓虎　彭晓强

（供稿:姚　宏）

安全生产监督管理

【安全生产责任制】建立县级领导包抓乡镇(街办)和分管行业领域安全生产工作机制,形成党政主要领导负总责亲自抓、分管领导负实责具体抓、职能部门共担责同心抓的工作格局。每季度提请西峰区委、区政府召开一次安全生产工作会议,传达上级精神,分析总结形势,部署工作。与乡镇(街道)和 32 个重点成员单位签订 2017 年度安全生产目标管理责任书,细化目标任务,靠实目标管理责任。2017 年,西峰区发生生产安全事故 12 起,死亡 12 人,受伤 3 人,直接经济损失 268.79 万元。

【宣传教育】开展"中共中央国务院关于安全生产领域改革发展的意见"巡回宣讲、"关爱生命·关注安全"主题演讲比赛等一系列活动。在"6·16"宣传咨询日,联合市、区 80 个安委会成员单位及部分生产经营单位,向群众宣传安全、职业健康等方面知识,发放宣传材料 5 万余份,摆放各类宣传展板 125 幅,设置条幅 46 条,现场接受咨询 3000 余

举办"关爱生命·关注安全"主题演讲赛

人(次)。利用LED电子显示屏,在医院、客运车站、超市、小区等公共场所,制作电子海报30个,每天循环播放。在社区制作211平方米安全文化墙,制作安全宣传灯箱10个,卡通安全标识牌50个,车库出入口制作32副总面积114平方米安全出行警示标语。更新1800米安全文化墙,400多个移动宣传版面。印发《西峰区2017年度安全生产教育培训计划》,举办安全生产知识培训班20期,对安监、教体、建筑、商务消防等15个行业部门所管辖的生产经营单位及从业人员进行安全知识专题培训。

【基础建设】落实乡镇(街道)安全生产专项经费、安监员津贴114.4万元。西峰区安监局调入专业技术人员6名,任命10名科级干部担任乡镇(街道)安监站长,确定46名专职安监员,行政村(社区)配备安全协管员122名。编制《乡镇(街道)安全生产监管基础资料汇编指南》,规范基础台账资料。西峰区10个乡镇(街办)、122个村组(社区)建成标准化工作阵地。

【综合协调】元旦、春节、"五一"和国庆等重大节日前,提请西峰区委、区政府主要领导和分管领导带队开展节前安全检查。每季度联合成员单位对乡镇街道安全生产工作开展督查。2017年,西峰区主要领导带队开展督查检查6次,分管领导带队检查39次,检查企业140户(次),发现隐患40余条。

【执法检查】开展危险化学品生产及经营企业、烟花爆竹批发和经营企业、非煤矿山、工贸企业等专项执法检查,检查单位422户(次),发现安全隐患1692条,下发《责令限期整改指令书》188份,《复查意见书》107份,责令停产整顿3户,暂扣危险化学品经营许可证1户。经济处罚企业5户,罚款69.3845万元(其中:监督检查罚款2.8万元,事故罚款66.5845万元。)成立事故调查组,调查西峰工业园区A1路"9•28"重伤害事故。

【安全生产源头管理】办理烟花爆竹经营(零售)许可证31户,其中新办8户,变更2户,到期重新申请19户,注销2户。办理危险化学品经营许可证36户,其中新办20户,延期11户,变更4户,注销1户。

【职业申报和防治】按照《职业病危害项目申报办法》要求,累计申报215户。督促65户企业对作业场所职业危害因素进行检测,对涉及职业危害的650名劳动者进行健康体检。对汽车维修企业开展专项整治,对8户企业进行职业健康检查,督促其完成职业危害申报,通过2017年庆阳市职业健康监管评估。

【党风建设】围绕"两学一做"学习教育主题,制订学习计划,落实学习方案,抓好学习教育。"三会一课"制度经常化,组织干部职工集中学习56次,开设专题党课8次,开展研讨交流5次,撰写心得体会60篇。

【脱贫攻坚】向扶贫户送发春耕备耕化肥54袋。邀请陇东学院农学院专家组为农民讲授农业实用技术。向精准扶贫户赠送"红娘子杏"苗木1000余棵,增加种植面积20余亩。

区安全生产监督管理局领导班子成员名录

党组书记、局长　朱生润
党支部书记　梁灵明
纪检组长　王国龙
副局长　左　凯　金建峰　邓　强

(供稿:刘　正)

食品药品监督管理

【市场监管】西峰辖区共有监管对象8120户,其中食品7029户、保健食品195户、药品537户、化妆品318户、医疗器械41户。8120户食药经营户划分为10个片区28个网格,实现了网格化监管全覆盖。推行监管对象"一户一档"和企业自查自改制度,日常巡查每户4次以上。免费发放食品监管手册7000本、食品"一票通"

日常监管检查

4250本、食品药品进销货台账1580套、内置外置化公示牌14000个。完成重大节会保障30次，城乡集体聚餐备案392次，食品配送车登记备案247辆。筹措资金45万元，招标完成省级下达490批次食用农产品监督抽检任务，完成13146批次农产品和食品快检任务，配合省、市完成230批次食品、16批次药品抽检任务。上报药品不良反应298起，医械不良反应109起，化妆品不良反应60起。查办食品药品违法案件161起，执行罚没款101万元，销毁假冒伪劣产品50余吨。受理群众投诉举报452起，调处率100%，无一起引起行政复议和诉讼。

【行政许可】按照“放管服”的要求，采取网上受理、限时办结、一站式服务等措施提高许可质量和效率，方便群众。受理食品许可申请1253件，准予许可950件，不予许可350件，正在办理120件，办理“四小”食品登记2304件。

颁发食品经营许可证

【油烟治理】按照“蓝天保卫战誓师大会”安排部署，开展餐厨油烟治理工作，城区1271户餐饮单位纳入治理范围，治理1216户，其中重点片区治理率100%，总治理率96%。按期办结中央、省市转办及受理的油烟污染信访投诉案件147起。

【部门协作】召开部门联席会议4次，联合工商、质监、农牧、民宗、教体等部门对食品相关产品、农产品市场、清真食品、学校食堂、食用盐开展专项整治21次；配合卫计、农牧部门做好西峰区活禽市场H7N9疫情防控工作。通过多部门联合执法，有效地遏制了食药市场违法违规经营行为。

【舆论宣传】为西峰辖区内3000多户餐饮店张贴“文明餐桌”行动倡议书、服务公约牌共2万余

“12331”主题宣传活动

份，发放核心价值观和文明用餐桌摆5000个，发放核心价值观宣传牌1000面，制作宣传标语154条（幅），制作“讲文明树新风”公益展板2857个。打造以长庆南路为样板的文明城市创建食品安全示范一条街，营造人人共知、社会共治的氛围。在“12331”主题宣传日、“12315”主题宣传日“食品安全宣传启动周”“科技活动宣传周”“全国安全用药月”期间，组织开展大型食品药品安全宣传5次，免费发放宣传彩页4万余份、宣传资料3万余册，开展食品药品安全进餐厅、进社区、进村组、进学校、进市场的五进活动。组织食品药品从业人员培训6次，参加培训人员2300余人。共投入宣传

经费 15 万元。

【队伍建设】区食药监局内设 8 个股室，下辖 2 个稽查局、10 个管理所，工作人员 133 人（乡镇选配干部 14 人），其中科级干部 28 人，有执法证件人员 95 人，大专以上学历 126 人。集中轮训 14 名年轻干部，并安排到乡镇管理所工作。筹措资金 45 万元配备移动执法装备 25 套、电脑 11 台、办公桌椅 7 套。为南街食药所、什社食药所新增办公用房 80 平方米。对机关食堂、卫生间和供热系统进行维修改造，从根本上解决了机关办公条件过差的问题。

【学习教育】开展“主题党日”活动，组织开展“转作风、提效能、保安全”为主题的工作作风整治活动，着力解决干部队伍存在的“慵、懒、散、慢”顽疾和“吃、拿、卡、要”不正之风。全年组织干部职工学习 58 次，外出培训学习 156 人次，职工每人抄写学习笔记 2 万余字。

【脱贫攻坚】成立脱贫攻坚帮扶工作领导小组，选派 50 名干部深入温泉镇巨塬村，按照“两率一度”的要求，精准帮扶 47 户 192 人贫困户，并通过市、区级验收。成立农民专业合作社 4 个，入社会员 103 人，同比增加 26 人；劳务输出 78 人，同比增加 18 人；硬化村级公路 11 条 9.6 公里；完成南湾村 7 户异地搬迁；协调西峰区扶贫办，争取资金 2 万元，为 10 户贫困户发放小尾寒羊 40 只；协调西峰区委宣传部，向巨塬村捐赠图书 500 余册。协调农牧、水务、人社等部门，开展各类培训 15 次；协调村部建造垃圾处理点 3 处。

区食品药品监督管理局（区食品安全委员会办公室）领导班子成员名录

局长、主任 刘建设（1 月止）

曹金平（1 月任）

纪检组长 段巧云（女）

副局长、药品稽查局局长 张振明

副局长、食品稽查局局长 张 睿

副局长 刘力昌 杨景勋

区食品安全委员会办公室专职副主任 陈 军

（供稿：贾 超）

价格监督检查

【价格监管审查】审查 66 个单位 102 个收费项目，审查收费金额 3506.983 万元。检查单位 56 个，查处价格违法案件 34 件，经济制裁总额 95.11 万元，其中：没收违法所得 27.06 万元，退还用户 61.25 万元，罚款 6.8 万元。

【价格监管调控】开展价格监测，重点对粮油类、蔬菜类、建材类、农资类等 13 类 70 多种商品

集体约谈西峰区 17 所驾校负责人

开展市场价格监测，按时上报采集数据。编发《价格信息简报》，增强监测预警的前瞻性。稳定供热价格。加强热点价格监管，处理驾校集体涨价事件。2 月，西峰辖区内 17 所驾校联合在《陇东报》刊登公告，集体提高驾校收费标准。经调查，此事件定性为集体串通涨价案，随即对 17 所驾校负责人集体约谈。经约谈、提醒、告诫，17 所驾校在《陇东报》和“掌中庆阳”等新闻媒体发表声明，给市民公开道歉，恢复原价。

【涉企收费管理】对西峰区 58 个行政事业单位和 8 个经营服务单位收费审查，审查行政事业性收费项目 77 项，收费金额 2562.53 万元；审查经

营服务性收费项目25项，收费金额944.453万元，取消收费项目5项，降低收费标准2项，调整15项收费标准，动态调整区级收费目录清单。与区教育局联合制订《关于进一步做好全区民办幼儿园收费备案管理工作的通知》，对72所民办幼儿园收费逐园摸底调查，在审核保教费成本的基础上，对民办幼儿园收费备案管理。对75家物业公司、110个住宅小区物业收费进行清理，审核汇景家园等5家物业公司物业服务收费标准。起草上报《西峰城区物业收费管理实施细则》。开展机动车停放服务收费调研，草拟《西峰城区机动车停放服务收费管理实施细则》。

【市场价格检查】开展卫计、食药监部门收费专项检查、医疗机构医用耗材价格专项检查、商品房销售价格专项检查和涉企收费专项检查。纠正和查处卫计和食药监部门对“四品一械”从业人员收取培训费、公立医院违规收取一次性卫生材料费、地产开发企业不执行“一价清”文件规定等行为。元旦、春节、“五一”等节假日，对超市商场、农贸市场、车站、停车场所、餐饮旅店等进行巡查，通过政策提醒、告诫、巡查等方式，引导经营者加强价格自律、规范价格行为。受理群众对价格和收费方面的举报投诉、来电、来信、来访，受理举报投诉和价格咨询案件76件，办结76件。

【价格认定】受理司法机关委托的价格认定256件，涉及物品1745种，认定金额为1486.9万元，在法律规定时限内无一例复核裁定案件。

【成本监审】开展供热、住宅小区物业服务收费和民办幼儿园保育教育费成本监审，为政府定价提供价格和成本依据。

【脱贫攻坚】立足董志镇崔沟村情实际，优化苹果栽植结构，新栽植优质苹果100亩，改造老旧果园700亩，果业产值突破1300万元，农民人均纯收入9000元。协调升级改造砂石道路2公里，改造农村供电线路8000米，修建垃圾集中处理点1处，打机井1眼。邀请农委、科技局等单位专家，在崔沟村举办农业、养殖业、务工技术、创业技能培训3期200人次。将贫困人口纳入重特大疾病救助范围。经检查验收，整体达到脱贫标准。

区价格监督检查局领导班子成员名录

局　长　曹金平(1月止)

　　　　王正军(6月任)

纪检组长　韩　伟

副局长　赵振波　唐正兴　王积德

　　　　张鸿霞(女，1月止)

(供稿：田永福)

国土管理 城乡建设与环境保护

国土管理

国土资源管理

【用地保障】完成董志幼儿园、庆阳润翔液化石油加气站、西峰区市政局等5个城镇批次57亩，银西高铁、董志塬水厂、中石油长庆油田分公司石油钻井及配套设施等3个单独选址3194亩建设项目的组件报批。完成15宗城市批次建设项目的资料编报。审批项目建设临时用地14宗497亩。办理设施农用地项目备案4宗、320亩。结合土地利用规划，围绕新型城镇化建设和脱贫攻坚，审查审批居民（安置）点、村部、农民文化广场等集体建设项目42宗509.2亩。

【耕地保护】完善“区、乡、村、组”四级管护网络，层层签订耕地保护责任书。永久基本农田划定，划定面积33.15万亩。土地整治，坚持与生态环境建设、现代农业示范基地建设、小城镇发展和新农村建设相结合。显胜乡蒲河村等3个村土地整治项目（重大项目二期）完成；开展西峰区城乡建设用地增减挂钩试点；实施董志镇寺里田、后官寨镇南佐村2个高标准基本农田等在建项目；在西峰区召开庆阳市土地整治重大项目管理经验交流暨工作推进会；完成9000亩梯田建设和9600亩高标准基本农田建设。

土地整治重大项目管理经验交流暨工作推进会

【矿产资源管护】完成西峰区新立采矿权出让专项清理及矿山地质环境恢复治理保证金征收核查。有偿延续6家砖瓦黏土企业采矿权，收缴采矿权价款6.35万元，矿山恢复治理保证金3万元。对2家砖瓦企业办理采矿权变更登记发证，对2家关停矿山企业办理采矿许可证注销登记。完成西峰区39家固体矿产资源统计，矿业权统一配号系统数据库清理及矿山储量动态监测管理。西峰区第三轮矿产资源总体规划编制规划文本通过评审。开展安全生产大检查，组织检查非煤矿山企业33家，排查出一般隐患25项，现场整改20条，限期整改5条。

【地质灾害防治】制定《西峰区2017年度地质灾害防治方案和突发性应急预案》，与各乡镇签订地质灾害防治责任书。落实应急值守、巡查预警、灾情速报等制度，扎实开展汛前检查。对25处地质灾害隐患点排查，补充发放避险明白卡和工作明白卡60余份，树立警示牌25面。落实地质灾害群测群防措施，加大地质灾害治理力度，完成火巷沟地质灾害工程项目土方工程。对肖金镇纸坊村山体塌方和肖金镇双桐村地面塌陷实地勘察，拨付应急处置经费3万元。

【土地执法】推进“三张清单一张网”建设，完成政务服务事项和公共服务事项的梳理与上报。建立健全行政处罚、行政许可、行政强制等行政执法案卷管理制度，完善行政执法案卷评查规则。做到执法必严、违法必究，关口前移、重心下移，加大巡查密度，拓展巡查领域，形成“全面覆盖、全程监管、执法督查、社会监督”的综合体系。动态巡查140天420人次，立案查处土地违法案件24宗、348.93亩，收缴罚款85.3万元。对部省下发的1421个新增建设用地图斑，逐一实地核查，核定违法用地图斑17宗、113.5亩。将违法用地整改任务分解到乡镇，限时拆除复耕。履行环保责任，制定《中央环保督察组反馈问题整改方案》《自然保护区生态环境问题整改方案》《全域无垃圾专项治理方案》。对中央、省、市环保督查重大问题涉及西峰区的8项工作内容及交办事项，逐一核实处理，上报销号。接到省、市、区转办、交办的国土资源信访案件25件，办结25件。

【日常业务】完成2016年度土地变更调查，变更图斑1095个2267.4亩。西峰区土地利用总体规划调整完善通过省政府审批；推进集体土地确权登记发证成果移交，配合不动产登记管理局开展农村房地一体权籍调查；开展第三次全国土地调查，成立领导小组，制定年度经费预算；完成第三轮矿产资源规划、土地整治规划的编制及区域建设用地节约集约评价更新，配合市国土局开展测绘地理信息系统建设和“问题地图”专项整治；耕地质量等级更新和耕地后备资源调查评价、档案管理、电子政务建设等，抓进度，保质量，全面完成任务。开展宣传教育，发放宣传资料3万余份，专题培训8次，5次在甘肃新闻、庆阳新闻及西峰新闻中专题播报《土地整治助推脱贫驰入快车道》《砥砺奋进的5年》《西峰国土践行十九大精神》等宣传片。向《中国国土资源报》《陇东报》等各类报刊、市、区网站发送信息93条。

开展第27个土地日宣传活动

【脱贫攻坚】实施“富民产业培育、基础条件改善、能力素质提升、帮扶送温暖”四大工程，将土地整治项目和资金安排在贫困村，为显胜乡蒲河村新修梯田7000亩，铺设水泥路8公里，建设机井3口。为蒲河村、毛寺村资助村部及基础设施建设经费15万元，捐赠价值2.3万元的爱心扶贫集装箱、爱心包裹和农业技术图书。

庆阳市国土资源局西峰分局领导班子成员名录

党总支书记、局长　王富恒

副局长　张小晟　巨光辉

（供稿：张　莉）

城乡建设

住房和城乡建设

【城市道路】建设市政道路19条，庆州东路、宁县东路2条路建成投用。推荐华能大道等9条市政道路纳入海绵城市试点项目库。复工建设的北京大道北段道路，遗留问题化解到位。庆化大道中段道路工程建成验收。

【园林绿化】园林绿化投资3169万元，其中重点项目投资2000万元，道路绿化补植投资573万元，园林设施建设投资164万元，园林绿化养护管理投资432万元。园林绿地面积867.22公顷。绿化庆化大道、陇东大道、石油路等30条道路、5049株行道树补植和19条道路48万余株灌木绿化带补植。安化路等5条道路中央绿化带安装防护栏13000米。维护修复朔州路、长庆大道等5条道路绿化带防护栏815米。庆化大道、陇东大道等6条道路安装文明标识牌475个。

【集中供热】协调热力集团和环保部门拆建同步，建成北区热源厂、东区热源厂二期和88座换热站，敷设改造一、二级管网30公里，新增供热

换热站管网敷设

面积734万平方米。集中供热总面积超过1400万平方米，惠及520个单位610个小区95535户群众。供热补贴由申报单位提交、供热办审发、主管部门抽查，补助资金1939万元。

【园林养护】日常养护49条道路42.7万平方米绿化带和24493株行道树的整形修剪、病虫害防治、浇水、除草。开展绿化养护安全生产专项检查21次，督办整改突出问题11件。对九龙路等11条道路24处影响环卫机械化清扫作业车通行及遮挡交通信号、路灯照明等市政设施的行道树集中修剪。汛期排查清理存在安全隐患树木风折枝2200株，扶正倒伏树木165株。开展整治破绿毁绿专项行动，现场处理损绿行为13起，协助城管局办理破绿毁绿案件7起，办结省环境保护督察工作组转办绿化环保案2件。受理占用绿地申请5件，审批4件，不符合要求退回1件。

【保障性住房建设】协调汇景家园小区绿化工程海绵化改造，交付业主使用。福景家园保障性住房小区楼体、商铺建成，给排水、强弱电、消防、供暖、燃气等安装工程建成。住房补贴执行“三审核两公示”，保障对象“进退”有序，工作资料一户一档，补助资金单户单卡，发放补贴1490户274.39万元。行政调解紫玉润园、银陇嘉苑施工合同纠纷，专项清理拖欠农民工工资。

【国有土地房屋征收】制定《西峰区棚户区改造项目征迁建设指南》《西峰区棚户区改造工作考核办法》等规范性文件，房屋征收流程、安置补偿方案、评估标准、安置房面积标准、安置房选房流程“五公开”，到位国开行信贷资金6.5亿元。棚改项目腾出净地1104亩，6个高端商住片区开工建设，3016户群众告别脏乱差环境。征收城市基础设施建设配套费2939万元。

【村镇规划建设】召集乡镇街办、区直部门、村组社区调研座谈，宣传红绿蓝线政策，配合庆阳市城市总体规划修编暨“多规合一”编制。服务银西铁路拆迁安置、乡镇重点项目建设，逐一核查容积率、绿地率、公共配套设施及空间环境，核发《选址意见书》87份，用地规划许可证25本，审、修平面布置图53次。司官寨等4个美丽村庄规划、毛寺等18个村庄整洁规划、董志彭原2个镇控制性详细规划获批实施。争取小城镇建设、城乡一体化、全域无垃圾补助资金175万元，无偿开展居民点、村部建设、文体广场等村镇基础设施建设放（验）线、测绘服务110余处。肖金宋塔周边风貌改造、什社街区亮化美化、董志农贸市场等一批村镇项目显著提升了城镇吸引力和承载力，形成了城、镇、村协调发展的新局面。

【城市形象提升】创建全国文明城市，配合发改局申报气候适应型城市，北区雨水排放工程完成施工图设计及审查，地下人防和应急救灾广场完成地下主体建设、地表土回填，雨洪积蓄保塬生态项目附属工程完成设施基建和微地形土方整理。海绵城市试点，申报城南绿地等8个项目进入全市试点项目库。开展“全域无垃圾”专项治理，7个乡镇陈年垃圾清零，解决城乡环境“脏乱差”问题。开展中央环保巡视反馈问题整改、省环境保护督查保障和“蓝天保卫战”行动，空气污染整治即时响应预警安排，排洪口水体污染摸排引入工业机器人勘察，农村非正规垃圾堆放点“天眼”监测。

地下人防和应急救灾广场施工现场

【政务服务优化】实施“互联网+政务服务”方案，搭建完善两个“网上行权平台”(甘肃政务服务网西峰子站、投资项目在线评审平台)，简流程、提速度，推行并联审批。监督审查、监管招标工程58项，报建工程手续81件，核发建筑工程施工许可证34本，竣工验收备案18项，办理建筑工地安全备案19起、质量监督手续12份。

【质量安全管理】监督区属工程61项137.3万平方米，其中新建工程19项36.47万平方米。通过加强宣传营造氛围，签订承诺书责任状，构建重大安全责任体系，加大监督复查频率，组织分项验收，开展“百日攻坚”整治。未发生行业重(特)大事故，通过国务院安委会巡查。

【“两学一做”学习教育】利用“一网一群一平台”(即网站、QQ群、微信公众平台)推送学习件31个，采用集中研讨学、查阅笔记学、知识测试学、畅谈心得学、公开交流学、现场提问学等方式，班子成员辅导学习45场(次)，主要领导讲党课4次，编报动态信息61篇，印发资料汇编200本，干部职工人均记写笔记5万字、心得体会5篇。开展了义务植树、健步行、户外拓展训练、南梁革命传统教育、“擦亮机关”、廉政知识测试等党建系列主题实践活动。编印《廉政漫画》《党风廉政新名词速查手册》200本，签订廉政责任书16份。开展“三纠三促”专项行动，梳理查找问题36个，完成整改29个。开展四级约谈和谈心谈话，建立记录70份，公务接待、外出培训备案8次，公示“三公经费”2次，上报初核案件2起，诫勉谈话8人次。

【脱贫攻坚】排查评估建档立卡贫困户住房，2014—2017年，累计争取农村危房改造指标1923户2429万元，引导4821户精准扶贫户实现安全稳固住房，单项指标达到脱贫验收标准。

区住房和城乡建设局领导班子成员名录

党委书记、局长　刘建设

工会主席　杜立群

纪委书记　吴德林

副局长　柳国瑞(6月止)　计成勇(6月任)

总工程师　张　珺

副局长　帅红岩(女)　韩文渊

区国有土地房屋征收管理办公室

党支部书记、主任　白怀东

副主任　毛建红

区园林管理局

党委书记、局长　李淑均(女,6月止)
柳国瑞(6月任)

纪检组长　王登辉

副局长　刘　杰　宋　谦

区供热管理办公室

党支部书记、主任 袁俊生

纪检组长 毛建新

副主任 袁向红 周建妮(女)

区住房制度改革领导小组办公室

党支部书记、主任 张永庆

副主任 段 佩

西峰城区热力集团有限公司

党支部书记、总经理 胡长富

副总经理 侯会斌 杨文波 徐子君

(供稿:齐青龙)

市政公用事业管理

【公共便民自行车(二期)】市列为民办实事项目,专项投资1000万元。建成站点36处,设置锁车器1200套,投放公共自行车1000辆,设置配套车棚20处,8月投入使用并开通APP租车功能。绿色出行理念深入人心,市民“最后一公里”出行难问题妥善解决。

【街巷治理】市列为民办实事项目,专项资金1000万元。对城区58条主次干道及57条背街巷道的破损、龟裂、沉降路面维修维护,水毁及意外塌陷的路段及时处理。道路维修施工启用铣刨机等新型机械,采用道路快速养护技术。对歧黄大道延伸段、兰州路、仁杰路等26条道路的70余处人行道塌陷、沉降、破损部分维修养护。沥青坑补42000平方

北京大道破损路段维修

米、罩面80000平方米、硬化7900平方米。

【路灯管护】以城区主次干道亮灯率不低于98%,全城亮灯率不低于95%为工作目标,加强夜间巡查力度,对“失明路灯”及时维修。维修路灯2633基,空架电缆1100多米。对全城主次干道、巷道及游园广场路灯线路及控箱检查、维修,更换电缆5400多米。维修作业启用电缆测试仪,做到故障点精确查找,节约开支,杜绝全面开挖造成扬尘污染。安装路灯143基,对城内70多基倾斜路灯杆进行校正。为什社乡李岭省级新农村示范点安装6米LED路灯20基,敷设电缆1500余米。

【游园广场养护】对各公园广场及小游园内破

游园广场抗旱保绿

损的木质栈道、桥体护栏、休闲座椅、廊亭、喷泉、公厕等公用设施及时维修维护。对公园广场内植被采取除草、修剪、补植、灌溉、病虫害防治等养护措施,喷洒农药4次,灌溉用水3600余方。

【便民设施维护】配置专用电瓶车5辆,安排5名工作人员划片包干,对城区休闲座椅、自行车存放架、路名牌等城市家具家饰日常清洗擦拭,对损坏的公用设施及时维修维护,使城市家具家饰焕然一新。

【燃气安全监管】分析燃气管理现状,落实安全防范措施,每月召开1次安全生产会议。对燃气企业、燃气锅炉、燃气餐饮场所不定期安全检查,对隐患整改实行闭环管理。督促燃气企业落实主体责任,加强道路挖掘施工过程中对燃气管线的安全防范措施,安排专人现场监管,确保燃气管网

安全运行。

【综合管沟管护】加强对城区综合管沟及专线沟的日常巡查和维护管理，优化工作流程和处置效率。对下沟管线安全状况定期不定期检查，发现安全隐患现场处理，抽排管沟内污水 8600 余吨，清理垃圾 500 余方。

【安定西路延伸段道路工程】世行贷款项目，施工道路全长 1017.13 米，规划道路红线宽度 40 米。道路东起西环路，西至后官寨镇卫生院旁乡道，设计车速为 40 千米 / 时。项目包括道路工程、给排水工程、照明工程、交通标志线等。年底除后官寨镇 1 户群众未拆迁到位之外，其余工作全面结束。

【安定西路西延伸段排水工程】东起后官寨镇政府，西至巴家嘴，道路全长 1348.319 米，宽度 7 米。工程包括路面提质改造，雨污分流管道，污水提升管道，建 200 立方米雨水排放涝池 1 处，污水蓄水池及污水提升泵房各 1 座。年底污水泵站及污水池建成，完成 1000 米地下雨污管网敷设，道路柏油罩面 800 米。

【污水收集摸排】按照用水量对应产生 80%污水量的换算公式对西峰城区产生污水的单位、企业及个人分类统计。政府采购确定第三方公司配合市政局排查西峰城区污水管网情况，装订资料 5 册，3000 余页，为下一步整改提供准确翔实的文档资料。

【入城土质路硬化】按照市、区大气办专项督查反馈及“蓝天保卫战”誓师立令大会上的要求，彻底整治入城土质路扬尘污染，对西峰城郊 43 条入城土质路硬化，硬化面积 15100 平方米。

【环保案件办理】省环保组进驻西峰开展环保督察，市政局承办环保案件 10 起，其中主办 3 起。

【“两学一做”学习教育】结合“城市出形象，管理上水平”活动，开展“改善服务除短板、提升效能除弊病”主题教育。总结提炼“市政 110 巡查管护机制”，做到问题早发现，隐患早处理，群众少跑路。此工作方法被庆阳市委门户网站、区电视台、掌中庆阳等媒体专题报道。

【脱贫攻坚】按照习总书记“绣花式”扶贫的要求，围绕“两不愁、三保障”目标，结合“六查三问一细化”，扎实开展“大走访大排查”。每月组织帮扶干部集中下乡 2—3 次，宣讲十九大精神及惠农政策，协助村委会开展土地流转、矛盾纠纷调处等。筹措资金为周寨村村级农民文化广场安装高杆路灯 6 基，节能改造村部周围路灯 12 基，在村部门前制作大型党建阵地宣传牌 2 面。

区市政公用事业管理局领导班子成员名录

党组书记、局长　张正学

党支部副书记、副局长　侯勇军

副局长　李含杰　李鹏涛　车永宁

（供稿：寇　炜）

城市管理

【市容市貌管理】落实门前“三包六禁”责任制，下发《庆阳市西峰区城市管理行政执法局关于全面落实城区门前“三包六禁”责任制的通告》《庆阳市西峰区城市管理行政执法局西峰城区门前“三包六禁”网格化管理责任区域明细表》。治理城市“六乱”现象，采取“整改告知、抓点突击、示范带动”的方式，引导零散摊点进店、进市规范经营，杜绝随意摆摊设点、流动摊点和店外经营现象。对城区商场、市场、个体门店、餐饮摊点内外环境卫生和乱泼乱倒等违法违规行为的整治。加强城市“四门”出入口、城乡接合部、城中村等部位环境卫生整治力度。对城区所有大型户外广告牌匾摸排登记，对审批已过期、破损、违规设置或存在安全隐患的下发通知，限期自拆，逾期的依法强制拆除。严把开业庆典和产品宣传关，坚决取缔城市中心区域各类宣传活动。按照“一街一景、一楼一线、一店一牌”的要求，加大城区已改造的门头招牌和户外广告的巡查监管力度，依法拆除、取缔或改造不规范、不符合要求的门头招牌及户外广告牌匾。

【城市净化】成立净化办。巡查监督城区乱贴乱画、乱涂乱写等违法行为。实行集中清理和日常巡查的模式，采取分片包干，层层落实，责任到人的方式，发现一起，清除一起。向社会公开招标6家专业高空清洗公司，深入城区主次干道、背街小巷，对构建筑物立面广告残迹、高空广告、各类配电箱、电杆、墙体、灯杆广告彻底清理。

清理路灯杆违规小广告

【建筑工地管理】推进渣土拉运专业化运行，要求各建筑工地从严落实“六个百分百”规定，使用核准的专业化拉运公司车辆，依照规定路线、时限和倾倒地点规范拉运和倾倒。督促各工地在主要出入口显著位置设置环境保护监督公示牌，公开各部门投诉举报电话，接受市民日常监督。要求各施工工地必须用混凝土硬化出入口路面，设置并美化围墙围挡，配备车辆冲洗设施，安排清扫保洁人员，确保建筑工地文明施工，拉运车辆净车出场，密闭上路，规范运输。严把渣土处置审批关，在市区推行出口查“三证”(车辆行驶证、道路运输证、渣土准运证)，运用GPS、GIS和无线GPRS通信等高新技术提高城市管理科学化水平，建成西峰城区渣土拉运车辆智能管理服务系统。将10家渣土拉运专业公司58辆渣土拉运车全部安装GPS和视频监控设备，与116辆安装GPS定位系统的商砼车一并纳入管理，实现数字城管监控指挥中心对施工工地和运营渣土拉运车辆的智能化管控，与公安、交警、环保、住建等部门建立联动机制，严管重罚渣土拉运车辆超高装载、超速行驶或不按规定路线、时间、不覆盖、带泥上路、抛撒滴漏等违规违法行为。

【红光污染整治】成立由分管领导任组长，各科、室、中心、中队负责人为成员的综合整治领导小组。对城区LED显示屏、门头招牌、建筑物立面等设施上的红光污染问题摸底登记，采取宣传教育、巡查监管、建立台账、严管重罚的方法整治。

【数字城管平台】与园林、环保、住建等16个城市管理职能部门联网，信息互通，配置监督员、受理员、派遣员16名，形成对城市管理事件从发现、立案、派遣、处置、核查、结案的闭环流程。实行“数字城管热线”24小时接听制度，畅通市民投诉渠道。实现城市管理视频监控和热线投诉双渠道受理。受理案件782件，派遣782件，专业部门处理755件。其中群众投诉651件，均在24小时内将案件处理结果向投诉人回复。

【依法行政】2017年6月，被甘肃省确定为推行重大执法决定法制审核试点单位。按照重大执法决定法制审核制度要求，结合当前城市管理执法权责，全面梳理行政许可、行政处罚、行政强制事项，对52项城市管理领域的执法事项纳入重大执法决定法制审核，其中涉及行政许可3项、行政处罚48项、行政强制1项。受理行政许可案件418件，办理409件。10月，在全省范围内率先完成

城管换装大会

全国统一城管制式服装换装，提升城管队伍形象。

【脱贫攻坚】小寨村、漳水村有73户精准扶贫户(其中低保户10户，一般贫困户63户)。开展“传递城管爱心、情系帮扶村组”关注留守儿童、送文化下乡爱心传递活动，为小寨村投资农村文化广场建设资金1万元，为小寨村、漳水村10户贫困户送棉被、衣物等生活用品；为小寨村整修村部、水塔、购买电脑等基础设施帮扶2.5万元；为小寨村衔接争取3条村道的整修项目，纳入2018年维修计划；帮助漳水村投资建成文化广场二期工程；帮助漳水村完成3个村的农电改造后续工程；帮助漳水村车岭组机井打水工程。组织漳水村、小寨村村民学习中共十九大报告精神和甘肃省第十三次党代会精神。

区城市管理行政执法局领导班子成员名录

局　长　李廷位

局党总支书记　杨群生

副局长　刘方荣　李汉武　赵建国　孙守瑗

(供稿：李霞珍)

工业园区管理

2017年，园区实现工业总产值188.08亿元，工业增加值71.93亿元，销售收入185.32亿元，税收收入58.43亿元。

【基础设施建设】南部石化园区A1路、A3路全线贯通，工业集中区B1路、C17路建成通车，园区路网框架基本形成。工业园区污水处理及再生利用项目和工业集中区内雨污水管道、污水提升泵站等与环境保护息息相关的建设项目，前期手续基本办理齐全。标准化厂房建成4幢，为小微企业入园创业发展提供了孵化平台；水、电、路等基础设施建设能够满足现有企业发展需要，园区承载能力显著提升。

【项目建设】庆阳瑞华能源天然气综合利用及深加工项目投资6.6亿元，设备安装调试完成，具备生产条件。庆阳永欣石化公司9万吨干气芳构化和3万吨树脂加氢项目投资5.3亿元，设备安装调试完成，具备试产条件。益翔药业建成投产，庆宁粮油完成办公楼及2幢仓房建设，西峰制药厂异地建设项目等6户企业完成前期手续、围界等年度任务。

【招商引资】以“招商引资年”活动为契机，按照“走出去，引进来”的思路，提前谋划、储备、论证符合园区规划和行业特色的项目15个，制作了以“陇原明珠、兴业福地”为主题的园区宣传片1部。参加第十一届中国(河南)国际投资贸易洽谈会、“中国东北地区产业创新升级、新兴产业高端装备制造招商会”和厦门国际贸易投资洽谈会，主动上门与17户知名企业对接洽谈，宣传园区优势、扩大园区知名度。25户有投资意向的企业负责人来园区实地考察，招引项目7个，协议总投资30.82亿元，其中2000万元以上项目2个，亿元以上项目5个。

【脱贫攻坚】立足董志镇郭堡村实际，配合村组制定《扶贫工作计划》《小康发展规划》《“集中环境整治、创建美丽家园”活动实施方案》《干部驻村工作制度》。开展十九大精神及省十三次党代会精神宣讲2次，各类惠农助农政策宣传12场次，化解矛盾纠纷20余起。协调党员培训室建设资金5

新型职业农民实用技术培训

万元，完成村级文化广场提质改造工程，4个村民小组5.4公里道路硬化、1.8公里柏油罩面和全村6公里道路硬化维修，2座水塔及配套设施建设，申报完成东庄、东坳集中殡葬建设项目。举办为期15天的新型职业农民实用技术培训，发放果蔬管护、家禽养殖等资料80余份。组织45名果农赴陕西白水、富县等地学习先进经验，注重培养生产经营型、专业技能型职业农民，拓宽增收渠道，农民人均纯收入增加750元以上，人均纯收入4000元以上。

区工业园区管委会领导班子成员名录

主　任　曹小军（5月任）

副主任　周忠宏　张亚峰

（供稿：张黎敏）

住房公积金管理

【公积金归集使用】归集住房公积金15980.44万元，归集余额55148.4万元，新增缴存人数705人。办理公积金提取2221笔7382.6万元。向292户职工发放个人住房贷款10044万元，贷款余额47046.36万元，个贷率85.3%，资金使用率89.9%，逾期贷款13.42万元。业务收入1463.35万元，为235个缴存单位12687名缴存职工年度结息752.8万元，增值收益710.55万元。

【公积金政策调整】7月1日，调整住房公积金提取贷款要件材料受理时限、首付款缴交比例、贷款额度、贷款期限、租房提取额度、非公企业职工贷款受理条件等，商业购房按揭贷款转住房公积金贷款、担保人担保、用直系亲属购房手续办理贷款提取、全款购房贷款等业务予以停办。职工公积金月缴存最低标准为191.8元/月，最高缴存标准由上年度3360.12元/月调整为3700.08元/月。

【公积金服务管理】6月，为西峰区235家缴存单位12687名缴存职工结转2017年度利息752.8万元。发放《结息对账单》《未达账项调节表》，与单位、职工核对账户余额，未发现错记、漏记现象。7月1日，全国异地转移接续平台建成启用，市住房公积金管理中心西峰区管理部接入平台系统，与全国所有住房公积金管理中心联网，使“账随人走、钱随账走”变为现实。

【脱贫攻坚】什社乡贺塬村推广榛子种植，利用产业发展互助社资金扩大种植面积100亩，榛子种植面积达到575亩。定期对榛子栽植户进行培训，指导栽植户科学修剪、整形、施肥、防虫、除草，加强榛子田间管理。儿童节，看望贺塬村15名贫困学生，赠送书包、作业本等学习用品。春节，为十户帮联户每户送米两袋、食用油一桶。支付1万元帮扶村上扶贫项目建设。看望患肺水肿、胃出血住院帮扶户吴巧绒，资助医药费1000元。为贫困户齐虎平、齐虎存、贺立明、吴宝平争取救助金1400元。为贫困户齐红红、吴伟伟、吴瑞瑞、吴建虎缴纳2016年、2017年养老保险800元。为贫困户吴生海购买2000元建材、生活用品，帮其入住新房。

庆阳市住房公积金管理中心西峰区管理部领导班子成员名录

主　任　邵志君（12月止）

　　　　姚龙涛（12月任）

副主任　左　琰

（供稿：王　凯）

不动产统一登记

【信息平台互联互通】联调测试，实现不动产登记信息平台与国家不动产登记数据中心和省市数据平台之间的互联互通和双向访问，有力支撑不动产登记数据的集中统一管理。不动产登记数据的上传率、准确性和可查率100%。

【数据资料整合移交】整理移交5.1万宗农村宅基地、集体建设用地纸质和电子资料，整合汇交

54.6万亩林地、48.1万亩草地电子数据，为全面建成标准统一、关联准确、信息完整的不动产登记数据库夯实基础。

【流程优化再造】对登记办证流程升级再造，制定《西峰区不动产登记操作规范》《西峰区不动产登记服务指南》，公示《不动产登记业务流程》，登记办证大厅设置申请、受理、预审、发证等6个办事窗口，明确岗位职责，实现办证程序的科学流畅、便利高效。

【利民便民服务】农村房地一体化不动产确权登记工作政策性强，业务流程复杂，工作难度大的实际，以"尊重历史、面对现实、一户一宅、高效便民"为原则，既严格土地管理政策，又维护群众利益，召开乡村组干部及群众代表座谈会，调查了解实际情况，有效梳理化解历史遗留问题，增强群众对政策的认知度，提高登记发证率。大力推行"政策宣传零距离、消减遗留问题面对面、调查确权结果全公开、不动产权证书直送达"的便民服务新举措，努力构建"让干部多跑路、让群众少跑腿"的不动产登记服务新模式。

【农村不动产确权登记】制定《西峰区农房一体化补充调查及确权登记发证工作方案》，在什社乡任岭村、显胜乡夏刘村先行试点。什社、显胜2个乡12个村128个村民小组7149户房地一体调查测绘，汇交入库数据2315户，申请发证农户643户，颁发农村房地一体不动产权证书136本，汇交入库数据和发证数量位居全省前列。

【党风廉政】坚持用制度管人管事，制定出台首问责任制、服务承诺制、按时办结制、档案查询借阅制等规章制度26项。将测绘确权登记的各个环节纳入廉政风险防控范围，向群众公开登记程序、收件范围、首证免费、办理时限等工作流程和优惠政策，公布廉政监督电话。对每个村的确权登记结果在群众代表大会上通报，按照符合发证、只登记不确权、资料不齐、两违建筑等类型在村政务公开栏上公开公示，附相关的政策法规逐条说明。

【脱贫攻坚】春节，慰问肖金镇李城村扶贫户、生活困难群众，送去价值5000元的生活用品。为李城村部和李城小学安装太阳能路灯4座。衔接建成李城村文体广场，安装健身器材16件套（篮球架等）。开展"清洁李城环境、建设美丽家园"活动，参与李城村全域无垃圾卫生专项整治活动。

区不动产登记管理局领导班子成员名录

局　长　拓建纲

副局长　杨庆瑞

副局长　刘小绮(女)

（供稿：王乐乐）

环境保护

环境保护

【环境指标】2017年西峰城区空气质量优良天数297天，PM10日均值为73微克每立方米，PM2.5日均值为36微克每立方米，剔除沙尘天气影响后，完成省、市下达的考核指标。

【大气污染防治】提标改造、治理20蒸吨以上燃煤锅炉15台，淘汰整治燃煤小锅炉318台。从5月1日起对新建煤炭经营企业不予审批，督促现有煤场落实场地围挡、覆盖、洒水等环保措施，建设煤炭专营市场及配送网点。每月对辖区内机动

城区冬防大气污染防治联合执法现场

车检测中心运行情况、环保标志发放情况进行现场检查。发放机动车环保标志25423个，检测车辆18343辆，淘汰黄标车75辆、老旧机动车502辆。城区清洁能源替代和油烟治理餐饮门店1193户。新增餐饮门店审批与食药监局、工商局部门联合审批。细化、优化城区网格化管理区域，由乡镇、街办确定专职网格员，落实网格化管理。开展大气污染巡查160余次，发现问题190余件，印发督查问题通报29期，以正式函转办问题90余件，通报、转办问题整改182个。2017年，省级大气污染防治"以奖代补"环保专项资金760万元。其中西峰城区2016—2017年燃煤锅炉拆除淘汰整治项目184万元，西峰区锅炉淘汰补助整治项目462万元，市区道路抑尘污染防治补助项目45万元，市区大气污染综合整治能力提升建设补助项目54.6万元。市级大气污染防治专项资金600万元，用于清洁煤炭补助项目。

【饮用水源保护】巴家咀水源一级保护区内耕地1452.5亩，土地确权后官寨镇4个行政村10个村民小组耕地。解决一级、二级和准保护区内1119米高程以下的滩涂地抢耕枪种问题。摸底登记彭原镇、后官寨镇滩涂地3821.43亩（彭原镇1727.03亩、后官寨镇2094.4亩），退出移交滩涂地3265.4亩（后官寨镇1938.4亩，彭原镇1327.03亩）。5月，对巴家咀水源一、二级保护区内及周边的排污口进行排查，未发现排污口。每月对巴家咀水库水质进行监测。12月，水质监测pH 8.76、生化需氧量2.2毫克每升、氨氮0.21毫克每升、总氮1.97毫克每升、总磷0.02毫克每升等61项指标均达标。

【水污染防治】转办兰州东路、红杏山庄、小崆峒排洪口污水排放问题。5月，开建西峰东区污水处理厂及配套管网项目。敷设污水管道833米，制作污水检查井12座，完成污水提升泵站土建，投资310万元。厂区土建投资2250万元。建设挤密桩58万米，土方开挖9.5万立方米，初沉池混凝土垫层，综合楼、机修仓库、锅楼房基础混凝土浇筑。6月，安定西路污水提升泵站项目道路及排污、排水工程开建，工程全长1380米，道路宽7米。8月，开建污泥无害化处理工程，完成地表清理及临设搭建。

【土壤污染防治】成立西峰区土壤污染防治工作领导小组。制定《庆阳市西峰区土壤污染防治工作方案》和《庆阳市西峰区2017年土壤污染防治工作计划》。与重点行业企业、涉及土壤污染的相关部门、乡镇街办29个单位签订土壤污染防治工作目标管理责任书。联合区国土分局、农牧局开展农用地土壤污染状况详查点位布设核查，设置国控监测点位18个。协调石油办、采油二区、三区对西峰区域调查统计，统计废弃井场31口。督促林业、国土、水务、农牧、石油办等部门对辖区内73.2万亩林地土壤污染情况、辖区34个水源地土壤污染情况、辖区49户养殖企业土壤污染情况，辖区304处井场土壤污染情况调查摸底。开通环保专网管理用户，国土、住建、工信部门的共享用户，土地使用权人互联网在线信息填报用户三大权限用户。

西峰区土壤污染防治工作会议

【辐射安全监管】制订印发《西峰区辐射事故应急预案》。督促庆阳市中医医院、庆阳市老年保健医院等3家单位，办理辐射安全许可证法人变更手续。督促庆阳聚仁疼痛专科医院、庆阳超微骨科医院等3家医院，办理辐射安全许可证。备案核与辐射项目11个，分别为庆阳市人民医院8个III

类射线装置项目、庆阳市超微骨科医院1个Ⅲ类射线装置项目和庆阳市聚仁疼痛医院2个Ⅲ类射线装置项目。对西峰区人民医院、庆阳市中医院等27家单位现场检查。督促电力系统开展环境影响评价，履行年度环保手续。组织辖区射线装置、放射源使用单位59名工作人员参加核与辐射安全防护培训班。

【生态文明建设】制订西峰区环境保护局关于《全域无垃圾专项治理工作方案》《西峰区生态保护红线划定方案》。6月，开展《西峰生态区创建阶段性验收工作》自查自纠，查缺补漏。9月，中央农村环境连片整治项目通过省、市验收。项目涉及5个乡镇9个行政村，省级环境保护专项资金540万元，每村60万元，设施设备由市财政局、市环保局统筹集中采购，土建由区财政局、区环保局公开招投标采购。项目涉及董志镇野林村、庄子洼村；后官寨镇东坪村；什社乡新兴村；肖金镇左咀村、胡同村；显胜乡显胜村；彭原镇郜寺村、下庄村。

【污染项目减排】审查西峰区污水处理厂和庆化三百万吨项目减排台账。对辖区40家工业企业，开展数据审核和整改。排查辖区内3户石油石化行业危险废物产生单位、危险废物经营单位，对危险废物产生、收集、运输、贮存、利用处置及环境风险防控等方面整治。

【环保知识宣传】开展“4•22”世界地球日、“6•5”世界环境日、生物多样性宣传日、禁毒日、法制宣传日、宪法日等主题活动宣传，发放宣传资料等1万多份。

【党的建设】组织党员干部职工集体收看中共十九大开幕式，聆听习近平总书记工作报告。安排部署学习宣传贯彻落实中共十九大精神的意见，制定实施意见和实施方案。确定每周二下午为集体集中学习时间，通篇学习《决胜全面建成小康社会　夺取新时代中国特色社会主义伟大胜利》《中国共产党章程》《十八届中纪委向中共十九大的工作报告》三大内容，制作《党的十九大精神宣传贯彻落实学习园地》。12月，邀请区委组织部长李建新作中共十九大精神宣讲报告。组织党员干部职工集中学习5次，局长为职工作党的十九大精神专题党课3回，到精准扶贫村肖金镇胡同组织召开中共十九大精神宣讲报告会1次。

【精准脱贫】在肖金镇胡同村村部悬挂十九大宣传标语3条，开展中共十九大精神宣讲报告会1次。开展“献爱心　送温暖”活动，干部职工自筹资金为群众送去米、面、油等生活物资。为7名贫困儿童捐赠助学金2100元。协调庆阳超微骨科医院免费为贫困群众进行体检问诊，解决部分贫困群众看病难、看病贵的问题。

区环境保护局领导班子成员

局　长　郑俊伟

党支部书记　郤国柱

纪检组长　袁俊成

副局长　齐仲韬　姚小华

区环境监测大队

副大队长　司　伟

（供稿：陈忠平）

环境卫生

【清扫保洁】严格落实上午7:30前、下午14:00前和晚19:00前三次普扫，全天候动态保洁制度。配齐新型环保作业工具850套（件），淘汰非抑

大型扫路车对道路机械化湿法清扫

尘工作用具。落实机械化清扫保洁。城区主次干道（“五纵十二横”，“五纵”即：北京大道、九龙路接陇东大道、南北大街接岐黄大道、长庆大道、庆化大道；“十二横”即：古象路、解放路、东西大街、兰州路、秦直路、顺化路、安化路、庆州路、弘化路、朔州路、石油路、董北路）每天4:30-7:30，下午14:00-17:00两个时段湿法机扫。每天上午7:30—12:00，下午14:00—18:00两个时段对城区主次干道大冲洗，清除道路积尘浮土。清理城中村内堆积垃圾，消除城区污染点和卫生死角。

【垃圾清运】落实早7:00前和晚7:00后定时定点清运和全天候巡回收集，确保垃圾不落地、不过夜、不堆积，日清运生活垃圾380余吨。沿街门店、住户生活垃圾和餐厨垃圾每天三次定时定线定点巡回收集。进场垃圾按无害化处理规范推平、碾压、消杀、黄土覆盖，无害化处理率95%以上。垃圾渗滤液处理程序规范、达标排放，处理率100%。在城区确定三个居民小区推进生活垃圾分类收集试点。

【项目建设】实施“城市环卫设施建设‘五小’惠民工程”，建成20座环保公厕及环卫休息室。建成生活垃圾填埋气综合处理发电项目，通过电力部门验收，并网发电环卫专用停车场建成投用。建成北部商城、天禾市场、西郊菜市场3座中转站公厕，投入运行。推进封闭式移动压缩垃圾站建设，10台压缩箱安装到位并投入使用。实施生活垃圾场进场道路维修及防洪排水工程，保障生活垃圾顺利进场填埋，解决垃圾场安全生产问题。实施垃圾场监测井建设项目，加强三里沟畎垃圾场周边的环境保护，对填埋场周围地下水质实时有效监测。10月30日，举行生活垃圾焚烧发电项目开工奠基仪式。

【大气污染治理】精准治污，由“洒水”向“冲洗”转变，城区主次干道全天候、无遗漏大冲洗。重点区域和路段延长冲洗作业时间，彻底清除道路积尘浮土，减少扬尘污染。城区每天冲洗300车次，用水4000立方米。开展进校园除尘。固定作业车辆，全天候巡回冲洗、不间断雾化降尘和机械化

多功能抑尘车巡回雾化抑尘

清扫相结合，庆阳五中片区、弘化路片区等区域扬尘污染得到控制。每周二对五中校园内路面、操场、楼墙、树木进行冲洗除尘作业。修订完善《西峰区环卫局重污染天气应急预案》，沙尘天气来临前，城区主要道路实施机械化清扫，洒水车对城区道路实施洒水防尘作业。沙尘天气后清洗道路护栏等公共设施。加强阴雨天气后车辆带泥污染道路的冲洗力度。城区主次干道全天保洁、全天保湿、三天一洗。

【环境卫生整治】开展环境卫生专项整治，巡查小组每天分早班（8:00—12:30）、午班（12:30—18:00）、晚班（18:00—22:30）不间断开展卫生巡查，对城区道路容易形成污染的点进行筛选，明确时限集中整治，每个整治点不达标不松手。作业公司按照管理区域，每天抽调工作人员集中整治一个问题点，消除城区垃圾死角和污染点，减少二次污染。在和谐广场、东湖公园广场等人流密集区开展“爱国卫生月宣传活动”等主题宣传活动9场（次），在校园周边开展“环卫进校园，小手拉大手”主题宣传教育活动4场（次），发放《关于开展创建全国文明城市环境卫生集中整治工作的通知》《关于进一步规范城区生活垃圾定时定点统一收集管理的通知》《维护城乡环境卫生倡议书》等宣传资料16000余份，清理巷道小广告650余处，出动车辆70车次，清理背街小巷卫生死角垃圾30余处480吨，铲除杂草垃圾30吨，清理乱倒基建垃圾540吨。

【脱贫攻坚】配合完成什社乡文安村三个村民

小组2.2公里道路拓宽砂石硬化和农村电网改造。引导贫困群众栽植杂果园200亩以上。岘子川异地扶贫搬迁工程达到入住条件。村部街道建公厕1座，更换果皮箱40个，维修路灯30盏，栽植绿化苗木60棵，街道环境净化、绿化、亮化。

区市容环境卫生管理局领导班子成员名录

局　长　葛鹏程

纪检组长　魏立虎

副局长　魏钰虎　李鸿波

（供稿：黄凌云）

爱国卫生运动

【卫生单位创建】推荐的“兰州银行股份有限公司庆阳分行、庆阳市西峰区市政公用事业管理局、庆阳市人民代表大会常务委员会办公室、庆阳市国土资源局”等4个省级卫生单位通过省级检查验收。推荐市级卫生单位4个，卫生乡镇2个，卫生村2个，卫生社区2个，创建资料通过区级审核并上报市爱卫会办公室。

【病媒生物防制】4月14日，组织召开西峰区病媒生物防治工作培训暨2017年病媒生物防治工作安排会议，西峰区疾控中心赵主任和帮帮害虫防治有限公司专家做专业知识培训，现场发放2017年度病媒生物防治工作相关药品器械。7月，联合疾控中心、工商局、食药监局、南、北、西街办等相关部门对西峰区宾馆、饭店、小餐饮及有蟑家属区进行检查，对现场发现的问题责令限期整改。申请疫情防治工作经费8万元，派出4名工作人员分别到各乡镇以及城区部分公共场所（车站、学校、医院等）进行排查摸底，聘请专业消杀队伍对人员流动性较大的城区各车站以及幼儿园进行两次全方位消杀，消杀面积20000多平方米。

【城乡环境卫生整治】继续推行每周星期五下午的党性锤炼日活动。集中开展“万民干部职工清扫大街”行动，清理城乡各类垃圾、果皮纸屑、道路杂草及背街小巷卫生死角。联合城管局抽调相关工作人员分4个督查小组，分区域对当天清扫活动开展和人员到岗情况进行现场督查和统计。5月19日和12月1日，集中组织西峰区直机关千名党员干部赴彭原镇和董志镇辖区公路沿线开展两次大型环境卫生集中整治活动。组织干部职工开展大型集中清理积雪活动3次。为各乡镇、街办配备垃圾桶570个，小型垃圾车1辆，费用达7万多元。

【爱国卫生宣传】3月，印发《关于开展第29个爱国卫生月活动的通知》。4月6日，组织区城管局、工商局、食药监局、区医院以及南、北、西街办等16个爱卫成员单位在东湖公园门前开展以“为了人民的健康—65年的历史与展望”为主题的第29个爱国卫生月宣传活动。聘请庆阳市疾控中心中医防病科和庆阳市地方病、慢性病防治所两名专家，赴什社乡李岭村、武川村举办健康教育巡讲报告会。

开展爱卫月宣传咨询活动

【脱贫攻坚】春耕时节给温泉镇齐楼村扶贫户送去化肥、地膜和玉米籽种等物资。职工个人筹资为各自扶贫户送去煤炭150公斤，帮助扶贫户解决冬季取暖问题。改建51户精准扶贫农村卫生厕所。

区爱国卫生运动委员会办公室领导班子成员名录

主　任　耿　勇

副主任　包继荣

（供稿：毛少伟）

教育

科教概况

【教育概况】2017 年，西峰区各级各类学校 236 所，其中幼儿园 117 所，小学 98 所，初中 9 所，

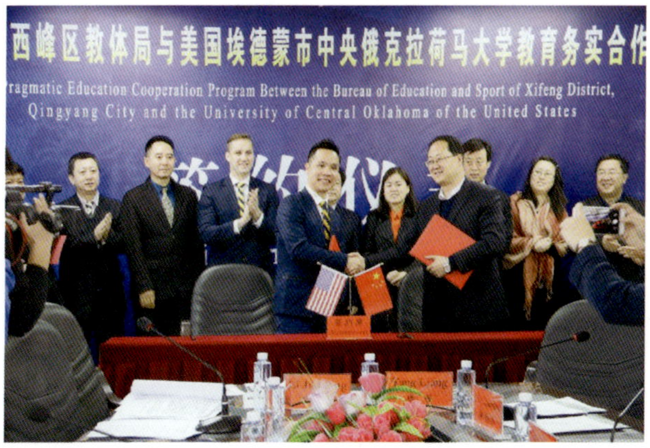

区教体局与美国埃德蒙市中央俄克拉荷马大学教育务实合作项目签约

九年制学校 3 所，完全中学 2 所，高级中学 3 所，中职学校 4 所。在校学生 79556 人，其中幼儿园 24112 人，小学 32796 人，初中 10789 人，普通高中 6665 人，中职学校 5194 人。教职工 6762 人，其中专任教师 6311 人，专任教师中幼儿园 1886 人、小学 2124 人、初中 1158 人、普通高中 753 人、中职学校 390 人。

【科技工作】制定《庆阳市西峰区科学技术奖励办法》《西峰区科技功臣奖励实施细则(试行)》等制度文件。区财政科技投入 1600 万元，全社会研发经费投入 13650 万元，实施科技项目 25 个，建成 3 个科技扶贫示范村和 3 个农业科技示范基地，推荐 7 家企业申报省级科技项目，科技对经济增长的贡献率达到 47%，比目标任务高出 10 个百分点。开展国家知识产权强县工程试点工作，专利受理 1035 件，授权 147 件，超额完成年初目标任务。结合“全国科普日”“科普大篷车进校园”等活动，广泛开展科普知识宣传，面向群众发放宣传资料 2000 多份，受益群众 6000 余人。

教育管理

【教育活动】加强中小学德育，开展理想信念教育、爱国主义教育、中华优秀传统文化教育和革命传统教育。举办西峰区庆“六一”表彰奖励暨“美育绽放、童心飞扬”及第五届中小学生艺术展演。开展中小学“古韵新声，经典传承”戏曲进校园活动。组织中小学生参加《做文明有礼的庆阳人》《我书屋，我的梦》寒暑期社会实践活动。开展“宪法进课堂”“诚信伴我健康成长”等法制教育和“清明节网上祭英烈”“我的中国梦·向国旗敬礼”等革命传统教育活动。开展“反对邪教·崇尚科学”“传承民俗文化，践行核心价值观”“无毒青春，健康生活”“少年向上，真善美伴我行”等主题征文活动。举办

庆“六一”文艺演出

“西峰区汉字听写大会”，第九届“诗韵潜人生，经典伴我行”师生读书竞赛活动。年内推荐、创建、认定九大类64所省市区级示范学校。

【教育保障】 全区校舍总建筑面积47.416196万平方米，生均建筑面积小学5.5平方米，初中12.3平方米，普通高中15.9平方米，中职学校10.5平方米。2017年，全区基本建设投资9641.13万元（校舍建设类8741.3万元，设备购置类899.83万元），其中新建校舍2.63万平方米。涉及学校19所，单体建筑39个。

【安全管理】 开展大型安全隐患整治3次，涉及校(园)195所，责令整改安全隐患201处。开展校园及周边环境专项检查整治5次，查处无照经营2户，取缔无照经营流动摊点12处，检查学生食堂65家，查处各类违规事件12起；开展校车安全集中整治活动2次，检查校车53辆，查处各类违规违章

“5·12”防空防灾应急疏散演练

19起，下发整改通知书23份。利用“全国中小学生安全教育日”及“全国防灾减灾日”等节点，组织各学校开展防火、防震等各种应急疏散演练300余次，参与活动10万余人次，各校基本形成中小学每月一次、幼儿园每季度一次的应急演练长效机制。投资82万多元为校车采购GPS监控设备，并升级校园监控平台，西峰区200人以上的37所中小学幼儿园校园监控全部接入教体局监管中心，实现了校园安全和校车运行信息实时传输，动态监管，确保了校园安全和校车安全运行。

【队伍建设】 小学专任教师学历合格率100%，大专以上学历占88.3%；初中专任教师学历合格率100%，本科以上学历占72%；普通高中专任教师学历合格率88.3%，研究生学历占1.29%；中等职业学校专任教师学历合格率为90.1%，双师型教师占35.8%。临聘620名优秀大学毕业生、配合人社部门安置10名优秀运动员至教师队伍。实施国家、省市级教师培训计划，依托“美丽园丁”等培训平台，对农村小学校长、薄弱学科教师、骨干教师进行定向培训，全年培训教师2万余人次。4045名教师注册并登录甘肃省基础教育资源公共服务平台，3882名教师参与晒课2952节，推荐579节参加市级优课评选。组织2017年甘肃省“十三五”教育科学规划课题申报立项及课题鉴定工作，上报立项课题36项，鉴定课题5项。完成141名教师中高级岗位认定，对526名同志进行资格申报。为1003名教师发放由教育部颁发的农村任教30年荣誉证书，为541名教师发放由甘肃省教育厅颁发的农村任教20年荣誉证书。全年受理申报、认定办理教师资格446人，完成4524名在职教师资格首次定期注册。

【“两学一做”学习教育】 坚持思想建党、组织建党、制度治党结合，深入推进“两学一做”学习教育常态化制度化。完成对各党支部（总支）书记和入党积极分子、党员发展对象230人的党章、党规以及“两学一做”学习教育常态化制度化专题培

训。加强民办学校党建工作，成立民办学校党支部8个。吸纳10名同志为中国共产党预备党员，19名同志转为正式党员。围绕"两学一做"学习教育常态化制度化工作，召开教体系统学习贯彻中共十九大精神动员部署大会，抽调政治觉悟高、理论素养好、热爱理论研究的干部组成教体系统宣讲团，深入各乡镇学区、区直中小学和幼儿园广泛开展理论宣讲对谈活动80多场次。与基层学校签订《党风廉政建设目标管理责任书》。召开警示教育及集体约谈会议4次，约谈党员干部80多人次。推进监督执纪问责，梳理岗位廉政风险点，加大重点领域审计监督力度，完成对18个单位教育经费、固定资产管理等全面审计，下发审计整改意见书15份，提出整改建议54条。开展明察暗访、集中督查等行动，查纠整改"乱办班、乱订教辅资料、有偿补课"等8个方面31个问题。

【脱贫攻坚】完善建档立卡贫困户在校学生资助体系，实现了不让一个学生因家庭贫困辍学的目标。落实贫困大学生政府资助、高中生国家助学金、中职生免学费、学前一年资助等惠民资金5527万元，惠及学生65549人。加大对残疾儿童和留守儿童的关爱帮扶力度，建立"留守儿童之家"和"心理辅导咨询室"。在教体局帮扶对象马集村，开展十九大精神宣讲、扶贫政策解读、种养殖技术培训等活动7次，为帮扶户配送农资3万多元，完成了马集村精准扶贫户退出核查任务。推进教育信息化建设和装备配置，累计配备"班班通"设备1264套，全区中小学宽带接入率、校园网建有率、班级多媒体覆盖率均100%。

基础教育

【学前教育】公办幼儿园44所，在园幼儿6142人；民办幼儿园73所，在园幼儿17183人；附设学前班小学32所，学生787人。学前三年毛入园率97.18%，居全市第一。启动实施学前教育三期行动计划，形成以政府投入为主，多种形式并存的学前教育体系。落实民办幼儿园年检制度，完成46所公办幼儿园等级认定，30所公办园被评为等级幼儿园，其中省级示范园1所，省级一类园2所，标准化幼儿园27所。推荐16所幼儿园为2017年普惠性民办幼儿园。通过新建及改扩建，使全区农村公办幼儿园达到71所，满足1.1万名学前适龄儿童就近入学。落实学前教育资助金2550万元，惠及学生2.6万人次。

【义务教育】义务教育阶段学校110所，学生43585人。九年义务教育学段入学率100%，巩固率97.61%。加快义务教育学校标准化建设和实施"全面改薄"工作，财政拨款、学校建设、教师配备和待遇向农村倾斜，加大农村学校改造力度，统筹城乡

"同课异构"教研活动观摩

义务教育资源均衡配置，推动城乡义务教育一体化发展。逐步缩小区域、城乡、校际差距，大力促进教育公平。示范校创建中，新建小学被评为全国足球特色示范学校，向阳小学评为国家级青少年禁毒教育先进集体，16所中小学校推荐申报为省、市级文明校园、快乐校园和书香校园。组织1200多名中小学生参加"鲁迅青少年文学奖"作文大赛，北街实验学校倪静和团结小学高雅旋获全国一等奖，26名学生获甘肃赛区一、二、三等奖和优秀奖。

【普通高中教育】推动普通高中优质特色发展，满足高中学生个性化的发展和社会对多样化教育的需求。普通高中招生2198人。高中阶段毛入学

率(含升入普通高中、中等职业学校)95.2%。2017年高考，西峰区5所学校普通类实考人数2338人，二本以上进线人数1024人，进线率43.8%，位居全市第二。

【中等职业教育】西峰职专、北辰职业技术学校、庆阳机电工程学校、庆阳女子职业学校4所职业学校，学生5194人。推行工学结合、校企合作、顶岗实习的人才培养模式，基本形成了公办与民办协调发展，多层次、多规格的现代职业教育体系。年内招生2092人，毕业生1138人。开展内引外联，广开就业门路，加强就业指导，职校毕业生就业率96%。落实中职免学费、助学金及省内专科(高职)免学费及书本费等政策，承担新型农民培养、劳动力转移培训等工作，职教服务产业发展能力持续增强。

【民办教育】民办学校154所，其中幼儿园75所，培训班74所，职业学校3所，民办高中2所；在校学生29591人，其中幼儿园17397人，培训班5545人，职业学校5166人，民办高中1483人；教职工2364人，其中幼儿园 1612人，培训班504人，职业学校156 人，民办高中92人。鼓励社会力量兴办教育，促进民办教育健康发展，鼓励社会力量和民间资本提供多样化教育服务。完成民办幼儿园等级评估认定。开展无证民办教育培训机构的清理整治活动，对未取得办学许可证的200多所机构下发停止办学告知书，对符合办学要求的责令其限期按程序办理审批手续，促进西峰区培训市场规范有序发展。

民办幼儿园课堂教学指导

区教育体育(科技)局领导班子成员名录

党委书记、局长 朱照华

副书记、副局长 张金梅(女)

纪委书记 刘立琪

副局长 王永锋

刘 勇(兼体育管理服务中心主任)

郭云旭 祁 龙 郭学义

(供稿：冯剑平)

部分学校简介

董志初中

董志初中位于董志镇东街，始建于清光绪三十一年(1905年)，前身为董志彭阳书院。原址位于董志城内城隍庙东侧，初名初等小学堂。光绪三十三年(1907年)改称两等小学堂。民国2年(1913年)改称安化县第三两等小学堂，三年后改称庆阳县第三两等小学堂。民国17年(1928年)，改称庆阳县第三高等小学校。1965年，小学附设初中班。1968年，改办董志七年制学校，次年改称董志九年制学校。1972年，小学分设。1989年，撤销高中部，改办职业班。1994年，职业部与初中部分离，独立建校。

学校占地1.84公顷，教学班16个，学生627人，教职工84人，其中，女29人，专任教师81人，后勤人员3人。设教务处、政教处、总务处、办公室等4个处室；学校图书室藏书23125册，生均图书37册。

学校坚持“立德树人，为学生终身发展奠基”的办学思想，提出“自我学习、自我教育、自我服务、自我管理”的“四自”教育，坚持“以人为本”的管理理念，坚持“规范行为、科学管理、不断创新、构建和

董志初中

谐、打造品牌”的办学目标，提出以“五实”(扎实、充实、丰实、平实和真实)为核心的课堂理念，各项工作取得了长足的进展。

近年来申报省、市级课题多项，并通过省级鉴定 1 项。教师获省级奖励 5 人、市级奖励 26 人、区级奖励 48 人。学生获市、区级奖励 70 人。学校先后获省级语言文字规范化示范校、全区教育系统目标管理考核二等奖、西峰区第七轮综合督导评估二等奖、庆阳市中小学德育示范校、甘肃省第 28 届“会宁杯”青少年科技创新大赛优秀组织奖、西峰区第二届中学生读书竞赛活动团体二等奖、西峰区第九届读书竞赛活动团体一等奖、2017 年度西峰区教体系统先进集体、2016—2017 学年度初中教育教学质量进步奖等奖项。

(供稿：郭聚涛)

什社小学

位于什社乡什丰村，学校始建于 1974 年，原名什丰小学，1981 年更名为什社小学。位居什社乡中心地带，交通便利，布局合理，环境优美。学校占地 9004 平方米，建筑面积 1501 平方米，现有 6 个教学班，在校学生 222 人。教师 15 名，其中大专及以上学历 14 名，中师学历 1 人，学历合格率和专业合格率均为 100%。

近年，在上级党政部门领导的关心支持下，学校积极建设义务教育标准化学校，创建了多媒体教室、电脑室、科学实验室、图书室、卫生室、心理咨询室、留守儿童之家，校舍、仪器设备、图书、音体美器材等均达到标准要求。

学校以办受社会欢迎、让人民满意的学校为目标，全面贯彻党的教育方针，全面实施素质教育，坚持德育为首，五育并重的原则，不断规范办学行为，教学质量逐年提高，各项工作成果显著。先后获“庆阳市语言文字规范化示范学校”“西峰区德育示范学校”“西峰区第七轮督导评估三等奖”等称号。4 篇论文、2 节录像课获省、市级奖励，一篇论文在省级刊物《新课程》上发表。一项课题通过省级鉴定，一项课题获市级一等奖。学校在百科知识竞赛、安全知识竞赛、读书活动和红歌传唱活

什社小学

动中获一、二等奖，被评为全乡教育教学工作先进单位。

(供稿：罗文博)

文化 卫生 人口与计划生育 体育

文化广播影视

【设施建设】争取国家、省、市文广旅游项目资金 2075.6 万元，申报中央补助地方公共文化服务体系建设项目 5 个，建设香包刺绣研发生产保护基

"双百双万"小康图书惠民工程图书捐赠发放仪式

地3处，建成民间博物馆2处。实施"乡村舞台"提升建设工程，建成农民文化广场12处，"乡村舞台"建设工作经验在全省推广。东湖公园听涛阁产权划拨区图书馆。建成陇东民俗博物馆绿色停车场和卫生厕所各1处。实施"双百双万"小康图书惠民工程，为西峰区204家单位选配图书34万册。在城区人群密集场所安放电子图书借阅机6台。

【产业开发】实施"三区"人才支持计划，开展民间文化艺术"传帮带"活动。扩建新建文化产业基地2处，成立香包商贸有限公司1家，培育香包生产大户17户、大型香包营销点3个，与青海省海东市互助土族自治县开展香包刺绣技艺学习交流活动。全年生产香包民俗文化产品500万件，实现产值6700万元，销售460万件，收入6000万元。编制完成北石窟寺生态遗址公园修建性详细规划，打造申报3个AAA级旅游景区，建成旅游厕所4座。实施彭原青藤农业文化产业园、黄土第一塬•丝路花海一期等5个文化旅游项目建设，建成集观光旅游、花卉观赏、休闲体验和香料种植加工为一体的月亮湾香草园。举办2017中国•庆阳首届油菜花节、第十五届庆阳端午香包民俗文化节等十大时令性文化旅游节会活动。参加陕甘边红色旅游联盟城市年会、敦煌文博会等大型文化旅游宣传推介展销活动。邀请CCTV《乡约》栏目组再次走进西峰。全年累计接待游客243.08万人次，较上年度同期增长22.4%，实现旅游综合收入9.87亿元，较上年度同期增长27.85%。

月亮湾香草园

【群众文化活动】区文化馆、博物馆、乡镇街道综合文化站坚持免费开放，全年免费开放300天以上。农村放映公益电影1212场次。编排传统历史剧大戏2部，小品1部、文艺节目6个，在全区暨周边市县开展巡回演出活动。组织各乡镇、街道开展"百姓大舞台、想唱你就来"业余歌手大赛，"红歌颂党恩、喜迎十九大"歌咏比赛等群众文艺会演活动。在"双节"期间，组织开展元宵节社火会演、音乐焰火晚会、灯谜竞猜、民间文艺团体优秀节目展演等活动；在2017中国•庆阳首届油菜花节期间，举办"律动西峰•徜徉花海"文艺展演活动。在第十五届庆阳端午香包民俗文化节期间，组织举办群众文化活动展演和戏曲展演活动。在"4•23"世界读书日期间，组织举办百科知识竞赛活动。全年组织开展和谐西峰大舞台、千台大戏送农村、"三下乡"等活动470多场次。

【广播电视】年内争取无偿资金80万元，超额完成了20万元目标任务。参与中央、省级媒体约稿，累计在央视上稿8条(其中《新闻联播》组稿2条)、央视农视网10条、省级媒体30余条、市级444条(其中《庆阳新闻》388条，《今视十分》56条)。与央视深度合作23项合作内容全部完成，完成宣传片及微电影拍摄，协助央视《聚焦三农》栏目、《乡约》栏目、《致富经》栏目完成走进西峰相关录制，对西峰区特色农业产品及农业旅游文化进行宣传报道，并在CCTV-7频道播出。在农业频道及所属网络平台推荐宣传西峰区苹果、黄花菜等特色农产品及农业行业优秀“种植能手”“优秀合作社”等先进典型。共制作播出《西峰新闻》等4档新闻类栏目763期，制作播出《倾听》等4档专题栏目320期，制作播出《欢乐谷》等3档文艺类236期，完成《大美董志塬 运动新西峰》《水映山色无限美》《美丽西峰生态蒲河》《扶贫考核汇报》专题片4部，制作各类公益广告宣传片3期，标语字幕190余条，微信公众平台发送消息2174条，共计推送302次。开设宣传十九大《砥砺奋进的五年》《喜迎十九大》《我们的故事》等宣传专栏6档，播出稿

《走进乡村》节目录制

件109条。

【新闻网络】 围绕重点项目建设、干部作风整顿、“两学一做”学习教育、“两违”整治、棚户区改造、大气污染整治、文明城市创建及十九大等宣传学习，开设《新春走基层》《“两学一做”学习教育》《砥砺奋进的五年》《领航新征程》《环保督查进行时》《话供暖 暖民心》等栏目。发布各类图片新闻、文字新闻、视频新闻13000条。“西峰网”浏览量突破550万人(次)，较去年增长20%，日均访问5800人(次)。拓展“西峰政府网”微信公众平台，通过微视频、微新闻、微消息等形式，及时传递资讯，推进政府信息公开力度，扩大宣传。与中国庆阳网、陇东报、今日头条等媒体互动宣传，向“中国庆阳网”推送《西峰区纵深推进农村环境卫生综合整治》《西峰区“三措并举”力保城区空气质量》《西峰区

西峰网办公区域

“三大举措”助推全国文明城市创建取得新成效》《西峰区加快棚户区改造工作力度》《西峰区四项举措确保重大工程和重点项目建设实现“开门红”》等稿件。策划报道2017中国·庆阳首届油菜花节暨“花香蒲河、魅力西峰”系列活动、香包民俗文化节等节庆活动，参与央视《乡约》栏目再次走进西峰节目拍摄录制，配合开展CCTV-7农业节目战略合作。中国文明网、陇东报、今日西峰等媒体采用稿件30余条，中国庆阳网采用稿件380余条，用稿量稳居全市前三。

【“非遗”传承及文物管护】 完成《西峰文物》一书的资料拍摄工作和1个国家级文物保护单位、6个市级文物保护单位立碑工作。对温泉镇老庄刘店墓葬和彭原镇彭原村新庄汉墓群进行抢救性清理，对彭原镇义门村出土文物进行保护，对南佐遗

2017年非物质文化遗产项目保护成果专场晚会——天艺艺术团《塬上荷花》

址项目规划进行补充完善，对唢呐艺术、公刘祭奠等项目进行补充跟踪调查和挖掘整理，更新完善存续状况资料。举办“多彩庆阳·逐梦小康”西峰区“迎新春”非遗保护成果展演晚会，组织庆阳唢呐传承人赴上海徐汇区参加“国乐雅韵”非遗展演，完成西峰区15位国家级、省级代表性传承人2017年度传习工作考核。开展书画、戏曲、剪纸进校园活动，有效传承保护了中华民族优秀传统文化。

【文化旅游市场管理】成立西峰区文化市场管理工作领导小组，制定《工作职责》和《责任追究暂行办法》。坚持日常检查与专项整治相结合，开展“扫黄打非”、文化市场和校园周边环境整治、境外电视网络接收设备暨非法卫星电视地面接收设施治理、旅游市场综合治理等行动，建立健全基层“扫黄打非”工作办公室10家、工作站119家。检查网吧、娱乐场所、印刷企业、游戏游艺场所、卫星地面接收设施销售门店248家次，警告10家，责令关停7家，行政处罚10家，立案调查2家。

【“两学一做”学习教育】落实党建、党风廉政建设责任制，开展“两学一做”学习教育常态化制度化工作和“三纠三促”专项整治行动。组织举办“两学一做”学习教育培训班、省第十三次党代会精神、十九大精神宣讲辅导报告会、“庆·三八”局机关干部职工运动会及首届全区文广旅游系统干部职工运动会。召开肃清王三运流毒和影响专题民主生活会、2017年度科级以上党员领导干部民主生活会，并对民主生活会上查摆出的问题进行整改。完成党员组织关系集中排查、党费收缴、党支部改选、民主评议党员等工作。召开西峰区文广旅游系统纪念建党96周年暨庆祝“七·一”表彰大会，表彰奖励先进基层党组织3个、优秀共产党员14名、优秀党务工作者7名。

纪念建党96周年暨庆“七一”表彰大会

【脱贫攻坚】成立文广旅游系统联村帮扶工作领导小组和驻村帮扶工作队。投资6.2万元，为五郎铺村购买电脑和桌椅，支持该村公共文化设施和美丽乡村、农业产业。组织贫困户和果农100多人赴庆城县学习果树栽植技术。开展“文化下乡送温暖”活动，为49户贫困户赠送市区书法家“福”字字画作品，组织7位书画家现场为村民书写春联400多幅，为18户贫困户拍摄全家福。为5户贫困户学龄儿童捐赠价值1500元的爱心书包5套。通过实施产业扶贫、智力扶贫和公共基础设施，改变了村容村貌，顺利通过省市脱贫工作考核。

区文化广播影视(旅游)局领导班子成员名录

党委书记、局长　王新宁(1月止)
　　　　　　　　李生锦(1月任)
纪检组长　白立岩
副局长　胡子鹏　孟　欣　黎永涛　李广军
　　　　魏　超　范胜利

北地情演艺公司

党支部书记　张劲海
总经理　毛会科

区新闻网络中心

主　任　折国都
副主任　付建华　郭宏杰

区广播电视台

台　长　郭　勇
副台长　郭东平　赵小刚

区文化馆

馆　长　张震一
纪检组长　侯永刚

副馆长 包继明 李潇庆(女)

区博物馆

馆　长 方保平

副馆长 马维超 彭海霞(女)

区图书馆

馆　长 杨红妮(女)

副馆长 刘文霞(女) 郝　琴(女)

(供稿:袁颖龙)

民俗文化产业

【项目建设】工程建设 北门及北城墙、民俗博览馆项目主体工程完工,投资2.3亿元。前期工作 北城墙亮化、园区道路项目具备招标条件;北城墙绿化、附属工程建设项目进入预算编制;中心广场正在初设评审;北城墙变电站段钢结构项目进入可研评审。

【招商引资】把握"丝绸之路沿线经济带"打造和"一带一路"建设的机遇,宣传产业园"黄土民俗文化""周祖农耕文化""岐黄医药文化"以及小崆峒风景名胜区的天然区位优势,深度融合旅游资源与本土文化,吸引客商投资。以甘肃商会为"根据地",地毯式筛查当地实力雄厚的优秀企业,精准式开展上门招商。参加津洽会、兰洽会、敦煌文博会等大型招商活动,意向性、针对性地与国内大型文化投资企业接触,到广东、福建、黑龙江、贵州等地开展招商。与贵州兴伟集团就民俗博览馆布展、小崆峒投资建设及博览馆二次布展运营达成合作意向。

【小崆峒景区提质改造】筹资200万元,对景区2公里破旧路面铺油罩面,铺设排水管道2000米,安装路灯60盏,铺设游步道渗水砖3000多平方米。维修改造旅游公厕,达到AAAA标准。建成停车场1处,增加停车位30个。粉刷修缮景区大门,安装景区广播和监控设施系统,实现景区监控全覆盖。

【机关建设】制定《2017年目标管理责任制考核办法》。推进学习型机关建设,开展业务培训、岗位练兵、技能竞赛等活动,举办PPP项目务实操作、项目手续办理流程等培训4期。参加区委机关举办的各项活动并且取得喜人成绩,荣获2017年职工运动会集体一等奖,单项奖牌数位居第一;获"喜迎十九大•盛世唱辉煌"歌咏比赛一等奖;获"美好新时代•共筑中国梦"主题诵读比赛三等奖。

【脱贫攻坚】完成温泉镇湫沟村3条共4公里道路的砂石硬化和1条1.5公里道路柏油硬化。完成最后2户群众的危房改造。建成卫生厕所22座,垃圾填埋场1处,组织干部职工到湫沟村开展"全域无垃圾"卫生整治。以盛牧源养殖小区为平台,发展养殖大户28户。依托鑫泽中药材专业合作社,采取土地流转的形式,在本村种植菊花和白芍1200亩。栽植果树260亩,开展果树栽植培训900多人次。开展劳务技能培训10场次,培训群众1300人次,劳务输转920人。组织业务能手对农户进行建筑务工技能培训,拓宽农户增收渠道。按照"扶贫先扶志"的思路,向群众宣传党的十九大精神及惠农政策,提升农户的政策知晓率。

庆阳西峰民俗文化产业园区管理局领导班子成员名录

局　长 孙立权

副局长 李晶杰 秦　岩

(供稿:李振越)

卫生和计划生育

【医疗概况】基层医疗卫生机构共有1217人,其中,区级单位565人,乡镇卫生院572人,社区卫生服务中心80人。正式在编干部职工980人、临聘人员237人。开放病床600张,年接待门诊患者约30万人次,收治住院病人近3万人次。

【体制改革】建立"五项制度"(合理的分级诊疗制度、有效的现代医院管理制度、完善的全民医

西峰区卫生与健康大会

保制度、规范有序的药品供应保障制度、严格规范的综合监管制度），办好“十件实事”（全面启动医联体建设，做实家庭医生签约、加快复合型支付方式推行、全面完成城乡居民医保整合、全面取消公立医院药品加成、认真开展公立医院薪酬制度改革、大力推行药品购销“两票制”、启动高值医用耗材采购试点、加强对医疗机构绩效考核、推进医药卫生信息化建设）。公立医院改革持续深化，基层公立医疗机构全部取消收支两条线，推行绩效管理。区医院自主经营管理，推行医院年度工作目标责任制和院长任期管理责任制考核。分级诊疗实施病种增至300种，落实常见病种入院、出院标准、转诊办法，拉开不同层级医院住院起付线与报销比例，由基层医疗卫生机构逐步承担首诊、康复和护理等服务，疑难病症逐级转诊上级医疗机构，构建基层首诊、双向转诊、急慢分治、上下联动的分级诊疗新机制。年内分级诊疗13083人（次），享受新农合报销2206.17万元。落实基本药物制度，区乡各医疗卫生单位全面执行基本药物目录，实行药品零差率销售。基本药物在省级网络平台采购，非基本药物落实“四统一”管理规定，药品成交价格均不高于省级中标价。公立医院落实药品采购“两票制”，最大限度减少药品中间供应加价环节。组建125个家庭医生签约服务团队，行政村划片包干，实行网格化管理。签约服务团队与居民家庭签订协议，通过契约服务的形式为重点人群提供连续、安全、有效且适宜的综合医疗卫生和健康管理服务。6月，在全省家庭医生签约服务工作推进会上，西峰区做经验介绍。普通人群签约54365户，签约率36.77%，重点人群签约27084户，签约率61%，建档立卡贫困户及计生特殊家庭签约率100%。

【人口和计划生育】西峰区总人口40.52万人，出生率11.04‰，自增率7.75‰，符合计划生育率98.02%，总出生性别比111.22。开展全员人口信息“消重补漏”专项活动和数据比对工作，全员人口基础信息覆盖率100%，信息更新及时率98.52%，主要数据准确率99.85%，出生人口实名登记系统信息及时上报率95.2%。全面推行网上生育登记，完成网上生育登记903对，实现乡镇（街办）全覆盖，为3008对符合条件育龄夫妇进行生育登记服务和再生育审批。为2031对计划怀孕夫妇免费提供孕前优生检查，目标人群覆盖率86%。开展陇家福“健康百佳”评选活动、陇家福•幸福寓所及“新家庭计划—家庭发展能力建设”项目、“圆梦女孩、关爱女孩、健康家庭”行动，评选健康百佳示范单位3个，健康新家庭19户，健康大讲堂3个，命名幸福家庭78户、幸福寓所102个。促进流动人口基本公共卫生计生服务均等化，建立流动人口纸质健康档案27307份，建档率72.8%，电子录入率100%。全面落实计生优惠政策，审核新增77名国家级奖励扶助对象、364名市级奖励扶助对象及4户

世界人口日暨第五阶段婚育新风进万家和新市民健康城市行省级示范活动启动仪式

特别扶助对象，落实各类优惠资金 166.58 万元。

【公共卫生】落实 14 项基本和 5 项重大公共卫生服务项目，公共卫生服务保障经费人均补助标准从 25 元提高到 50 元。开展新一轮健康档案整改规范工作，西峰区健康档案电子建档 344756 人，电子建档率 89.97%。在区电视台开设“养生堂”专栏，播放健康养生知识。区乡各医疗卫生单位举办健康教育讲座 253 期，累计受益 2.3 万人次。儿童预防接种规范开展，11 个数字化预防接种门诊全部投入使用，“村级动员，乡级日接种”预防接种模式进展良好。1—10 月，全区出生建卡 5069 人，建卡、建证率 100%，接种率 98%以上。妇幼保健服务水平进一步提高，全区住院分娩率 100%，高危孕

疑似人感染 H7N9 流感疫情模拟演练

产妇筛查、产后访视得到有效落实。产妇系统管理率 89.1%，儿童管理率 95%。重点人群管理水平进一步提升，充分利用健康体检、首诊测血压等方式开展高血压、糖尿病等重点慢性病筛查工作，至 10 月底，高血压患者规范管理率 75.8%，2 型糖尿病患者规范管理率 74.8%，重性精神病患者管理率 82.5%，结核病患者规范管理率 97.5%。传染病及突发公共卫生事件应急处置力度加强，年内无甲类传染病发生，共报告乙丙类传染病报告发病率 187.1/ 十万。开展流行性乙型脑炎及 H7N9 疫情防控工作，完善各类单项、专项卫生应急预案，储备必要应急物资。开展全员培训，累计开展应急演练 31 场(次)。

【新农村合作医疗】参合农民 236614 人，参合率 99.58%，共筹集资金 1.44 亿元。新农合补偿 52.5 万人次 12859.14 万元（普通门诊补偿 49.06 万人次 1453.17 万元，住院补偿 3.08 万人次 11086.09 万元，次均补偿 3560 元，实际补偿比 60%，政策范围内补偿比 69%；正常分娩补偿 1500 人次 62.52 万元，特殊病大额门诊补偿 1832 人次 257.36 万元)，基金使用率达 99.75%，新农合统筹基金结余 2229.76 万元(含风险基金 634 万元)，统筹基金结余比为 1.12%。

【医疗质量】开展“医疗质量提升年活动”。制定《西峰区医疗质量提升年活动实施方案》，成立领导小组，结合全区临床路径管理及优质护理病房创建，落实各项医疗质量管理核心制度。开展“群众满意乡镇卫生院创建”活动，什社中心卫生院、董志卫生院、北街社区服务中心申报国家级创建单位。开展抗菌药物专项整治工作，规范医务人员临床用药习惯，提升医疗服务水平。开展过度医疗行为专项治理，组织抽调 3 名副高职称医师及相关工作人员成立专项检查小组，采取调阅病历处方、查阅资料等方法，对 8 个基层医疗卫生单位进行过度医疗行为专项检查。对查出的不合理诊治、过度用药、过度检查、违规收费等问题进行通报，对相关责任人进行处理。

【人才队伍】年内送外进修学习 57 人次，遴选 44 名乡村医生参加为期半年的进修学习。对第一届全区妇产科、儿科培训班 16 名医师进行结业考核，安排 11 名专技人员参加第二届学习培训。制定西峰区医师多点执业安排意见，对 73 名多点执业医师工作任务进行安排部署。加强专技人员在岗培训，开展“5•12”国际护士节护理技能竞赛活动，举办医疗文书书写规范化培训班，培训人员 160 多人。

【中医药】持续实施基层中医药服务能力提升工程，5 个乡镇卫生院、3 所社区卫生服务中心及区

人民医院建成中医馆。开展“中医药法知识竞赛”，强化中医人才培养力度。加强公立医院中医科建设，区医院成功创建为中西医结合医院。积极推广15项中医药适宜技术和6项食疗保健技术、地产中草药和院内协定处方，社会反响良好。

【“两学一做”学习教育】以创建“学习型机关”为目标，按照“两学一做”学习教育常态化、制度化的相关要求，结合卫生计生工作实际，深入学习中共十八届六中全会、十九大精神及习近平系列重要讲话，牢固树立科学执政、民主执政、依法执政的执政理念。突出抓好中心组、中层干部、全体党员干部的学习教育，开展每周二“主题党日”集中学习活动，组织干部职工观看电影、撰写心得体会、读书笔记、开展演讲比赛、理论知识竞赛等，教育引导党员干部增强“四个意识”，坚定“四个自信”，自觉用党的理论武装头脑，提升能力，促进工作。

【脱贫攻坚】结合行业特点，发挥行业优势，开展健康扶贫工作。全面掌握贫困人口健康信息，对建档立卡贫困人口开展免费健康体检，建立电子健康档案，落实贫困人口精准识别和动态管理，对患慢性病的贫困人口制定针对性的健康管理方案，实施健康干预管理。推进“三个一批”健康扶贫行动，对患大病和长期慢性病的农村贫困人口实施分类分批救治。新农合政策内住院费用报销比例提高5个百分点，大病保险报销起付线由5000元降至3000元。建档立卡贫困户住院816人次，住院合规费用454.22万元，新农合补偿338.62万元，大病保险报销29.27万元，民政医疗救助23.54万元。对服务人口在1000人以下贫困村卫生室执业的乡村医生，定额补助由每月200元增加到400元，发放定额补助9.69万元。15个贫困村标准化村卫生室全面建成并配备健康一体机，对15名村医开展健康一体机使用培训，提高了贫困村卫生室医疗服务能力。

区卫生和计划生育局领导班子成员名录

局　长　吴简栋(2月止)
　　　　郑志华(8月任)
纪委书记　杨国栋
副局长　杨　勇　许亚平　黄军锋　祁彧祥　孙　皓

区疾控中心

主　任　刘麦平
副主任　刘　骄　张登銮

区妇幼保健计划生育服务中心

站　长　曹武锋
副站长　杨秀娟(女)

区地病办

主　任　陈　勇
纪检组长　高　翔
副主任　孙菲娜(女)

区合管局(2017年12月25日加挂西峰区城乡居民健康保障局牌子)

局　长　刘军宏
副局长　石永华　李承熹

区人民医院

院　长　张世玮
副院长　胡治峰　王志平　王军峰
　　　　李阿丽(女)　李佰英

(供稿：张彦龙)

红十字事业

【宣传工作】年内，在官方网站和微信公众平

开展“5·8”世界红十字日宣传活动

台定期发布红十字会工作动态等相关内容39期，撰写工作简报44期，被各级新闻媒体及网站采用稿件19篇。在区政府北侧小游园定期摆放应急救护知识展板4面，向过往市民群众普及红十字应急救护知识。博爱周期间，区电视台实录心肺复苏术和气道梗阻的实操流程和要领，并进行为期一周的播放。联合区妇计中心在东湖公园广场开展“凝聚人道心 共筑中国梦”等系列宣传、免费义诊活动，并通过现场互动的方式向群众讲解演示心肺复苏术及创伤包扎技能。在“5•8”世界红十字日、世界急救日、艾滋病日等时间节点，通过悬挂横幅、摆放展板、发放宣传资料、循环播放《红十字会法》音频等形式，开展红十字主题宣传活动3场(次)，向居民群众大力宣传急救知识、艾滋病的预防及新修订的《中华人民共和国红十字会法》等，发放各类宣传资料3800多份，免费义诊570多人，受益群众4100多人。

【筹资募捐】向国家红基会争取“博爱助学计划”项目资金35万元，用于援建地庄小学新建教学楼。全年累计募捐物款价值64972元，其中：淘宝公益网店爱心捐款22220元；爱心企业——梦芝堂连锁店为贫困学生捐赠价值12000元的新衣220件、洗衣液60瓶；通过积极倡议募捐，为彭原镇尿毒症患者闫巧丽募捐善款12780.5元；11月23日至12月23日，联合万辉置业开展“照亮梦想、爱满庆阳”公益募捐活动，收到捐款17971.5元)。

【慰问救助】春节前夕，开展2017年“红十字博爱送万家”慰问救助活动，发放救助慰问物资352份，惠及困难群众352户。联合卫计局面向8个乡镇卫生院、3个社区卫生服务中心和113个村级卫生所，开展“小天使基金”和“天使阳光基金”救助政策的宣传，群众知晓率95%以上，全年上报天使阳光基金救助3例，小天使基金1例。以先心病、白血病、尿毒症贫困患者为目标人群开展“博爱圆梦”天使救助计划，制定《西峰区红十字“博爱圆梦”天使救助计划实施细则》，为3例贫困救助对象发放救助金9000元。联合庆阳博士眼科医院开展“白内障复明免费救助活动”，为辖区内8名贫困患者进行免费手术治疗。11月，区属红十字蒲公英志愿服务队牵头，其他志愿服务组织配合共筹资10多万元，开展“壹基金温暖包”扶贫救助活动，为西峰辖区225名小学生发放温暖包225件(套)。

“红十字博爱送万家”活动

【救护培训】以“健康西峰2030”规划为总纲，结合政协提案，积极组织开展救护知识培训“五进”活动，全方位加强救护培训工作。先后为市博物馆、团体会员单位、乡镇、街办卫生院的工作人员及庆阳市跑团会员举办救护员培训16场(次)771人；在市公安局、社区、村组、中街幼儿园、辖区所有完中、职校进行应急救护普及培训39场(次)，培训6112人。

应急救护培训进校园

【三献工作】在无偿献血日期间，组织20多名红十字志愿者深入学校、社区、广场等人群密集场所，加大了对“三献”工作的宣传力度。面对面宣传无偿献血、器官、遗体捐献流程。共发放宣传资料500多份，红十字志愿者参与无偿献血53人（次），申请遗体器官捐献2例、登记1例。

【应急演练】“5·12”防灾减灾日，在后官寨初中、彭原初中开展防震减灾演练活动，1100多名师生参加演练。10月13日，组织应急救援队成员参加市红十字赈济救援队培训演练。通过演练，增强

救护员培训学习

了人们防灾减灾意识，提高应对突发事件的自救互救能力。

【队伍建设】招募红十字志愿者32名，网上登记注册志愿者20名，新增区属红十字志愿服务队1个，新吸纳红十字会员单位3个，红十字青少年会员152人，收缴会费4000元。组织5名机关工作人员分别参加国家、省、市各项业务培训交流5场（次）。6月，西峰区红十字会获庆阳市“健康庆阳”红十字应急救护大赛县区团队第一名，5名参赛队员其中4名同志获得个人单项第一名；9月，刘博洋代表甘肃省参加“第四届全国红十字应急救护大赛”荣获单项三等奖的好成绩。

【“两学一做”学习教育】结合工作实际，制定《西峰区红十字会推进“两学一做”学习教育常态化制度化实施细则》，集中学习中共十九大精神、习近平总书记系列重要讲话精神及省十三次党代会精神，每位职工撰写心得体会3篇，摘抄笔记两万多字。

【脱贫攻坚】为彭原乡杨坳村村民宣讲党的十九大精神、党的各项支农惠农政策及省市区的有关会议精神，宣传“小天使基金”和“天使阳光基金”救助政策。开展春节慰问救助活动，为帮联户送去米、面、油及棉衣、棉被等生活用品9份。和户内多次对接协商，制定帮扶计划及脱贫奔小康工作计划，填写完善工作台账、收入检测表、帮扶措施等各项扶贫资料。

区红十字会领导班子成员名录

会　长　高惠玲（女）

副会长　贺东虎

（供稿：王海青）

部分医疗机构

董志卫生院

1956年，在董志城内东头“福音堂”旧址成立董志区北门高级农业社保健站，工作人员10名，房屋6间，设中、西药房及诊断室。1958年迁址于城西，改称公社卫生所。1968年，由董志、陈户、野林3个公社卫生所合并建成董志公社卫生所，迁址城南角，购地5亩，建房23间，职工18人。1978年，改称庆阳县董志公社卫生院。1985年，迁址于

董志卫生院

城内西北角公社农机站院内，更名庆阳县董志卫生院。1986年3月，更名西峰市董志卫生院。1998年建住院楼，面积610平方米，后用作宿舍楼。2002年4月，更名西峰区董志卫生院。2009年，利用国家扩大内需项目建住院楼2265.98平方米。2013年，建成门诊楼3492平方米。

现有门诊楼、住院楼和宿舍楼各一幢，占地面积7772平方米，建筑面积6552平方米，其中业务用房5942平方米，固定资产1495万元。职工88人，其中专业技术人员87人，工勤人员1人，副高级职称1人，中级职称5人，初级职称82人。设临床科室8个，功能科室5个。拥有DR、全自动生化分析仪、彩超，十二道心电图等医疗设备120台(件)。开放住院病床50张，年门诊病人2万余人次，年住院病人2000余人次，年收入300余万元。承担全镇14个行政村4万余人的基本医疗、公共卫生服务和新农合等工作，是一所集全科医疗、预防保健为一体的非营利性医疗机构。

近年来，卫生院以"厚德精医、敬业创新"为院训，坚持预防为主、防治结合、中西医并重，落实国家、省、市、区医改政策，推进各项医改措施落实。通过选派医务人员进修学习、卫生支农、医师多点执业等工作，实行分级诊疗，引导患者有序就诊，解决群众看病难、看病贵的问题。开展临床路径管理及优质护理病房创建活动，实行内部绩效考核管理，医疗服务能力明显提升，并获全国"群众满意乡镇卫生院"称号。以创建中医专科特色为发展方向，建成高标准中医馆，开展"针灸、刮痧、按摩、拔火罐、中药熏蒸"等20余种中医适宜技术推广工作，成效显著。

实施基本公共卫生均等化服务，为全镇常住人口建立统一、规范的居民健康档案。新建高标准的预防接种数字化门诊，为适龄儿童免费提供预防接种服务。每年对辖区内64岁以上老年人、高血压、糖尿病、精神病、结核病等慢病人群体检，提供养生保健、疾病预防等知识宣传指导，并按期进行随访和康复指导。开展上门巡诊、健康体检、健康教育、用药指导。对因病致贫、因病返贫的群众，积极落实"三个一批"扶贫政策，协调相关部门落实医药费用报销，确保户户脱贫，共同富裕。

(供稿：刘生辉)

庆阳康生源医药有限公司

庆阳康生源医药有限公司成立于2012年7月13日，为药品批发企业。位于兰州西路8号(东方驾校东南侧)，注册资本500万元。经营范围：中成药、中药材(国限品种除外)、中药饮片、化学药制剂、生物制品(除疫苗)。

药品库房

公司设办公室(质管部、采购部)、储运部、开票室、销售部、配送部、财务部。营业总面积3192平方米，常温库800平方米，阴凉库2220平方米，营业面积170平方米，冷库30平方米。仓库配备温湿度自动控制系统，配备厢式送货汽车，冷藏车，保温箱。冷库、冷藏车及保温箱均符合冷藏、冷运要求。营销网络覆盖庆阳全市，建立集办公、仓储、运输为一体的配送体系，为公司提供良好、高效的配送服务平台。配备计算机20台，接受食品药品监督部门现场检查和远程监管，能够实现药品各环节的可追溯性。职工25人，其中大中专以上21 人。

公司与西安京西双鹤、山东华鲁、山东齐都、甘肃扶正四大液体生产集团，吉林吉春药业、石家庄神威药业、哈药三精、石家庄四药、山西太行药业、哈药四厂、上海现代哈森药业、重庆怀庆堂药业、兰州佛慈制药、三九医药、桂林三金、云南白药、太极集团、葵花药业、万通药业、马应龙药业、承德制药、北京同仁堂等多家厂商建立业务关系，拥有3000多个国家准字号药品的经销权，能够适应当前医药市场的发展需要。公司业务覆盖全市七县一区1000余家客户，与各县级医院，乡镇村卫生所及各县大药房建立长期业务关系。经营心脑血管、妇科、外科、儿科等医疗药品；销售额6035万元，其中心脑血管的销售额可达3020万元；代表药品有依达拉奉；妇科用药销售额1203万元，代表药品有妇可靖胶囊；外科用药销售额465万元，代表药品有独一味胶囊；儿科用药销售额785万元，代表药品有小儿热速清；其他药品的销售可达562万元。

公司坚持“利民康健，恒久真诚”的服务宗旨，以“质量求生存，以诚信应发展”为经营理念，以“让利于客户，服务于社会”为企业精神，至诚至信造福社会。

（供稿：袁　婷）

体 育

【群众体育】制定《西峰区体育事业十三五发展规划》《西峰区全民健身实施计划（2016年—2020年）》。将全民健身活动经费纳入财政预算，每年列支经费近100万元，用于发展群众体育事业。根据不同人群需求和时间节点，分年龄、行业、群体，开展大型体育活动10次：举办“西峰区‘美丽董志塬’生态两项大奖赛”“第四届迎新年市区全民健步行活动”“第十届‘体彩杯’健身健美操大赛”“西峰区妇女趣味运动会”“2017中国•庆阳油菜花节全民健步行及‘体彩杯’自行车公路越野赛”“第三届‘园丁杯’排球邀请赛”“‘党旗引领、携手七一’喜迎建党96周年运动会”“迎‘五一’全区职工篮球赛”“‘体彩杯’三人篮球争霸赛”“2017‘361°’甘肃省首届‘陇原舞王’广场舞西峰区选拔赛”等活动。采购、制作10余件趣味性体育器材，为区直60多个机关、企事业单位（系统）开展趣味运动会。结合元旦、春节、“三八”“五一”“十一”等节假日，组织、指导各乡镇、街办、区直部门召开各类单项运动会、趣味运动会，社区居民运动会、农民运动会300多场（次），参与人数10万多人。2017年，体管中心作为庆阳市唯一候选单位参加了全国体育系统先进单位的评选。

“体彩杯”自行车越野赛

【竞技体育】布设庆阳三中、庆阳四中等11所业余训练网点，坚持开展篮球、排球、田径等项目的训练，受训学生300多人；寒假期间，安排三中、四中等12所学校，开展为期50天的篮球、足球、排球、乒乓球、跆拳道、武术、田径等项目的冬季集中训练，为参加“省十四运”做准备。5月11—14日，举办“西峰第六届中小学生运动会”，来自市、区38所学校，4000多名运动员参加篮球、排球、足球、乒乓球、羽毛球、田径6个大项85个小项目比赛。6月10日，举办“西峰区第三届‘园丁杯’排球邀请赛”，来自市、区学校19支代表队，近300名教职工参加了为期4天的比赛。在十九大胜利召开之际，北街实验学校承办“西峰第十八届‘园丁杯’篮球邀请赛”，市、区20多个学校30支代表队进行了为期5天的比赛。12月20日至元月10日，在庆阳体育馆举办“第三届乒乓球联赛”。组队参加庆阳市举办的“2017中国国际露营大会百城徒步赛暨第三届庆阳周祖‘岐黄杯’登山比赛”“首届

西峰区第六届中小学生运动会

庆阳冰雪旅游节暨2017年大众高山滑雪锦标赛”“2017正宁县‘穿越子午岭探秘秦直道徒步挑战赛’”“2017秦直道中国(庆阳合水)乡村马拉松赛”“2017中国红色之路长征赛”。组队参加庆阳市举办的省十四运柔道、摔跤、跆拳道、武术、田径、乒乓球项目选拔赛，并代表庆阳市参加了甘肃省田径、乒乓球、排球锦标赛并取得较好成绩。年内，向市体校输送运动员8名，向省专业队输送运动员4名，向其他大专院校输送优秀体育人才60多名。

【体育彩票】 年内，对西峰区彩票销售点进行整改，规范销售经营，提高销售业绩。新增设8个体育彩票点，西峰区体育彩票销售点增至111个。全区体育彩票累计销售120786415元（其中电脑彩票112266915元、即开型体育彩票8519500元），超额完成庆阳市下达的体育彩票销售任务。

【队伍建设】 组织50人参加各类体育业务培训(其中国家级5人，国家一级6人、国家二级31人，参加其他培训8人)。12月，举办国家三级社会体育指导员工间操及新十二套广场舞培训。11月20日，聘请庆阳市消防专家对全体职工进行消防知识讲座及培训。成立信鸽、自行车、弹弓、广场舞等5个协会。改选篮球、排球、足球、田径、气功、太极拳等10个体育协会。对单项体育协会、体育健身社团、体育培训学校进行管理及引导。西峰区体育总会组织各协会、社团举办“‘体彩杯’健身健美操大赛”“2017‘361°’甘肃省首届‘陇原舞王’广场舞西峰区选拔赛”等活动。并组队参加庆阳市举办“2017‘361°’甘肃省首届‘陇原舞王’广场舞庆阳市选拔赛”，并取得优异成绩。

三级社会体育指导员培训

【场地建设】 实施“农民体育健身工程”，体育基础设施建设同新农村建设和脱贫攻坚相结合，筹措资金1000余万元，新建、提质改造31处村级（社区）全民健身场地。采购体育器材1000余件(套)，并于年底建成投入使用。实施庆阳城南露天体育场地公共建设项目工作，占地197公顷(其中一期规划127公顷，二期规划70公顷)，总投资4.7亿元，规划建设9个功能区域。其中体育西区、体育南区、体育健身区3个功能区是以开放式露天体育场地为主要内容的公共体育运动场所。包括97个运动场地(其中篮球场17个、足球场11个，网球场28个，羽毛球场22个，排球场22个)，修建健身步道5公里，配套健身路径1000件(套)。投放价值35万元90件(套)体育器材，新建凤凰大境和城北广场两处小游园，并对市民进行开放。新建显胜乡毛寺村省级高标准体育场地1处，已建成投入使用。

“全民健身计划”协商座谈会

【脱贫攻坚】为彭原乡赵沟畎村村民宣读中共十九大精神、党的各项支农惠农政策及省市区的有关会议精神开展春节慰问救助活动，为帮联户送去米、面、油及棉衣、棉被等生活用品。对帮扶措施、工作台账、收入检测表和户内对接，填写各项收入数据，并和户内衔接制定脱贫奔小康工作计划，并通过了市、区验收。

区体育事业管理服务中心领导班子成员名录

主　任　刘　勇

副校长　张志阳

纪检组长　马　莹(女)

（供稿：李　巍）

档　案

档案工作

【档案管理】3月，对118个立档单位的年度归档工作安排部署，免费向立档单位发档案装具。接收区委组织部、纪委、农牧局、人社局4家单位到期档案242卷4614件。5月，区档案行政执法领导小组，集中对50个立档单位档案执法大检查，开出限期整改意见通知书26份。5月11日，西峰区土地确权档案通过甘肃省、庆阳市专家组验收后，土地确权档案54501件，整理接收进馆。增加“美丽乡村”和“精准扶贫”行动档案管理。什社乡李岭村、温泉镇齐楼村设为试点，专人负责。接待档案查阅利用者2200多人(次)，收集档案效益事例82例，电子档案全文扫描154000幅。6月9日，在东湖公园举办“档案，我们共同的记忆”主题宣传活动。

【业务培训】举办档案业务培训班4期，培训人员460人次；发送甘肃省档案局编印的《档案工作培训讲座》170本、自编印刷《西峰区档案业务培训资料》系列丛书3000本。组织选派12名档案员参加国家、甘肃省档案局举办的建设项目、档案的数字化管理等各类业务培训班。

【晋等升级】甘肃省级档案馆(室)的达标创建工作，通过甘肃省、庆阳市档案专家组验收：什社乡档案规范化管理达到省特级标准；西峰区政府办、庆阳市公路管理局高等级公路养护中心、彭原镇卫生院3家单位，档案规范化管理达到省一级标准；显胜乡毛寺村、什社乡李岭村，档案规范化管理达到省二级标准；庆阳市西峰区家乐包装有限公司，档案规范化管理达到省三级标准。

【创新工作】建立“职工档案”。年初，本单位全体干部职工建起了个人档案。个人档案分为基本信息、工资、荣誉和综合四大类。内容主要有：干部职工调动介绍信，人事任命、工资晋升文件，参保信息、党员基本信息采集表，个人简历、干部家庭社会关系登记表、获奖证书、学历证明、培训证书和年度工作总结等16项内容，健全检索工具。创立“档案之家”。征订、购买大量报纸、杂志和书籍，以方便干部职工的政治和业务学习。同时，为能及时学习中央政策、法规，收看国家重大会议实况、廉政、先进事迹专题片，培养干部爱岗敬业的责任感，为“档案之家”购置电脑、多媒体电视，利用每周二集体学习时间，组织观看，现场交流心得

【脱贫攻坚】春节前，为43个贫困户送去8000多元的生活用品。7月，出资26000多元，帮助王庄村建起党建活动阵地，帮扶44户贫困户，其中2户发展养殖已初具规模，1户养猪200多头、年出栏100头左右，另一户养鸡100多只，年出售鲜蛋250公斤、活鸡60余只。

区档案局领导班子成员名录

局　长　王原平

副局长　李少峰　杨建娜(女，1月任)

副馆长　宋亚萍(女，1月任)

（供稿：张春亮）

社会服务与管理

民政

民政事务

【城乡社会救助】成立西峰区困难群众生活保障工作领导小组，制定工作联席会议制度，建立困难群众保障“五项机制”（低保申报核查审批、低保停发告知复核、临时救助主动发现、重大疾病日常救助、特困人群动态管理）。制定困难群众基本生活救助工作绩效评价办法、城乡居民临时救助实施办法等规章制度5项，严格实施城乡低保年度审查，深入开展农村低保对象精准认定大检查，创新实施“六方签字、四方认定”（被核查人、入户干部、组负责人、村负责人、民政专干、联村领导六方签字确认；入户干部、村负责人、民政专干、联村领导四方共同认定）工作责任制，清退761户2154人、纳入108户394人、调标378户936人。建立“三结合”（兜底保障与激发内力相结合、精准救助与整体推进相结合、民政助推与合力攻坚相结合）扶贫脱贫工作机制，西峰区1485户3866名农村一、二类低保对象保障线与精准脱贫线实现“两线合一”，为1578户6135名建档立卡贫困对象补助参合参保资金9.4万元。年内保障救助城乡低保对象、特困供养对象、重度残疾人、贫困疾病患者3.58万人，发放资金1.02亿元。

【防灾减灾救灾】上报灾害信息6次，灾情快报15期。制订处置方案，建立救助台账，妥善安置372人，下拨春荒冬令、灾害补助资金673万元。修订《西峰区自然灾害救助应急预案》，开展“防灾减灾宣传日”活动，培训灾害信息员135人。购置储备救灾应急物资2700多件套。年内西峰区4.44万农户缴纳农房保险66.6万元，理赔受灾群众农房损失1563户58.67万元。编制《西峰区“十三五”综合防灾减灾规划》，印发《关于切实加强和规范自然灾害救助工作的意见》。深入各乡镇、街办对防灾减灾措施落实情况进行排查，纠改发现问题及隐患6项。发放应急救援信息终端等设备32件套，依托灾情信息管理系统，实现区、乡两级网络报灾全覆盖。

【双拥优抚安置】7月28日，西峰区纪念建军90周年暨双拥工作表彰大会在市政府礼堂举行。会后，举办了庆祝建军90周年“军爱民、民拥军、军民团结一家亲”主题文艺晚会。年内建立“拥军工作站”3处、“军民共建点”2个、筹备检查点7个，均通过省级双拥模范城届中检查评估。为2976名优抚对象、退役士兵及高原、大学生志愿兵发放医疗抚恤、兵役优待一次性奖励金1765.49万元。收集整理799名符合安置条件退伍军人信息1.12万条，筛查下岗退役士兵134人，纳入城市低保24人。区属事业单位安置2015年及2016年退役士兵和转业士官69名，发放待安置期间生活费18.5万元。免费组织培训2016年自主就业退役士兵95

名，推荐就业26人。

【基层政权】指导选举村委会成员570人、监委会成员385人、居委会成员115人。修订村（居）民自治章程等200多份，完善村（居）监委会制度等115项。将35名社区居委会主任、副主任工资纳入财政预算予以保障落实，代缴养老保险和失业保险。修订《西峰区街道设置暨社区规划》，经11月8日市政府四届第17次常务会议审定，批复设立兰州路、解放路等街道办事处6个。投资490万元新建庆州西路、合水东路、介子路3个城市社区。印发《西峰区农村社区建设试点工作实施方案》，投资145万元支持新建扩建村部12个，建成农村试点社区32个。清理取消村社考核评比项目130项、创建达标项目230项。

【社会事务】筹建城乡日间照料中心12处，完成什社敬老院主体工程，启动显胜敬老院建设项目。筹措资金80多万元，对7所农村敬老院居住环境、生活设施进行升级改造，为五保老人配发生活用具、床单衣被148件套，组织培训敬老院炊事员9人。年内救助失能老年人、重度残疾人、困境儿童、贫困学生、特困户和孤儿365人，发放资金196.92万元。协调公安机关对20名留守儿童进行户籍登记，完成845名留守儿童信息采集录入和委托监护责任书签订工作。接待祭扫群众4.14万人次。开展西峰区公益性公墓执法检查，对擅自扩大墓区面积、建设豪华墓体等问题限期整改，填发整改通知书20份、执法检查表114份。开展婚姻法律法规政策宣传年活动，建立规章制度9项，举办"婚姻新风尚"等宣传活动12场次，2017年登记结婚3351对、离婚992对。整理11大类42个子类的地名信息4023条，地名目录、标志登记表格354份。标绘整饰成果图7幅，出版《西峰地名辑要》2500册。

婚姻法律法规宣传活动现场

区民政局领导班子成员名录

局　长　马进霄

纪检组长　李国栋

副局长　刘　军　封俊宽　李星位

社会救助局

局　长　何晓业(1月止)

　　　　胡凯文(1月任)

副局长　袁　乾　赵　晔

殡葬管理所

所　长　侯宪鹏

副所长　周聪隆　李润学

婚姻登记处

主　任　张鸿霞(女，1月任)

副主任　董姝华(女，1月止)　侯晓虎

拥军优属拥政爱民工作领导小组办公室

主　任　张　静(女)

（供稿：王立君）

老龄工作

2017年，西峰区总人口38.83万人，其中：60岁以上老年人口为4.48万人；80岁以上老年人口3667人，百岁以上2名；城市老人口1.22万人，农村老年人口3.26万人，空巢老人1.4万人。

【老龄宣传】印制《中华人民共和国老年权益保障法》《甘肃省老年人保障条例》《老年人健康指南》，印刷《新老年法八大亮点》《电信诈骗防范的基本常识》《敬老公约》等宣传资料。成立“敬老文明号”创建工作领导小组，下发《西峰区“敬老文明号”创建活动的实施方案》《关于在全区开展“十佳孝星”“十佳敬老模范”评选表彰活动的通知》，开展“敬老文明号”创建活动，南苑路、长庆北路社区、什社乡老年协会、董志镇中心敬老院被列入省级“敬老文明号”创建单位。老人节期间，市委、市政府和区委、区政府领导，以及区直有关部门、乡镇街办组织看望慰问高龄、特困老人115名，发放米面油、棉衣棉被等慰问品折合人民币5.75万元。以“培育敬老家风，建设和睦家庭”“邻里守望，情暖陇原”“弘扬传统美德关爱孤寡老人”“传承雷锋精神，爱心奉献社会”为主题，组织民促会西峰支部志愿者、城市管理志愿者协会、区人民医院、心连心志愿者服务队、居家养老服务中心等17个志愿者服务队伍265名志愿者，到敬老院和孤寡老人的家里，为老人检查身体，和老人谈心聊天，帮助老人洗衣做饭，打扫卫生，整理房间，表演文艺节目等。

【老年人优待及保障】 制定出台《西峰区进一步提高老年优待工作的意见》《关于下发西峰区老龄委成员单位工作职责的通知》《西峰区开展“敬老文明号”创建活动的实施方案》等政策性文件。开展老年优待政策贯彻落实情况督查，检查整改96个已建成的城乡社区老人日间照料中心。落实65岁以上老年人免费乘坐公交车的政策，为老年人办理免费乘坐公交IC卡，65岁以上老年人实行公厕免费。老年群体组织的各类文体活动所用场地费实行减半收取，体育馆、公园、博物馆、图书馆一律免费为老年人开放。市、区医院设立老年优待窗口，持老年优待证的老年人优先救诊、取药、住院，门诊挂号免费，70、80、90岁以上的老年人住院费报销比例分别提高10%、20%、30%的报销比例。65岁以上老年人免费体检，建立健康档案。80岁以上老人高龄补贴标准提高至100岁以上每人每月100元，90—99周岁每人每月60元，80—89周岁每人每月25元。春节期间，看望慰问困难高龄老人45户，发放慰问金2.25万元。“重阳节”期间，看望慰问特困老人60户，发放慰问金3万元。

【信访及老年维权】 制定《西峰区老龄办信访接待工作制度》，接待老年人来信来访23人(次)，处理涉老矛盾纠纷案件19期，申请法律援助4件。制定下发《西峰区开展加强老年人防范电信网络诈骗宣传教育活动的通知》，在乡镇、街办的宣传屏幕上滚动播放宣传活动内容，在老年人集中的小区悬挂防范诈骗标语，依托村组、社区设立宣传点，讲解网络安全常识以及一些不法之徒的电信诈骗手法，让老年人了解电信网络诈骗，提高安全防范意识。针对社会上出现的采用“亲切关怀”“出游集会”“保健专家讲座”“免费体验产品”等诱导欺骗方式，推销产品谋取牟利的现象，以社区为单位举办培训班，向老年群众宣传党和国家涉老方针政策，宣传《中华人民共和国老年人权益保障法》，提高老年人的政策知晓率和法律维权意识。与工商局、食药监局联合执法检查，规范老年用品市场，关停唐企健康助理服务中心、海福来体验店、丽丹老年健康养生体验馆、冠瑞科技有限公司等7家存在欺骗、哄骗、诱骗老人行为的门店。

【新型养老服务体系】 制定下发《西峰区进一步加强基层老年协会规范化建设的实施意见》《关于加快城乡社区老年协会建设的通知》《关于加强基层老年协会和日间照料中心协同发展的通知》。建成城乡社区老人日间照料中心12处。依法登记

居家养老服务驿站

23个新建老年协会，发给《社会团体法人登记证书》。居家养老服务网络平台建设列入政府议事日程，制定项目推进计划，增加600名服务对象。居家养老服务驿站配备高电位治疗仪、光能补钙仪、负氧离子机、红外线足疗桶以及刮痧拔罐等设施以及专业服务人员，组织老人开展有氧运动、医疗保健、生日派对、才艺展示、兴趣课堂、主题晚会、微信使用、与子女视频聊天互动及健康教育等服务。日间照料中心和居家养老服务驿站有机结合、互为补充，统一由老年协会监督管理。争取省财政资金8万元、市老龄事业发展资金7万元，居家养老服务中心由一个呼叫中心和一个服务平台升级成“十区五中心”(中医理疗区、日间照护区、健身康复区、产品展示区、餐饮药膳区、心理慰藉区、技能培训区、兴趣学习区、养身食疗区、婴幼儿照顾区、居家养老服务呼叫指挥中心、健康管理中心、家政服务中心、电子商务中心、文化娱乐中心)。

【老年文化生活】6月25日，在北大街社区四楼开展为期五天的“展望十九大、喜迎‘七•一’夕阳红”书画观摩展，展出书法绘画作品154幅，参展的书画爱好者平均年龄75岁。老人节期间，以“扬中华传统美德，树尊老敬老风尚”为主题，市老龄办、区老龄委联合举办庆祝重阳节的老年文艺会演，红太阳、巧儿金凤凰等16个老年艺术团参加演出比赛，现场为老年人免费发放老年智能手表、血压仪、血糖仪等医疗保健用品。组织敬老院的68名老人，赴周祖陵、岳王洞民俗文化园及社会管理中心，开展“古稀之年，携手夕阳，重阳一日游”活动。城乡社区日间照料中心举办老年人书画展和象棋比赛。4月20日，联合西峰区居家养老服务中心在南街办南苑路社区为四月份出生的老人举办集体生日会。6月，为全区65岁以上老年人，进行免费体检。

【脱贫攻坚】为肖金镇老山村贫困户焦立、邵正儒家分别争取民政临时救助金3000元、2000元。开展政策法规宣传5期，举办实用技术培训班3期，输出劳务10人次。动员各贫困户发展种养殖业，帮助每户申请扶贫补助9130元，为5户贫困户申报扶贫贷款14万元。对1户困难群众的住房漏风漏雨进行维修；为8名行动不便失能半失能的老人送去米、面、油、菜和肉；为2名贫困户解决临时救助。12月，慰问“双联”户及精准扶贫户共5户，发放慰问金2500元。

区老龄工作委员会办公室领导班子成员名录

主　任　白兴焕

副主任　任庆兰(女)

(供稿：周　鼎)

人力资源管理与社会保障

人力资源管理

【就业创业】开展“春风行动”“高校毕业生就业”“困难群体再就业”等专项活动，举办各类招聘会15场，为790户用人单位提供岗位3600多个，进场求职人数13500人，扶持高校毕业生到非公企业就业180人；农民技能培训8900人，登记认定114名就业困难人员，其中认定4名残疾就业困难人员；安置100多名区属就业困难人员，清理已享受岗位补贴满三年的53名及20名农村户籍公益性岗位工作人员；64名灵活就业人员申请社会保险补贴；建成创业孵化示范园区7处，带动就业4053人。

【人事人才】推进公务员分类管理制度改革、督促各单位落实公务员职务与职级并行工作，享受政策834人；及时审核上报公务员登记43人，批准登记20人，职位变动73人；对行政机关103名2012—2014年度、2013—2015年度连续三年考核为优秀等次的公务员申报三等功；制定《西峰区推进人才强区战略实施三年规划》，吸引各类人才3166名，引进日本果树专家1人，组织德国

SES 专家项目推介活动 1 次，引才引智工作宣传推广活动 80 余次，组织实施引才引智项目 13 个，完成 4 名领军人才聘期内考核；卫生、教育、农牧系统等 70 余家单位符合条件的 473 名专业技术人员进行认等、备案；调整教育、住建等 4 个单位系统岗位结构比例；审核完成全区机关事业单位在职 10755 人（次）2017 年度工资正常晋档晋级增资工作和 2016 年科学业绩发展考核奖审核发放；对 12 名受到党政纪处分及行政、刑事处罚的干部职工工资待遇重新确定；审批机关事业单位丧葬抚恤 75 人（机关 28 人，事业 47 人），遗属供养 52 人。

社会保障

【保险参保与保障待遇】企业退休人员养老金人均月增加 161.87 元，“五七工、家属工”养老金人均月增加 56 元，完全失地农民基本养老金人均月增加 77.73 元，普通居民个人缴费由原来每人每年不低于 150 元提高到 180 元，大中专院校和中小学在校学生由原来每年不低于 80 元提高到 100 元；3150 人符合条件的高龄老年人发放生活补贴 108 万元。参加养老保险 7126 人（其中在职 4787 人，退休 2339 人），参加失业保险 5928 人，城镇职工参加医疗保险人数 16671 人，城镇居民参保人数 52957 人；工伤保险参保 21172 人，生育保险参保 13134 人；城乡居民基本养老保险参保 167491 人，续保 108456 人；享受待遇 39305 人。全民参保登记数据库录入信息 429270 人（含市直单位参保人员），采集录入人社、新农合、残联、民政、工商等各类数据 706863 条，在系统内修正错误信息 1300 余条。

【劳动保障监察】开展“春暖行动”“整顿人力资源市场专项行动”“劳动合同签订情况”等专项检查各类用工单位 244 户，现场纠正违反劳动保障法律法规行为 18 起，下发限期整改通知书 75 份；督促用人单位补签劳动合同 366 份；受理各类欠薪案件 130 余起，涉及农民工 670 余人，追讨农民工工资 960 余万元，办结 126 起；受理仲裁案件 23 起，结案 23 起。

【脱贫攻坚】制定《西峰区 2017 年精准扶贫劳动力培训暨劳务输转实施方案》，建成综合性培训输转平台。组织人员对西峰区 7 个乡镇 423 户贫困家庭、1650 贫困人口的从业状况、技能水平、培训需求和培训愿望进行全面调查摸底并逐户逐人登记造册。确定东方、凯程、因特、大自然、农民使用技术等 10 所培训学校承担 2017 年度的技能、创业、岗位提升等培训任务。开展农村劳动力技能培训暨安全生产、消防安全、劳动维权、生态文明建设法律法规知识培训 26 期 2800 人次，其中精准扶贫户 813 人。

慰问贫困户儿童

区人力资源和社会保障局及下属单位领导班子成员名录

局　长　白　林

纪检组长　张亚龙

副局长　李本钢　刘宏伟　刘军义

社保中心

主　任　郭光峰

纪检组长　刘　平

书　记　黄轶群

副主任　田　冰(女)　罗全军

就业服务局
局　长　李本举
书　记　刘　虎
副局长　蔡永利　吴晓婷(女)
医保中心
主　任　王生光
副主任　程素梅(女)　岳　涛
城乡养老保险局
局　长　任天柱
副局长　强凌雁(女)

（供稿：朱彦虎）

民族宗教

民族宗教事务

9月26日，庆阳市西峰区民族宗教事务局挂牌成立，由在区委统战部挂牌调整为单独设置，列入政府工作部门序列。

【民族事务】5月，在小什子百盛新天地等34个LED屏上播放民族团结宣传口号1500多条。在庆阳市职业技术学院、东湖公园西广场、北街办事处举办“中华民族一家亲　同心共筑中国梦”主题讲座、文艺演出和讲故事大赛活动。在西峰电视台滚动播放宣传标语4000多条，在西峰新闻、走街串乡、倾听等栏目报道新闻30多条。创建示范乡镇1个、街道1个、村17个、社区3个、机关7个、学校21所、企业3家、家庭116个。团结小学被命名为全省民族团结进步示范单位。10个乡镇（街道）成立民族宗教工作领导小组。建立“四位一体”(街办、社区、楼院、民情信息员)民情工作联接机制和“多位一体”(精神文明建设、综合治理、信访、矛盾纠纷调处、安全生产、防汛、经济发展等)民情工作整合机制。

全区民族宗教事务管理暨清真食品市场整治工作会议

【宗教事务】在6个宗教活动场所，开展以“规范”为主题的和谐寺观教堂创建活动。在西峰清真寺、西峰天主教堂、西峰基督教堂开展爱国主义教育宣传活动3次，培训教职人员及信教群众1500多人。重阳节前夕，组织西峰基督教教会在董志镇敬老院开展“宗教慈善周”捐助活动，爱心募捐4500元。

【调查研究】确定“民族团结进步创建工作方法措施研究”“散杂居民族区域民族经济发展问题研究”等调研题目，撰写调研报告8篇。

【脱贫攻坚】帮扶后官寨赵咀村兴建少数民族群众技能培训中心1处，回民小游园安装太阳能路灯8盏。帮扶胡同组种植香紫120亩、甜高粱200亩；争取资金20多万元，兴建盛草园养羊场1处；争取资金25万元，扩建德鑫园养牛场，养牛300多头。

区民族宗教事务局领导班子成员名录

局　长　李淑均(女，7月任)
副局长　高　鹏(7月任)

（供稿：郭立昭）

乡镇街办

董志镇

【经济指标】2017年，固定资产投资16.5亿元，招商引资21.8亿元，农业增加值2.78亿元，工业增加值2884万元，农民人均可支配收入9284元。

【项目建设】2017年，启动实施各类项目34个，签订搬迁户协议1066户，完成用地协议签订300.19亩，流转土地3400多亩，保障项目进地施工4500多亩。庆阳市城南绿地项目整体流转土地2493亩，签订全迁户协议83户，搬迁企业36户，坟墓266穴，工程进展顺利。银西铁路董志段控制性工程全面开工，签订全迁户协议34户，半迁户协议60户；交付红线内用地76.1亩，临时用地45亩，二号拌和站建成投入使用，庆阳南特大桥等3处可控制性工程施工正常。民俗文化产业园遗留问题处理基本结束，大剧院、博览馆主体基本建成。“一馆两院”完成地勘工作。市财政局片区棚改一期搬迁农户协议全部签订，完成拆迁342户，清表约454亩，围界1634米，督促下剩农户搬迁；二期签订搬迁户协议132户，拆除41户，围界460多米。庆化大道南延伸段全面建成。庆阳思源学校完成用地征拆清表围界及用地协议签订工作，具备开工条件。强岭整组储备依托石油西路南侧片区棚户区改造完成用地征拆和土地流转任务。庆化实验学校抓紧进行下剩协议签订。甲醇燃料母站及加注站项目完成用地征拆。庆阳安恩吉干气回收项目完成围界及用地协议签订，交付企业正常施工。工业园区污水处理厂项目完成围界交付净地。南部石化园区A1路、A3路土路基打通，交付施工。北师大庆阳附属学校项目建成开学招生。失地农民安置：五里铺组进行遗留问题处理；周岭组安置房建成，商谈分房事宜；八里窑组安置开工建设；老庄组安置完成土地出让；赵庄组签订安置用地32.5亩。瑞南天然气综合利用及深加工项目配合完成年度工作；陇运快客、双庆油气、庆义含油污泥处理厂3个项目配合做好前期工作。石油西路南侧片区棚户区改造项目签订征迁协议408户，拆除407户，搬迁坟墓91穴，流转土地750亩，围界1700多米。海绵城市道路建设项目涉及5条道路，宁县东路建成通车；安化东路登记丈量及协议作价结束，签订全迁户3户，半迁户3户；镇原东路全迁户协议签订9户，半迁户协议签订9户；马莲河大道放线工作完成；正宁路征地拆迁完成，交付施工；周庄居民点扩建项目完成30户农宅主体施工；西环川公路完成遗留问题处理，施工正常；炼化厂扩建停车场项目已完成附属物和用地协议签订。

【乡镇建管】庆化大道南延伸建成通车，城区南北过境大动脉西线贯通；正宁东路、宁县东路2条海绵城市道路建成投用。农贸市场建成投用，根

新修乡村道路

治马路市场乱象。以城中村、城郊接合部和农村环境治理为重点，开展十大提升行动，建成全域无垃圾示范村 6 个、示范线 4 条，创建各类美丽庭院示范小区(户)96 个。修建柏油、水泥道路 21 条 23.65 千米，惠及 11 个村 29 个村民小组；实施农电网改造 9 个村 11 个组 38 千米；庄子洼、寺里田、崔沟等 13 个村农发项目完成建设任务。建成村级活动场所 1 处，文化广场 4 个；老年人日间照料中心 3 处。开展各类专项整治 46 次，查处和整改安全生产、食品药品、交通安全等问题 111 起。董志初中校舍建设项目基本建成，董志幼儿园主体全面完工。完成罗杭、野林等 11 个乡村舞台建设。董志卫生院陈户分院迁建项目完成主体建设，董志敬老院“医养结合”试点工作稳步推进。

【民生建设】累计发放各类惠农、优抚资金 28 项 46 笔 1800 多万元。推进“双百双万”小康图书惠民工程，发放图书 3 万余册，开展文化下乡等活动 30 多场(次)，群众文化生活丰富多彩。出版发行《董志镇志》。镇妇联“会改联”工作圆满完成。年内完成农民工培训 2000 人(次)，年内有效输转富余劳动力 1200 多人。排查受理各类信访矛盾纠纷 186 起，调处成功 177 起，调处成功率为 95%。防汛工作排查整治安全隐患 23 处，临时转移安置群众 19 人。

【产业培育】苹果产业方面，建成居立果业示范基地和吴庄村锐锋果品专业合作社，建成 60 吨高标准果品气调库 1 座，发展 500 亩以上标准化示范园 3 处，带动陈户片区栽种果树 2000 亩，杂果 1000 亩。同时完成幼园管护 1800 亩，老果园间伐改造 3000 亩。畜牧产业方面，建成规模养殖场 1 个，扩大规模养殖场 4 个，带动周边发展规模养殖大户 200 多户，种植紫花苜蓿和甜高粱 1000 亩。苗林产业方面，围绕蒲河流域，在野林村完成荒山造林 2000 亩，南庄、罗杭、冯堡 3 个村完成植树造林 3000 亩、苗林培育 2000 亩，累计栽植面积达到 2 万亩。旅游开发方面，庄头村依托美丽乡村建设，在小河湾建成了文体广场和以农耕文化、窑洞文化为主题的小游园，实施农宅改造 31 户；庄子洼采取自主招商的方式，招引甘肃玖月文化旅游发展有限公司发展漫城田园综合体项目，完成土地流转 600 亩，正在办理前期手续；丝路花海项目流转土地 1320 亩，完成项目区域附属物清理和坟墓

庆阳居立高标准苹果产业示范园

搬迁，交付商家建设。

【环境整治】纵深推进“蓝天保卫战”，淘汰整治燃煤小锅炉 9 台，治理餐厨油烟 18 户，建筑工地扬尘管控率达到 100%。清理河道 30 多千米，中央和省环保督察组交办的信访投诉案件全部办结。

【脱贫攻坚】脱贫攻坚作为头号民生工程和最大政治任务，围绕全面建成小康社会的总目标，以庄头、罗杭、廖坳 3 个贫困村为重点，整合各类资

源，持续落实精准扶贫各项政策，巩固提升脱贫攻坚成果，45户、163人实现稳定脱贫，贫困发生率下降到0.3%，通过省市区验收。

【党的建设】落实党风廉政建设责任制，查处各类违纪违法案件23起，处理违纪违规党员23人，其中给予警告处分10人，严重警告处分6人，开除党籍6人，撤销党内职务1人。完成村“两委”换届选举及21个行政村换届审计。

【“两学一做”学习教育】开展“两学一做”常态化制度化学习教育。坚持机关干部学法用法制度，严格遵守议事规则，实行重大行政决策集体研究制度，使行政决策更加科学、规范、民主。

董志镇领导班子成员名录

党委书记　祁崇东

镇　长　黄彦斌

人大主席　董书堂

党委副书记　栗宁博

纪委书记　宫宝平(6月止)

　　　　　脱永平(6月任)

副镇长　脱永平(6月止)　宫宝平(6月任)

　　　　贺小龙　田养忠

武装部长　张　华

（供稿：郝　峰）

温泉镇

【经济指标】2017年，工业增加值830万元，固定资产投资12亿元，招商引资34.03亿元，农业增加值1.67亿元，粮食总产量1.21万吨，完成土地流转5190亩，农民人均纯收入9500元。

【项目建设】2017年，实施50万元以上各类项目27个，其中新建22个，续建2个，棚改拆迁项目3个，累计完成投资14.49亿元，签订用地协议515.92亩。重大项目建设以棚户区改造为主，实施西峰区2016年棚改七大重点片区中3个片区（四中南侧、育才东路南侧、安定东路南侧），涉及征拆户870户，5月完成征拆；6月开展2017年3个片区（区委片区、安定东路南侧、安定东路北侧），涉及征拆户565户，完成395户协议签订及247户附属物清理；东区污水处理厂项目完成所有建筑物、构筑物基础工程，2018年投入使用；污泥处理厂、地庄村西坳组失地农民安置项目开工建设；北京大道延伸段项目交付施工；市残疾人康复中心、区疾控中心、妇计中心项目完成协议签订、附属物清理及项目围界。天富亿大景区建设依托清水沟生态、陇清苹果、秦东庄2000多亩集中连片果带等资源优势，打造秦东庄“田园综合体”。修建护坡道路2.5千米，健身长廊2.3千米，安装景观灯90盏，建成集雨人工湖2个，集雨池1座，栽植绿化树木4万余株，规划植物园1处，完成清表；公刘景区办理环评手续；黄土情生态小镇项目修建景区道路。

【乡镇建管】主抓3个美丽乡村示范村建设，温泉村完成新农村建设一期主体工程24户，开工建设村级综合服务中心及文化广场，硬化道路2.8千米，安装太阳能路灯26盏，建成垃圾屋9座，投放垃圾桶479个；何坳村新打机井5眼，完成滴灌设施铺设2500亩，村组主干道沿线栽植樱花树9500余株，开工建设村级综合服务中心及文化广场；齐楼村完成美丽乡村后续38户住宅建设任务。

【产业培育】种植上业以老果园提质改造为主，实施老果园改造4000余亩、幼园改造2300余亩，栽种果树2050亩、杂果500亩，建成标准化示范园1处273亩；建成100吨苹果组装式冷藏库8个，增加储藏量1.2万吨；开展果树专业技术培训700余人次；建成合作社3个；种植全膜玉米5000亩、菊花1000亩、紫花苜蓿1000亩；完成苗林产业培育5650亩。养殖业建成养殖小区3个，家庭农场2个，发展规模养殖大户65户。

【环境整治】建成标准化垃圾填埋场6座，配套垃圾桶164个；治理沟头咀梢6处、废弃地17

拆除黄官寨实验学校燃煤锅炉

处，取缔临时垃圾倾倒点 13 处；处理农村生产生活垃圾 200 余吨、建筑垃圾 500 余吨，清除“三堆”1864 处，回收废旧农膜 14 吨，购置秸秆粉碎机 1 台，粉碎清理农作物秸秆 14 吨；拆除果园土墙、更换透视墙 5500 米，拆除塌窑烂庄 9 处；改造商业门店 16 间、卫生厕所 64 处，垃圾坑点改造为小游园 1 处。开展大气、水、土壤、噪音等重点领域污染治理，完成省环保督查组交办环境信访案件 9 起，拆除燃煤小锅炉 22 台。开展河道垃圾及黑臭水体治理专项行动，清理非法排污口 7 处，关停临近水源地养殖户（场）12 处。

【社会服务】完成米堡村幼儿园提质改造前期工作。筹建标准化村级文化广场 2 处，协办中国庆阳第十五届端午香包民俗文化节。温泉卫生院住院楼投入使用。硬化道路 33.28 千米，打机井 6 眼，建水塔 2 座，完成 5 个组农电网改造和巨塬村沟水上塬工程电力配套建设。发放各类救助资金 7 项 497.13 万元，各类惠农资金 42 批 917.24 万元；开展农村一、二类低保对象精准认定核查，清退 7 户 18 人，新增 17 户 69 人，调整类别 46 户 156 人。开展食药品监管专项整治 10 次，查处办结案件 21 起，罚款 5.6 万元，没收劣质食品药品 500 公斤。“两违”监管实施网格化管理，将全镇划分为五大监管整治片区，年内共拆除“两违”建筑 131 宗 70695 平方米。年内调处矛盾纠纷 293 起，成功率 99.3%，受理信访件 55 件，办结率 100%。

【党的建设】年初，与各村签订党建目标管理责任书，建立党委书记、副书记、组织委员及基层党组织书记抓党建工作责任清单，落实各级责任。6 次召开党建、党务工作会议，专题研究党建工作。不定期约谈各村党组织书记，组织镇村干部开展“走村不漏户、户户见干部”行动。开展集中学习 48 场，主题研讨 4 场、专题辅导 12 场。举办村干部培训班 6 期 580 人，储备村级后备干部 43 名，培养入党积极分子 21 名，发展对象 33 名，表彰奖励先进党支部 4 个，优秀共产党员 51 名。查摆整改班子方面问题 6 条，约谈党员干部 12 人。推选 1 名机关干部在村党支部书记岗位上竞争上岗。

【脱贫攻坚】对照小康建设指标，按照“真扶贫，扶真贫”的原则，查补短板，建设巨塬村异地扶

帮扶干部入户宣讲帮扶政策

贫搬迁项目，解决 10 户养殖资金短缺难题；完成巨塬村、新桥村沟水上塬工程，湫沟村 6.8 千米道路硬化，280 万元小额贴息贷款投放，300 万元互助资金注入，530 户建档立卡户实用技能培训。按照“十不算、三保障、十不脱”标准，回退贫困户 16 户 58 人，新识别纳入 44 户 157 人；年底预脱贫 38 户 143 人，下剩 82 户 294 人，贫困发生率降至 0.92%。

【“两学一做”学习教育】开展党建“三大工程”“七大重点工作”，建成刘店村、米堡村党建综合示范点、湫沟村党建促脱贫示范点、齐楼村党员积分制管理示范点。推进“两学一做”学习教育常态化制度化，在学、做、改上持续加力。深入开展“四个走遍”“主题党日”和“党性锤炼日”活动，不断丰

富“四个建党”载体。完成第九届村民委员会换届选举,扎实整改村级党组织“四无难题”。

温泉镇领导班子成员名录

党委书记　李维仓

党委副书记、镇长　刘朋刚

人大主席　薛小军

党委副书记　高建伟

纪委书记　李志刚

副镇长　齐仲德　赵浩东　何喜宏

武装部长　马清泉

（供稿:刘　佳）

彭原镇

【经济指标】2017 年，规模以下工业增加值 1192 万元,农业增加值 1.89 亿元,文化产业增加值 0.51 亿元,粮食总产量 2.03 万吨,农民人均可支配收入 8970 元。

【项目建设】实施重点项目六大类 38 个,征用土地 347.44 亩,流转土地 493 亩,签订附属物协议 349 户,拆迁结束 96 户,搬迁坟墓 160 穴。周祖广场片区棚改项目一期占地 48.92 亩，涉及征迁农户 65 户,签订协议 63 户,拆迁结束 63 户,项目围界结束,征拆任务完成;中盛国家级核心种羊场项目签订土地流转协议 210 亩，全迁户协议 18 户、半迁户协议 32 户,规划安置点 1 处,建成集中安葬点 1 处,安置坟墓 30 穴。项目建成标准化羊舍 45 栋,青贮池、饲料库、培训中心、办公场所建成,2018 年年初建成投产;兰州正大集团仔猪良种繁育基地项目流转土地 283 亩，签订征迁协议 53 户,搬迁坟墓 24 穴,完成项目区 3.5 千米道路及项目区内用地征拆和清表工作;银西高铁(彭原段)项目红线内交地 298.52 亩；签订全迁户协议 60 户、半迁户协议 187 户,拆除全迁户 42 户;签订坟墓搬迁协议 93 穴,全部搬迁结束。其中,驿马一号隧道进洞 1.2 千米;李家寺特大桥、机场隧道北段、刘岭特大桥架梁通道等重难点工程用地全部保障到位；西峰北部工业集中区项目签订半迁户附属物协议 17 户、集体附属物协议　2 户、过渡费协议 82 户;拆除结束全迁户 5 户,7 户正在搬迁;处理园区道路边角地 16 户,搬迁坟墓 5 穴;中心广场清表围界 87.18 亩;B1 路道路标线、C17 路人行道整理工程完工;益翔药业投产,污水处理泵站工程进场施工。陇东汽车城项目一期建成投用汽车 4S 店 11 座、在建 1 座,标志性建筑车立方完成工程建设;二期签订全迁户协议 1 户,处理遗留问题 4 起一期二期征地 556 亩,兑付征地补偿款 3252.6 万元;三期清表 178 亩,已与南翔集团衔接,完成三期初设,正在报批。实施农民安置项目 8 个,其中:草滩安置点水、电、路等配套设施建设及围界工作完成;义门安置点完成项目围界,配套设施建设开工;李家寺安置点配套设施建设工程开工实施；刘岭（中岭、南岭)安置小区已完成清表围界,与商家达成代建协议,计划 2018 年 3 月开工。城市规划区内安置点(鄢旗坳综合安置点)、城市规划区外安置点(鄢旗坳东坳)地块已落实,手续正在办理,其中城市规划区外安置点一个组的土地协议全部签订;其余各安置项目前期手续办理、规划设计全力推进。完成庆阳市养老基地项目年度建设任务。

银西铁路(彭原段)驿马 1 号隧道

【乡镇建管】以美丽乡村建设为重点,发力环境整治和“两违”监管，打造宜居、宜业、宜游文明新镇。实施彭原村、邵家寺村市、区级“美丽乡村”建设示范村项目。举办中国·庆阳第二届青藤农业樱桃采摘文化节，吸引周边游客达8万人(次)，辐射带动200多户群众增加就业。实施彭碧渠生态园项目，建成景观门、彭碧渠石碑、龙觉泉、观景亭微景观，休闲垂钓区投入运营，景区绿化结束。邵家寺村沿街门面提质改造正与商户对接。环境卫生整治累计修剪行道树230千米、整修树畦170千米、涂白行道树6.23万棵，整治道路沿线垃圾1200多起，清运垃圾720吨，治理垃圾坑点152处，规划垃圾填埋点13处。环境保护工作开展燃煤锅炉“清零”行动，整改使用清洁能源；招引建成庆阳市首家优质煤炭交易市场，将西峰区所有散煤销售点统一划行规市。集中整治露天煤场、建筑工地、户外餐饮60余次，按期全面完成巴家咀水库水源保护区涉及的1729.3亩滩涂地退出任务，完成地块平整。加强对“三河一湖”(蒲河、黑河、盖家川、北湖)的环境保护。“两违”工程监管组织依法集中强拆5次，拆除“两违”建筑22宗12852平方米，其中督促自拆5宗1648平方米，强拆17宗11204平方米。

【产业培育】草畜产业立足中盛、正大、雨润三大畜牧基地，种植全膜玉米1.6万亩、紫花苜蓿4209亩、甜高粱1629亩，在义赵路沿线打造5000亩旱作农业示范带1处，增加百只(头)以上规模养殖户146户；苹果产业增种果树1610亩、培育苹果苗林1125亩，在五郎铺村建成300亩示范园1处，完成老果园修剪改造1100亩、幼园提质改造1090亩，周寨果品交易市场前期相关手续正在办理；瓜菜产业突出“绿色有机”品牌，种植高原夏菜1.1万亩，其中在杨坳、五郎铺村连片种植600亩；苗林结合产业完成苗林培育5645亩、退耕还林补植补造4000亩、在杨坳建成庆阳青年林1处，植树面积1200亩。严格落实封山禁牧、森林防火措施，加大公益林管护。

【社会服务】持续推进农村“三权”改革，完成135个村民小组8013户农村土地确权颁证和土地利用总体规划调整及永久基本农田划定编制工作。建成农民专业合作社12个、申报区级农民专业示范社4个，家庭农场1个，流转土地5512亩，建成示范基地5处，种植小杂粮2000亩，经营收入达到1100万元；整合各类培训资源，开展实用技术培训和劳务输转培训24期45场(次)，完成农民工技能培训2320多人(次)、劳务输转培训3400人(次)，输出劳务8800人，创收1.83亿元。申报小额扶贫贷款551万元，发放扶贫小额信贷资金120万元、产业资金合作社贷款34.3万元。

【安全生产】开展各类专项行动20余次，发现各类安全隐患122处，现场整改68处，限期整改54处；修订完善了镇、村两级突发性自然灾害应急预案和救助预案，组建抢险应急分队4支，开展防汛应急抢险演练4次，出动防汛救灾30余次，挽救人民财产损失50余万元，以道路交通、校园周边、食品药品、生产建设、公共消防为重点的“五项安全”和防灾减灾工作总体平稳。重视禁毒、油区管护、社区矫正、安置帮教和反邪教等工作，依法打击“村霸”和宗族恶势力等违法犯罪行为。

【信访维稳】化解各类信访案件35件，调处各类矛盾纠纷268起，调处成功率达到100%；强化重点人群监管工作，做好社区矫正和安置帮教工作，强化社区矫正人员网上监管、指纹签到和手机定位措施，发挥庆阳陇萃合作社安置帮教基地作用，过渡性安置刑满释放人员84名。

【脱贫攻坚】以下剩57户贫困户为重点，开展脱贫攻坚，更新完善“853”挂图资料；对已脱贫人口进行再次核查认定，将核查出9户36人重新纳入未脱贫对象管理；对照小康建设5大类39项指标，对15个村级脱贫攻坚项目库，完成13个扶贫互助协会专项核查工作，兑付“两后生”补助资金11.25万元。

【党的建设】加强村级基础设施建设，实施村级基础设施建设项目12个，其中村级综合服务中心建设项目5个(下庄、鄢旗坳、李家寺、草滩、义门)、农民文化广场建设项目7个(下庄、鄢旗坳、李家寺、草滩、义门、周寨、杨坳)。扩大非公党组织覆盖面。彭原村党支部升格为党总支,下设4个党支部。建立农民专业合作社党组织4个,带动农户致富增收。深化党建思想引领,向省市区各类媒体成功推送宣传信息385条。迎接省市各类督查考核、观摩调研98余次,召开现场推进会4场(次)。完成村级"两委"班子换届工作,选举产生村党组织委员87名,书记15名、副书记10名,村民委员会委员89名,主任15名、副主任19名,共调整充实村干部29名,对7个村的正职进行调整,实现村级换届"零上访"。

【"两学一做"学习教育】聚焦"两学一做"学习教育常态化制度化,组织召开党委中心组学习会21次,举办各类知识讲座、专题研讨、集体学习会60余次,党员干部讲党课85次,"主题党日""党性锤炼日""四个走遍"三大活动有序开展,举办庆祝建党96周年系列活动。

彭原镇领导班子成员名录

党委书记　刘　军

人大主席　郭宏庆

镇　长　赵军显

党委副书记　张兴成

纪委书记　张冠鹏

副镇长　徐冬波　张永念　刘海玲(女)

武装部长　田有峰

(供稿:赵启明)

后官寨镇

【经济指标】2017年,固定资产投资13.1亿元,招商引资10.7亿元,工业增加值2970万元,农业增加值1.36亿元,农民人均可支配收入12320元。

【项目建设】2017年,共实施亿元以上项目4个,500万元以上项目35个,累计签订征迁协议405户,交付用地830亩。全年共实施征拆类项目12个,其中:银西铁路后官寨段交付用地234亩,5处料场建成投用,3处先行性控制工程开工建设;和谐广场片区东庄区块棚户区改造项目,完成附属物协议签订和清表围界工作;巴家咀水库一级水源保护区移民搬迁安置项目路堡安置点各项报建手续完成,小区广场及大门正在施工;烃晨加气站、瑞华天然气输气管线等9个项目按计划推进。协调处理项目征拆遗留问题87件,其中安定西路延伸段建成通车,市妇女儿童保健医院、区公安分

银西铁路西峰制梁场

局业务技术用房等14个项目完成年度建设任务。规划实施11个安置项目,北庄、老家2处安置小区竣工,部分群众入住;司官寨柳树坳、王岭贾北坳等6处集中安置点完成用地手续办理及附属物协议签订和清表工作,后官寨南庄、中心王庄等3处集中安置小区正在办理相关手续。

【乡镇建管】围绕市级"文明城市"创建,开展城乡环境卫生综合整治200余次,出动干部群众6000余人次,清运垃圾190余吨,整治公路沿线"三堆"200余处,改造美化农宅及户外墙体200余处,行道路沿线种植格桑花30千米,美化、涂白、修剪西巴、西孔公路及村组主干道路沿线行道树150余千米,建设标准化垃圾填埋场3处。推行大气污染网格化管理,开展巡查182次,督促苫盖土

堆、砂石堆50余处，处理环境污染信访案件16起，依法对西巴公路沿线34处砂场进行整治，全部覆盖、遮挡到位；推进燃煤锅炉“清零”整治，辖区16台燃煤锅炉全部拆除。实施安定西路雨污水拦截工程，完成滩涂地退出1938.4亩，规划实施搬迁安置点2处，对巴家咀水库一级水源保护区居住群众实施整体搬迁。开展专项检查26次，排查整改安全隐患135处；防汛期间，出动抢险队伍36次，排除险情42处；完成辖区内2457辆两轮电动车挂牌登记，开展专项整治及劝导行动200余次，巡查各类机动车800余辆；校园、食品药品、动植物防疫检疫、消防等重点领域安全生产监管全面到位。维稳安保工作集中化解信访案件34件，调处各类矛盾纠纷432起；开展禁毒和油区重点整治工作，紧盯刑释解教、社区矫正、吸毒、邪教、精神病患者等“八类”重点人群，开展打击“村霸”及宗族恶势力专项行动。对“两违”行为保持高压态势，累计巡查380余次，组织大型拆除8次，拆除“两违工程”26宗1.9万平方米，同时协调区土地执法大队对6宗违法占地进行了立案查处。

【产业培育】扩大农业产业规模，流转土地5090亩，完成土地确权颁证和第三次全国农业普查，成立农业经济合作组织3个，栽种补植果树1520亩、经济林1020亩，完成顶凌覆膜玉米6600亩，春季荒山造林4574亩，搭建蔬菜钢架大棚155座，种植设施蔬菜9300亩、紫花苜蓿1200亩、甜高粱1020亩，建成百亩以上黄花菜种植基地2处，筹建黄花菜加工厂1处。商贸物流方面嘉鑫国际建材城二期部分建成投用，以嘉鑫国际建材城和电子孵化园为核心的商贸圈拉动周边新发展“三产”商业门店180余家，解决就业1500余人；依托镇村淘宝网店，“春满园”和“乔氏”玫瑰产品等农业电商品牌做大做强，借助辖区张小春物流及市区众多捷运平台，网店交易量突破500万元。文化旅游方面成功申报孔塬村省级美丽乡村建设项目，按计划建设；“南佐遗址”二期保护工程完成“玉女湖”景区环湖景观路、观景亭建设；南小河沟景区、南佐“文化集市”二期项目完成可行性论证及规划设计工作，具备开工条件；举办“陇东读书会”第29期、30期读书沙龙活动。

【民生建设】修建供排水管线2.1千米，打机井2眼，李庄村人饮工程建成投用；完成6个村民小组326户农电网改造，银西铁路沿线4个村民小组“三电”迁移工作全面完成；安定西路延伸段建成投用，拓宽硬化道路12条24.1千米；完成司官寨村等7处文化广场提质改造，建成帅堡村综合便民服务中心1处、村级文化广场2处，完成南佐村600亩高标准农田建设。完成5所小学附设幼儿园项目建设和8所小学校舍维修改造。举办农民工培训班25场(次)，培训农民工2500余人，组织开展各类文艺活动22场次，对65岁以上老人免费健康检查。开展低保对象精准认定大核查工作，完成485户低保对象及62名五保供养对象的核查，临时救助、社会优抚等其他救助救济资金发放到位；新农合和养老保险基金征缴参合率均达到98%以上。

【脱贫攻坚】落实各项扶贫措施，发放扶贫贷款和互助资金265万元，产业到村、到户措施全面实施，编制2018—2020年镇、村、户三级脱贫规划，按照“十不算”和“十不脱”标准，完成全镇2014—2016年建档立卡脱贫人口“回头看”数据整理工作，526户建档立卡户通过市区验收。

【党的建设】完成村两委及下属组织机构的换

南佐村第九届村民委员会选举大会

届工作。完成甘肃党建智慧云平台和全国党组织和党员信息系统信息采集录入。改造村级党建活动阵地7处，新建、扩建村级服务场所各1处，完成软弱涣散党组织转化提升和党组织书记集中轮训，对党务业务骨干进行了2期集中培训，村级集体经济平均增幅突破20%。开展“三纠三促”专项治理行动，年内开展各类督查200余次，通报镇村干部77人(次)，处理违纪党员9名，组织处理5人，收缴违规资金27845元。

【“两学一做”学习教育】开展周二“主题党日”活动，累计组织开展专题宣讲64场次、研讨交流39场次、集中学习120余场次。持续加大党建信息化建设，党建公众号“口袋党校”关注量突破2万余人，实现了党员线上线下学习交融互补。组织野外拓展训练、干部职工运动会、庆祝建党96周年演讲赛等活动，选树表彰一批优秀党组织和优秀共产党员。

后官寨镇领导班子成员名录

党委书记　燕玮杰
镇　长　李　勇
人大主席　左正身
党委副书记　李含宝
纪委书记　高　鹏(6月止)
　　　　　王　青(女,6月任)
副镇长　刘建丰　胡为栋　靳　妍(女)
武装部长　齐　雄(6月止)

(供稿:罗文刚)

肖金镇

【经济指标】2017年，固定资产投资5.4亿元，规下工业增加值3141.1万元，招商引资项目4.7亿元，农民可支配收入8638元。

【项目建设】2017年，实施各类项目42个。银西高铁肖金段项目、庆阳市生活垃圾焚烧发电厂、环川公路肖金段建设项目、左咀村正大万头猪育肥养殖场等国家、省市区重点建设项目保障有力；争取政策、资金支持，完成宋塔保护文化园一期、职工宿舍楼维修改造及城区北一、二路硬化工程。筹资完成特色小镇发展规划及“两线四点”旅游规划，建成左咀村村史馆、红色文化主题广场，自筹自建项目全面完工。

【产业培育】采取“合作社＋农户”模式，依托设施蔬菜基地，推进“农业＋旅游”产业融合发展，

永生庄园鲜桃采摘开园仪式

建成规模以上瓜果示范种植基地22处，田园综合体16处，标准化养殖厂10处。举办赏花、品果、休闲采摘、体验观景活动10余次。招引的正大万头猪育肥基地流转土地187.35亩，完成附属物清理及场地平整，进行圈舍主体建设。

【社会服务】实施农村道路硬化13个村(组)27.97千米，打机井2眼、建水塔4座，建成漳水、南李、李城3个村农民文化广场和大户王、双桐2个村老年人日间照料中心，农电网改造村(组)11个(农电户724户)，上刘村居民点完成主体工程建设。发放各项惠农、优抚资金3360余万元，技能培训1450人，输转劳务10600人，劳务收入22154万元。

【乡镇建管】确立以宋塔保护文化园为中心，按照仿宋风格辐射改造周边街区，重建古风街区、传承古韵文化特色小镇建设思路，围绕“一心、两轴、四区”(以镇政府为中心，依托镇肖路、中一街和金城街两条主干道，建成宋塔区域的宋历史文

化风貌区、民俗文化广场区域的民俗文化风貌区、西北区域的现代城镇风貌区、东北区域的工业风貌区四大区域）空间结构，特色小镇试点工程——肖金宋塔保护文化园一期工程建成。肖金南街沟口排洪工程、肖金活禽活畜交易市场建成投用。北部工业园区道路建设项目、针织百货市场提质改造项目完成前期手续办理，城区污水处理项目正在进行前期手续办理；城区垃圾填埋场建设项目上报区政府待批。城镇北一、二路硬化工程完工，小城镇区内“三纵五横”路网骨架形成。

【环境整治】在城区，推行城乡联合执法，动员驻镇单位干部职工全员参与，大力整治城区巷道街区秩序及环境卫生。在农村，统筹环卫设施数量及配置，成立保洁队伍，建立标准化填埋场，整合资金推进纸坊川区美丽乡村、左咀生态文明小康示范村建设项目。累计投入资金490万元，配备大型保洁车辆8辆，建成垃圾填埋场5处、环保公厕5座，整治道路16条120千米，治理垃圾坑点500多处，清理门前“三堆”6000多处，拆除残垣断壁及门前厕所86处，美化农户庄子120户，建成门前花园、菜园200多处，打造美丽庭院60户，修建文化墙2000米。

【文化生活】举办广场舞比赛、2017•肖金文化商贸交流会等“群众是主角”系列文化活动20场次，举办了乡镇社火踩街大拜年。结合学习宣传贯彻中共十九大和省第十三次党代会精神，举办知识竞赛、文艺展演等文体活动20余次。

“花神之约”芍药动漫主题观赏节开幕式

【旅游开发】坚持推进“农业＋旅游”融合发展模式，建成脱坳仙客来、左咀芍药园等各类瓜、果、菜、花田园综合体16处，举办庆阳首届“花神之约”芍药动漫主题观赏节、永生庄园精品油桃开园采摘等赏花、品果、休闲采摘、体验观景活动10余次。

【脱贫攻坚】建立全镇干部“一对一、一对多”帮扶所有贫困户的工作机制，形成横向到户、纵向打通、全覆盖“三级联动”帮扶体系。脱贫成果提高，贫困面减小，贫困发生率降至0.34%。

【党的建设】实施“好人治村、能人强村”战略，完成村“两委”换届选举工作。推行党员积分制管理，加大执纪问责力度，查办违纪案件23起，责任追究38人。开展明察暗访督查年活动，采取集体约谈、分层次约谈、点对点约谈、苗头性问题及时约谈等方式，约谈600余人次。

【“两学一做”学习教育】落实意识形态工作责任制，严管干部网络行为，以上率下落实“三会一课”“主题党日”学习等组织生活制度，推动“两学一做”学习教育常态化制度化。突出“三点一村二社区”建设（机关数字党建示范点、胡同村村企共建互促双赢模式示范点、米王村“党建＋”模式示范点，双桐村综合服务中心建设，城镇便民社区和农村服务社区创建）。在机关举办干部能力素质提升、村级财务管理培训班，建立党员微信学习群，打造“掌心党建”新平台。

肖金镇领导班子成员名录

党委书记　杨　啸

镇　　长　冯　榕（女）

人大主席　马海东

党委副书记　闫小舰

纪委书记　赵　煜（6月止）

副镇长　周　瑄　王宏涛　王宝军

武装部长　张岁旺

（供稿：王安会）

什社乡

【经济指标】2017年,全乡粮食总产量1.32万吨,农业增加值1.72亿元,固定资产投资2亿元,招商引资3亿元,农民人均可支配收入9196元。

【项目建设】开展“项目会战年”活动,举办首届招商引资项目集中签约仪式,成功签约项目7个,签约资金达亿元。整合实施各类项目65个,其中千万元以上项目3个,百万元以上项目实现行政村全覆盖。什社敬老院、交警中队两个国省投项目主体工程建成;新兴村集镇开发总面积达1.3万平方米,集便民服务、商贸物流、文化广场、居家养老、教育医疗等于一体,总体规模相当于1/3个什社街区。

【乡村建管】重点围绕水电路田房建设,打机井4眼、建水塔4座,完成塔头村淤地坝坝体加固工程;实施农电网改造24个村民小组;积极争取区交通局支持,以打通断头路为重点实施柏油硬化道路5条10.7千米;依托扶贫项目完成庆丰、什丰砂石路4条26.5公路;完成危旧房维修改造50多户,实现安全稳固住房全覆盖。永丰村美丽乡村建设项目完成道路硬化7.6千米,村级办公场所、文化广场、居民点同步建设,是继李岭之后全乡第二个省级美丽乡村。

【产业培育】发展“果、米、瓜、游”四大产业,加快农业现代化。果产业:建成统一搭建立柱立架、铺设滴灌,集防霜防冻、防旱防风于一体的新庄村千亩果树标准化示范园,立标示范完成新栽果树2000亩,提质改造2000亩。米产业:实施扩繁试验项目,以新庄海子坳为核心,辐射带动周边村组种植黄毛谷突破万亩。举办什社首届贡米文化节,与北京中线渠首有限公司签订3000亩销售订单。瓜产业:武川西甜瓜在稳定种植500亩的基础上,对川区土壤进行测土配方,推广使用生态肥、有机肥。创新“西甜瓜+蔬菜”双赢发展路子,

庆丰村油葵基地

形成前季瓜、后季菜的多元化经营新模式。旅游产业:成立庆阳李岭“海山寺”旅游开发有限公司,举办李岭海山寺、庆阳第二届郁金香、什社商贸文体交流大会等3个旅游节会,建成全市首个千亩观赏油葵基地,接待游客万人以上。

【社会服务】坚持民生至上的理念,完成李岭寇庙等7所幼儿园改扩建,建成永丰等文化广场5处,实施什社敬老院等民生保障项目16个。建成永丰残疾人就业基地1处,建设标准化羊舍28处,投羊364只;及时足额发放各类救助资金,开展多种形式慰问救助活动。培育和践行社会主义核心价值观,承办2017年度全区科技文化卫生“三下乡”活动,开展农民道德大讲堂等大型宣传教育活动5场(次),举办首届“广严寺杯”农民书画大赛、象棋大赛等活动20次,丰富群众精神文化生活。创新开展社会主义核心价值观进家庭活动,评选表彰“最美家庭”“五好家庭”“好婆婆、好媳妇”等道德模范57个。每月至少开展一次安全专项检查;开展矛盾纠纷大排查、大整治,成功调处各类矛盾纠纷137起,年内无重大上访事件发生。

【环境整治】以“一路一带一线”(“一路”,即公路沿线绿化长廊。“一带”,即乡内主干道两旁格桑花种植带。“一线”,即建成什丰至永丰线空中花廊和着力打造花园型家庭)为主线。其中,花进草退:建成55千米格桑花带,美化人居环境。沤肥清堆:对果树剪枝、闲置秸秆集中粉碎,建成高效沤肥池

全域无垃圾专项治理建成的沤肥池

23 座。生态填埋：建成垃圾集中点 10 处，实现垃圾无害化处理。立标示范：打造党员、帮扶单位、包村干部、村组干部、群众自治“五条示范路”。精整细治：把环境卫生整治划片包干到 538 户群众，使全村16 条 25 千米道路实现全域精准治理无盲点。在村镇沿线建成家庭花园 125 个。筒箱到户：永丰村为 675 户群众每家每户制作配发了简易垃圾收集筒。新庄村为 643 户群众每户划分 10 个义务工，发动全部参与。

【脱贫攻坚】把脱贫攻坚作为重大政治任务和头号工程来抓，对 2014—2017 年脱贫户全面入户核查。开展脱贫攻坚冬季攻势，完善脱贫资料，补齐发展短板，编制完成 2018—2020 年脱贫规划。开展系列公益扶贫行动，捐赠物资价值 50 余万，帮助贫困儿童 169 名。以强化保障困难群众越冬过节期间生产生活为契机，慰问救助困难群众 1460 户，解决实际问题 1500 多个。对全乡 11 个扶贫互助协会，12 个产业发展资金合作社加强监管和指导，开展专业培训，抓好资金的管理和使用。举办各类致富技能培训 12 场(次)，培训人员 1800 余人(次)。

【党的建设】完成村“两委”换届，选举产生村“两委”班子成员 46 名。纳新党员 30 人，转正党员 30 人；建成永丰等 5 个村级组织活动场所；建立什社党建微平台。开展困难党员慰问活动 5 次，慰问党员 120 人，发放慰问金 6.5 万元；落实 2016 年度离任村干部生活补贴 123 人。

【“两学一做”学习教育】坚持“三会一课”等制度，开展党委中心组学习 14 次，专家辅导、心得交流、主题演讲和知识测试等共 14 次，讲党课 36 次。

什社乡领导班子成员名录

党委书记　葛宗峰

乡　长　袁文博

人大主席　王武合

党委副书记　何红金

纪委书记　李本福

副乡长　郭立俊　孙亚兰(女)　李志霖

武装部长　孙添博

(供稿：杨立涛)

显胜乡

【经济指标】2017 年，固定资产投资 1.26 亿元，招商引资 1.97 亿元，规模以下工业增加值 607 万元，农民人均可支配收入 8800 元。

【项目建设】2017 年，完成甘肃东部百万亩土地整理项目显胜片区年度建设，整理土地 1.03 万亩，增加耕地 1500 亩；显毛公路提质改造项目开工建设；显胜敬老院建设项目，完成前期手续办理，批复立项；完成冉李村省级美丽乡村建设，修建占地 3000 平方米的民俗生态公园；完成毛寺古街二期建设，设置二十四孝浮雕图，放置石磨等传统农具。同时，建成“龙泉古寺”“嫦娥奔月”“皂角岭”3 处观景台。

【产业培育】以发展特色农业、帮助农民增收为抓手，重点抓好樱桃、设施瓜菜和旅游服务等优势产业发展。招引大连春鹏农业发展公司，在原有千亩大樱桃基地的基础上，栽种大樱桃 2050 亩，建成 3000 亩大樱桃基地；在蒲河川区搭建高架大棚、钢架大棚 478 座，种植露地蔬菜 2100 亩；以举办“三大节会”为契机，引导群众发展农家乐、民宿等旅游服务业；在各类果树幼园套种辣椒、白籽瓜等林下经济作物5100亩；建成农民专业合作组织3家，引进圆通、申通等电子商务平台，把特色农产品全面推向市场。

【旅游开发】举办三次大型节会和建设AAAA级旅游景区，打造“黑老锅”品牌。1月16日，举办全市首届庆阳冰雪旅游节，首次以图片、文字、视频等形式将显胜向省内外进行全方位宣传；4月25日，举办中国·庆阳首届油菜花节，实现春季赏花、夏季避暑、秋季采摘、冬季滑雪快速转变，中央电视台农业频道、中国农业科技报等11家媒体宣传报道；6月18日，《乡约·甘肃西峰》拍摄活动走进毛寺村，全方位、多角度对毛寺村发生的变化进行宣传推介；建成黑老锅游客服务中心主体工程和步行栈道地桩基础铺设；招引陕西德庆丰实业有限公司，在蒲河村投资建设月亮湾香草园，栽植花草560亩，建成游客服务中心、步行栈道、观光小火车等景观。

首届油菜花节开幕式

【环境整治】结合市区机关义务植树活动和春季荒山造林工程，在蒲河川区栽植大苗油松6500亩；在肖显路、显蒲路等乡村道路沿线种植花卉，建成“显胜花带”26千米；在街区投放垃圾收集转运箱8个、安装分类式垃圾箱40个、购置垃圾清运车1辆，建成公厕2处；督促显胜卫生院和月亮湾香草园建成污水处理设施，富兴砖厂和永茂砖厂安装脱硫除尘设备；建立乡、村、组三级“河长制”，蒲河流域显胜段水质显著改善。

【社会服务】岳岭、显胜、毛寺、蒲河等村组道路硬化41.4千米；配合区教体局完成下刘、铁楼、冉李三所幼儿园的标准化建设，并开园招生；在下刘村积极实施残疾人养殖就业基地建设项目，帮助42户残疾人每户建设羊舍100平方米、投放种羊13只；围绕樱桃幼园管护、家政服务、刺绣编织等内容，举办大樱桃幼园管理培训班、“陇原巧手”等技能培训8场次，培训群众1500人次；联合派出所开展重点人员全面排查和稳控，摸排矛盾纠纷185起，按照分级化解和领导包案相结合模式，开展信访化解“百日行动”，调处180起，调处成功率97%；围绕道路交通、地质灾害、建筑工地、旅游景点等领域，开展“安全生产大检查”，排查整治各类隐患13处，增设交通指示牌、安全防护栏28处；在全乡范围内开展“凡人善举，最美家园”创评活动，表彰宣传文明示范组、好媳妇、好公婆等13个类型50个先进集体、家庭和个人的先进事迹。

【脱贫攻坚】2017年，对未脱贫的87户300人，重点围绕产业培育、设施提升、技能培训等措施进行精准帮扶。同时，按照“缺什么、补什么”的原则，结合户内意愿，实施贫困户危窑危房加固5户，易地扶贫搬迁4户，农电网改造33户，互联网入户20户，建成卫生厕所7座。开展精准扶贫对

帮扶干部入户扶贫

象“大走访、大排查”和“六查三问一细化”工作，解决毛寺村石河、河西两个居民点22户群众的安全用电问题。向123户困难群众发放慰问资金4.7万元，走访慰问困难群众614户，实现41户贫困户稳定脱贫。

【党的建设】开展“树党员模范，做时代先锋”评选和“结对帮扶献真情，党群齐心奔小康”结对帮扶行动，树立帮扶帮带、创业致富、志愿服务、政策宣讲、敬业奉献五类党员模范6名；开展“农民党员在行动”“党旗扛在肩，服务我为先”“美好家园，携手共建”系列活动，引导农民党员参与环境综合整治；成立全市首家村级旅游开发公司——庆阳毛寺黑老锅旅游开发公司，同步成立党支部；向全乡党员制作发放《显胜乡基层党建100问》1050册。

【“两学一做”学习教育】落实“主题党日”学习等组织生活制度，推动“两学一做”学习教育常态化制度化。开展农民党员每季度撰写一篇心得体会、每半年讲一次简单党课活动；在全乡创新建立“1+1，1+N，N+1”小康帮带模式，使党员充分发挥“先锋引领”作用，带领群众脱贫致富、共奔小康。

显胜乡领导班子成员名录

党委书记　夏　成
党委副书记、乡长　贺永龙
人大主席　刘政伟(6月止)
　　　　　司虎龙(6月任)
党委副书记　司虎龙(6月止)
纪委书记　徐　波
副乡长　殷生杰　李兴鹏　武芳芳(女)
武装部长　景　峰

(供稿：齐羿博)

西街街道办事处

【经济指标】固定资产投资7.1亿元，招商引资6.5亿元，规模以下工业增加值3422.8万元，农业增加值812.5万元，农民人均纯收入11868元。

【项目建设】全年共启动实施各类建设项目33个，其中棚户区改造项目10个，道路建设项目9个，小区建设项目8个，民生项目6个，涉及征地1600多亩，涉及征拆户1020户。共签订征拆协议

火巷沟坡面开挖及防护工程施工

1088份，拆迁清表686.6亩，围界1460米。其中：市电视台片区棚户区改造项目签订征拆协议450份，拆迁清表90亩，围界380米；周祖广场片区棚户区改造项目签订征拆协议314户，拆迁清表187.5亩，围界430米；气象局片区签订征拆协议67户，拆迁清表108亩，围界500米；炮台巷片区签订征拆协议90户，拆迁清表15亩，围界150米；安定西路延伸段签订征拆协议5户，拆迁清表11亩；家乐福片区签订征拆协议8户，拆迁清表52亩；北京大道延伸段签订征拆协议60户，拆迁清表62亩；火巷沟头治理签订征拆协议71户，拆迁清表113.1亩；北区供热站签订征拆协议24户，拆迁清表48亩；两个安置小区(老城、北城)、两个村级综合服务中心(秦霸岭、火巷)、两个市场(重型机械租赁市场、陇东商场)等一批村组自办项目前期工作均取得进展。

【城市管理】在南盘旋、长庆北路制定大型宣传牌8面，刷写固定墙体标语13条，制作小广告集中宣传栏10处，开展专题宣讲14场(次)，发放宣传单2600多份，签订“三包六禁”责任书1400多份，成立了110人的环保志愿者队伍。对9个居民

小区、13个市场、26条巷道进行集中整治，完成巷道硬化2条，治理7条；配合区环卫局落实公厕选址14处、垃圾中转站7处；建成公厕2个，建设中3个。对辖区内13个市场集中整治，拆除市场内占道搭建的违章建筑50余处，清理小广告3000余份，清理卫生死角32处，清理店外店600多户，投资7万元购买清运保洁车30辆，垃圾箱138个。“两违”拆除共组织5次大规模拆除，拆除“两违”工程28宗，其中强拆23宗，自拆5宗，拆除面积2578平方米。

【社会治理】成立禁毒重点整治领导小组，辖区发现管控吸毒人员98人，其中：社区戒毒3人，社区康复22人，戒断三年以上44人；强戒21人、羁押3人、服刑5人。开展法制宣传月、综治宣传月、禁毒宣传月活动，举办禁毒文艺会演3场；普法文艺演出5场；干部学法培训和三校法制讲座20余场；开展防震和消防紧急避险演练8余次；发放禁毒、普法等宣传资料11000多份；制作板报、专栏10面，出动宣传车辆90余次；悬挂横幅80多条；编印《法制宣传》25期，通过西峰电视台、庆阳印象网、西峰网等上稿宣传35次。排查矛盾纠纷132起，化解129起，3起正在办理；共受理信访案件42起，化解回复38起，移交有关部门2起，正在办理疑难案件2起。

禁毒宣传文艺演出

【民生建设】人口和计划生育工作落实四项手术85例，人口出生率7.13‰，计生率96.67%，人口自然增长率2.46‰，流动人口协查通报率100%；新增市级奖励扶助10人，市级转入国家级奖励扶助6人；一次性发放养老储蓄21户，发放养老保险18户；分别建成秦霸岭村、东门村、寨子村“陇家福幸福寓所”3处。安全生产工作，在东湖公园西广场开展了安全生产宣传咨询日活动，设立宣传牌20面、悬挂横幅8条、发放宣传品3000余份、接受群众问答100多次；通过惠农专户发放惠农补贴资金913249元，其中：粮食直补103352元；农村低保213566元；大病救助96750元；城乡医疗救助21510元；孤儿生活补助费55000元等，辖区农户发放的各类补助性资金100%通过“一折统”进行了兑付；对辖区86户低保户重新认定审核。开展丰富多彩的大型文化活动4场(次)，挑选30名干部职工组成西街办秧歌队，参加“庆元旦·展风采”系列庆祝活动；联合区委宣传部、文广局、南街办、北街办在东门村文化广场举办“送文化下基层”专场文艺演出活动1场(次)。培育香包生产大户3户，开发新产品2种，举办产业培训班6期520人(次)。对辖区在建项目和部分重点企业进行2次监督检查；开展集中宣传活动4场(次)；全面排查辖区内的燃煤锅炉38户，拆除2户。农村新型合作医疗和社会养老保险实现全覆盖，参保率达100%。

【党的建设】围绕“最美家庭”评选和“七一”建党节纪念活动，评选“最美家庭”6户，纳新党员3名，转正党员2名，表彰奖励先进基层党组织3个、优秀党员和优秀党务工作者20人；全年约谈党员干部160人(次)，处理违纪党员13人。

【“两学一做”学习教育】组织中心组集中学习12场，党工委书记讲党课6场，联村领导到村级党支部(总支)讲党课12场，党员领导干部到所在党支部讲党课5场，24名支部书记亲临机关院落和农家小区讲党课43场，邀请党校老师集中授课8场，组织理论研讨、主题演讲、理论测试等活动4场，街办16个部门和机关103名党员与辖区村组、市场、企业及生活相对贫困人员全部建立起帮带关系,帮办实事52件。

西街街道办事处领导班子成员名录

示范区管委会主任、开发区党委书记、党工委书记 李永太

党工委副书记、办事处主任 刘 丹

党工委副书记 袁小军

人大办主任 马永学

纪工委书记 刘丽萍(女)

办事处副主任 张广铭 赵宏东

武装部部长 袁 晨

(供稿:李佳宇)

北街街道办事处

【经济指标】2017年新入库建设项目9个,固定资产投资1.2亿元;开工建设50万元以上项目10个,项目建设资金6.8亿元;招引省外资金投入辖区在建项目6个,到位资金7.3亿元,认定验收资金5.8亿元。工业增加值3872万元,论证储备项目2个。

【项目建设】2017年,共实施棚户区改造项目11个,其中市建工铭园、百货大楼、天富大厦、凤凰胜境4个商家自改项目,已全部完成征收任务,项目用地具备施工条件;7个政府主导项目中,地毯厂片区签订协议88户(住户87户;单位1户),搬迁74户(住户73户;单位1户),拆除运司八号楼30户,西峰区盐务局办公楼已清表;三中片区、安定东路北侧片区项目共计签订协议84户,督促搬迁84户,完成了用地清表围界;汽修厂小区区块签订协议282户,占总户数288户的98%;运输公司片区已完成201户调查摸底工作。对三中片区青少年活动中心区块、周祖广场片区人行区块摸底评估。

【城市管理】开展"城市出形象、管理上水平"活动,实行街道、社区、居民楼院三级网格化管理模式,将全域无垃圾治理、"两违"建设监管、大气污染防治等工作全部纳入网格管理。针对辖区30多个小区"脏乱差"现状,动员干部群众开展集中整治30场次,清扫拉运建筑、生活垃圾270吨,清理广告牌30余面,铲除小广告13000余条。打造了北部商城"样板市场"1处,鸿元丽都小区、地税局家属院等"样板小区"15个。持续保持"两违"建筑巡查监管高压态势,依法拆除"两违"建筑22宗,动员自拆1宗,在群众中形成了违法建设必遭查处的共识。严格落实大气污染防治网格化管理责任制,排查非集中供热燃煤锅炉68台,动员自拆2台,强拆24台,新能源改造1台,调处供暖管网改造矛盾纠纷34件,开展大气污染专项检查12场次,制止污染环境行为60余起。

【文明创建】依托辖区单位,开展法律法规、文明礼仪等专题教育培训3场次。利用宣传墙廊、电子显示屏等播放公益广告、宣传标语2000余次。开展评优选模活动,评选"最美家庭""文明楼院"等22个,"巾帼建功标兵"11名。举办以"弘扬核心价值观、同心共筑中国梦"为主题的第二届社区文化节,开展涵盖群众舞蹈大赛、书画展览等7项具有地方特色、时代特征的系列群众文化活动,参与居民4800多人。开展"学习雷锋好榜样""情系福利院"等群体性志愿者服务活动17场次,开展法律法规咨询、文明劝导、家政服务等个体志愿服务21场次,惠及群众800余人次。

【民生建设】创建无毒小区10个。开展安全生产大检查40余次,督促整改安全隐患30余处。组织开展安全生产"六进"大型宣传活动4场次、举办培训班5期,受益群众5000余人。累计走访贫困户231户635人,发放临时救助金14.8万元,自然灾害救助金3万元,发放优抚人员抚恤资金89.8万元,孤儿生活补贴2.8万元。申报廉租房补贴658户。联合辖区医疗机构开展免费义诊、体检350人次,组织白内障患者接受治疗14人次。加大

社区工作人员走访生活困难群众

就业技能培训，举办香包刺绣培训班10期，培训手工制作者870人。

【社区服务】“智慧社区连民心”，东大街社区创建四大平台、六个应用模块的智慧社区应用系统，形成网上、掌上、亲身体验及热线服务“四位一体”的线上线下全景式服务新业态。年内接待各类观摩学习活动17场次。“心怡模式献爱心”，北大街社区指导成立庆阳心怡咨询调解服务中心，下设工作室16个、联系点32个，免费为居民群众提供心理辅导、法律咨询、矛盾纠纷调解等服务。年内接待各类观摩学习13场次。“七色教育润童心”，九龙北路社区强化未成年人教育，“红色”革命传统教育、“橙色”科普教育、“绿色”健康教育、“金色”国防教育、“青色”法制教育、“蓝色”环保教育、“紫色”关爱教育。在三中、附小

“关爱儿童，助梦飞翔”公益助学活动

开展禁毒、消防等教育6场次。长庆北路社区创建以党组织为引领、打造一项品牌服务、创新五项特色活动、开展六项便民行动、实现零距离服务工作机制。网络家政服务中心设立“12349”服务热线，加盟服务企业200多家，组织开展“智慧大家庭 邻里剪纸艺术”节、“温馨大家庭 邻里粽子风俗”节等活动3场次。

【党的建设】依托东大街社区“智慧社区”及北大街社区“心怡”调解中心创建了“空中党支部”和“社团组织”党建工作新模式，迎接全市党建工作观摩。严格落实党风廉政建设责任制，签订《廉政承诺书》，对践诺情况实施问责，实行捆绑式考核。修订完善《干部职工管理办法》《重点工作考核制度》等15项规章制度，实现以制度管人管事。开展工作督查13余次，明察暗访7次，集体约谈3次43人次，通报批评违纪干部3人次。

【“两学一做”学习教育】深入推进“两学一做”学习教育常态化制度化，落实“三会一课”制度，结合主题党日、党性锤炼日等活动，强化党员教育管理，使党组织生活规范化。组织开展主题实践活动。邀请党校老师集中授课，组织理论研讨、主题演讲、理论测试等活动。

北街街道办事处领导班子成员名录

党工委书记　郭光瑞(1月止)
　　　　　　张　楠(1月任)
办事处主任　徐君位(1月止)
　　　　　　张红林(6月任)
人大工委主任　王盛林
党工委副书记　贾　静(女)
纪工委书记　刘社军
办事处副主任　顾维海　李兴明
武装部部长　胡晓刚(5月止)
　　　　　　李生成(6月任)

(供稿：强蛟龙)

南街街道办事处

【经济指标】全年共启动实施各类建设项目22个，项目投资11.5亿元；引进招商引资项目7个，招商引资17.7亿元；建设固定资产投资项目6个，投资1.1亿元，辖区26个工业企业实现增加值2700多万元。

【项目建设】启动实施区委片区外贸局家属楼、炮台巷片区（横六路）两个片区棚改项目，签订协议16户；攻坚扫尾安定东路南侧、四中南侧和原市工农被服厂3个片区，对下剩36户进行集中清表，向政府净地移交城市建设用地26.4亩。完成紫峰大厦项目、四中高中部综合教学楼主体工程。

【城市管理】每周五组织干部进小区、进楼院开展环境卫生综合整治，清扫巷道2650多条，清除非法小广告1.26万处，清运垃圾64吨；重拳整治拆除“两违”建筑26宗；打造样板街8条，样板小区8个，样板楼院16个；创建省级卫生单位2个，市级卫生单位3个，市级卫生社区2个。保障城区集中供热553.6万平方米，拆除城区燃煤锅炉82台。

【民生建设】依托“星级社区”创建，形成一系列特色便民服务品牌。依托街道社区两级政务服务平台，受理办结各类便民服务事项3500余件，审核申报廉租住房补贴644户1572人，对281户居民实施临时救助12.35万元，全额发放60岁以上人员待遇1108人，扶持431名大龄就业困难人员实现再就业。

【社会治理】累计排查生产经营单位249家，下发限期整改指令书51份，保障全年“零事故”发生。深化吸毒人员管理，戒毒康复工作实现“一个覆盖、两个降低、三个提升”。加大对社区矫正，邪教“法轮功”等特殊群体帮教稳控。成功调处矛盾纠纷290起，化解群体上访案件12起，实现了进京赴省零上访。

【文化生活】举办“最美南街”系列评选活动。

文艺会演

依托“一月一主题”活动，组织开展“清风正气传家远”“民族团结一家亲”“逐梦奔小康•喜迎十九大”文艺会演等活动105场次；协助辖区香包产业大户研发新产品15种，示范带动辖区文化产业实现产值0.35亿元。规范管理辖区文艺社团28个，组织为居民义务演出126场次。

【党的建设】组织机关和社区27名干部，赴金昌、兰州、平凉等地学习考察，引进先进的管理、服务理念和经验做法，运用到工作实践中去，夯实工作基础。党风廉政建设、宣传思想暨精神文明建设、基层城市党建、统战、妇联、禁毒、政法综治、棚户区改造等工作迎接市、区两级观摩指导和举办现场会87次。

【“两学一做”学习教育】全年召开党工委（扩大）会议13次，专题研究党建议题13个。开设“经典教育”“传统教育”“典型教育”“体验教育”“网络教育”五大课堂，依托“主题党日”，邀请党校教授、辖区老党员等讲党课60多场，举办专题讨论4次，组织集中学习400余次，人均抄录学习笔记3万余字，撰写心得体会6篇。

南街街道办事处领导班子成员名录

党工委书记　刘超尘

人大工委主任　张红林（6月止）

　　　　　　　梁　红（6月任）

党工委副书记、办事处主任　杜翠峰（女）

党工委副书记　郑琬丽(女)

纪工委书记　梁志宁

副主任　李国鸿(6月止)　曹和平(6月任)　李　迪

武装部部长　曹和平(6月止)

　　　　　　张　军(6月任)

(供稿:俞　阳)

村组社区选介

董志镇罗杭村

罗杭村位于董志镇西南约9千米处，全村共辖10个村民小组,500户,2079人，总耕地面积5865亩,全村2017年农民人均纯收入4800元,属典型的塬边咀稍区。

2017年,罗杭村抢抓脱贫攻坚的历史机遇,积极争取项目,帮办实事。共争取落实整村推进、土地整理、人饮安全工程、交通基础设施建设、扶贫开发、一事一议财政奖补等项目16个，总投资2374.5万元。全村10个自然组7400亩土地复垦任务完成;柏油硬化道路3条6千米,水泥硬化5千米,铺砂硬化9.6千米;打深水机井2眼,建水塔1座,铺设喷灌1000亩。依托易地扶贫搬迁项目,居民点项目即将建成入住。协调电力部门,完成4个组农电网改造工程;建成沼气池100户。产业培育方面,采取土地流转,合作社管理的模式,栽植苹果树500亩,核桃树500亩;完成苗林结合及荒山造林4000多亩，其中发展百亩示范点2处。利用国开行扶贫贷款项目,成立养殖专业合作社1处,建成3000只规模的养殖场1处,带动发展规模养殖户30多户。社会事业方面通过帮扶单位多方协调,完成村部维修改造,配套办公设施;完成罗杭村标准化卫生所建设，建成村级农民文化广场1处。按照“支部+协会+产业+基地+农户”的模式,成立5个农民专业合作社,吸收会员34人,流转土地2040亩。累计培训党员干部、农民工、致富能手18场(次),800多人(次)。

温泉镇八里庙村

八里庙村位于温泉镇东南部,辖10个村民小组,890户3830人,耕地面积7025亩。

2017年,村党支部以小康村建设为目标,狠抓基层组织建设,积极发展入党积极分子,强化党员队伍建设。利用西合公路沿线人口集中、交通便利的优势,带领群众大力发展果业生产,增加农民收入,人均可支配收入9600元。引导群众种植露地蔬菜,提高蔬菜质量,增加种植面积,种植面积达到3570.86亩,获得了可观的经济效益。村党支部千方百计发展非公企业,使西峰区八里庙建材厂、西峰区温泉砖厂落户本村，解决了一部分群众就业难题,带动了本村经济快速发展,村党支部先后被区、镇命名为五好村党支部。

彭原镇草滩村

草滩村位于彭原镇最北端,全村辖11个村民小组,568户2406人，有耕地5570亩，人均2.3亩,雷西高速、庆西公路贯穿全境。

2017年，兰州正大集团仔猪良种繁育基地项目落户彭原镇草滩村桃塬组,投资1.5亿元,占地300亩,建成6000头良种猪繁育基地1处,年实现仔猪繁育5万头。项目共涉及2个村民小组73户群众。在前期土地流转、协议签订过程中均已最短时间、最快速度完成，创造了项目推进过程中的“彭原新速度”。种养产业覆盖全村,建成千亩松树林基地一处,栽植果树800余亩、核桃树500余亩,培育养殖户350户,畜存栏5000余头(只),出栏3500余头(只)。重点企业相继落地,鸿泰石油、威尔斯公司入驻园区，标准化厂房片区引进天马公司、晶隆建材等8个大型企业。新农村建设有序推进,建成农民安置点一处,二层楼房30幢,解决75

户群众的安置问题。硬化道路27.5千米。

后官寨镇南佐村

南佐村位于后官寨镇政府西南角，共辖12个村民小组，813户，3553人，距市区约4千米，该村地处城郊，交通便利，水、电等配套设施齐全。

南佐村民俗文化资源富集，是西峰区香包刺绣主产区之一，辖区内从事传统文化艺术创作人数较多，有国家级民间艺术大师2名，省级非物质文化遗产传承人1名，省级民间艺术大师1名。自然资源天赋秉异、人文底蕴深厚、旅游资源丰富，拥国家级文物保护单位——南佐仰韶文化遗址。通过深度挖掘南佐仰韶文化遗址潜力，建成遗址还原、景观陈列馆展、体验园各1处，真实还原了遗址的历史风貌，使游客能近距离、真实的感受遗址的体量与规模，展示出土的器物造型；依托南佐遗址加大周边自然景观改造开发，在王咀玉女湖建成环湖观景台1处，景区大门1处；对王咀水库进行大面积荷花种植，利用数十亩天然芦苇荡，莲花池及中心环岛天然黄土奇观土箭，数百亩山谷的地貌，开发资源，建成环湖景观旅游工程，打响南佐旅游品牌。

肖金镇纸坊村

纸坊村地处肖金镇西南部蒲河川区，是肖金镇唯一一个纯川区村。全村共辖8个村民小组，405户1650人，耕地面积3652亩(川地1200亩)。

2017年，按照区委、区政府提出的“蒲河流域旅游与设施农业组团发展”的思路，坚持规划与建设相结合，重点实施川区综合改造。按照《肖金镇“特色村落”与旅游节点详细规划编制》，突出生态景观建设。以绿山、靓庄、休闲、娱乐为重点，完成造林绿化3500亩，栽植行道树5千米，完成村部门前及新庄居民点提质改造，建成小花园15处，文化墙468米，铁艺围栏171米，改造庄基62处，建成甜瓜雕塑1座，茅草亭3座，垂钓池2处，农家乐1处。实施3000亩土地整理项目。采取内引外联招商、因地制宜挖潜、综合施策引导的方法，利用环川公路旅游开发，规划全村发展川区休闲旅游观光采摘体验业的主体思路，确定三大产业主体，即：西甜瓜种植、苗林产业培育、劳务就地转化。2017年沿川集中连片种植西甜瓜375棚，外出和本地劳动力输转年约1000人。

什社乡新兴村

新兴村位于什社乡东北部，是一个典型的川塬结合村，全村共辖14个村民小组，576户2508人，耕地面积8175亩。

2017年，实施“好人治村、能人强村”战略，乡村面貌发生巨大变化。建成村级综合服务中心。投资150万元，建成房屋20间，建筑面积684平方米。建成1700平方米文化广场1处。实施小村镇综合开发项目，建成商业门店92间，建筑面积13000平方米，相当于1/3个什社街区。实施辽望组沟头治理项目，总投资260万元，解决45户群众出行安全问题。实施土地复垦项目，平整土地400亩，种植紫花苜蓿。配套建成垃圾收容仓2个，投放垃圾桶45个。发动群众在沟畎组栽植矮化苹果153亩。以新村镇为引领，全村焕发出新的发展活力。

显胜乡冉李村

冉李村位于显胜乡西部2千米处，全村共辖12个村民小组、749户，2800人，是庆阳市西峰区第一批市、区级新农村建设试点村。

2017年，乡村两级按照“全域旅游”分步走的战略思路，把冉李村作为向塬面村延伸的重要支点，实施省级美丽乡村建设项目，打造“五美”新村。

一是科学规划布局美。邀请浙江天尚设计有限公司按照公共服务核心区、小康生活集聚区、富民产业培育区的功能定位，编制了《冉李村美丽乡村建设规划》。二是功能健全设施美。按照建设小康“指挥部”和服务核心区的思路，投资210万元，完成600平方米新村部的装修、设施配套、功能室布设和整体搬迁；投资120万元，在村部东侧建成标准化村级幼儿园，9月初正式开园招生，现有幼儿53名；埋设排污管道1600多米。三是村容整洁环境美。投资180万元，在原村部旧址上修建占地3000平方米的民俗生态公园一处，安装核心价值观书简雕塑1座，铺设游步道、健身路径560米，修建凉亭、廊架5座；在肖显路、显蒲路冉李段以及村道两侧种植百日草、格桑花等5.7千米；按照古朴雅致的思路，实施居民点门前绿化、美化和花畦建设1.8千米，改造废旧涝池2个，建成集排洪、休闲为一体的景观莲花池2座。四是富民增收产业美。实施党建“互动”、“党组织+”、产业党建、“双培双建”农村党建“四大工程”，与显胜村合力打造3000亩大樱桃基地，发挥天禾有机农场、天蓬养殖专业合作社、黎明生态苗圃、陇原情饮料厂致富带富的作用。五是民主和谐风尚美。建党节前夕，举办“翰墨盛世、丹心向党”书画展和“歌声颂党恩、共筑中国梦”文艺演出活动；开展“凡人善举，最美家园”创评活动，评选好媳妇、好邻居、美丽庭院户、文明家庭户等先进典型7个。

西街街道办事处寨子村

寨子村总面积1.3平方千米，分布范围约4平方千米。全村共有6个村民小组，农户533户、人口1955人，是西峰区西街办一个较大的行政村。

寨子村地处城乡接合部，经济收入以村组分红和村民自建房屋出租收入为主，近年来随着西峰城区建设不断拓展，寨子村的土地面积虽越来越少，但也赋予了寨子村村民前所未有的发展机遇。寨子村民转变观念，因地制宜，发展经济，成效显著。在仅有的土地上建起了居民小区，村内道路平整宽阔、路灯通明，并在主要繁华区段建立市场3个，分别为木材钢材市场、陇东茂源农副产品市场和农资商城。村经济发展方面，积极响应市、区棚户区改造项目建设号召，在筹划建立失地农民安置小区、都市丽舍及原解放路蔬菜市场升级改造项目；仿古街桥东组商贸区1期工程已完工，2期工程正在筹划中。寨子村村集体年收入为1500万左右，人均年收入为8000元左右（不含村民自营收入）。

北街街道办事处东大街社区

东大街社区占地面积0.62平方千米，辖区西起北大街，东至九龙北路，南起东大街，北至庆阳二中，有居民1239户3867人，专职工作人员16人。社区党总支下设党支部4个，党员84人。驻社区单位12个，家属楼院46个。近年来东大街社区创建了智慧社区服务新模式。

“智慧+”全景体验，实现服务立体化。方便辖区居民通过微信和手机APP等，及时获取整合的各类在线服务资源，了解社区的服务功能，引导辖区居民走进社区，亲身体验社区功能室的硬件服务。工作人员通过管理平台，对采集的信息数据进行分析汇总，掌握服务过程中的重点、难点，从而为居民提供更贴心的服务，提升服务内涵、拓展服务边界。

“智慧+”模块治理，实现服务精准化。以构建6个智慧社区应用系统（模块化社会治理、信息化数据管理、智能化便民服务、网格化城市管理、自动化干部办公、民主化居民自治），解决社区治理六大问题（社区工作定位不准，辖区信息掌握不全，居民来回跑，社区管理不精细，工作效率不够高，居民参与率较低），使社区的工作资源得到有效分配，人、地、物、情、事、组织和房屋等信息进一步得到整合，从而打破信息孤岛，实现社区服务精准度的提升，推动社区治理现代化。

“智慧 +”特色工作，实现服务融合化。创新五项特色工作，一是医养结合创新，与北街社区卫生服务中心联合，设立了医养结合社区卫生服务站，为辖区居民建立健康档案，提供专业的医疗保健、慢性病防治等服务 400 余人次，开展健康知识宣传 4 场次；二是“心怡”调解，建立专业的志愿调解团队，为居民提供心理咨询及法律调解服务 20 余次；三是汇泽救助，携手庆阳汇泽社区救助中心，统筹社会资源，为辖区困难居民提供社会救助服务，实施“四点半”工程，为辖区 200 余名青少年提供了课外学习辅导、文化娱乐等服务；四是南梁之声，组建东大街社区南梁之声艺术团，原创《我要去南梁》等 13 部红色文化艺术曲目，参与演出 30 余次；五是当家人接待，每天安排一名社区居委会班子成员接待来访居民，协调排忧解难。特色工作融合智慧系统，使社区工作插上互联网的翅膀，进一步提升服务居民的效率，为建设美丽幸福新社区提供坚实保障。

南街街道办事处长庆南路社区

长庆南路社区辖区面积 0.8 平方千米。位于西峰城区西侧偏南，北至西大街，南至兰州路，西至庆化大道，东临长庆大道，辖区有居民楼院 25 处，住宅楼 72 幢，非公经济组织和新社会组织 66 个，个体商业网点 338 个，驻有 10 个机关单位，常住居民 1689 户、4640 人。社区现有工作人员 15 名。社区党总支下设 4 个支部，共有党员 135 名。

社区办公服务区 509 平方米。按照公共服务功能最大化的原则，建成“一厅三室两中心”：即便民服务大厅、图书阅览室、社区警务室、多功能室、老年人日间照料中心、文体活动中心。配套建设了志愿者服务站、空巢老人爱心服务站、兴趣活动室、妇女儿童之家、民兵青年之家、市民培训学校等。既可满足社区居民差异化、多层次需求，也为社会管理和服务工作奠定了良好的硬件基础。

社区坚持“便民无极限，服务零距离”的服务理念。便民服务大厅推行一站式服务，设有劳动保障、人口计生、社会救助、党政综合等服务窗口。便民服务窗口实行服务承诺制、首问负责制、AB 岗制、一次性告知制、限时办结制。创建了由人口信息系统、网格区域图、工作运行机制和工作台账构成的四位一体管理模式。推动管理服务下沉到网格，实行网格管理服务责任制和整体业务牵头制。从机制上形成团结－衔接－落实，真正做到了社区服务网格化，网格服务责任化，责任服务人性化。

重大项目

青藤国际生态农业文化产业园项目

位于西峰区彭原镇(彭原村前头咀、雷庄、南庄三个组),庆阳北高速口向北200米庆西公路路东,距市区4千米,距机场5分钟。

项目占地100公顷,投资4.5亿元,以国际农庄、欢乐青藤为主题,以农业+健康、农业+文化、农业+旅游为发展模式,以整区域自然生态环境为依托,按照回归生态农业的思路,计划建成整体框架形似凤凰,依托彭原古城,以宝塔寺为中心,分为九个片区集生态农业种植、加工、古城民俗文化旅游、创意农业、手工工艺、农耕互动体验、户外运动、乡村酒店、民宿旅游度假酒店等一体的新型农业及民宿文化旅游观光区。

已建成樱桃种养采摘园、古城民俗文化旅游区、户外运动区、创意农业及手工工艺体验区、民俗文化展览厅六大区域。

15万头生猪现代农牧产业化示范项目

兰州正大食品有限公司在西峰区投资建设6000头母猪繁育场及配套育肥场一处。该项目位于彭原镇草滩村,投资3.5亿元,规划占地38公顷。其中,6000头母猪繁育场,投资1.5亿元,规划用地250亩;四座11200头配套育肥场,投资2亿元,规划用地320亩。项目2017年4月开工建设,繁育场项目建设周期1年,育肥场项目建设周期1年。

西峰区城南绿地建设项目

位于西峰区董志镇与城南结合部,北至纬一路,西至庆化大道南延伸段、南至东北公路、东至岐黄大道,规划面积2955亩,其中一期规划占地1905亩,二期规划占地1050亩。

按照海绵城市建设理念,把庆化炼厂与新城区之间的隔离带(6600亩),打造成庆阳市绿色“植物园、AAAA级旅游景区、城市森林运动公园”。项目规划在保留现状大片林地的基础上,补植大量乔木、灌木及花卉,并在林地之间穿插布局体育健身、林下休闲等活动区域,形成以生态屏障功能为主,以体育休闲、旅游功能为辅,共同支撑的大型绿地项目。

该项目计划分一、二期实施,三年建成。其中,2016年完成一期工程,包括绿化工程、水系工程、慢行主环路、露天体育场地、农宅搬迁改造及相关基础配套设施等;2017年完成二期工程游泳馆、大型综合体育馆、景观及附属配套工程建设;2018年完成养生康体区、黄土文化区、拓展训练区及体育活动区工程建设。

2016 年 3 月底项目启动，流转土地 2200 亩，涉及全迁户 170 户，已签订 137 户，拆除完成 128 户，正在拆除 9 户。栽花 476 亩、第二标段清运杂草 350 亩。自行车环形车道全长 4.8 公里完成土路基施工，纬一路全长 1.2 公里，处西侧 3 个庄基外，其余全线交付工队正常施工，完成农宅集中改造 10 户，剩余北大门、停车场、公厕等园内基础设施建设。

月亮公主香草园项目

月亮公主香草园是一座新型观光农业园区。以种植香料植物薰衣草为主，搭配大马士革玫瑰、迷迭香、薄荷、鼠尾草、苦艾、洋甘菊、雪菊、梅花等香料植物。项目于 2014 年上半年在后官寨路堡村试种薰衣草 30 亩获得成功，2016 年已开始赢利。2017 年，西峰区显胜乡蒲河村另行选址实行规模化、一体化发展。

一期项目主旨打造欧式田园风格，结合地理位置设计月亮主题，于 2017 年 8 月开始营业，营业内容包括香料植物的种植观赏、自助采摘、花束工艺品销售、花蕾制品销售，成花提炼精油、精油制品手工制作、精油化妆品销售等产业。园内包括观光、游乐场、餐饮、住宿、艺术交流等相关活动。

二期项目结合蒲河川四面环山温度相对温和的特定进行建设，建成后将于 2019 年 6 月开始营业，项目主要以中式复古园林风格建设，设计主题为中式文艺岁寒三友。以补充本地冬季观光空白。以抗寒梅花作为主要作物，搭配毛竹、雪松、温室兰花、菊花等有后期价值的花卉。营业内容包括住宿、休闲餐饮、艺术交流、本地特色农产品销售等相关产业。

三期项目将于 2019 年 9 月开工建设，项目北起肖金纸坊村，南至小盘河水库，东西两面的所有荒坡，满植红叶黄叶景观树，主要以红枫、金叶榆、大叶红杨等树种。设计以森林黄土窑生活体验为主题。营业内容包括住宿、休闲餐饮、农产品定销、禅修、休闲体育、世界级游乐设施等内容。

玉玲珑大樱桃种植项目

庆阳玉玲珑大樱桃专业合作社与大连春鹏农业发展有限公司合作，在显胜乡显胜村建成优质大樱桃标准化示范园 1200 亩，示范推广樱桃新品种及早果丰产栽培技术集成。2017 年，栽植大樱桃三年生大苗 1200 亩，建成网格式镀锌钢管支架及水肥一体化喷灌系统。

西峰区现代苹果产业示范园建设项目

甘肃居立生态农业科技有限责任公司在董志镇东片陈廖万亩果带区域流转土地 2000 亩(分两期建设，一期占地 1300 亩，二期规划占地 700 亩)，重点涉及董志镇寺里田村、胡同赵村相邻区域的团结、郭南、郭西、胡同赵 4 个村民小组，辐射带动董志镇寺里田、胡同赵、崔沟、郭堡、陈户、八年、六年、田畔、吴庄 9 个村民小组的近 30000 亩经济林果面积，建成一处现代苹果产业示范园区。项目投资约 1 亿元，规划建设庆阳现代苹果科技博览中心(企业办公、经销商务及信息发布平台、果业从业人员培训平台、专家技术团队食宿用房、专业技术工人用房)、四个功能区(苹果标准化生产示范科技园区、时令果品休闲观光采摘园区、果品储藏加工消费园区、欧美生态农业体验园区)；镇村规划建设一处农宅集中安置示范点（“居立花园社区”)。

2016 年 11 月 26 日签订项目协议，12 月 15 日召开现场办公会。2017 年，成立项目实施领导小组，董志镇流转土地 1300 亩，居立公司预付土地流转费 40 万元，区林业局摸清 132 亩规划区域流转土地内绿化苗木情况，区水务局争取到 1100 亩节水灌溉项目1个，区国土局争取到高标准基本农田项目一期1391.55亩，中央投资150万元；二期预计900万元正在评审之中。

西峰区30万只湖羊繁育基地项目

项目投资9.2亿元，位于西峰区彭原镇彭原村，计划建设年生产能力100万吨饲料加工厂、年加工能力200万只湖羊屠宰冷链生产线、年生产能力10万吨有机肥厂和万只活羊交易市场，形成种草、养畜、饲料加工、屠宰深加工一体化的全产业链。其中，一期计划投资1.8亿元，占地206亩，计划建设3万只种羊繁育基地一处。建设内容包括办公楼2幢885平方米；标准化羊舍51栋19845平方米；草棚2座2592平方米，青贮池2座4740平方米，建筑面积共计28062平方米。二期拟流转土地298公顷。

2017年，建成标准化羊舍35栋，投羊11000只，青贮饲草5200吨，内部羊栏、羊床、水电等配套安装到位；已其余16栋正在建设；2幢办公楼、2座草棚已全部建成，2座青贮池已竣工。新打井深400米机井一眼，新建300立方米水塔1座；架设10千伏线路0.83千米，安装400千伏安变压器及配套设备；小区内外主次干道路基已拓宽整修。湖羊屠宰厂、饲料生产线已经选址。2018年，计划以西峰为中心，辐射带动周边县发展20个规模化养殖场，三年内使全市湖羊数量达到100万只，并逐年翻番增长。到2020年，使全市优质湖羊饲养量达到1000万只，实现助农增收20亿元。

30万吨甲醇汽油调配中心项目

庆阳能源化工集团与亚能石化股份有限公司合作建立30万吨/甲醇汽油调配中心。项目位于庆阳市西峰区中石油炼化厂附近，项目总投资8100万(其中固定资产投资5100万元，流动资金投资3000万元)，总规划用地面积约为90亩(其中30亩为二期扩建项目预留地)。新建年产30万吨甲醇汽(柴)油、甲醇燃料生产线。工程主要包括厂房及配套设施(办公生活区、卸油区、付油区、储罐区、生产区、公用设施区)，建设期为17个月。

该项目采用合作运营模式，由庆阳能源化工集团有限公司成立庆阳亚能新能源有限公司，亚能石化股份有限公司负责除汽油以外的原料供应及技术方面支持，并对生产工艺、质量派专人现场监管，庆阳能源化工集团有限公司固定资产建设组织生产加工，根据生产计划采购汽油，亚能石化股份有限公司根据生产计划提供其他原料，并根据加工量按月支付加工费243元/吨。

庆阳正欣元15万头生猪现代农牧产业化示范项目(西峰繁育基地)

庆阳正欣元15万头生猪现代农牧产业化示范项目(西峰繁育基地)总占地面积约600亩，引进美国规模化猪场建设工艺并采用德国进口养殖设备，计划在彭原镇草滩村建设6000头种猪场1座，在肖金镇左咀村、温泉镇齐家楼村、董志镇田畔村建设11200头配套育成场4座。项目建成后将成为西北地区乃至全国工艺最先进、技术标准最高、规模最大的生猪标准化示范养殖场，存栏母猪达到6000头，年可提供优良商品仔猪15万头，年出栏商品肉猪7.5万头，实现年销售收入约1.68亿元。同时，项目将通过“公司+农户”的合作模式带动周边养殖户和种植户发展生猪养殖和种植业，实现项目与农户的双赢和共同发展；利用养殖过程中产生的有机肥大力发展有机农业和有机果业，实现养殖与种植相结合的可持续循环农业。

项目总投资3.6亿元，彭原镇草滩村6000头种猪场和肖金镇左咀村11200头配套育成场，已于2017年7月开工建设，2017年底累计完成投资

1 亿元。

2018 年计划投资 2 亿元，6 月底前完成彭原草滩村 1 座种猪场和肖金 1 座配套育成场钢结构封闭和设备安装调试并投产；2018 年 5 月温泉镇齐家楼村 2 座配套育成场计划开工建设。董志镇田畔村 1 座配套育成场完成项目选址。

世行贷款项目北京大道北延伸段道路工程

北京大道（东环路）是贯穿市区南北的过境交通走廊，道路中段、南段已先后建成通车，北延伸段道路工程于 2010 年列入世行贷款投资建设重点项目，南起安定东路，北至古象东路，全长 1932 米，概算投资 25418 万元。该工程分两个标段实施，第一标段为火巷沟高填方工程，长 513 米，宽度 60 米，建设内容为火巷沟路基高填方工程；第二标段为安定路至火巷沟南沟边，火巷沟北沟边至古象路工程，新建道路按城市主干道标准设计，长 1419 米，宽度 60 米，双向八车道。该项目于 2016 年 5 月正式开工建设，2017 年第一标段高填方工程完成施工便道和沟底排水盲沟修筑，完成土方回填 237 万立方米；第二标段火巷沟北沟边至古象路工程已完成路面地下综合管沟和雨污水管道建设，具备沥青面层施工条件，安定东路至火巷沟南沟边工程已完成路面地下综合管沟建设，具备路基施工条件。2017 年底累计完成投资 9730 万元，工程计划 2018 年 9 月底完成全部建设任务，实行临时通车，待沉降稳定后，完成高填方段地下管线及路面工程，2019 年正式建成通车。道路建成后，城区交通大循环将全面打通，主城区交通拥堵压力得到极大缓解，城市综合承载能力显著提高。

西峰城区北区供热站项目

该项目位于庆阳市林业学校北侧，项目建设用地 63.59 亩，计划安装 3 台 100 吨高效煤粉锅炉，配套建设脱硫、除尘和脱硝等附属设施。新建一级供热管网 7.9 公里，换热站 54 座，新增脱硝设备 3 套，湿法脱硫设备 3 套，布袋除尘设备 3 套，在线监测系统 1 个。建成后供热能力达到 360 万平方米，可取缔分散小锅炉 120 多台。

项目概算投资 2.3 亿元，分两期建设。2017 年 7 月 15 日一期开工，完成土方开挖、地桩筑基、混凝土夯基、高低压配电间、循环泵房、脱硫、除尘、脱硝设备基础及 3 座锅炉的安装，2017 年底累计完成 1.5 亿元。11 月 25 日 3 座锅炉的安装、调试工作已全部完成，已投入使用。

2018 年北区供热站二期项目，计划完成投资 0.8 亿元，全面实施北区供热站的锅炉房、配电房、煤库、渣库及厂区硬化、绿化项目，2018 年 4 月开工，8 月底全面建成，9 月底完成验收。

帛樾幸福小镇建设项目

帛樾幸福小镇项目位于北京大道与兰州东路什字东南角，毗邻庆阳客运中心、黄官寨实验学校和金昊义乌小商品城、城东放心食品城为中心的核心商圈，总占地 8.33 公顷，由庆阳市威龙房地产开发有限责任公司筹资开发，由甘肃有色工程勘察设计研究院甘肃省建筑设计研究院勘察设计，中建六局第三建筑公司承建，总投资 6.5 亿元，总建筑面积 15.24 万平方米，主要规划建设以英伦风格为基调框架剪力墙结构的 25—31 层高层商住楼 10 幢、1—3 层沿街商业楼 3 幢，配建 1 栋 3 层幼儿园一所、地下车库 2.18 万平方米，同时代建失地农民安置商业门面房 5000 平方米，用于黄官寨南队失地农民后续生活保障。

2017 年春节前施工进度节点为 1#、3#、5#、6# 主体封顶，2#、4# 楼完成至主体结构 28 层，7# 楼至 15 层，8#、9# 楼至 8 层，10# 楼至 5 层，北侧、南侧裙房主体结构完成。全年共完成主体结构 107800

平方米(其中砼浇筑完成44695立方米),土方开挖183840立方米,素土挤密桩完成293821米,静压桩完成42000米,砌体完成2557.5立方,抹灰完成5445平方米。2017年底,累计完成投资2.8亿元(含土地款),预计2018年底全面建成。

庆阳第四中学校园扩建(一期)项目

庆阳第四中学始建于1998年,占地7.8公顷,属西峰区公办完全中学。现有教职工279名,教学班70个,在校学生4100名。

该校改扩建工程经2015年4月7日区政府常务会议研究决定,规划分两期实施。一期建设项目经2015年区发改发〔2015〕553号可行性研究批复审批通过,项目规划建设地上六层双面框架结构教学综合楼及地下一层附属地下框架结构停车库(含第一综合教学楼地下室),建筑面积13545平方米(综合教学楼建筑面积9015平方米,地下一层附属地下停车库及第一综合教学楼地下室建筑面积4530平方米);新建学校运动场(含400米跑道)21700平方米,并配套建设相应的给排水、暖通、电气等附属设施。项目总投资4551.3万元,靠实资金4380万元(具体为:2015年、2016年改善普通高中办学条件中央专项资金2000万元;2017年中央预算内专项资金2200万元、省预算内基建资金180万元)。

该项目于2017年3月开工建设,2017年教学综合楼及地下停车库已完成主体工程,正在实施后期的装修、装饰工程,2017年底累计完成投资2600万元,计划2018年9月全面建成。

银西铁路驿马一号隧道暨李家寺特大桥项目

银西铁路西峰段全长38.669公里,规划建设特大桥3座、大桥6座、中桥1座、隧道2处。征地拆迁涉及肖金、董志、后官寨、彭原4个镇17个行政村,全段计划总投资27.17亿元,2017年度累计完成投资6.5亿元。

银西铁路西峰区彭原段涉及7个村33个村民小组,已交付红线用地298.52亩,临时用地417.7亩,签订全迁户征迁协议118份,拆迁农户43户,搬迁坟墓93穴。

驿马一号隧道为单洞双线型,全长4806.36米,最大埋深约140米,最小埋深约12米。隧道设一处斜井位于线路右侧,长502.62米。隧道地面高程1270米～1430米,相对高差160米。驿马1#隧道仰拱开挖支护累计完成510.8米,二衬累计完成485米。隧道出口累计完成727.8米,仰拱开挖支护累计完成700米,二衬累计完成669米。完成隧道斜井461米,完成铺底451.2米,完成二衬410米。隧道横洞完成176米,底板完成150米。

李寺村特大桥全长575.7米,桥梁下部结构采用钻孔桩基础,共计164根,承台19个,墩台身19个,桥梁上部结构采用移动模架现浇梁,共计18孔。2017年,桥桩基下部结构全部完成,移动模架施工现浇简支梁1孔梁。

实施项目表

2017年西峰区实施项目表

表1

序号	项目名称	项目建设内容及规模	建设起止年限	总投资(万元)	投资来源		责任单位及所辖乡镇
					国省投(万元)	自筹(万元)	
	合计	37		326613.32	77324.82	246324.2	
	一、续建	19		269104.82	51716.32	214424.2	
	(一)政府投资项目	9		152908.62	51716.32	98228	
	1.农业农村类	2	2016—2017	4020	2592	1428	
1	西峰区什社乡8个村居民点建设项目	建成居民安置点109户		2900	1500	1400	什社乡
2	2016年第一批中央财政资金西峰区董志镇高标准农田建设项目	建成高标准农田0.73万亩		1120	1092	28	农发办 董志镇
	2.基础设施类		2016—2017				
1	西峰工业园区冯堡排水下沟工程	管线全长992.5米,沿线设消力池,管道镇墩,护坦,管道开挖土方项目		2964.3	—	—	交通局 董志镇
	3.社会事业类	6	2016—2017	145924.32	49124.32	96800	
1	庆阳市妇女儿童医院建设项目	建成四层框架结构门诊楼一幢8760平方米，五层框架结构医技楼一幢11000平方米,十四层框架结构住院楼一幢18900平方米,四层框架结构后勤办公楼一幢4500平方米,地下车库9500平方米,附属工程430平方米,总建筑面积5.3万平方米		21560	21560	—	后官寨
2	北师大庆阳附属学校建设项目	建成单体建筑15个,建筑面积21.3万平方米,配套设备安装、绿化景观、智慧校园、室内装修、剧场装饰、室内装修设施采购等工程		116800	20000	96800	教体局 董志镇
3	西峰职业中等专业学校综合实训楼建设项目	建成五层双面框架结构综合实训楼一幢,相应的给排水、暖通、电气等配套设施,建筑面积6775平方米		1520	1520	—	教体局 董志镇

续表 1

序号	项目名称	项目建设内容及规模	建设起止年限	总投资（万元）	投资来源		责任单位及所辖乡镇
					国省投（万元）	自筹（万元）	
4	西峰区彭原乡刘家岭小学改扩建工程建设项目	建成双面五层框架结构综合教学楼一幢、建筑面积 4827.9 平方米；二层框架结构水冲厕所一幢，建筑面积 342.81 平方米，水冲厕所等，配套实施给排水、暖通、电气等设施		1275.5	1275.5	—	教体局 彭原镇
5	西峰区新建小学校园扩建项目二期工程	建成五层框架结构综合楼一幢，二层框架结构餐饮楼一幢，地下车库一处，相应的给排水、采暖、电气等配套设施。建筑面积 5859.33 平方米		3650.82	3650.82	—	教体局 西街办
6	西峰区北街实验学校综合教学办公楼艺术教学楼建设项目	建成五层（局部六层）单面框架结构综合教学办公楼一幢，建五层单面框架结构艺术教学楼一幢。配套实施相应的给排水、暖通、电气等设施。建筑面积 4757.49 平方米		1118	1118	—	教体局 北街办
（二）企业投资项目		10		116196.2		116196.2	
1. 工业类		3	2016—2017	56830		56830	
1	庆阳永欣石油化工有限公司 9 万吨 / 年干气芳构化生产装置项目	占地 3.91 公顷，建成年处理原料干气 9 万吨，年生产轻裂解料 10246 吨，年生产重芳烃 536 吨的装置及相关配套设施		29800	—	29800	工业园区管委会 董志镇
2	庆阳永欣石油化工有限公司 3 万吨 / 年氢化石油树脂项目	占地 2.2 公顷，建成 3 万吨 / 年氢化石油树脂装置及仓储设施		22050	—	22050	工业园区管委会 董志镇
3	庆阳益翔药业有限公司中药饮片生产线扩能搬迁项目	占地 1.45 公顷，建成中药饮片生产厂房及配套生产设置		4980	—	4980	工业园区管委会 彭原镇
2. 服务业类		7	2016—2017	59366.2		59366.2	
1	环宇路业生活基地项目	占地 1.33 公顷，建筑面积 22417 平方米。建成 3 幢 11 层加 1 层（地下室）、1 幢 2 层、5 幢 3 层楼，分别作为设备租赁站、办公楼，职工生活宿舍等		5529	—	5529	温泉镇

续表 1

序号	项目名称	项目建设内容及规模	建设起止年限	总投资(万元)	投资来源		责任单位及所辖乡镇
					国省投(万元)	自筹(万元)	
2	万嘉商贸大楼建设项目	占地面积 17.15 公顷,建商贸楼一幢,建筑面积 16 万平方米		7000	—	7000	后官寨
3	肖金宋塔保护文化园一期工程	占地 1.6 公顷,建成框架结构 3—4 层文化商铺三栋、民俗大殿一座,水冲公厕一座,建筑面积 7873.86 平方米,配套建设中心广场、宋塔主题公园等室外附属工程		3087.2	—	3087.2	肖金镇
4	瑞达商贸楼建设项目	建成 8 层框架结构商贸楼一幢,建筑面积 138000 平方米		4200	—	4200	南街办
5	小什字东南角危楼加固改造工程	危楼加固改造,改造面积 1760 平方米		7950	—	7950	南街办
6	庆阳乾越公寓式酒店建设项目	位于古象西路,建成 22 层框架结构商业综合楼一幢,2 层框架结构办公用房一幢,建设面积 32000 平方米		13600	—	13600	北街办
7	西峰区天富大厦区块棚户区改造项目	占地 3453.33 平方米,安置棚改户 10 户,建成两幢商住楼,建筑面积 10.2 万平方米		18000	—	18000	北街办
二、新建		18		57508.5	25608.5	31900	
(一)政府投资项目		8		27588.5	25608.5	1980	
1. 农业农村类		3	2017	5456	3476	1980	
1	西峰区董志镇周庄村居民点改扩建(二期)项目	周庄村建成二层砖混结构居民安置点 40 户		1980	—	1980	董志镇
2	西峰区肖金镇左咀村生态文明小康村建设项目	修水泥路 3 公里,配套完成水沟、绿化等附属工程,建成 600 平方米墙体彩绘文化长廊 1 处		1000	1000	—	肖金镇
3	西峰区农业支持保护补贴项目	完成 7 个乡镇补贴补助		2476	2476	—	农牧局

续表 1

序号	项目名称	项目建设内容及规模	建设起止年限	总投资（万元）	投资来源		责任单位及所辖乡镇
					国省投（万元）	自筹（万元）	
	2. 服务业类	1	2017	6946	6946		
1	西峰区农村公路建设项目	建成农村公路 12 条 116 公里		6946	6946	—	交通局 各乡镇
	3. 城镇建设类	2	2017	11649	11649		
1	西峰区福景家园地下停车场建设项目	用地面积 123822 平方米，建成框架结构地下一层停车场，建筑面积 20047 平方米，停车位 536 个		10184	10184	—	温泉镇 金融办
2	市急救中心大楼改造项目	急救中心维修改造 3400 平方米		1465	1465	—	南街办
	4. 生态环保类	1	2017	1190	1190		
1	2017 年宜林荒山苗林结合产业培育建设项目	完成苗林结合产业培育建设 50000 亩		1190	1190	—	林业局 各乡镇
	5. 社会事业类	1	2016—2017	2347.5	2347.5		
1	西峰区董志镇董志初级中学综合教学楼建设项目	校园西侧建成五层双面框架结构综合教学楼一幢，建筑面积 9196.38 平方米，配套实施相应的给排水、暖通、电气等设施		2347.5	2347.5	—	教体局 董志镇
	（二）企业投资项目	10		29920		29920	
	1. 农业类	9	2017	28360		28360	
1	庆阳甘泉新农业生态观光体验园	硬化道路 5 公里；建成荷花池一处；水边护栏 3000 米；道路及山间绿化；投放鱼苗 20 万条；沟水上塬工程；修建排洪渠 400 米；土建工程（湖边填平、修整、扩建）；蔬菜采摘园；各类水果自摘园；水上游乐设施；地面配套设施（停车场、房屋、凉亭、木桥等设施）		1260	—	1260	温泉镇

续表 1

序号	项目名称	项目建设内容及规模	建设起止年限	总投资（万元）	投资来源		责任单位及所辖乡镇
					国省投（万元）	自筹（万元）	
2	肖金镇脱坳百亩早熟西瓜基地建设项目	肖金镇脱坳村建成百亩早熟西瓜基地 1 处		1000	—	1000	肖金镇
3	肖金镇纸坊川区西甜瓜种植基地建设项目	肖金镇纸坊川区建成西甜瓜基地 1 处		2000	—	2000	肖金镇
4	肖金镇脱坳村土地复垦建设项目	肖金镇脱坳村、大户王村复垦土地 3000 亩。修机耕道路 20 公里，高标准农田改造 2000 亩		3000	—	3000	国土分局 肖金镇
5	肖金镇农业产业化建设项目	建成补植苹果 1500 亩，其他经济林 1000 亩，老果园间伐改造 1000 亩，幼园提质改造 1000 亩，完成植树造林 3000 亩，建成 500 亩大蒜基地 1 处，沿肖显路种植油菜花 1500 亩，种植连片全膜玉米 5000 亩，紫花苜蓿 1000 亩，甜高粱 1000 亩		4500	—	4500	肖金镇
6	显胜樱桃园建设项目	显胜村、冉李村流转土地 1800 亩，建成樱桃示范园 1 处		11000	—	11000	显胜乡 果业局
7	庆阳瑞乾生物质成型燃料中心建设项目	占地 0.67 公顷，建成品库 1000 平方米，厂房 2000 平方米，配套建设办公用房、货物装卸混凝土地坪及厂区绿化等		1000	—	1000	温泉镇
8	西峰区什社乡鸿鑫面粉厂建设项目	占地 6670 平方米，建筑面积 3500 平方米，建成 150 顿面粉生产线一条，加工厂房、储藏库、办公用房等设施		1800	—	1800	什社乡
9	什社千亩小米生产示范基地暨加工生产项目	生产基地占地 66.67 公顷，中心区占地 200 公顷。建筑面积 10000 平方米，包括办公室、产品展示室、实验室、检测室、样品提取室、销售中心、生产车间、仓库、晒谷场、小米文化博物馆等，配置小米加工全自动生产线 1 条		2800	—	2800	什社乡
2. 服务业类		1	2017	1560		1560	
1	西峰区南街办好又多超市改扩建项目	地上三层改扩建，建筑面积 5000 平方米		1560	—	1560	南街办

庆阳市西峰区二〇一七年国民经济和社会发展统计公报

庆阳市西峰区统计局

2018年4月1日

2017年，在区委、区政府的坚强领导下，全区各级各部门，坚持以习近平新时代中国特色社会主义思想为指导，深入贯彻落实党的十九大精神，牢牢把握稳中求进工作总基调，纵深推进“11235”发展战略，统筹稳增长、促改革、调结构、惠民生、防风险各项工作，经济运行稳中有进、稳中向好、好于预期，经济社会保持平稳健康发展。

一、综　合

经济发展：全年实现地区生产总值209.3亿元，按不变价格计算，比上年增长6.0%。其中：第一产业实现增加值11亿元，增长6.4%；第二产业实现增加值104.9亿元，同比增长7.1%。第三产业实现增加值93.3亿元，增长5.1%。在生产总值中，全部工业实现增加值86.27亿元，同比增长4.7%，建筑业实现增加值22.7亿元，同比增长19.1%；三次产业结构比例由上年的6.3:43.0:50.7调整为5.3:50.1:44.6。其中第一产业比重下降1.0个百分点；第二产业比重上升7.1个百分点；第三产业比重下降6.1个百分点。按常住人口计算，现价人均生产总值达到55932.7元，按12月底汇率6.5063折合8596.7美元。

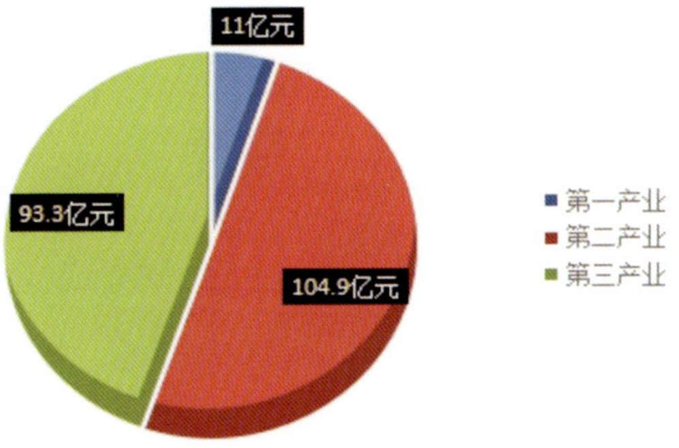

图1　2017年生产总值结构

就业：全年城镇新增就业人数10225人。年末城镇登记失业率2.46%。全年完成劳务输转5.812万人，其中有组织输转2.1万人，实现劳务收入11.91亿元。

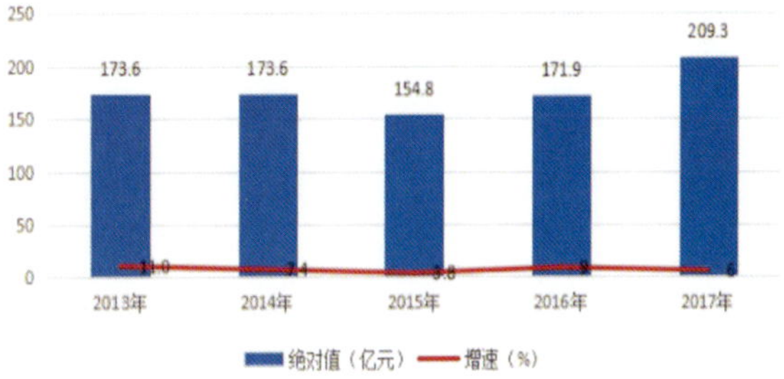

图2　2017年生产总值完成情况

二、农业和农村经济

种植业:全年农作物播种面积84.76万亩,比上年增长0.2%。其中:粮食播种面积为48.07万亩,比上年下降0.8%;经济作物播种面积为32.65万亩,比上年增长2.0%;青饲料播种面积为4.04万亩,比上年下降1.9%。粮、经、饲比例由去年的57.3∶37.8∶4.8调整为56.7:38.5:4.8。全年粮食总产量完成 12.12万吨,比上年下降3.5%。其中:夏粮总产5.79万吨,比上年减产0.29万吨,下降4.8%;秋粮总产6.33万吨,比上年减产0.15万吨,下降2.3%。在秋粮中玉米产量3.02万吨,比上年下降2.7%。油料产量完成1.60万吨,比上年下降1.6%;蔬菜产量17.37万吨,比上年增长4.7%;瓜类产量2.9万吨,比上年增长3.3%。

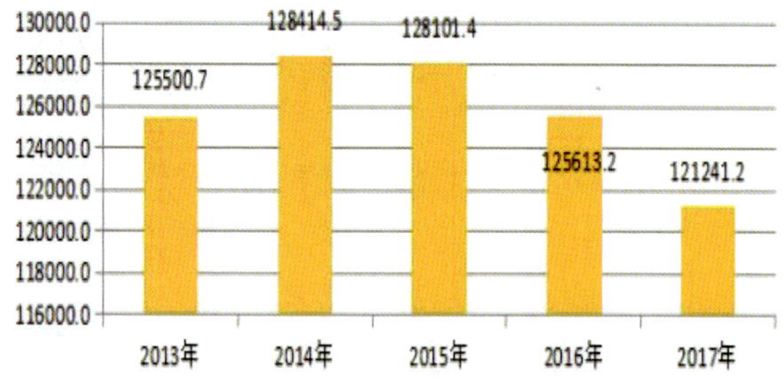

图3 2017年粮食总产量完成情况

林果业:全年共完成造林面积5.21万亩,累计达到64.49万亩,森林覆盖率达到53.15%,较上年提高3.5个百分点。当年出售树苗1450万株,比上年下降5.0%。果园面积累计达到23.84万亩,果品总产量14.49万吨,比上年增长8.7%,其中苹果产量13.83万吨,比上年增长9.0%。

畜牧业:年末大牲畜存栏1.94万头,比上年增长4.7%。其中:牛存栏1.81万头,比上年增长2.2%,出栏0.9万头,比上年增长14.4%;猪存栏6.1万头,比上年增长1.3%,出栏5.66万头,比上年下降5.2%;羊存栏11.07万只,比上年下降5.3%,出栏4.68万只,比上年增长4.3%。肉类总产量达到6292.63吨,比上年下降1.2%。奶类产量1112.52吨,比上年下降0.6%。禽蛋产量819吨,比上年增长35.8%。

渔业:水产品产量143.61吨,比上年增长0.6%。

2017年主要农产品产量情况

表1　　单位:吨

产品名称	产　量	比上年±%
粮食	121241.17	-3.5
#夏粮	57891.72	-4.8
油料	15961.23	-1.6
#油菜籽	11088.01	-2.5
药材	2671	-0.9
水果	144909.54	8.7
#苹果	138344.94	9.0
肉类	6292.63	-1.2
#牛肉	1073.64	14.4
羊肉	748.27	4.3
猪肉	4243.13	-5.3
牛奶	744	2.8
绵羊毛	143.2	3.1
水产品	143.61	0.6
鲜蛋产量	819.3	30.3

全年完成农林牧渔业总产值22.7亿元,比上年增长0.9%。其中:农业产值13.62亿元,比上年增长0.7%;林业产值0.2亿元,比上年下降5.2%;牧业产值1.6亿元,比上年增长1.4%;渔业产值124.94万元,同比增长0.6%;农林牧渔服务业产值7.29亿元,比上年增长1.4%。实现农林牧渔业增加值12.94亿元,比上年增长5.6%。其中:农业增加值9.85亿元,比上年增长7.2%;林业增加值0.07亿元,比上年下降3.1%;牧业增加值1.11亿元,比上年增长0.6%;渔业增加值116.56万元,比上年下降0.3%;农林牧渔服务业增加值1.89亿元,比上年增长0.2%。

年末耕地面积57.68万亩，比上年下降0.3%，有效灌溉面积达到21.73万亩，比上年增长3.8%，保证灌溉面积达到17.41万亩，比上年增长4.8%。农业机械总动力增长到23.1万千瓦，比上年下降30.1%。劳动力资源总数16.24万人，其中：乡村劳动力达到13.7万人，比上年增加0.2万人，增长1.7%。

新农村建设：2017年，围绕“东果、南菜、北畜、西游”的农业主导产业布局，按照“一乡(镇)一业、一村一品”的思路，全面推行组团发展模式，推进主导产业战略性调整。全区发展苹果园27万亩，完成老果园改造2万亩，创建省市级苹果标准示范园3处。全区瓜菜种植总面积达到17.11万亩，其中设施瓜菜2.86万亩，申请认定绿色蔬菜基地3.75万亩，注册了陇崒有机蔬菜、“董志塬”牌无公害蔬菜、“蓓蕾”牌黄花菜、“武家川”甜瓜等商标品牌，瓜菜产业年产值突破3亿元。策划举办了首届庆阳油菜花节、青藤农业樱桃采摘文化节、特色农业系列采摘季等乡村旅游节会，吸引游客200多万人次，实现收入1340万元，带动农民直接增收450万元。

全区100个行政村都达到了安全饮水、动力电通组、安全住房、硬化道路通组、高标准农田、公立幼儿园、标准化卫生室、文化广场、宽带入户、卫生厕所、便民服务和老年人日间照料中心“十二个全覆盖”。在产业发展重点村新建果园灌溉工程8处，新增高效节水灌溉面积8000亩。成功解决了后官寨镇、董志镇、温泉镇等10个行政村845户3536人的饮水安全问题；完成10千伏农电网改造7.84公里、0.4千伏线路53.51公里；全区新建扶贫路、产业路21条156公里，完成投资8268万元；梯田建设和流域治理分别完成0.9万亩和30万平方公里。累计清理杂草、整修树畦、涂白树干1000多公里，补植绿化树木7万株，清理陈年垃圾1.8万吨，创建美丽庭院500户。

三、工业、建筑业

工业：全区28户规模以上工业完成总产值231.19亿元，比上年增长31.5%，实现增加值86.27亿元，比上年增长4.7%(可比价)。在规模以上工业中，省以下地方工业实现增加值8.67亿元，比上年增长19.9%。按所有制性质分：国有工业实现77.93亿元，比上年增长2.4%；股份制工业实现5.19亿元，比上年增长14.6%。按行业分：轻工业实现增加值1.46亿元，比上年增长13.4%；重工业实现增加值84.81亿元，比上年增长4.6%。规模以下工业完成总产值2.94亿元，比上年下降10.37%，实现增加值0.96亿元，比上年下降20.0%。

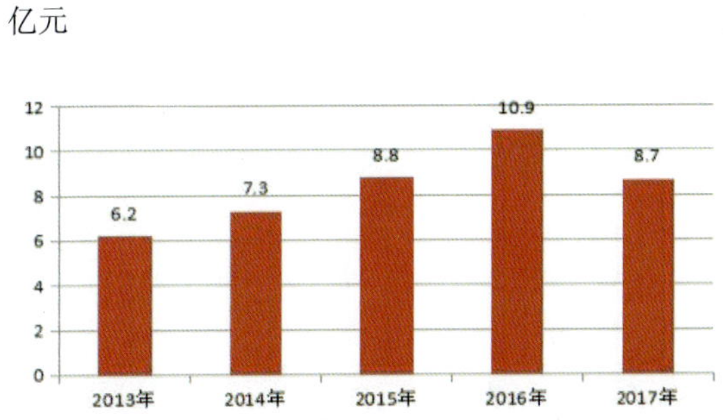

图4 2017年粮食总产量完成情况

规模以上工业完成销售总产值228.39亿元，比上年增长19.6%，产品销售率为98.8%。其中省以下地方工业完成销售总产值31.69亿元，比上年增长33.7%，产品销售率为116.6%。实现营业收入236.5亿元，比上年增长27.8%。

全年原油加工量359.02万吨，同比增长4.50%，生产汽油144.46万吨，同比增长5.5%，煤油15.6万吨，同比增长10.6%，柴油143.77万吨，同比增长0.78%，液化石油气17.77万吨，同比增长4.0%，服装20.56万件，同比增长9.43%，化学药品原药223吨，同比上升3.4%，自来水1115万立方米，同比下降2.2%，商品混凝土40.30万立方米，同比下降 24.14%。

2017 年西峰辖区内主要工业产品生产量

表 2

产品名称	计量单位	生产量合计
原油加工量	吨	3590216.0
汽油	吨	1444555.0
煤油	吨	156142.0
柴油	吨	1437693.0
液化石油气	吨	177696.0
服装	万件	20.6
化学药品原药	吨	223.0
自来水生产量	万立方米	1115.0
商品混凝土	立方米	403008.0
涂料	吨	4125.0
鲜、冷藏肉	吨	10176.0
活性炭	吨	1243.0
涂料	吨	4125.0

建筑业：全年 52 户资质以内企业完成建筑业总产值 48.24 亿元，比上年上涨 7.3%；实现增加值 22.6 亿元，比上年增长 19.1%。资质以内建筑企业实现营业利润 2.4 亿元，比上年增长 3.6%；利润总额达到 2.5 亿元，比上年增长 8.7%；房屋建筑施工面积 228.9 万平方米，比上年下降 20.9%；房屋竣工产值 38.9 亿元，比上年上涨 27.3%。

四、固定资产投资与房地产开发

固定资产投资：全年固定资产投资累计完成 90.07 亿元，同比下降 69.4%。其中 5000 万元以上项目 38 个，完成投资 53.32 亿元，同比下降 60.9%。按构成分：建筑安装工程完成投资 61.38 亿元，同比下降 67.3%；设备工器具购置完成投资 1.35 亿元，同比下降 70.9%；其他费用完成投资 1.05 亿元，同比下降 73.6%。按三次产业分：第一产业完成投资 2.01 元，同比下降 42.3%，占投资总额 2.2%；第二产业完成投资 17.37 亿元，同比下降 87%，占投资总额 19.3%；第三产业完成投资 44.40 亿元，同比下降 79.7%，占投资总额 49.3%。

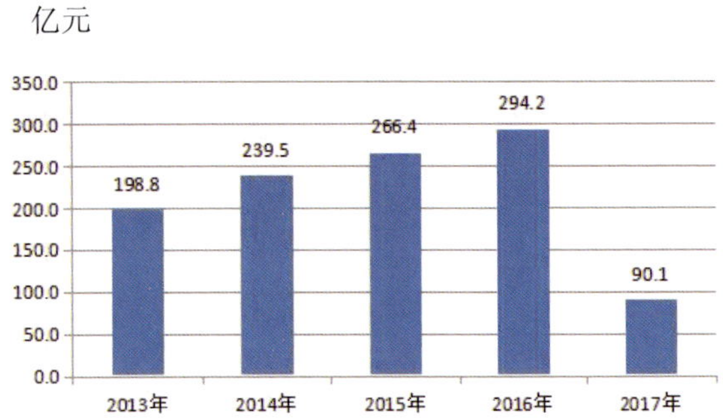

图 5 2017 年固定资产投资完成情况

房地产开发：全年 72 户房地产企业共计完成房地产开发投资 26.3 亿元，同比下降 17.6%；其中商品住宅投资 17.6 亿元，同比下降 28%；办公楼投资 3785 万元，同比上涨 35%；商业营业用房投资 6.2 亿元，同比增长 13.6%。商品房施工面积共计 356.4 万平方米，同比上涨 12.8%，其中商品房住宅施工面积 213.9 万平方米，同比上涨 7.2%；商业营业用房施工面积 81.8 万平方米，同比增长 15.4%。商品房销售面积 40.2 万平方米，同比上涨 169.3%，其中住宅销售面积 33.3 万平方米，同比上涨 123.2%；商业营业用房销售面积 6.6 万平方米，同比增长 163.2%。全年销售额 19.4 亿元，同比增长 167.9%，其中住宅销售额 14.7 亿元，同比增长 180.7%；商业营业用房销售额 4.6 亿元，同比增长 131.1%。

五、交通、邮电通讯业

交通：年末辖区拥有营运载客汽车 1348 辆，载货汽车 6529 辆。客运量达到 1954 万人(次)，旅客周转量达到 250336 万人公里。货运量达到 819.7

万吨，货物周转量达到130521.2万吨公里。

邮电通讯：辖区邮政局（所）15个，电信局（所）15个。邮政业务总量完成4509.83万元，比上年增长22.6%，邮政业务总收入3828.2万元，比上年下降1.1%。农村投递线路1001单程公里，邮路总长度533单程公里。电信业务总量完成93384.89万元（2015年不变价），比上年增长58.6%，电信业务总收入18347.3万元，比上年增长4.4%。电缆长度为7090皮长公里，比上年增长0.1%。年末移动电话用户达到26.8万户，固定电话用户7.1万户，电话普及率为90.7部/百人。国际互联网用户为112524户。

六、贸 易

商贸：全年完成社会消费品零售总额73.03亿元，比上年增长5.7%。分地域看：城市完成59.5亿元，增长6%；农村完成13.53亿元，增长4.4%。分行业看：批发业完成19.79亿元，增长15.3%；零售业完成44.34亿元，增长1%；住宿业完成0.3亿元，下降5.4%；餐饮业完成8.57亿元，增长11.3%。全年进出口额1970万元，下降87%。

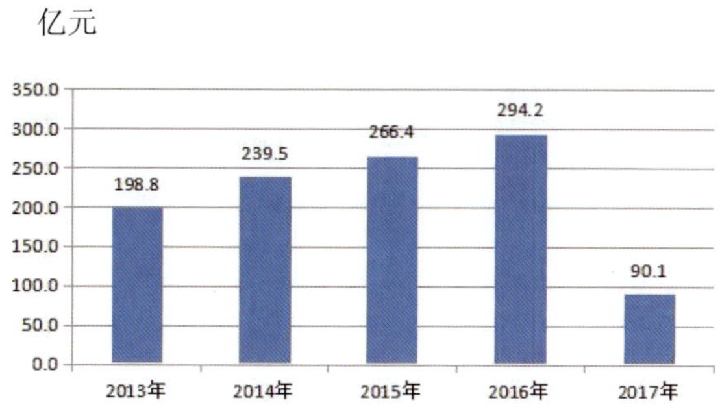

图6 2017年社会消费品零售总额完成情况

七、财政、金融和保险

财政：全年大口径财政收入完成16.25亿元，同比增长31.7%，其中：一般预算收入完成7.3亿元，同比增长20.9%。各项税收收入总计完成81.5亿元（含庆化厂上缴税金63.3亿元），同比增长6.26%。其中：国税收入76.3亿元，同比增长8.05%；地税收入5.2亿元，同比下降12.56%。财政支出累计完成26.76亿元，同比增长12.4%。

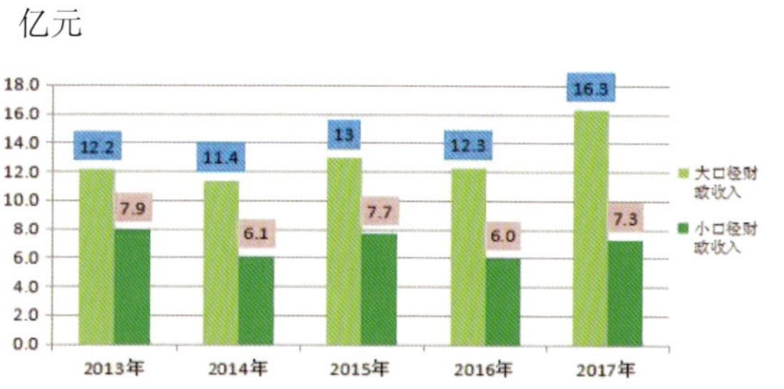

图7 2017年财政收入完成情况

金融：全区金融机构人民币各项存款余额362.09亿元，同比增长15.06%；其中：单位存款61.56亿元，增长3.0%；个人储蓄存款余额245.38亿元，增长15.45%。各项贷款余额318.51亿元，同比增长0.17%。其中短期贷款63.35亿元，下降15.8%；中长期贷款255.07亿元，增长6.3%。

保险：全年保费收入26401.9万元，比上年增长16.7%。其中：财产保险保费收入6724.4万元，下降2.2%；人寿保险保费收入19677.5万元，增长25%。支付各类赔款及给付8314.0万元，比上年增长23.6%。其中财险支付2704.5万元；寿险支付5609.5万元。

八、科技和教育

科技：全区共有各级各类学（协）会34个，其中专业技术学（协）会16个，农村专业合作组织24个，当年完成专利申请1436件，授权发明专利262件，累计授权有效发明专利50件。

教育：辖区内共有各类学校258所。其中大专院校2所，中等职业学校9所，中学26所（其中：独立初中10所，完全中学5所，高级中学6所，一贯制中学5所），普通小学101所，特殊教育学校1所，幼儿园119所。各类学校共有教职工8810人，其中专任教师8056人。在校学生102371人。九年义务教育巩固率97.61%，学前三年毛入园率97.18%。

九、文化、卫生、体育和旅游

文化：辖区现有专业剧团2个，文化(艺术)馆2个，图书馆2个，博物馆2个，画院1个，文化站10个，农村文化室100个，农家书屋104个，露天剧场35个。完成全区100个行政村“乡村舞台”建设、农家书屋建设，覆盖率达到100%。组织实施了“双百双万”小康图书惠民工程，列支150万元，为全区204家乡镇(街道)文化站、社区文化中心、乡村农家书屋、农民文化大院、区图书馆、各类中小学校、公立幼儿园选配图书34万册，在西峰城区安放电子图书借阅机6台。实施了全区农村有线广播电视网络全覆盖文化惠民工程，新铺设光缆线路80公里，附挂光缆线路210公里，覆盖全区7个乡镇，完成有线广播电视入户4551户。全年举办各类香包等民俗文化产业培训班138期，培训作者12474人(次)。组织民间艺术大师创作刺绣、剪纸、泥塑等民俗文化产品111件，外出参加展览和参加艺术大赛21余场次，获奖38项。坚持“公司+基地+农户”的生产经营模式，培育扩建显胜乡刘华能文化产业基地1处，新建什社乡庆丰村司杰香包生产基地1处，成立庆阳锦绣香韵商贸有限公司1家。新增香包生产大户17户，大型香包营销点3个，生产香包民俗文化产品500万件，产值6700万元，销售460万件，收入6000万元。成功承办了“第十五届中国•庆阳香包民俗文化节”。第十五届中国庆阳端午香包民俗文化节期间，搭建展棚357顶，参展公司40个，参展农户204个，销售民俗文化产品136.78万件，销售额达1098.8万元。

卫生：辖区拥有卫生机构350个，其中医院13个，社区卫生服务中心(站)18个，卫生院8个，村卫生室113个，门诊部、诊所(卫生所、医务室)179个，疾病预防控制中心2个，妇幼保健院(所、站)2个，采供血机构1个，卫生监督所(中心)1个，计划生育服务机构4个。实有医疗病床4009张。卫生技术人员3893人，其中：执业(助理)医师1652人，注册护士1460人，药师(士)197人，技师(士)196人，其他医技人员388人。2017年新型农村合作医疗筹资标准提高到600元，其中个人缴纳150元，政府补助450元，参合236614人，参合率99.58%。农村五保户、低保户等困难和弱势群体参合率保持在100%，共计补偿52.47万人次14214.42万元，当年资金使用率99%。全面落实了47种门诊慢性病报销政策，重大疾病报销比例达到70%以上。对全区886名因病住院的贫困人口提高10%，补偿资金350.38万元，贫困人口住院实际补偿比为75%，大病保险赔付起付线降至3000元，共赔付104人次29.80万元。全区城乡居民健康档案建档率达91.4%，老年人健康管理率68.8%，高血压患者规范管理率83.2%，糖尿病患者规范管理率80.2%，重性精神疾病患者检出率2.2‰、规范管理率62.59%。乙、丙类传染病报告发病率351.93/10万。免疫规划疫苗全程合格接种率达95%。全年共结婚登记5278人，婚检4993人，婚检率95.8%，孕前优生健康检查完成率104.8%。孕产妇和儿童管理率分别达到95.1%和95%。

体育：辖区共有体育场地数544个，举办县级以上运动会12次，参加县级以上运动会运动员人数55690人。年末等级运动员42人，等级教练员31人，等级裁判员439人。体育事业经费支出2120万元。

旅游：辖区共有国家级重点文物保护单位3处，旅游景点16处，涉外定点星级接待单位3个，旅行社(分公司)23家。全区累计接待游客263.69万人次，旅游综合收入达到13.52亿元。建成了集观光旅游、花卉观赏、休闲体验和香料种植加工为一体的蒲河月亮湾香草园。完成了黑老锅冰窟旅游景区水电路网和生态停车场、彭原青藤农业文化产业园区基础设施、肖金宋塔文化园主体及附属工程等建设项目。

十、环境和安全生产

环境保护：城市环境质量7项指标全部在市上下达的控制指标之内。PM10（可吸入颗粒物）年均浓度66（微克/标立方米），PM2.5（可吸入颗粒物）年均浓度35（微克/标立方米），空气优良天数319天。

安全生产：全区共发生各类生产安全事故22起，死亡12人，受伤21人，直接经济损失270.08万元。其中：道路交通事故19起，死亡8人，受伤21人，直接经济损失2.08万元；工矿商贸事故3起，死亡4人，直接经济损失268万元。

十一、人口、人民生活和社会保障

人口：年末全区总人口为39.09万人，比上年末增加0.26万人。按性别分：男19.93万人，女19.16万人；按户籍分：非农业人口15.39万人，农业人口23.70万人。全年出生人口6504人，出生率16.648‰；死亡人口4314人，死亡率11.036‰，自然增长率5.621‰。常住人口为37.42万人，比上年末增加0.23万人，其中城镇人口22.18万人，农村人口15.24万人，城镇化率达到59.27%。

人民生活：辖区全部单位在岗职工年工资总额达到465455万元，比上年增长6.03%，年人均工资额78955元，比上年增长13.15%。其中区属职工工资总额为90412万元，比上年增长9.37%，年人均职工工资额77975元，比上年增长14.48%。城镇居民人均可支配收入28149.90元，比上年增加2251.97元，增长8.70%，人均消费支出16098.97元，比上年增加1177.68元，增长7.89%。城镇居民家庭恩格尔系数为31.4%，比上年下降0.2个百分点。农村居民可支配收入9160.70元，比上年增加699.30元，增长8.3%，人均生活消费支出10970.25元，比上年增加281.20元，增长2.6%。农村居民家庭恩格尔系数为37.5%，比上年增长0.8个百分点。

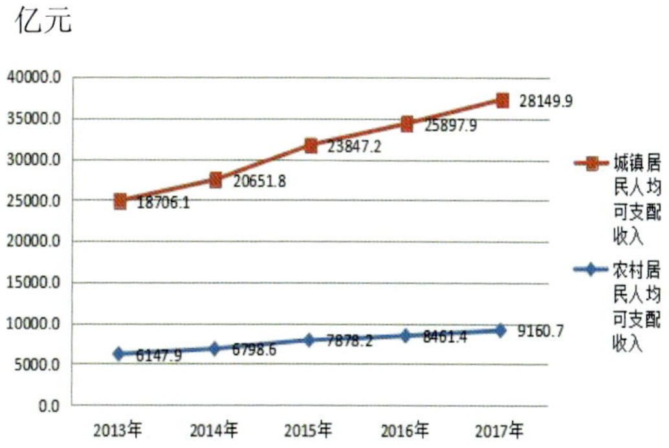

图8 2017年城乡居民收入完成情况

社会保障：辖区参加基本养老保险的职工人数为38269人，其中离退休人员24845人；参加失业保险40027人；参加工伤保险76132人；参加职工基本医疗保险49557人。城市低保参保人数达到4547户、11297人，发放保障金5770万元，比上年增加591万元，城市低保月人均补差400元。农村低保参保人数达到3416户、11349人，发放保障金2312万元，比上年减少120万元，农村低保月人均补差145元。

注：《公报》中财政数据来自区财政局；外贸数据来自区商务局；邮政业务总量数据来自市邮政局；电信业务总量、固定电话、移动电话拥有量、互联网用户数据来自市电信公司；金融数据来自人行庆阳中心支行；文化、有线电视用户、电视人口覆盖率、广播人口覆盖率、旅游数据来自区文广局；教育、体育数据来自区教体局；卫生、新农合数据来自区卫计局；城镇新增就业、登记失业率、社会保障数据来自区人力资源和社会保障局；环境监测数据来自区环保局；安全生产数据来自区安监局；总人口、自增率来自区公安局；物价、城镇居民人均可支配收入、农村居民人均可支配收入来自庆阳调查队；其他数据均来自区统计局。

庆阳湖彩虹桥夜景 (区水务局提供)

年度人物

县处级以上党政领导干部简介

（按姓氏笔画排序）

马耀文 陕西长武县人。生于1966年9月。大学学历。1985年7月参加工作。1993年11月加入中国共产党。2008年8月任庆城县人民政府副县长。2011年9月任中共宁县县委常委、组织部部长。2015年6月任中共西峰区委常委、政府常务副区长。

马双成 庆城县人。生于1961年4月。大学学历。1983年8月参加工作。2007年加入中国民主促进会。2013年11月任庆阳第二中学副校长。

王　驰 甘肃泾川县人。生于1970年2月。研究生学历。1991年7月参加工作。1993年3月加入中国共产党。2008年8月任中共西峰区委常委、政府副区长(挂职)。2010年11月任甘省委机要局调研员，12月任中共西峰区委常委、政府副区长、庆阳市新区开发建设管理委员会主任。2011年10月任中共西峰区委常委、政府常务副区长、庆阳市新区开发建设管理委员会主任。2015年5月任中共西峰区委副书记、政府党组书记、代区长，8月任中共西峰区委副书记、政府区长。

王　超 合水县人。生于1975年12月。大学学历。1996年9月参加工作。2003年8月加入中国共产党。2013年5月任庆阳市财政局党组成员、副局长。2015年8月任西峰区人民政府副区长。

王新宁 正宁县人。生于1965年2月。研究生学历。1989年12月参加工作。1987年7月加入中国共产党。2016年11月任西峰区政协党组成员、副主席，文广(旅游)局党委书记、局长。2017年1月任政协西峰区第八届委员会党组成员、副主席。

王　岩 西峰区人。生于1968年11月。研究生学历。1990年7月参加工作。1996年11月加入中国共产党。2009年2月任庆阳第三中学副校长。2015年2月任庆阳第三中学校长。

毛会科 西峰区人。生于1964年1月。大专学历。1981年8月参加工作。1991年10月加入中国共产党。2013年12月任北地情演艺有限公司总经理。

冉德甫 镇原县人。生于1972年8月。博士学位。高级工程师。1996年7月参加工作。2010年5月加入中国共产党。2013年11月任甘肃省有色金属地质勘查局信息中心副主任(副处级)。2017年8月任西峰区人民政府副区长。

白　洁 华池县人。生于1964年6月。大专学历。1984年8月参加工作。1990年3月加入中国共产党。2012年3月任庆阳市公安局党委委员、副局长。2016年1月任庆阳市公安局西峰分局党委书记、局长。

白　杰　宁县人。生于1963年10月。大学学历。1984年7月参加工作。1985年5月加入中国共产党。2013年11月任庆阳第二中学副校长。

齐文潇　女,西峰区人。生于1977年5月。大学学历。2001年7月参加工作。2015年12月任庆阳市委老干部局副局长。2016年9月选为西峰区人民政府副区长候选人，11月任西峰区人民政府副区长。

刘建莉　女,庆城县人。生于1966年10月。大学学历。1986年7月参加工作。1992年1月加入中国共产党。2009年11月任西峰区人民政府副区长。2011年9月任中共西峰区委常委,10月任西峰区委常委、统战部长。2016年11月任中共西峰区委常委、纪委书记。2017年12月任中共西峰区委常委、纪委书记、监察委主任。

刘晨宇　庆城县人。生于1971年2月。大学学历。1990年3月参加工作。2013年8月任庆阳市公安局西峰分局副局长兼交警大队大队长。

刘文宪　正宁县人。生于1965年10月。大学学历。1985年7月参加工作。1985年1月加入中国共产党。2009年6月任合水县检察院党组书记、检察长。2011年9月任庆城县人民法院党组书记、院长。2013年8月任西峰区人民法院党组书记、院长。

刘　敏　合水县人。生于1962年10月。大专学历。经济师。1981年10月参加工作。1991年8月加入中国共产党。2007年2月任甘肃省盐务管理局陇东分局副局长、陇东盐业分公司副经理、西峰区盐务管理局局长兼经理。

吴兰玮　籍贯西峰区,出生地华池县。生于1962年9月。大专学历。1979年11月参加工作。1993年6月加入中国共产党。2014年1月任西峰区人大常务委员会副主任。

肖广军　庆城县人。生于1964年9月。大学学历,经济学学士。1998年7月参加工作。1995年12月加入中国共产党。2015年1月任西峰区人大常务委员会副主任。

李廷位　华池县人。1967年1月出生,研究生学历。1988年7月参加工作。1993年7月加入中国共产党。2011年10月任庆阳市纪委常委、纪检监察二室主任。2015年8月任中共西峰区委常委、区城市管理行政执法局局长

李浩勤　西峰区人。生于1959年3月。大学学历。1978年6月参加工作。1988年9月加入中国共产党。2004年6月任庆阳第三中学副校长。

李　文　西峰区人。生于1963年12月。大学学历,中央党校党政管理专业。高级教师。1982年7月参加工作。1989年9月加入中国共产党。2015年7月任庆阳第三中学副校长。

李永太　甘肃秦安县人。生于1967年9月。大学学历。1988年6月参加工作。1989年6月加入中国共产党。2009年11月任西峰乡镇企业示范区管理委员会副主任、区经济开发区党委书记、西街办事处党工委书记。2016年8月任西峰区经济开发区主任、西街办事处党工委书记。

张　瀚　环县人。生于1976年3月。大学学历。1998年8月参加工作。2003年6月加入中国共产党。2016年9月任中共西峰区委常委候选人、统战部部长,11月任中共西峰区委常委、统战部部长。

张鹏瑞　宁县人。生于1969年8月。大学学历。1995年9月加入中国共产党。2010年10月任中共西峰区委常委、宣传部长。2016年9月任中共西峰区委常委、政法委书记。

张晓龙　正宁县人。生于1976年12月,大学学历。1995年8月参加工作。1996年12月加入中国共产党。2011年9月任中共庆城县委常委、统战部长。2013年9月任中共庆城县委常委、统战部长、县总工会主席。2016年11月任中共西峰区委常委、宣传部长。

张　发　环县人。生于1970年10月。大学学历。1993年8月参加工作。1997年3月加入中国共产党。2011年10月任镇原县人民检察院党组书

记、检察长。2016年4月任西峰区人民检察院党组书记、检察长。

张武德 庆城县人。生于1967年10月。大学学历。高级教师。1991年8月参加工作。1998年2月加入中国共产党。2009年8月任庆阳市第六中学副校长。2015年6月任西峰区职业中等专业学校校长。

张劲海 西峰区人。生于1960年9月。大学学历。1979年9月参加工作。1984年11月加入中国共产党。2010年4月任西峰区秦剧团书记。2012年6月任西峰区秦剧团、北地情演艺公司书记。

张建国 合水县人。生于1963年10月。大专学历。1982年8月参加工作。1986年9月加入中国共产党。2014年1月任政协西峰区第七届委员会副主席、西峰区民政局局长、社会组织党工委书记，6月任政协西峰区第七届委员会副主席。2016年11月任政协西峰区第八届委员会副主席。

佘占发 环县人。生于1967年11月。大学学历。高级讲师。1988年7月参加工作。1994年6月加入中国共产党。2015年6月任西峰区职业中等专业学校副校长。

肖建军 庆城县人。生于1968年2月。大学学历。1991年8月参加工作。1991年5月加入中国共产党。2017年4月任庆阳市公安局西峰分局党委副书记、政委。

罗亚林 天水市人。生于1960年4月。大专学历。1981年9月参加工作。1986年12月加入中国共产党。2001年7月任中共西峰区委常委、组织部长。2009年3月任政协西峰区第六届委员会副主席、区职教中心主任。2011年10月任政协西峰区第七届委员会主席。

杨贵新 镇原县人。生于1967年3月。大学学历。中学高级教师。1989年7月参加工作。2007年12月加入中国共产党。2015年9月任庆阳第三中学副校长。

杨文波 宁县人。生于1974年6月。大学学历。1996年1月参加工作。1997年8月加入中国共产党。2016年8月任庆阳市西峰城区热力集团公司副总经理。

尚小寅 宁县人。生于1962年7月。大学学历。1982年8月参加工作。1988年9月加入中国共产党。2013年4月任庆阳第二中学副校长。

赵海东 籍贯正宁县，出生地泾川县。生于1960年9月。大专学历。1980年9月参加工作。1983年12月加入中国共产党。2001年6月任镇原县人民政府副县长。2006年10月任中共西峰区委常委、纪委书记。2010年12月任中共西峰区委常委、纪委书记、区乡镇企业示范区管理委员会主任。2011年9月任西峰区人大常务委员会主任。

赵广利 西峰区人。生于1966年11月。农学学士，硕士研究生。中学高级教师。1988年9月参加工作。1998年2月加入中国共产党。2007年4月任庆阳第四中学校长。

姜晓琴 女，宁县人。生于1963年9月。大学学历。1982年8月参加工作。1984年10月加入中国共产党。2011年10月任政协西峰区第七届委员会副主席。

侯会斌 合水县人。生于1968年6月。大学学历。1989年7月参加工作。1990年12月加入中国共产党。2016年7月任庆阳市西峰城区热力集团公司副总经理。

胡长富 环县人。生于1970年10月。大学学历。1993年4月参加工作。1995年6月加入中国共产党。2009年2月任庆阳市新区开发建设管理委员会党组成员、副主任。2012年12月任庆阳市西峰区城市管理执法局党组书记、局长。2015年6月任庆阳市西峰城区热力集团有限公司副总经理。2016年8月任庆阳市西峰城区热力集团有限公司总经理。

贾志升 镇原县人。生于1976年7月。大学学历。1996年11月参加工作。1999年11月加入中国共产党。2010年4月任庆阳市政府办公室党组成员、副主任(期间2012年3月至2012年6月在福建省石狮市政府挂职,任市长助理)。2012年8月任中共宁县县委副书记(正县)。2013年2月任中共宁县县委副书记、庆阳经济技术开发区常务副主任。2015年1月任中共宁县县委副书记、庆阳经济技术开发区管委会党组副书记、常务副主任(期间2015年3月至2015年6月在省委党校中青班学习)。2015年7月任中共西峰区委副书记。

贾兴义 西峰区人。生于1965年2月。大学学历。无党派。1987年7月参加工作。2015年1月任政协西峰区第七届委员会副主席。

秦振贤 西峰区人。生于1966年2月。大学学历。1987年7月参加工作。1993年6月加入中国共产党。2013年4月任庆阳第二中学党总支副书记。

徐　莹 女,山东菏泽人。生于1982年10月。大学学历。2002年7月参加工作。2014年7月加入中国共产党。2016年12月任西峰区人民政府副区长、庆阳市金融办副主任。

徐子君 生于1981年2月。西峰区人。硕士研究生学历。2000年4月参加工作。2002年4月加入中国共产党。2016年7月任庆阳市西峰城区热力集团有限公司副总经理。2017年4月在天津能源投资集团滨海热电挂职,任副总经理。

章志兼 华池县人。生于1960年9月。大学学历。1977年1月参加工作,1983年11月加入中国共产党。1995年3月任西峰市人民政府副市长。1995年11月任庆阳地区行署民政处党组成员、副处长。1996年12月任庆阳地区行署办公室党组成员、副主任。2002年6月任中共庆阳县委副书记。2002年11月任中共环县县委副书记、县长。2004年11月任中共环县县委书记。2007年1月任庆阳市政府党组成员、副市长。2011年9月任庆阳市政府党组成员、副市长、中共西峰区委书记,10月任中共庆阳市第三届委员会常委。2016年11月任中共庆阳市第四届委员会常委、中共西峰区委书记。

喻建设 西峰区人。生于1962年10月。大学学历。建筑工程师。1981年7月参加工作。1985年10月加入中国共产党。2004年6月任西峰区职业中专副校长

雷兼博 西峰区人。生于1965年7月。大学学历。1987年7月参加工作。1995年12月加入中国共产党。2014年1月任西峰区工业园区管委会副主任。2015年8月任西峰区人民政府副区长。

廖　芳 女,合水县人。生于1974年4月。大学学历。1994年8月参加工作。无党派。2008年8月任环县人民政府副县长。2011年11月任环县人民政府副县长、环县工商业联合会主席。2016年10月任西峰区人大常委会副主任。

晋升高级职称专业技术人员

2017年晋升高级职称专业技术人员

（按姓氏笔画排序）

表1

姓名	性别	民族	出生年月	籍贯	工作单位	专业技术职务
毛康宁	男	汉	1980年8月	甘肃西峰	庆阳第二中学	高级教师
牛成嘉	男	汉	1977年10月	甘肃西峰	肖金中学	高级教师
云天斌	男	汉	1969年4月	甘肃宁县	区人民医院	副主任医师
朱丽霞	女	汉	1969年11月	甘肃西峰	团结小学	高级教师
刘　凯	男	汉	1974年2月	甘肃西峰	统战部	技　师
刘鸿涛	男	汉	1962年10月	甘肃西峰	左嘴小学	高级教师
刘　凯	男	汉	1974年2月	甘肃西峰	统战部	技　师
刘荣瑞	男	汉	1968年2月	甘肃西峰	黄官寨实验学校	高级教师
孙红燕	女	汉	1963年7月	甘肃西峰	董志小学	高级教师
邵维恩	男	汉	1970年8月	甘肃西峰	彭原初中	高级教师
李兴涛	男	汉	1973年8月	甘肃西峰	什社中学	高级教师
李彩霞	女	汉	1965年11月	甘肃西峰	董志卫生院	副主任护师
李安明	男	汉	1973年8月	甘肃宁县	区人民医院	副主任医师
杨淑慧	女	汉	1966年3月	甘肃西峰	团结小学	高级教师
杨雅丽	女	汉	1965年8月	甘肃西峰	团结小学	高级教师
杨　桢	男	汉	1972年12月	甘肃宁县	区人民医院	副主任医师
张海龙	男	汉	1972年7月	甘肃西峰	彭原初中	高级教师
张永宁	男	汉	1973年12月	甘肃西峰	庆阳第二中学	高级教师
张　玲	女	汉	1965年11月	甘肃宁县	区人民医院	副主任检验技师
岳立信	男	汉	1970年12月	甘肃西峰	新建小学	高级教师
赵淑茸	女	汉	1963年2月	甘肃西峰	团结小学	高级教师
赵宗儒	男	汉	1970年5月	甘肃西峰	庆阳第三中学	高级教师
赵继祖	男	汉	1976年12月	甘肃宁县	区人民医院	副主任医师
贺　琴	女	汉	1963年3月	甘肃西峰	肖金中心卫生院	副主任护师
贺俊英	女	汉	1967年12月	甘肃镇原	区文化馆	副研究馆员
郭维盛	男	汉	1972年7月	甘肃定西	温泉（齐楼）初中	高级教师

先进人物

2017年度西峰区个人获奖统计（地厅级以上）

表2

姓 名	单 位	奖项名称	颁奖部门	获奖时间
徐小明	宣传部	获2011—2015年全市法治宣传教育先进个人	中共庆阳市委 庆阳市人民政府	2017年1月
		获第十三批省级精神文明建设工作先进工作者	中共甘肃省委 甘肃省人民政府	2017年7月
郭崇勇		歌曲《一生平安》获第九届李梦阳文艺奖音乐作品三等奖	中共庆阳市委 庆阳市人民政府	2017年2月
		歌曲《榆钱花花开》获第二届“唱响中国梦”陇上之歌原创歌曲征集优秀作品奖	甘肃省文联 甘肃省音协 甘肃改琴书法教育奖励基金会	2017年8月
		歌曲《相思成林》获“魅力景泰•唱响石林”全国征歌一等奖	甘肃省文联 中共景泰县委 景泰县人民政府	2017年9月
张 烨 脱翀博		新闻稿件《王水塔的“烦心事”》获甘肃新闻奖三等奖	中共甘肃省委宣传部 甘肃省人力资源和社会保障厅 甘肃省新闻工作者协会	2017年10月
李少峰	档案局	获全省档案工作先进工作者	甘肃省人社厅	2017年2月
王锡湖	团委	获“甘肃省优秀共青团干部”	甘肃省人力资源 甘肃省社会保障厅 共青团甘肃省委	2017年4月
吴立华		《中国梦•黄土情》丛书专著获庆阳市第九届李梦阳文艺奖一等奖	中共庆阳市委 庆阳市人民政府	2017年2月
王天宁		报告文学《贫瘠土地上长出好根苗》获庆阳市第九届李梦阳文艺奖一等奖		
胡 斐		行书六条幅获庆阳市第九届李梦阳文艺奖一等奖		
刘秀霞		散文集《独慢》获庆阳市第九届李梦阳文艺奖一等奖		
谷凌云		散文集《云裳》获庆阳市第九届李梦阳文艺奖二等奖		
郝正远		国画《人物》获庆阳市第九届李梦阳文艺奖三等奖		
苏瑞华		国画《大贵图》获庆阳市第九届李梦阳文艺奖三等奖		
侯永刚		报告文学《“陶人”徐鸿伟》获庆阳市第九届李梦阳文艺奖三等奖		
郭鸿俊		隶书六尺整张获庆阳市第九届李梦阳文艺奖三等奖		

续表 2

姓 名	单 位	奖项名称	颁奖部门	获奖时间
杨春峰	农牧局	获“全省减轻农民负担优秀工作者”	甘肃省农民负担监督管理办公室	2017 年 12 月
冯建全		获 2016 年全省人工影响天气优秀工作者	甘肃省人工影响天气办公室	2017 年 3 月
王军宁	林业局	获甘肃省退耕还林先进工作者		2017 年 10 月
巨兴明		甘肃省天然林资源保护工程先进工作者		2017 年 2 月
郭 琦	国网庆阳市西峰区供电公司	2015—2016 年度营销工作先进个人	国网甘肃省电力公司	
刘军峰		2015—2016 年度安全生产先进个人		
李旻霄		2016 年度党建工作先进个人		
杨高涛		2016 年度“陇电明星”		2017 年 1 月
张明权		2016 年度先进工作者		
王仁杰		甘肃省电力公司供电服务之星与营销专业班组微讲堂优秀主讲人		
陈高凤		第三届“青年创意大赛”二等奖（A+ 综合服务智能平台）		2017 年 12 月
卢化春	区工商行政管理局	全省非公有制经济组织优秀党务工作者	甘肃省工商局党组 甘肃省非公企业党工委	2017 年 8 月
杨红妮	区图书馆	全国优秀农家书屋管理员	国家新闻出版广电总局	2017 年 12 月
朱纹纹	北街幼儿园	小荷花全国青少年优秀节目甘肃赛区优秀艺术指导教师	中国教育网络电视台青少素质台甘肃办事处	2017 年 6 月
王淑凤		全市模范教师	中共庆阳市委 庆阳市人民政府	2017 年 9 月
葛 霞	丽景幼儿园			
张 甜		全市教育名师		
樊 东	南街幼儿园	优质课《快乐的小青蛙》获甘肃省“龙杯”第五届中小学幼儿园教师教学技能大赛优秀奖	甘肃省教育科学研究所	2017 年 9 月
许 芳		全市模范教师	中共庆阳市委 庆阳市人民政府	2017 年 8 月
周梦华	北街实验学校	教学设计比赛三等奖	甘肃省教科所 甘肃省教育学会 甘肃省教学研究会	
李 洁		全市模范班主任	中共庆阳市委 庆阳市人民政府	2017 年 9 月
杨 梅		全市模范教师		
秦海鹏				
刘维军				

续表 2

<table>
<tr><th>姓 名</th><th>单 位</th><th>奖项名称</th><th>颁奖部门</th><th>获奖时间</th></tr>
<tr><td>田毓翠</td><td>董志小学</td><td>鲁迅青少年文学奖优秀指导奖</td><td>鲁迅青少年文学奖组委会</td><td>2017 年 7 月</td></tr>
<tr><td>高彩霞</td><td>后官寨中心小学</td><td>全市教育名师</td><td rowspan="6">中共庆阳市委
庆阳市人民政府</td><td rowspan="6">2017 年 9 月</td></tr>
<tr><td>田 静</td><td rowspan="4">黄官寨实验学校</td><td>2016—2017 学年度市级模范班主任</td></tr>
<tr><td>张俊梅</td><td>2016—2017 学年度市级模范教师</td></tr>
<tr><td>邵永博</td><td rowspan="2">2016—2017 学年度市级师德标兵</td></tr>
<tr><td>廉秀芳</td></tr>
<tr><td rowspan="2">刘生福</td><td rowspan="8">南街小学</td><td>“基于中小学监测数据的区域(甘肃庆阳)数学、体育质量提升”项目种子教师</td><td>北京师范大学中国基础教育质量监测协同创新中心</td><td>2017 年 8 月</td></tr>
<tr><td>全市模范教师</td><td>中共庆阳市委
庆阳市人民政府</td><td>2017 年 9 月</td></tr>
<tr><td>孙海燕</td><td>甘肃省第二届“创新杯”中小学数学单元教学设计文本比赛小学组三等奖</td><td>甘肃省教育科学研究所
甘肃省教育学会
甘肃省数学教育研究会</td><td>2017 年 8 月</td></tr>
<tr><td>毛会仁</td><td>全市模范教师</td><td>中共庆阳市委
庆阳市人民政府</td><td>2017 年 9 月</td></tr>
<tr><td>白治锋</td><td>2017 年甘肃省第二届中小学优秀教学方法(模式)二等奖</td><td rowspan="3">甘肃省教育科学研究所</td><td rowspan="2">2017 年 10 月</td></tr>
<tr><td>郭燕燕</td><td>2017 年甘肃省中小学“学科德育精品课程”(优质课)征集评选活动二等奖</td></tr>
<tr><td>李进梅</td><td>2017 年学前教育、中小学、高等教育教学优秀论文评选活动二等奖</td><td>2017 年 11 月</td></tr>
<tr><td>路丽谯</td><td>南佐小学</td><td rowspan="2">全市模范教师</td><td rowspan="2">中共庆阳市委
庆阳市人民政府</td><td rowspan="2">2017 年 9 月</td></tr>
<tr><td>白棕波</td><td>渠里张小学</td></tr>
<tr><td>孙 倩</td><td rowspan="9">团结小学</td><td>课件《年月日》获全国微课评比二等奖</td><td rowspan="4">小学数学课程研究开发中心</td><td rowspan="5">2017 年 6 月</td></tr>
<tr><td>董 粪</td><td rowspan="3">全国微课评比指导奖</td></tr>
<tr><td>付晓云</td></tr>
<tr><td>王 珅</td></tr>
<tr><td rowspan="3">师 瑛</td><td>课件《三角形的特性》获全国录像课评比一等奖</td><td>人教版课程教材研究所</td></tr>
<tr><td>课件《三角形》获数学单元设计二等奖</td><td>甘肃省教育科学研究所</td><td>2017 年 8 月</td></tr>
<tr><td>省园丁奖</td><td>甘肃省人民政府</td><td>2017 年 9 月</td></tr>
<tr><td rowspan="2">张晓玲</td><td>全国录像课评比指导奖</td><td>人教版课程教材研究所</td><td>2017 年 6 月</td></tr>
<tr><td>论文《定标、质疑、导学》获省教学模式设计一等奖</td><td>甘肃省教育科学研究所</td><td>2017 年 10 月</td></tr>
</table>

续表 2

姓 名	单 位	奖项名称	颁奖部门	获奖时间
范殷平	团结小学	全国录像课评比指导奖	人教版课程教材研究所	2017 年 6 月
刘瑞娟		课件《圆柱和圆锥》获数学单元设计一等奖	甘肃省教育科学研究所	2017 年 8 月
周 梅		课件《负数》获数学单元设计二等奖		
常海燕		课件《鸽巢问题》获数学单元设计二等奖		
景亚丽		课件《分类与整理》获数学单元设计二等奖		
雷位年		课件《统计》获数学单元设计三等奖		
李 娜		课件《图形的运动》获数学单元设计三等奖		
马会英		课件《乘法的初步认识》获数学单元设计三等奖		
李 玲		课件《数据收集整理》获数学单元设计三等奖		
高晓芳		省学科德育课程优质录像课一等奖		2017 年 10 月
郭小莹		课件《松鼠》获省“学科德育精品课程”优质课二等奖		
李 仪	向阳小学	优质课《万以内数的认识》获 2017 甘肃第二届创新杯一等奖	甘肃省教育科学研究所 甘肃省教育学会	2017 年 6 月
张 瑾		全市模范班主任	中共庆阳市委 庆阳市人民政府	2017 年 9 月
路文娟				
曹 颀		全市教育名师		
刘春丽		全市模范教师		
莫 振	新建小学	论文《小学数学教学中合理应用交互式电子白板》获“全国教师优秀科研成果”一等奖	中国教育学会	2017 年 3 月
张亚丽		课件《三角形内角和》获“2017(第 14 次)中国教育系统优质课、课件全国评选”二等奖	中国教育教学研究会	2017 年 8 月
		论文《浅谈小学语文分层作业的重要性》在 2017 年学前教育、中小学、高等教育教学优秀论文评选活动中获一等奖	甘肃省教育科学研究所	2017 年 11 月
李改霞		优质课《听听，秋的声音》在全国“一师一优课，一课一名师”活动中获省级优质课一等奖	甘肃省教育厅	2017 年 10 月
李娟霞		优质课《发展足球活动能力的练习与游戏》在全国“一师一优课，一课一名师”活动中获省级优质课一等奖		
		优质课《感知足球的快乐》在甘肃省第二届幼儿园、中小学校体育教育优质课征集评奖活动中获二等奖	甘肃省教育科学研究所	2017 年 11 月
刘小英	鄢旗坳小学	2016—2017 年度“一师一优课，一课一名师”活动一等奖	甘肃省教育厅	2017 年 9 月

续表 2

姓 名	单 位	奖项名称	颁奖部门	获奖时间
罗小明	陈户初中	2017 年甘肃省第二届“创新杯”中小学数学单元教学设计文本比赛(初中组)三等奖	甘肃省教育科学研究所 甘肃省教育学会 甘肃省数学教育研究会	
吴九柱		全市师德标兵	中共庆阳市委 庆阳市人民政府	2017 年 9 月
冯小春		全市模范班主任		
顾彩玲				
张家铭	董志初中	甘肃省“创新杯”中小学数学单元教学设计三等奖	甘肃省教育科学研究所	2017 年 8 月
任 静				
王 恒				2017 年 10 月
李长柏	后官寨初中	全市师德标兵	中共庆阳市委 庆阳市人民政府	2017 年 9 月
王凯彤		全市模范教师		
何希海	庆阳第二中学	全市模范班主任		
郭 飞				
孙 毅		全市教育名师		
马德斌	庆阳第三中学	2017 年甘肃省“龙杯”第五届中小学幼儿园教师教学技能大赛指导教师奖	甘肃省教育科学研究所	2017 年 1 月
刘向学		论文《高中地理“研究性学习”活动实践与探索》获一等奖	中国教育学会	2017 年 4 月
		全国第二十七届学生论文评比优秀辅导教师		
杨玉峰		第三十二届甘肃省青少年科技创新大赛青少年科技竞赛项目优秀指导教师	甘肃省科学技术协会 甘肃省教育厅	
赵晓娟		2017 年甘肃省第二届“创新杯”中小学数学单元教学设计文本比赛高中组一等奖	甘肃省教育科学研究所	2017 年 8 月
贺彦博		2017 年甘肃省第二届“创新杯”中小学数学单元教学设计文本比赛高中组三等奖		2017 年 9 月
田巧荣		甘肃省优秀教师，省“园丁奖”	甘肃省人民政府	
李 伟		全市教育名师	中共庆阳市委 庆阳市人民政府	
徐永毅		全市模范班主任		
原永峰		全市模范教师		
杨贵新		2017 年甘肃省第二届中小学优秀教学方法二等奖	甘肃省教育科学研究所	2017 年 10 月
徐定国		2017 年甘肃省第二届“创新杯”中小学数学单元教学设计文本比赛初中组二等奖		

续表 2

<table>
<tr><th>姓 名</th><th>单 位</th><th>奖项名称</th><th>颁奖部门</th><th>获奖时间</th></tr>
<tr><td>蒋红梅</td><td rowspan="2">庆阳第三中学</td><td rowspan="2">2017 年甘肃省第二届“创新杯”中小学数学单元教学设计文本比赛初中组三等奖</td><td rowspan="9">甘肃省教育科学研究所</td><td>2017 年 11 月</td></tr>
<tr><td>曹丽娟</td><td>2017 年 12 月</td></tr>
<tr><td rowspan="2">张培峰</td><td rowspan="7">庆阳第四中学</td><td>甘肃省第五届普通高中教师教学技能大赛一等奖</td><td>2017 年 1 月</td></tr>
<tr><td>甘肃省“龙杯”第五届中小学教师教学技能大赛二等奖</td><td>2017 年 10 月</td></tr>
<tr><td rowspan="2">燕春录</td><td>单元教学设计《极坐标与参数方程》获 2017 甘肃省第二届“创新杯”二等奖</td><td>2017 年 6 月</td></tr>
<tr><td>单元教学设计《随机时间的概率》获 2017 甘肃省第二届“创新杯”三等奖</td><td>2017 年 8 月</td></tr>
<tr><td>杨克军</td><td>获 2017 甘肃省第二届“创新杯”优秀指导教师奖</td><td>2017 年 6 月</td></tr>
<tr><td>程彩虹</td><td>单元教学设计《实数》获 2017 甘肃省第二届“创新杯”三等奖</td><td rowspan="2">2017 年 8 月</td></tr>
<tr><td>张艳芳</td><td>单元教学设计《数据的分析》获 2017 甘肃省第二届“创新杯”三等奖</td></tr>
<tr><td>朱照华</td><td>区教体局</td><td>甘肃省优秀教育工作者，省“园丁奖”</td><td>甘肃省人民政府</td><td></td></tr>
<tr><td>廖仲池</td><td rowspan="2">王岭初中</td><td>全市模范校长</td><td rowspan="2">中共庆阳市委
庆阳市人民政府</td><td rowspan="2">2017 年 9 月</td></tr>
<tr><td>刘林</td><td>全市模范教师</td></tr>
<tr><td>拓俊儒</td><td rowspan="2">温泉(齐楼)初中</td><td>论文《“和谐互助，当堂达标”小组合作学习》获 2017 年“甘肃省第二届中小学优秀教学法(模式)”一等奖</td><td>甘肃省教育科学研究所
甘肃省教育学会</td><td>2017 年 1 月</td></tr>
<tr><td>李锋</td><td>全市模范教师</td><td>中共庆阳市委
庆阳市人民政府</td><td>2017 年 9 月</td></tr>
<tr><td rowspan="2">李维义</td><td></td><td>第十八届全国中小学电脑制作活动一等奖</td><td>甘肃省电化教育中心</td><td>2017 年 1 月</td></tr>
<tr><td></td><td>第十八届全国中小学电脑制作活动三等奖</td><td>中央电化教育馆</td><td>2017 年 7 月</td></tr>
<tr><td>左振辉</td><td></td><td>获第三届全国小学数学(人教版)课堂教学录像课评比指导教师奖</td><td>人民教育出版社
课程教材研究所
小学数学课程教材研究开发中心</td><td>2017 年 6 月</td></tr>
<tr><td>刘振峰</td><td></td><td rowspan="2">2017 年甘肃省青少年羽毛球锦标赛优秀裁判员</td><td rowspan="2">甘肃省体育局</td><td rowspan="2">2017 年 7 月</td></tr>
<tr><td>任 超</td><td></td></tr>
<tr><td>宋振梅</td><td></td><td>全市师德标兵</td><td>中共庆阳市委
庆阳市人民政府</td><td rowspan="3">2017 年 9 月</td></tr>
<tr><td>刘小斌</td><td></td><td rowspan="2">2017 年全国机械行业职业院校技能大赛“亚龙杯”职业院校机电类专业教师教学能力大赛(中职组)电梯安装与维修优胜奖</td><td rowspan="2">机械工业教育发展中心</td></tr>
<tr><td>邱浩博</td><td></td></tr>
<tr><td rowspan="2">张 烨</td><td></td><td>全国素质教育先进工作者</td><td>中国教育管理学会</td><td rowspan="2">2017 年 11 月</td></tr>
<tr><td></td><td>第五届素质教育教研成果评选一等奖</td><td>中国教育管理学会
中国素质教育创新研究编委会</td></tr>
</table>

续表 2

姓 名	单 位	奖项名称	颁奖部门	获奖时间
马 勃	肖金中学	全市模范班主任	中共庆阳市委 庆阳市人民政府	2017 年 9 月
赵振锋				
刘志科		全市模范教师		
金飞飞	野林初中	甘肃省第二届“创新杯”中小学数学单元教学设计文本比赛(初中组)三等奖	甘肃省教育研究所 甘肃省教育学会	2017 年 8 月
齐海霞	董志卫生院	甘肃省优秀计划生育技术服务人员	甘肃省卫生和计划生育委员会	2017 年 8 月
刘博洋	红十字会	第四届全国红十字应急救护大赛创伤救护三等奖	中国红十字会总会	
曹 瑜	疾控中心	2017 年全省卫生应急技能竞赛活动突发急性传染病防控竞赛中获三等奖	甘肃省卫生和计划生育委员会	2017 年 10 月
齐海刚	彭原卫生院	甘肃省优秀乡镇卫生院院长	甘肃省人社厅 甘肃省卫生和计划生育委员会	2017 年 9 月
王小萍	区医院	全省护理工作先进个人(优秀护士)		2017 年 5 月
王 丽		全省护理工作先进个人(优秀管理者)		
杨 康		甘肃省卫生行业磁共振技能大赛个人优胜奖	甘肃省卫生和计划生育委员会	2017 年 7 月
丁 洁		甘肃省超声医师技能竞赛三等奖	甘肃省医师协会超声医师分会	2017 年 8 月
云天斌		甘肃省优秀基层超声医师		
廉金明		甘肃省优秀医师奖	甘肃省医学会	
李 红	什社中心卫生院	全省护理工作先进个人	甘肃省人社厅 甘肃省卫生和计划生育委员会	2017 年 5 月
王景锋	食药监局	全省食品安全监管工作先进个人	甘肃省食品药品监督管理局	2017 年 2 月
王亚玲	北街社区卫生服务中心	甘肃省优秀基层医务工作者	甘肃省人社厅 甘肃省卫生和计划生育委员会	2017 年 9 月
王圣晅	西街办	歌曲《南梁英雄颂》(作词)获第二届“唱响中国梦”陇上之歌原创歌曲征集活动优秀作品奖	甘肃省文学艺术界联合会 甘肃省音乐家协会	2017 年 8 月
		歌曲《大碗花》(作词)获第十届李梦阳文艺奖音乐类三等奖	中共庆阳市委 庆阳市人民政府	2017 年 12 月

先进单位

单位获奖统计

2017 年度西峰区单位获奖统计(地厅级以上)

表 3

<table>
<tr><th>获奖单位</th><th>获奖内容</th><th>颁奖部门</th><th>获奖时间</th></tr>
<tr><td>区委办</td><td>2016 年度县区目标管理责任制考核综合奖</td><td>中共庆阳市委
庆阳市人民政府</td><td>2017 年 4 月</td></tr>
<tr><td>人大办</td><td>全省县乡人大工作和建设经验交流会先进集体</td><td>甘肃省人大</td><td>2017 年 9 月</td></tr>
<tr><td>政府办</td><td>2011—2015 全市法治宣传教育先进县(区)</td><td>中共庆阳市委
庆阳市人民政府</td><td>2017 年 1 月</td></tr>
<tr><td>政协办</td><td>2017 年度市政协社情民意信息工作先进单位</td><td>政协庆阳市委员会</td><td>2017 年 12 月</td></tr>
<tr><td>组织部</td><td>2016 年度市对区目标管理责任制考核一等奖</td><td rowspan="2">中共庆阳市委
庆阳市人民政府</td><td>2017 年 10 月</td></tr>
<tr><td rowspan="4">城管局</td><td>2016 年度市级文明单位</td><td>2017 年 2 月</td></tr>
<tr><td>甘肃省党建示范基地</td><td>中共甘肃省委组织部</td><td>2017 年 10 月</td></tr>
<tr><td>全国城管执法队伍“强转树”专项行动表现突出单位</td><td>中华人民共和国住建部</td><td>2017 年 11 月</td></tr>
<tr><td>职工书屋</td><td>甘肃省总工会</td><td>2017 年 12 月</td></tr>
<tr><td rowspan="2">宣传部</td><td>2016 年度目标管理责任制考核和绩效考评宣传思想和精神文明建设工作一等奖</td><td>中共庆阳市委
庆阳市人民政府</td><td>2017 年 3 月</td></tr>
<tr><td>党的建设先进集体</td><td>甘肃省委《党的建设》杂志社</td><td>2017 年 9 月</td></tr>
<tr><td>统战部</td><td>2016 年全国工商联工作“五好”工商联单位</td><td>全国工商联合会</td><td>2017 年 3 月</td></tr>
<tr><td rowspan="2">公安分局</td><td>2013—2016 年度全省维护稳定工作先进集体</td><td>甘肃省人社厅</td><td>2017 年 1 月</td></tr>
<tr><td>交警大队获严查严惩严重道路交通违法行为工作记三等功一次</td><td>甘肃省公安厅</td><td rowspan="2">2017 年 8 月</td></tr>
<tr><td>检察院</td><td>全国公益诉讼试点工作先进集体</td><td>甘肃省人民检察院</td></tr>
<tr><td rowspan="3">司法局</td><td>2011—2015 年全市法治宣传教育先进集体</td><td>中共庆阳市委
庆阳市人民政府</td><td rowspan="2">2017 年 1 月</td></tr>
<tr><td>法律援助中心获全省司法行政工作先进集体</td><td>甘肃省司法厅</td></tr>
<tr><td>道路交通事故损害赔偿纠纷人民调解委员会获全国模范人民调解委员</td><td>中华人民共和国司法部</td><td>2017 年 5 月</td></tr>
<tr><td rowspan="2">妇联</td><td>2017 年度全省妇女宣传阵地建设与杂志宣传先进奖</td><td>甘肃省妇联
中共省委宣传部</td><td rowspan="2">2017 年 12 月</td></tr>
<tr><td>获全省“2017 年度先进县市区妇联”荣誉称号</td><td>甘肃省妇联</td></tr>
</table>

续表 3

获奖单位	获奖内容	颁奖部门	获奖时间
督查考核局	2016 年市委市政府目标管理责任制考核一等奖	中共庆阳市委 庆阳市人民政府	2017 年 10 月
	2016 年市委市政府为民办实事工作考核一等奖		
工业园区管委会	2016 年度甘肃省劳动关系和谐工业园区	甘肃省人社厅 甘肃省总工会 甘肃企业联合会 甘肃省工商业联合会	2017 年 4 月
文联	第九届李梦阳文艺奖一等奖	中共庆阳市委 庆阳市人民政府	2017 年 2 月
统计局	2015 年全国 1%人口抽样调查工作省级先进集体	甘肃省统计局	2017 年 10 月
文广(旅游)局	农家书屋全面建设十周年先进集体	国家新闻出版广电总局	2017 年 12 月
国税局	全省国税系统法制基地	甘肃省国税局	2017 年 10 月
交通局	2016 年度全市交通运输工作一等奖第 2 名	庆阳市人民政府	2017 年 3 月
水保局	蒲河水利风景区等三个景区为省级水利风景区	甘肃省水利厅	2017 年 10 月
扶贫办	2016 年度财政专项扶贫资金绩效考评先进县第 2 名	甘肃省扶贫开发办公室 甘肃省财政厅	2017 年 6 月
老龄办	《西峰区综合应对人口老龄化战略思想》调研报告获全省老龄工作专题调研优秀成果二等奖	甘肃省老龄工作委员会办公室	2017 年 12 月
红十字会	2016 年度市州红十字会目标管理考核一等奖	甘肃省红十字会	2017 年 1 月
	全省先进县级红十字会		
工商业联合会	获 2016 年全国“五好”县级工商联	中华全国工商业联合会	2017 年 3 月
	获 2016 年全省“五好”县级工商联建设示范点	甘肃省工商业联合会	2017 年 4 月
	获 2017 年全国“五好”县级工商联	中华全国工商业联合会	2017 年 12 月
国网庆阳市西峰区供电公司	2016—2017 年度同期线损系统建设先进集体	国网甘肃省电力公司	2017 年 2 月
	2015—2016 年度营销工作先进集体		2017 年 11 月
	电网先锋党支部	中共国家电网公司党组	2017 年 9 月

续表 3

获奖单位	获奖内容	颁奖部门	获奖时间
团结小学	思维型教学实验基地	现代教育技术教育部重点实验室	2017 年 7 月
	全省民族团结进步示范学校	中共甘肃省委宣传部 中共甘肃省委统战部 甘肃省民族事务委员会	2017 年 11 月
	北京师范大学“学校发展一体化建设”项目示范校	北京师范大学“学校发展一体化”建设项目组	
	“人教杯•唱响主旋律、重温中华经典”诵读大赛三等奖	甘肃省教育厅 甘肃省新闻出版广电局	2017 年 12 月
向阳小学	省级快乐校园示范校	甘肃省教育厅	2017 年 6 月
彭原初中	鲁迅青少年文学奖甘肃赛区优秀组织奖	甘肃教育社	2017 年 7 月
庆阳第三中学	第三十二届甘肃省青少年科技创新大赛优秀单位组织奖	甘肃省科学技术厅	2017 年 4 月
	第十九届“飞向北京—飞向太空”甘肃青少年科技体育航空航天模型教育竞赛水火箭 50 米打靶赛中学男子组团体第一名	甘肃省教育厅 甘肃省体育局	2017 年 6 月
	鲁迅青少年文学奖甘肃赛区优秀组织奖	甘肃教育社	2017 年 7 月
庆阳第四中学	人教杯经典诵读大赛二等奖	甘肃省教育厅	2017 年 12 月
北街社区卫生服务中心	国家级优质服务示范社区卫生服务中心	国家卫生计生委办公厅	2017 年 8 月
妇幼保健计划生育服务中心	2011-2015 年全省实施妇女儿童发展规划先进集体	甘肃省妇儿工委 甘肃省人社厅	2017 年 7 月
区医院	甘肃省卫生行业磁共振技能大赛优胜团体奖	甘肃省卫生和计划生育委员会	
什社中心卫生院	2016—2017 年度群众满意的乡镇卫生院	国家卫生计生委办公厅	2017 年 8 月
	甘肃省基层卫生工作先进集体	甘肃省卫生和计划生育委员会	2017 年 9 月
什社乡	李岭村农家书屋获全国示范农家书屋	国家新闻出版广电总局	2017 年 12 月
显胜乡	毛寺村获 2016 年度市级文明村	中共庆阳市委 庆阳市人民政府	2017 年 2 月

续表 3

获奖单位	获奖内容	颁奖部门	获奖时间
南街办	专署巷社区获第四批国家级充分就业社区	中华人民共和国人力资源社会保障部办公厅	2017 年 3 月
	南苑路社区获全国巾帼建功先进集体	中华全国妇女联合会	2017 年 4 月
	南苑路社区命名为 2017 年度全国综合减灾示范社区	中华人民共和国民政部	2017 年 12 月
	育才路社区获全省人民防空宣传教育进社区先进工作站	甘肃省人民防空办公室	2017 年 11 月
北街办	2016 年度民兵基层建设先进单位	中共庆阳市委 庆阳市人民政府 庆阳军分区	2017 年 1 月
	志愿者服务站获甘肃省最佳志愿服务组织	中共甘肃省委宣传部 甘肃省精神文明建设指导委员会办公室 甘肃省民政厅 甘肃省环保厅 甘肃省文化厅 甘肃省政府国资委 甘肃省总工会 共青团甘肃省委 甘肃省妇联 甘肃省文联 甘肃省残联	2017 年 12 月
	东湖社区获全省人民防空宣传教育进社区先进工作站	甘肃省人民防空办公室	2017 年 11 月
西街办	省级文明单位	中共甘肃省委 甘肃省人民政府	2017 年 7 月

附录

媒体眼中的西峰

“冷资源”变成“热经济”

——西峰区推进旅游与农业融合纪实

寒冬时节，走进西峰区城乡，别是一番热闹景象，恢复营业的陇东滑雪场门庭若市，金蟾峡冰景区人景两相宜，天富亿生态民俗村芭提雅温泉游人如织……从“冷资源”到“热经济”，是西峰区大力推行“旅游+农业”模式，打造起新的经济增长点。

2016年，西峰区把旅游产业作为壮大城乡经济的重要领域，下大气力挖掘农业、农村中长期被忽视的旅游元素和资源，统筹推进旅游景区规划、旅游项目建设、旅游产品开发，变“冷资源”为“热经济”，促进“第一产业”接“二”连“三”，实现了农业与旅游业深度融合发展。

在旅游产业开发中，西峰区从优化产业布局入手，按照“一乡一品、一村一景”的思路，依托得天独厚的旅游资源，做活山水文章，提升完善旅游功能，树立区域旅游新名片。以天富亿生态民俗村为中心，积极实施休闲、会务、美食等关联旅游项目，打造城中两小时休闲旅游区；以城郊村绿色农产品基地为平台，建成了一批采摘观光休闲体验区，打造城郊半天度假旅游带；以蒲河川流域山水田园和自然风光为背景，全面拉开了总长23公里的蒲河川区环川旅游景区开发帷幕，串联形成历史文化资源开发、美丽乡村建设精品旅游路线，打造特色旅游风景线和十里蒲河画廊。

着眼于长远发展，西峰区科学搭建区域旅游整体框架，坚持“规划先行、注重特色、农旅结合、以点带面”的原则，把旅游景区规划与美丽乡村规划编制相结合，对北石窟寺遗址生态公园、蒲河川美丽乡村、小河湾生态旅游度假村等进行了总体规划。加快旅游项目建设，天富亿生态民俗村农乐广场、陇东滑雪场二期工程、夏季漂流码头等项目相继建成投用，显胜毛寺“黑老锅”、肖金名镇建设、彭池塬古城建设等项目入储全市重大项目库，肖显公路、环川公路、毛寺主景区种植油菜1万亩，全力打造万亩油菜花观光基地。

“旅游+农业”融合发展，催生出旅游产品的纵深挖掘、多点开花。以董志镇北门村、后官寨镇南佐村“文化集市”为代表的民俗文化产业基地，设立了国际营销窗口，文化产业增加值达到3.25亿元，增速达到37.1%，实现了民俗文化产品和人才的双线输出。显胜乡毛寺村成立了庆阳旅游开发有限公司，建成了具有黄土高原特色的乡愁记忆馆，主推“黑老锅”牌系列旅游产品，网上交易额突破10万元。樱桃、草莓、优质苹果等体验式采摘园旅游百花齐放，有效延长了乡村生态旅游业链条，形成了“游客尝鲜、农民赚钱”的双赢局面。

（李晓峰撰写，刊登于2017年2月9日1《甘肃农民报》）

用传统文化浸润“家风”

——记“全国文明家庭”刘兰芳一家

获得第一届“全国文明家庭”荣誉称号后，刘兰芳依旧每天奔波于家和公司，忙得团团转。但周围的很多人却不一样了：村里的媳妇自己创业的多了，孝敬老人的多了，爱护村容村貌的多了……村民何小刚说：“刘兰芳大姐一家被评为‘全国文明家庭’，去北京领奖，受到习总书记的亲切接见，我们万分激动。今后我们要以他们夫妇为榜样，把村子建得更好。”

今年51岁的刘兰芳是庆阳市西峰区肖金镇肖金村人。在刘兰芳3岁那年，母亲去世，他们兄弟姐妹6人成了“没娘娃”，开始在外婆膝下生活。外婆喜欢做针线，每天她忙活的时候，刘兰芳就在旁边看着学。经过多年的耳濡目染，刘兰芳对女红有了极大的兴趣。9岁那年，刘兰芳正式开始学做针线。刘兰芳回忆说：“那时候小手没力气，每纳一针就要用针锥戳一下，做得很费劲。”

尽管如此，她的举动令父亲很欣慰。父亲是一名革命军人，打过仗、受过伤，一生耿直，为人正统。他经常给刘兰芳讲一些做人处事的道理，也让刘兰芳明白了，婚姻是自己选择的，要靠自己去好好经营，人也没有贫富贵贱之分，要吃苦耐劳、艰苦朴素，才会过上好日子。

1986年7月，刘兰芳结了婚，对方是自己的同学张仁民。婆婆家在肖金镇肖金村，结婚时，公公是个病身子，二弟精神有点问题，家中里里外外的农活都落在了婆婆身上。刘兰芳说：“当时看到婆婆那么辛苦，心里就想着，一定要好好干，让婆婆过上好日子。”

从此，刘兰芳开始了忙碌的生活。周内她在城里的汽修厂上班，周末回肖金村干农活、照顾公公和小叔子。张仁民说：“我那会在学校代课，没有时间，兰芳一天家里家外的到处忙活。一个城里女娃娃，我真的没有想到她能这么能干。家里的亲戚和邻居都说我娶了个好媳妇。”那时候，刘兰芳所在的单位不景气，刘兰芳就和张仁民商量着用攒下的钱来栽植黄花菜，养兔子，贴补家用。

二弟是婆婆的心病，刘兰芳就花尽心思照顾二弟，让婆婆没有后顾之忧。“有一回，我二弟生病了，我又不在家，她就背着我二弟在路边挡车送到医院。做了手术后又给端饭送水，擦身子翻身。她能做到这一步，我都没有想到。”事隔多年，说起这些事，仍让张仁民无比感慨。

提起刘兰芳，张仁民的一大家子没有人不称赞的。逢年过节，刘兰芳总是主动去看望家门里的老年人；邻里之间有矛盾了，刘兰芳总是主动去调解；婆家弟弟做生意赔了本，刘兰芳不仅去开导，还主动帮忙贷款还账；外甥女考上研究生，却因父亲去世、经济困难不想继续上学，刘兰芳不仅主动给钱，还鼓励她坚持下去……“我觉得妈妈这些年特别辛苦，但是她的言传身教却是我一辈子的财富。”刘兰芳的女儿张煜瑶说。

刘兰芳一家都是民俗文化的“粉丝”。张仁民喜欢搞收藏，女儿张煜瑶学校毕业后跟着妈妈做女红、做管理，儿子在大学学习“非物质文化遗产管理与保护”专业。

早在2002年，刘兰芳夫妇就与民俗文化结下了“不解之缘”。那年3月上海光大会展中心举办了一次民间工艺品博览，刘兰芳带着家里的民俗藏品前去参加，门庭若市的场景让她看到了民俗文化的发展潜力。随后的端午节，庆阳市举办首届“中国·庆阳香包民俗文化艺术节”，刘兰芳用收藏的明清老绣品、香包以及收藏品进行展出，取得了巨大的成功。随后，两口子合计着开一家与民俗文化有关的公司。

刘兰芳说，办企业是艰难的，起初由于招收的员工大都是农村妇女，人心不齐，爱一起议论家长里短。刘兰芳就想起自己曾经学过的《朱子家训》，她觉得这对于教化人心是非常合适的。于是她决定让所有的员工每天早晨一起背诵《朱子家训》，但这对于文化程度不高的员工们是一件非常艰难的事。“我们不懂意思，刘总就帮我们讲解，最后大家理解了她的苦心，都认真地背下了。这不仅对我们个人的心性有帮助，而且对我们的家庭都有很大的帮助。”在庆阳岐黄文化传播有限公司工作了11年的黄兰琴说。经过15年的发展，刘兰芳的岐黄文化传播有限公司已有20多名员工，4000多名外协加工人员，被文化部命名为“国家级非物质文化遗产生产性保护示范基地”。

2014年夏天，受文化部之邀，刘兰芳带着精心准备的庆阳香包远赴美国，参加了中美两国合作举办的“史密森民俗节”。随后，又赶赴加拿大安大略湖多伦多湖滨艺术中心，进行了中国民俗主题展演。在大洋彼岸，散发着浓浓民俗气息的庆阳香包，吸引了当地民众的眼睛，创下了前所未有的销售业绩。作为全省唯一的民俗项目代表，北美之行让刘兰芳大开眼界的同时，也带给她更多的思考。依托岐黄文化传播有限公司，刘兰芳夫妇又创办了“义渠戎国”——国家级非物质文化生产性保护示范基地。

在刘兰芳的心中，香包寓意着吉祥、美好，只有怀着一颗善良的心，才能制作出美好的香包。正是有着传统文化的滋养，刘兰芳家庭在为发展庆阳民俗文化产业贡献着力量的同时，也在用中华民族最美的道德、情操和家风，感染着身边的每一个人。

（先朝阳、张烨撰写，刊登于《甘肃日报》2017年2月20日2版）

奏响新春序曲

——西峰区围绕重点工作抓落实走笔

春节过后，西峰区抓住“早”字谋划工作，区委、区政府领导第一时间深入棚改现场抓落实，召开经济工作会，一项一项抓任务、压责任，用“十个抓落实”奏响聚力发展的“前奏”。

项目引擎再升级，集聚发展新动能

2017年，西峰区继续把项目建设作为推动发展的重要引擎，突出投资拉动，在扩储备、保落地、赶进度中促增长、提实力。严格落实“三个一”项目包抓责任制，要求3月1日前，肖金至毛寺道路提质改造、庆阳四中扩建一期等56个续建项目全部开工；年内，北区雨水收集利用排放工程、秦霸岭社区服务中心等8个新建项目开工建设，民俗文化产业园一期等134个项目要全面建成，庆平高速西峰段等71个项目完成年度建设任务，全年力争项目投资增长10%以上。

持续在招商引资上发力，所有县级领导、乡镇街办、区直部门主要负责人亲自组织、带头招商，加快项目落地，年内力争招引到位资金200亿元以上。

建管并举重提质，重塑城市新形象

初春时节，天气转暖。漫步于西峰街头，越来越多的市民群众选择到邻近的公园、广场、小游园锻炼、休憩。

2017年，西峰区计划全力做好“城市出形象”大文章，坚持空间规模产业并重、生产生活生态并举、规划建设管理齐抓，实现由外延式基础建设向内涵式改造提升的重大突破，重点实施一批扩功能、打基础、利长远的民生工程。

聚力主攻棚户区改造，加快单区块改造向集中连片开发转变，继续按照一个片区一个指挥部、一套班子，聚力攻坚，压茬推进。以“四城同创”为契机，不断完善城市服务功能、提升综合承载能力，庆化大道南延伸段、北京大道北段等道路计划年内建成通车，加快推进宁县东路、安化东路等5条道路海绵化改造项目。

围绕全国文明城市创建，持续提升城市管理水平，计划新建大型垃圾中转站，新增公共便民自行车1000辆，升级改造“数字城管”监督指挥平台，全力整治城市“六乱”顽疾，建成渣土拉运车辆智能化监控平台，努力加快城市管理常态化、智能化、网格化。

产业培育上水平，书写农业新篇章

2月15日，记者来到位于彭原镇彭原村的中盛30万只胡羊繁育基地，灰瓦白墙的标准化羊舍鳞次栉比，工人们正在忙着为上万只湖羊放料，彭原镇项目干部冯永军告诉记者，繁育基地二期工程正在加紧清表，很快就能开工建设，建成之后的辐射带动作用会更强。中盛牧业的生动实践，是西峰区加快培育富民产业的一个缩影。

去年，西峰区全面加快培育优势产业，中盛30万只胡羊繁育基地实现了“当年招引、百日建成、当年见效”；初步建成了以北石窟寺、小河湾、黑老锅、陇东冰雪健身基地为节点的蒲河川区生态旅游带。

今年，西峰区将继续倾力推进产业上水平，采取组团发展、龙头引领模式，提升农业产业效益，积极招引扶持“农”字号龙头企业，加快中盛30万只胡羊繁育基地二期、正大15万头种猪繁育场等农业产业化项目建设，新建村级电子商务服务点20个，支持苹果、香包等特色产品扩大出口和网上销售，力争年内外贸进出口总额达到1亿元以上。

与此同时，以巴家咀水库—南小河沟—北石窟寺—小河湾—黑老锅冰窟景观为载体，重点在串点成线上做文章，打造“西游”特色旅游风景线和十里蒲河画廊，大力发展全域旅游，初步形成城中两小时休闲区和城郊半天旅游度假带。

（先朝阳、张烨、李晓峰撰写，刊登于《甘肃日报》2017年2月28日4版）

甘肃省庆阳西峰区为退休人员提供“量体裁衣”式养老服务

“敬老、养老、爱老”是中华民族的传统美德。我国自魏晋开始至唐、宋、元、明、清，一直提倡“以孝治天下”，“百善孝为先、父母慈子女孝、老吾老以及人之老”的观念代代相传。如何关爱退休人员，使其老有所养、病有所医、住有所居、闲有所乐、心有所慰，西峰区做了大量的工作，进行了探索，取得了一些经验，赢得了退休人员的信任和点赞。

近年来，西峰区社保中心、区城乡居民养老保险局、区城乡救助局和乡镇街办社区共同编织了一个覆盖退休人员的社保网，各负其责，共同协作，托底安置，确保城乡退休人员老有所老、贫有所助。西峰区社保中心本着高度负责、严谨严格的要求，研究制定工作方案，充实工作力量，核对调整待遇人员基本情况和基本数据，做好企业退休人员养老金调资增资工作。在区城乡居民养老保险局的指导下下，各个乡镇、15个社区采取“三必访”入户方式，对于行动不便的残疾人群、高龄老年人群、重大疾病患者人群进行上门核查，对于异地居住人员，采用网络视频聊天、手机拍照等方式进行核查，区城乡居民养老保险局根据核查结果向符合条件的退休人员及时支付城乡居民养老保险金。

西峰区立足退休人员的特点，逐步建立以家庭养老为核心，社区服务为依托，志愿者帮扶为补充的多层次、多类型的社会化养老体系。在西峰区人社局、社保中心、区城乡居民养老保险局的指导下，3个街办、15个社区社保平台整合社会资源，就近开展社会化管理。一是摸清底子。各社区通过入户调查对社区内男60周岁以上、女50或55岁以上人员的家庭情况、收入水平、养老意愿、服务项目等问题进行详细摸底，并登记造册。建立社区老年人信息库，以掌握第一手资料，为开展社区居家养老服务工作提供基础底数。二是创新载体，分类服务。各社区对高龄退休人员、特困退休人员、孤寡退休人员、长期重病退休人员、退休劳模人员、建国前参加工作人员等作出详细标识，分类管理。同时把一些思想好、热心公益身体健康的老人评选活动为自管小组长，为小组退休人员的需求来提供服务和管理。三开展志愿服务。南苑路、育才路等社区组织社区工作人员、党员志愿者、群众志愿者成立了以社区工作者为主的居家养老志愿者服务队，定期到老人家中走访慰问，为老人提供生活服务和精神服务。四建立社区老年日间照料中心，建成文化娱乐、健身、康复治疗活动阵地。南苑路社区探索由社会组织入驻，提供健身器械，为辖区老年人提供专业化养老保健服务。15 个社区定期在老年日间照料中心举办老年人健康、文化、科学知识讲座，每逢节假日组织老年人参加社区的各类活动，使老年人能经常聚会、经常交流，生活从此变得多姿多彩、有声有色。

退休人员先后自发成立了广场舞蹈队、太极拳队、音乐戏曲班、球类兴趣班、棋类爱好班、书法提高组、旅游爱好者、钓鱼爱好者、旗袍爱好者、香包刺绣爱好者等各类民间兴趣组织。兴趣的力量是无穷的，榜样的力量是无限的。一些热心广场舞的志愿者每天早晚提着音箱，领舞带操，让退休人员在音乐中翩翩起舞，强筋健骨、延年益寿。刘兰芳、左焕茸等民间工艺刺绣大师义务授课，组织比赛交流，传播专注专业、精益求精的工匠精神，可谓是“一片匠心在玉壶”。

（李婧婧撰写，刊登于《中国劳动保障报》2017 年 3 月 14 日）

白润庭：草莓棚里话增收

初春，走进西峰区后官寨镇南佐村白庄组的草莓大棚，一派春意盎然的景象映入眼帘：青翠欲滴的叶子衬着白色的小花，一颗颗宛如小灯笼的草莓点缀在绿叶中，散发出诱人的清香。草莓种植户白润庭正忙着招呼前来采摘的游客。“最近来采摘的人很多，这些是我今天接待的第三批客人了，真没想到销路这么好。”看着大棚里三三两两的游客，白润庭一脸喜悦。

今年 60 岁的白润庭，经营温室大棚已有 8 年时间，以前他栽种的是辣椒、茄子、西红柿等蔬菜。“种菜效益不稳定，也很辛苦，最大的问题是销售比较麻烦。”2015 年，白润庭了解到种植大棚草莓效益不错，也比蔬菜好管理，这让他眼前一亮：草莓价格高，销路好，加上自家的大棚离市区不远，很适合发展采摘游。

瞅准了草莓采摘这个行业后，白润庭专程到肖金蔬菜基地跟草莓种植户取经，还通过网络了解草莓的新品种及种植技术。经过一番考察后，2015 年 8 月，白润庭从浙江引进了有机奶油草莓秧苗，种植在两个温室大棚内，并聘请了一名当地的种植专家上门指导。

自从栽种了草莓，白润庭每天都在大棚里忙碌，像呵护孩子一样管理草莓秧苗，白天通风、浇水、查看秧苗的长势，晚上盖草帘……“种草莓是个细致活，马虎不得，尤其是在早期，一定要把地温控制好，温度太高会捂伤秧苗，温度过低会影响产量。管理得好，草莓的采摘期会有五、六个月。”

去年元旦，白润庭精心种植的两棚草莓开始上市。“我施的是农家肥，用物理方法防治病虫害，种出来的草莓个头大，口感好，色泽亮，游客都喜欢吃，一上市就供不应求。”白润庭说，当年他采用现场采摘的方式进行销售，两个棚收入了 2 万多块。

“种草莓比种菜经济效益更好，而且这两年西峰的采摘游很火，对城郊的农民来说，搞水果采摘是个挣钱的好门路。”去年，白润庭将草莓的种植规模扩大到 4 棚。因为此前有了一年时间的学习和摸索，他种植和管理草莓的技术越发娴熟，草莓的产量也提高了。

12 月底，4 棚草莓全部上市。白润庭在以往依托近效乡村游吸引游客上门采摘的基础上，还搭上了电商平台的便车，拓宽了销售渠道。他喜滋滋地告诉记者：“我们加入美团网后，游客人数逐渐增多，尤其是周末和节假日，平均每天的销售额近两千元，按目前的情形看，今年一个棚能收入 2 万块钱。”

随着草莓知名度的提高，一些单位也组织员工到白润庭的草莓大棚开展集体采摘活动，这让他对发展水果采摘有了更多信心和想法。“现在村上正在开发南佐遗址，以后到村里旅游的人会越来越多，搞采摘前景应该不错，只种草莓太单一了，要长期发展，必须多种几个水果品种。”白润庭告诉记者，他的草莓棚附近还有不少温室大棚，如果有资金，他打算成立合作社，把大家集中起来抱团发展果蔬采摘，不断丰富采摘品种，让游客一年四季都能在这里享受到采摘的乐趣。

（李晓光、张烨、盘小美撰写，刊登于《农业科技报》2017年3月17日5版）

以供给侧改革引领农业发展新常态

——甘肃省庆阳市西峰区农业供给侧改革交出闪亮答卷

开栏语：今年全国“两会”，民生热词如阳光般遍洒社会各个角落。伴随着全国“两会”的胜利闭幕，今年的奋斗目标和蓝图也已清晰而明确。为了深入挖掘“两会”与国计民生和“三农”的紧密关联。本报记者奔赴多个省区，走基层、访民生、问民愿，梳理各地贯彻落实全国“两会”精神的好经验和好做法，反映基层群众的声音和期盼，力求系统、深入、鲜活地反映“两会”对于推动“三农”事业和社会民生发展的巨大作用。从即日起，本报将推出“‘两会’精神进基层系列报道”，敬请关注。

农业部部长韩长赋在今年全国“两会”上答记者问时提出，农业供给侧结构性改革，主要应解决三个方面的问题：一是适应市场需求，改善农产品的供求关系；二是提高农业的质量和效益，增加农民收入；三是促进农业转型升级，提高竞争力。过去的农业结构调整，是在向市场经济转型过程中进行的，主要是通过行政推动，这次供给侧结构性改革主要是用市场的手段，用改革的办法，通过引导市场主体行为，促进结构调整。“供给侧改革”再次成为各界广议的热词。

激发农业发展新动能

今年全国“两会”一结束，甘肃省庆阳市西峰区董志镇崔沟村村民毛效文心里就有了务果“定计”。 作为从事苹果生产20余年的“老果农”，毛效文对新政策有自己的“一本经”：“这几年苹果行情不太稳，像我们这些老果园都在想办法提高苹果品质，区上也不时派技术员指导果树栽植、果园管理，今年韩部长提出，主要是用市场的手段，用改革的办法，通过引导市场主体行为，促进结构调整，所以，作为果农一定要在果品质量上下功夫，务出绿色优质果品，才是契合国策，与市场无缝对接的制胜法宝。”

毛效文的“信心”并非无的放矢。2016年以来，西峰区把推进农业供给侧改革作为加快农业、农村发展的重要抓手，进一步优化农产品品种结构，大力发展特色优势农产品，创新形成了“东果、南菜、西游、北畜、近郊物流”五大产业组团发展新格局，有效激发了农业发展新动能，实现农业增效、农民增收，形成了以政策助推、市场引导的农业发展新格局。

现代农业和特色高效农业有声有色

针对农业、农村发展的瓶颈问题，西峰区从优化生产结构入手，顺应市场需求变化，结合种养历史、区位优势，不断强化农业与科技融合发展，大力推广标准化节能增效配套技术、农业生物技术和农产品加工技术，每年下派科技特派员100多人，举办各类科技培训班200期，对种植户、企业跟踪服务、现场指导，以当地温什万亩绿色果带、什社乡万亩优质小米示范片带为平台，建立苹果产业研发基地和什社小米原品质原产地保护提升基地；依托当地肖金设施蔬菜基地、天富亿生态民俗村等，带动城郊村发展周末假日经济，建成一批集绿色果蔬、林下种养、花卉培育等为一体的现代生态高效农业产业基地；以当地鄢旗坳循环农业示范区为样板，引导养殖户共同建办专业标准化养殖场；以当地蒲河川区串珠状分布的景观为着力点，全力打造国家AAAA级旅游景区和文化产业特色品牌，累计组建成立"农户＋合作社""合作社＋基地＋农户"等农民专业合作经济组织900个，带动农户17000多户。

大力扶持和引导群众发展特色农业，契合市场需求，打造了蔬菜、食用菌、花卉、特色水果等特色品系，培育出辣椒、黄花菜等多种地方特色优势产品，以品质创品牌，着力推进农业产业化经营，加大农业项目的包装、宣传、策划和引进力度，在三品认证上，坚持贯标生产、监管并举，建成中庆、北地红等绿色农产品加工企业16个，肖金设施蔬菜基地等绿色无公害标准化示范点9个，完成"三品一标"认证14个，绿色食品认证1个，有力地推动了全区瓜果菜产业由传统农业向现代农业和特色高效农业的转变。

（李晓光撰写，刊登于《农业科技报》2017年3月22日1版）

西峰区启动图书惠民工程

日前，西峰区启动实施了"双百双万"小康图书惠民工程，区财政列支150万元，为全区204个单位，配备34万册图书。这项工程计划利用两年时间，从2017年至2018年完成小康图书配备任务，实现全区人均图书占有量达到1册以上等目标。

西峰区共有乡镇、街办、社区文化站及区图书馆、各级各类中小学校、公立幼儿园、农民文化大院、乡村农家书屋等204处。近年来，随着全区各类图书馆、文化站、农家书屋等公共文化服务设施的全面覆盖，图书人均占有量低、书籍类型单一、书籍内容陈旧、可读性不强等问题日益凸显。为全力推动"书香西峰"和学习型城市建设，优化全区图书资源装备水平，为建成小康社会提供智力支撑，西峰区与中国光华科技基金会合作，依托"光华书海工程"捐赠，在全区开展"双百双万"小康图书惠民工程。

据了解，"双百双万"小康图书惠民工程将采取分年度、分批次、分阶段的办法组织实施，由图书需求单位对照光华科技基金会图书推荐目录和网上书库，确定本单位（部门）图书目录，由区图书馆负责各乡镇街办、村组社区图书，区教体局负责全区各中小学校、幼儿园图书，参照各单位确定图书目录。同时，指派专人到光华科技基金会书库进行现场筛选，与光华科技基金会完成计价，并签订正式合同，支付管理费用并由各单位负责对照最终确定的图书目录，查收核对书籍，完成编码，正式上架。

目前，西峰区各基层单位、文化站所、中小学校的图书需求调查摸底工作已经完成。

（先朝阳、李馨怡撰写，刊登于《甘肃日报》2017年4月25日4版）

花满蒲河川——西峰区乡村文化旅游活动侧记

4月25日，庆阳市西峰区蒲河川里处处生机盎然，在阳光和雨露的滋养下，由植物套种的"显胜欢迎您"字样在油菜花的映衬下，分外引人注目。当日，庆阳首届油菜花节暨"花香蒲河、魅力西峰"系列文化旅游活动在位于蒲河川的西峰区显胜乡毛寺村开幕。

据了解，此次乡村旅游活动自4月25日至5月10日举行，进一步展现蒲河川区生态旅游资源及全区美丽乡村建设成果，完善农业产业结构，加速带动当地农业产业化进程，扩大西峰的影响力、知名度，让越来越多的人感受到西峰的独特魅力，到西峰旅游观光、投资兴业。

近年来，西峰区大力发展全域旅游，以蒲河川特色旅游风景线为龙头，完善旅游基础设施和旅游服务项目，加快实现"旅游+农业"深度融合发展，蒲河川流域形成各类旅游景点17处，旅游业总产值达到3000万元。

本次活动中，西峰区把"油菜花"作为乡村旅游的新热点，以蒲河川万亩油菜基地、显胜乡毛寺村为活动主场地，组织"骑览蒲河山水·步赏油菜花海"全民健步行、"体彩杯"自行车公路越野赛、油画作品展、美术摄影作品展等一系列文化艺术活动，充分彰显蒲河川乡村旅游文化发展的品牌形象，展示美丽乡村民俗风貌，推动西峰乡村旅游、招商引资、美食、休闲及第三产业全面发展。

（先朝阳、李晓峰撰写，刊登于《甘肃日报》2017年5月2日4版）

改革创新 奏响田园欢歌

——甘肃庆阳市西峰区农业供给侧结构性改革稳步推进

温室大棚连排连栋，标准化果园星罗棋布，绿色农产品走俏市场，乡村采摘游持续升温……如今，在甘肃庆阳市西峰区可以明显感受到农业供给侧改革带来的勃勃生机。去年，该区农业增加值完成12.68亿元，农民人均可支配收入达到8461元。

调整产业结构壮大特色农业

为调结构、促增收，西峰区围绕自身优势和产业基础，改变传统农业发展模式，重点打造果品、草畜、瓜菜三大产业。围绕三大支柱产业，西峰区在"特"字上下功夫，通过科技示范，加大培训力度，引进新品种，龙头企业带动等方式，积极培育高效特色农业。

肖金镇李城村的庆阳百丰园合作社利用麦秆种植大球盖菇，经过初加工后远销美国、韩国和日本，每棚纯利润超过5万元；董志镇罗杭村的庆阳丹尼尔种植农民专业合作社，种植的400亩"穗状垂铃6号"的核桃，亩产量是普通核桃的2.5倍……

现如今，西峰区形成了东部优质苹果和特色高效农业、北部现代生态高效种植养殖业、城郊休闲观光和高效农业、近郊现代物流服务业、蒲河流域生态旅游和绿色高效农业"五个组团"发展模式，多元化发展的特色农业有效促进了农业产业增效。

巧打"生态牌"走绿色发展路

在推进农村改革和供给侧结构性改革过程中，西峰区顺应市场需求，着力推进无公害、标准化生产。去年，西峰区废旧农膜回收利用率达到78.6%，农作物秸秆综合利用率达到81.5%，规模养殖场畜禽粪污无害化处理达到90%以上等。

另外，西峰区还组织开展各类农技培训班，培养了一批新型职业农民，通过他们发挥示范带头作用，引导广大农民种植绿色农作物，进行绿色养殖；围绕农产品标准化生产基地、农产品监管和农产品质量安全检验检测体系建设，推进"三品"认证，加快农业标准化生产。目前，全区共建成中庆、北地红等绿色农产品加工企业16个，肖金设施蔬菜基地等绿色无公害标准化示范点9个等。

西峰区的绿色生态农业正稳步发展，建成了一批绿色农产品基地，畜禽生态养殖也在农村广泛推广，"陇清"牌SOD蜜苹果、"陇翠"牌有机蔬菜、武川甜瓜等绿色农产品成为农民新的经济增长点。

产业融合搭建增收大舞台

近年来，西峰区运用"农业+"思维，依托资源优势，瞄准城市居民休闲需求，打"休闲牌"、念"山水经"、唱"文化戏"。

大力发展休闲农业和乡村旅游。按照"一乡一品、一村一景"的思路，西峰区以天富亿生态民俗村为中心，在城郊村实施绿色果蔬、林下种养、采摘观光等旅游项目，打造了一批农旅融合的旅游景点；以蒲河川流域山水田园和自然风光为背景，打造"西游"特色旅游风景线和十里蒲河画廊……

以农带旅、以旅兴农，以文促农，农业、文化、旅游互动融合发展已成为西峰农业发展的一个趋势。目前，全区已发展各类农业休闲体验观光园、农家乐、垂钓园 80 余家，接待人数 73 万人次，年营业收入达 1.6 亿元。

（李晓光、盘小美撰写，刊登于《农业科技报》2017 年 5 月 11 日 2 版）

西峰推进精准扶贫精准脱贫

近日，西峰区工业园区管理委员会的帮扶干部来到双联村董志镇郭堡村，并邀请庆阳市苹果产业体系首席岗位专家吴建君教授为村民讲授春季果园管理等方面的知识，还发放了果树管理方面的专业书籍和苹果生产周年管理历。

今年，西峰区各乡镇、双联单位和驻村帮扶工作队迅速行动，组织双联干部进村入户为群众解读“1+20”精准扶贫精准脱贫政策、“853”挂图作战措施、“4342”脱贫验收责任体系实施办法、“七个一批”清单式管理等政策措施。同时，主动帮助联系村争取水、电、路、房等方面的项目资金，修订完善帮扶计划，着力解决制约联系村发展的突出问题。

西峰区扶贫办帮联干部来到什社乡新庄村，给村民们现场解读农业政策，为建档立卡贫困户、双联户分别捐赠了价值 1.5 万元的农用喷雾器、果树剪；招商局帮联干部来到彭原村，详细了解甘肃中盛 3 万只湖羊繁育基地二期项目建设情况及富民产业发展情况，协调解决项目建设过程中遇到的困难；区委党校联合区直机关工委，在肖金镇米王村开展帮扶工作，为米王村的 24 户双联户和 26 户精准扶贫户发放化肥 50 袋，同时，帮联单位还联合米王村村两委班子举行创建清洁美丽家园活动，向广大村民发放了倡议书，倡议村民在全村范围内开展“人人主动参与共建美好家园”行动，共同打造美丽庭院、美丽村庄……

为了做好特困群众的双联帮扶工作，西峰区还组织市区 226 个双联单位、4067 名双联干部和 15 个驻村帮扶工作队到联系村深入走访，面对面听取群众的困难和需求，共排查出困难群众亟须解决的迫切问题 244 件，现场解决 217 件。

（先朝阳、张烨撰写，刊登于《甘肃日报》2017 年 5 月 16 日 8 版）

聚力建设现代宜居城

——庆阳西峰区推进“城市出形象”工作纪实

地上扩容向地下提质转变，率先建成 79 公里地下“公共隧道”；城南绿地项目加速推进，与“彩虹桥”相映成辉；数字城管平台升级改造，构建起精细管理城市的“天网”……这一切，是庆阳市西峰区聚力“城市出形象”、建设现代宜居城的生动实践。

今年以来，西峰区按照“11235”总体发展思路，持续做好“城市出形象”这篇大文章，以海绵城市、管廊城市、智慧城市、文明城市“四城同创”为载体，在全区范围内组织开展“城市出形象、管理上水平”活动，坚持空间规模产业并重、生产生活生态并举、规划建设管理齐抓，逐步实现由外延式基础建设向内涵式改造提升的重大突破，让生活因城市更加美好。

“新理念”创出品质城

近日，走进西峰区城南绿地项目施工现场，装载机机声轰鸣开挖土方、平整地块，工人们正在进行绿化补植，施工有条不紊地进行着。该项目按照海绵城市建设理念，是集城市绿色生态屏障、特色植物园、4A 级旅游景区和休闲运动园于一体的重要城市建设项目，也是西峰贯彻生态宜居新理念、提升城市品质的重要一环。

今年以来，该区抢抓政策机遇，高起点谋划城市基础设施建设，持续发力改造升级城市主干道路，加速推进城市项目建设，大力改善城市人居环境。北京大道北延伸段道路建设工程、庆化大道南延伸段道路建设工程等一批城市主干道进展迅速。同时，该区突出完善城市功能，提升城市品位两大重点，对市政基础设施进行了一系列改造升级，改造提升城区四个休闲广场和十一个小游园，城区主要路段路灯实行智能化管控，逐步推进城区巷道美化亮化工程，同步推进城市绿化、垃圾处理、地下停车等便民服务设施建设，形成“骨架”支撑有力、功能配套到位的城市发展格局。

“重民生”打造宜居城

置身西峰区南盘旋片区，宽阔平坦的公路四通八达，东方丽晶新天地城市综合体已经成为新的城市地标和商贸制高点，这是西峰区大力实施棚户区改造带来的变化之一。

今年，西峰区牢固树立经营城市的理念，继续把棚户区改造作为关系民生的重要项目，着眼基础完善、服务健全、产业支撑、生态文明、人口聚集“五大要素”，加快棚户区改造步伐，不断丰富城市内涵，打造现代宜居新西峰。在棚户区改造中，西峰区抽调乡镇、街办、村组党员干部强化棚改项目工作组力量，实行“一名县级干部牵头包抓、一个单位负责落实、一抓到底”责任制，把责任靠实到科级干部、任务落实到工作组、进度细化到每一天，挂图作战、压茬推进，列出责任清单，逐项落实销号，干部群众创新工作思路，棚改各项工作高效推进。

如今，七大棚户区改造片区全面提速，2055户协议已签订完成，已完成贷款可行性研究报告编制、评审及地形图测绘等项目前期相关手续，正在向国开行申报审批贷款，庆阳四中南侧片区基本拆除完毕，宜居城市正在变为现实。

“大城管”管出文明城

近日，城管执法局在城中央置业有限公司志愿者协会指导创建了党支部，建立了由城管执法局监管、城中央13名创城公益劝导员管理的城市管理全新模式，这是西峰区对城市管理新理念、新方法的一次探索。

今年以来，西峰区全面深化城市管理执法体制改革，进一步完善市区联动、部门协作、全民参与、资源共享的“大城管”机制，持续聚焦城市“顽疾”和管理“短板”，启动开展“城市出形象、管理上水平”活动，明确管理主体，创新管理方式，建立长效机制，逐步实现“干净、整齐、畅通、文明、和谐”的城市管理目标。

在“城市出形象，管理上水平”活动的大力推动下，各职能部门对照责任清单，集中整治市容市貌、环境卫生、交通秩序、市场秩序、散装物体拉运，加速升级数字城管平台。西峰区城管执法局直属三个中队重点对责任区域内8条巷道乱象进行了集中整治，治理初见成效；交警大队在安定东路重大路段设置了隔离护栏，有效缓解了城区交通拥堵现象；环卫局对环境卫生全区进行了拉网式连续整治，收效明显，城市文明面貌显著提升。

（张文智、李晓峰、温聪聪撰写，刊登于《甘肃经济日报》2017年5月25日5版）

西峰民俗文化产品走俏市场

庆阳淑芳香包刺绣有限公司是西峰区香包刺绣能手白淑芳发起成立的。这些年，这家公司已发展成集生产、销售及研发为一体的香包、刺绣、皮影生产龙头企业，按照“公司＋基地＋农户”的模式，带动乡村妇女就业致富，并在白俄罗斯设立了营销窗口，产品远销俄罗斯、白俄罗斯、伊朗等国家。

近年来，西峰区大力实施文化“走出去”战略，积极组织辖区内香包公司、旅游企业向外发展，积极宣传推介香包、刺绣、剪纸、皮影等民俗文化产品，推行“公司＋基地＋农户”的生产模式，加强民俗文化产业的研发、培训工作，培育扩建了后官寨镇南佐村、董志镇北门村“文化集市”固定经营点和生产加工基地等。

今年，西峰区先后在各乡镇、街道办举办刺绣制作培训班56期，组织左焕茸、刘兰芳、任小宁等艺术大师前往北京、兰州等城市参观学习，不断创新研发新颖、美观的图样。马秀芳、刘喜娥、白淑芳、赵丽珺等国家、省级艺术大师采取研讨与绘制相结合的办法，举办了多期实践与理论相结合的培训班，培训香包刺绣技术能手及学员。如今，香包刺绣作品不仅把寓意美好、孝道敬老等传统美德融入作品中，还加入了古丝绸之路、"一带一路"建设与脱贫致富及构建和谐社会等元素，增强了香包文化的时代寓意和丰富内涵。

目前，西峰区已有香包加工制作企业厂家42家，生产基地66个，营销公司38个；各种类型的大小香包生产户1470多家，从业人员1.31万人；产品多达40多个类型、6500多个品种，年生产各类大小香包1240多万件，年销售收入达1.74亿元。

（先朝阳、田华、刘新艳撰写，刊登于《甘肃日报》2017年5月31日4版）

庆阳西峰：打造全域旅游新版图

横贯蒲河川区的万亩油菜花，引得游客络绎不绝，让越来越多的游客欣赏到"十里蒲河画廊"之美；修葺一新的丝路古道，使慕名而来的游客感受昔日驼铃阵阵的丝路荣光，接受了一次穿越千年的历史洗礼；身体力行的乡村采摘游，让游客徜徉于万亩蔬菜基地、特色种植园中，在体验农事乐趣的同时，放松身心……

今年以来，庆阳市西峰区深入推进农业供给侧改革，大力开发、整合区域内特色旅游资源，探索建立了"农业+旅游""文化+旅游"等多种模式，全力打造全域旅游新版图。

以花为媒，美丽经济催生旅游增长点

近日，走进显胜乡蒲河村月亮湾香草园项目现场，工人们正在加紧安装休闲木屋，300亩薰衣草已经栽植到田，小屋、蒲河、薰衣草构成一幅美妙的图景。作为今年西峰区签约开工的重点招商引资项目，以花为媒做活"山水文章"是该项目的主旨。

今年，西峰区把"花"作为旅游开发的重要媒介，以西环川沿线山水田园和自然风光为背景，实施河道综合治理和水利风景区建设、川区绿化美化、环川道路运动化建设，着力精选和包装一批有代表性的花类旅游招商引资项目，先后签约开工天下黄土第一塬·丝路花海、月亮湾香草园等一批涉花类旅游项目，美丽经济的旅游增长效果明显。

今年前4个月，西峰区成功打造了蒲河川万亩油菜花田、孔塬村玫瑰园、什社乡郁金香园和肖金镇百亩芍药园等多个鲜花旅游景点，举办的庆阳首届油菜花节暨"花香蒲河·魅力西峰"系列活动，接待游客15.6万人次，累计实现收入340万元，带动农民直接增收120万元。什社乡种植的郁金香园，花卉种类、面积实现了新突破；肖金镇的"花神之约"芍药动漫主题观赏活动，成为入夏以来全域旅游的新亮点。

历史为魂，文旅联姻再造旅游竞争力

距今7000多年的仰韶文化南佐遗址重见天日，农耕文明揭开神秘的面纱；百年"海山寺"实现重建，昔日名寺重现风采；始建于1118年的肖金宋塔规划建设主题公园，"董志塬八景"之一的"宝塔晚照"将焕发新的光彩……

在全域旅游开发中，西峰区坚持把历史文化作为旅游产业发展的灵魂所在，将陇东历史文化与旅游开发深度融合，依托禀赋优越的历史文化资源，走出"文化+旅游"的新路子。目前正全力开发建设总长23公里的西环川旅游景观带，公刘庙、宝塔寺、宋塔公园等重点景区提质改造也全面拉开，有效完善了基础设施，通过旅游唤醒了沉睡的文化资源。据统计，今年一季度，西峰区共接待游客62.75万人次，实现旅游综合收入1.757亿元。

同时，西峰区继续深挖民俗文化产业的发展潜力，坚持"走出去""请进来"的发展模式，大力建设文化集市，增强传统民俗文化产品创新扶持力度，让传统文化艺术焕发新活力。一季度，全区累计组织乡镇民俗文化产业培训班30期，培训2800多人次，研发民俗文化新产品4种，生产香包等民俗文

化产品 150 万件，实现产值 1950 万元，销售收入 1700 多万元。

农业为本，农旅融合激发旅游新活力

春季去肖金蔬菜基地、鄢旗坳农业示范园采摘特色蔬菜，夏季前往什社武川、肖金纸坊采摘甜瓜，秋季去什社庆丰采摘苹果，冬季到肖金采摘草莓……西峰区通过培育发展“农业 + 旅游”模式，激发了农村发展的活力。

“我经营 4 座蔬菜大棚，以前需要自己进城送货给商贩，来来回回跑得累不说，价格还比较低。”谈起“农业 + 旅游”带来的好处，肖金蔬菜基地的菜农罗胜利说，现在随着游客增多，发展起自主采摘体验，不仅卖得快，价格还比进城批发高出许多。

近年来，西峰区围绕“东果、南菜、北畜、西游”产业布局，坚持“农业 +”新理念，大力建设美丽乡村，按照“一乡一品、一村一景”思路，积极推行组团发展模式，打造全域旅游，收到了农旅结合、以旅兴农的效果。

目前，全区按照不同的地域特色和产业特点，形成了一批“农业 + 旅游”的示范点，发展彭原青藤农业产业园、肖金精品油桃园等各类农业创意休闲体验观光园、农家乐、垂钓园 80 余家，采摘游、农业观光游持续升温。

（先朝阳、李晓峰撰写，刊登于《甘肃日报》2017 年 6 月 2 日 3 版）

建设现代化宜居城市

——西峰区着力提升城市品质纪实

地上扩容向地下提质转变，率先建成 79 公里地下“公共隧道”；城南绿地项目加速推进，与“彩虹桥”相映成辉；数字城管平台升级改造，构建起精细管理城市的网络体系……这一切，都是西峰区聚力“城市出形象”、建设现代宜居城的具体实践。

今年以来，西峰区持续做好“城市出形象”这篇大文章，以海绵城市、管廊城市、智慧城市、文明城市“四城同创”为载体，在全区范围内组织开展“城市出形象、管理上水平”活动，坚持空间规模产业并重、生产生活生态并举、规划建设管理齐抓，逐步实现由外延式基础建设向内涵式改造提升的重大突破，让生活因城市更加美好。

“新理念”创出品质城

近日，走进西峰区城南绿地项目施工现场，装载机机声轰鸣开挖土方、平整地块，工人们正在开展绿化补植，施工有条不紊进行着。这个项目按照海绵城市建设理念，是集城市绿色生态屏障、特色植物园、AAAA 级旅游景区和休闲运动园于一体的重要城市建设项目，也是西峰区贯彻生态宜居新理念、提升城市品质的重要内容。

今年以来，西峰区抢抓政策机遇，高起点谋划城市基础设施建设，持续发力改造升级城市主干道路，加速推进城市项目建设，大力改善城市人居环境。北京大道北延伸段道路建设工程、庆化大道南延伸段道路建设工程等一批城市主干道进展顺利。

同时，西峰区突出完善城市功能，提升城市品位两大重点，对市政基础设施进行了一系列改造升级，改造提升城区四个休闲广场和十一个小游园，城区主要路段路灯实行智能化管控，逐步推进城区巷道美化亮化工程，同步推进城市绿化、垃圾处理、地下停车等便民服务设施建设，形成功能配套到位的城市发展格局。

“重民生”打造宜居城

置身西峰区南盘旋片区，宽阔平坦的公路四通八达，东方丽晶新天地城市综合体已经成为新的城市地标和商贸聚集地，这是西峰区大力实施棚户区改造带来的变化之一。

今年，西峰区牢固树立经营城市的理念，继续把棚户区改造作为关系民生的重要项目，着眼基础完善、服务健全、产业支撑、生态文明、人口聚集“五大要素”，加快棚户区改造步伐，不断丰富城市内涵，打造现代宜居新西峰。

在棚户区改造中，西峰区抽调乡镇、街办、村组党员干部强化棚改项目工作组力量，实行“一名县级干部牵头包抓、一个单位负责落实、一抓到底”责任制，把责任靠实到负责人、任务落实到工作组、进度细化到每一天，挂图作战、压茬推进，列出责任清单，逐项落实销号。

如今，七大棚户区改造片区全面提速，2055户协议已签订完成，已完成贷款可行性研究报告编制、评审及地形图测绘等项目前期相关手续，正在向国开行申报审批贷款，庆阳四中南侧片区基本拆除完毕，宜居城市正在变为现实。

“大城管”管出文明城

近日，庆阳市城管执法局在城中央置业有限公司志愿者协会指导创建了党支部，建立了由城管执法局监管、城中央13名创城公益劝导员管理的城市管理全新模式，这是西峰区探索创新城市管理的一次探索。

今年以来，西峰区全面深化城市管理执法体制改革，进一步完善市区联动、部门协作、全民参与、资源共享的“大城管”机制，持续聚焦城市“顽疾”和管理“短板”，启动开展“城市出形象、管理上水平”活动，明确管理主体，创新管理方式，建立长效机制，逐步实现“干净、整齐、畅通、文明、和谐”的城市管理目标。

在“城市出形象，管理上水平”活动的大力推动下，庆阳市各职能部门对照责任清单，集中整治市容市貌、环境卫生、交通秩序、市场秩序、散装物体拉运，加速升级数字城管平台。西峰区城管执法局直属三个中队重点对责任区域内8条巷道乱象进行了集中整治，治理初见成效；交警大队在安定东路重大路段设置了隔离护栏，有效缓解了城区交通拥堵现象；环卫局对环境卫生进行了拉网式连续整治，收效明显，城市文明面貌显著提升。

（先朝阳、李晓峰、温聪聪撰写，刊登于《甘肃日报》2017年6月7日5版）

董志塬上发展曲

——西峰区推进农业产业化上水平侧记

6月的董志塬，一派生机盎然。果园里，随处可见种树、打药的果农；温室大棚里，农民们忙着采摘瓜菜；农业项目建设现场，工程车辆来回穿梭……

今年以来，西峰区按照“11235”发展思路，聚焦产业上水平这篇大文章，推进农业供给侧结构性改革，加快农业产业化步伐，激发农业新活力，有效推动了农业发展、农民增收。

一

肖金万亩设施蔬菜基地里，一座座白色大棚整齐排列，黄瓜、甜瓜、草莓、蘑菇等长势喜人。

肖金万亩设施蔬菜基地是西峰区推进农业产业规模化发展的“阵地”之一。在发展现代农业中，西峰区按照“东果、南菜、北畜、西游”的布局，通过土地流转、基地示范、龙头带动，全面推行东部优质苹果和特色高效农业、北部现代生态规模种植养殖业、城郊休闲观光和绿色农业、近郊现代物流服务业、蒲河流域生态旅游和设施农业“五个组团”发展模式，农业集聚化、规模化水平显著提升。

至目前，全区千亩连片苹果示范园达52个，重点苹果专业村25个；建成设施蔬菜基地9个，露地瓜菜示范点5个；规模养殖小区(场)达63个，各类规模养殖户3268户；发展各类农业休闲体验观光园、农家乐等80余家，接待人数73万人次。

如今，在温什、董陈万亩果带，标准化果园星罗棋布；在鄢旗坳村循环农业基地，大棚草莓迎来大批游客采摘；在蒲河川区，毛寺村油菜花大观园、千年丝绸古道等景观，形成特色旅游风景线，游人如织……

二

走进位于显胜乡蒲河村的月亮湾香草园项目

建设现场，一块块平整的农田里栽满了薰衣草、月季、玫瑰等花卉，工人们忙着建设木栈道、大风车等旅游设施……

月亮湾香草园项目是今年西峰区招引的7大重点农业项目之一，计划总投资8.7亿元，分三期建成集观光旅游、花卉观赏、休闲体验和香料种植加工为一体的国家3A级现代化观光农业旅游景区。目前已栽植薰衣草、鲁冰花、树莓、黑加仑等500亩，建成小木屋14座，游客接待中心、浪漫轨道小火车等设施正在加紧建设，预计7月中旬投入使用。

招引、培育龙头企业是西峰区加快产业升级的有益尝试。近年来，西峰区坚持以工业理念发展农业，大力优化发展环境，加大招商引资力度，成功招引中盛集团、正大集团等知名涉农企业落户。目前，全区共有农业龙头企业65个，农产品加工业年实现产值8.7亿元，年吸纳农村剩余劳动力1.5万人。

在“筑巢引凤”的同时，西峰区还积极培育家庭农场、农民专业合作社等新型农业经营主体，组建农民专业合作经济组织1050个、家庭农场35个，带动2万多户农户发展富民产业，涌现出陇萃果蔬种植合作社、三姓林果合作社等一大批“龙头”合作社，带动效益显著。

三

6月15日，在玉玲珑大樱桃种植合作社里，红彤彤的果实挂满枝头，游客正在采摘樱桃。合作社目前种植7个品种的樱桃共500多亩，“今年开园以来，吸引了不少市民前来采摘，每天接待游客200到400人。”合作社负责人说。

近年来，西峰区通过“调整产业结构、强抓主导产业、突出地域特色、创建地方品牌”模式，持续引进新品种、新技术，鼓励引导农民发展高效特色农业，培育了一批特色产业村。

后官寨镇孔塬村以种植玫瑰花和黄花菜为主，通过种植业带动旅游业发展。目前，全村已种植玫瑰花530亩、黄花菜280亩，每年给村民带来务工和土地流转收入达七八十万元；什社乡新庄村以“公司+合作社+基地+农户”的方式，发展优质小米，每年小米种植面积稳定在5000亩左右；温泉镇湫沟村流转土地1000多亩，带动村民种植杭白菊、芍药等。

蓬勃发展的特色产业，不仅激活了农村经济，也鼓起了农民的腰包。今年一季度，西峰区农业增加值完成6576.8万元，同比增长5.6%，农民人均可支配收入达到2678.1元，同比增长7.1%。

（李晓峰、盘小美撰写，刊登于《甘肃日报》2017年6月21日5版）

西峰区促进城市管理上水平

今年以来，西峰区紧扣“城市出形象”这篇大文章，深化城市管理体制和执法机制改革，探索建立新型城市管理模式，以改革推动城市管理群众满意度、认可度稳步提升，城市面貌持续改善。

在探索城市管理新机制过程中，西峰区制定出台了城市管理深化改革方案，把改革方向由城市管理向城市治理转变，变政府主导为全面参与，明确了“干净、整齐、畅通、文明、和谐”的城市管理目标，确定改革路线图，层层传导压力，级级压实责任，挂图作战，形成了“权责明晰、服务为先、管理优化、执法规范、安全有序”的城市管理体制。

西峰区大力实施城市管理网格化、数字化治理模式，延伸管理触角，消除管理“盲区”，推行县级干部包片、科级干部包段、一般干部包点的层级负责制，把环卫保洁、市政管理、园林绿化、大气污染治理等纳入单元格监管范围，建立起了区、乡镇街道、社区三级管理网格，实现城市管理科学化、高效化。依托智慧城市建设，升级改造数字化城市管理平台，将井盖、路灯、停车场等元素纳入信息化管理范畴，安装街面摄像头389处，相关职能部门、乡镇街道实现信息即时互通，有效破解指令延时、监管不到位等难题，构建起全天候、全时段、无盲区的管理体系。

同时，西峰区加快新型执法体系建设和管理机制创新，持续在城市管理领域推进“放管服”改革，综合运用政府引导、市场运作、监管分离等方式，将部分不涉及执法权的事务推向市场，通过招投标，确定作业主体，形成了政府购买服务的城市管理模式。根据执法事项、执法对象及违法事实的差异，对城市管理问题分类施策，灵活运用说服教育、劝导示范、行政指导等非强制性行政手段，加快实现管制型城管向服务型城管转变，变被动管理为主动服务，变末端执法为源头治理，加快城市管理上水平。

（先朝阳、李晓峰撰写，刊登于《甘肃日报》2017年6月28日5版）

产业化托起大农业

——甘肃省庆阳市推进农业供给侧改革，加快农业产业化发展步伐

今年以来，甘肃省庆阳市西峰区按照“11235”发展思路，聚焦产业发展这篇大文章，扎实推进农业供给侧结构性改革，加快农业产业化步伐，激发农业新活力，有效推动了农业发展，实现了农民增收。

组团发展，产业集聚渐成规模

肖金万亩设施蔬菜基地是西峰区农业产业规模化发展的“阵地”之一，在发展现代农业过程中，西峰区按照“东果、南菜、北畜、西游”的布局，通过土地流转、基地示范、龙头带动、科技引领，全面推行东部优质苹果和特色高效农业、北部现代生态规模种植养殖业、城郊休闲观光和绿色农业、近郊现代物流服务业、蒲河流域生态旅游和设施农业“五个组团”发展模式，农业产业集聚化、规模化水平显著提升。

如今，在温什、董陈万亩果带，大大小小的标准化果园星罗棋布；在彭原镇郿旗坳村循环农业基地，大棚草莓迎来大批游客采摘；在蒲河川区，毛寺村油菜花大观园、蒲河乡韵、小河湾千年丝绸古道等景观，串珠形成特色旅游风景线，游人如织……

龙头引领，激活产业发展动能

近日，记者走进显胜乡蒲河村的月亮湾香草园项目建设现场，看到一块块平整的农田里栽满了薰衣草、月季、玫瑰等花卉，工人们忙着建设木栈道、大风车等旅游设施。月亮湾香草园项目是今年西峰区招商的七大重点项目之一，目前已栽植薰衣草、鲁冰花、树莓等500亩，建成小木屋14座，游客接待中心、拱桥、吊桥等设施正在加紧建设。

培育龙头企业是西峰区加快产业升级的有益尝试。近年来，西峰区坚持以工业理念发展农业，大力优化发展环境，加大招商引资力度，成功引进中盛集团、正大集团等知名涉农企业落户。截至目前，全区共有农业产业化龙头企业65个，农产品加工业年实现产值8.7亿元。

做优特色鼓起农民钱袋子

日前，在西峰区玉玲珑大樱桃种植合作社，红彤彤的果实挂满枝头，游客穿梭期间采摘樱桃。该合作社目前种植7个品种的樱桃共500多亩，“今年开园以来，吸引了不少市民前来采摘，每天接待200～400人。”合作社负责人杨洁说。

像杨洁这样发展特色种植业的农民还有很多，近年来，西峰区通过调整产业结构、抢抓主导产业、突出地域特色、创建地方品牌的农业产业调整模式，持续引进新品种、新技术，鼓励引导农民发展高效特色农业，培育了一批特色产业村。

蓬勃发展的特色产业，不仅激活了农村经济，也鼓起了农民腰包。今年一季度，西峰区农业增加值完成6576.8万元，同比增长5.6%，农民人均可支配收入达到2678.1元，同比增长7.1%。

（李晓光、盘小美撰写，刊登于《农业科技报》2017年7月4日3版）

绘制魅力城市新蓝图

——庆阳市西峰区加快经济社会发展纪实

全区贫困发生率下降到0.64%，成为全省第一批整体脱贫县区；建成79公里的地下综合管廊，为西北五省区管廊城市建设树立了样板；十大重点项目相继建成投用，发展后劲持续增强；三次产业转型升级，“东果、南菜、北畜、西游”四大产业布局全面形成……

近年来，庆阳市西峰区紧盯甘肃东部重要门户城市建设和庆阳市发展排头兵目标定位，突出以全面建成小康社会为总揽，攻坚克难，创新实干，全区呈现出经济稳中向好、民生持续改善、社会和谐稳定的良好局面。

三级联动大项目带动大发展

走进西峰区彭原镇中盛30万只湖羊繁育基地，棚舍整齐划一，湖羊膘肥体壮。作为西峰区重点招商引资项目之一，这个项目实现了“当年招引、百日建成、当年见效”，创造了招商引资项目的“中盛速度”，带动了全区畜牧业全产业链、全价值链、全循环链发展。

西峰区坚持把项目建设作为推动发展的总引擎，先后论证实施了统筹城市与农村，涵盖三产、民生、文化、生态等各个方面的十大重点项目，坚持“政府主导、政策推动、多元投资、社会实施”的总体思路，实现了重大建设项目资金的自我保障和总体平衡。推行“一个项目、一名县级干部抓总、一个单位牵头、一个团队落实、一套机制保障”的责任机制，34名县级干部分别包抓58个重大项目，40多个责任单位积极参与，形成了区乡村三级联动抓项目的生动局面。通过“一年打基础，三年大建设，五年成规模”的持续抓促，雨洪集蓄保塬生态项目、东湖公园提质改造等项目先后建成投用。

今年以来，西峰区着眼调结构、转方式、保增长，以项目争取、招商引资为抓手，组织各级各部门论证储备项目292个，目前，开工建设195个，完成招商引资投资10.73亿元。

优化结构产业转型升级加速

4月25日，庆阳首届油菜花节在西峰区显胜乡毛寺村开幕，节会期间共接待游客15.6万人次，累计实现收入340万元，带动当地农民直接增收120万元。如今，党建引领、金融撬动、旅游带动等新模式已经成为西峰区农民致富增收的主渠道，100个村基本实现了村有主导产业、户有增收门路，群众生产生活条件、精神面貌发生了明显变化。

在农业产业结构调整方面，西峰区相继建成了温什万亩果带、“一园两川”设施瓜菜、鄢旗坳循环农业三大示范基地及西环川旅游带，辐射带动生态农业、观光农业、高效农业整村整乡整区域推进，“东果、南菜、北畜、西游”四大产业布局全面形成。

在农业产业蓬勃发展的同时，西峰区商贸服务业和工业发展水平也在不断提高。按照“22310”商贸布局，总面积约6000亩的十大专业市场全面拉开，部分已经投入运营。红星美凯龙、横店影视等知名连锁业入驻西峰，东方丽晶、中元世贸等商贸综合体相继落成，城中大商场、城郊大市场、城中专业街、城郊大物流的市场体系基本形成。南北两大园区基础设施配套跟进，27户规模企业成功入驻。

建管并重城市形象明显改善

置身西峰城南森林绿地项目建设现场，森林郁郁葱葱，鲜花争奇斗艳，工人们抓紧时间施工。这一项目占地1950亩，现已栽植大型乔木1500株，自行车环道等3条道路路基全面建成，水系基础完成开挖任务的80%。

西峰区始终把完善城市功能、提高城市承载能力作为提升城市综合实力的关键，重点实施了一批夯基础、利长远的民生工程。城市主干道、背街小巷提质改造全面完成，打通了城市交通大循环；东湖公园提质改造完成后，已经成为市民休闲的好去处；东区供热站等7个重点供热项目相继建成，城区集中供热率达到了58.4%；棚户区改造跑出“加速度”，人居环境极大改善；便民自行车、地下人防、停车场、天然气供给等市政基础设施同步配套，城市综合承载能力实现了较大提升。

同时，西峰区围绕“城市出形象、管理上水平”这篇大文章，聚力棚户区改造，以“四城同创”为契机，常态化开展市民素质、环境卫生、市容市貌、市场经营、交通秩序五项整治行动，计划新建大型垃圾中转站，新增公共便民自行车1000辆，升级改造“数字城管”监督指挥平台，努力加快城市管理常态化、智能化、网格化。

(张烨、李晓峰、温聪聪撰写，刊登于《甘肃日报》2017年7月5日4版)

李岭村的变奏曲

近年来，西峰区什社乡李岭村大力推进“生态文明村”建设，改善村容村貌，塑造文明新风，让李岭村成为远近闻名的“明星村”，入选甘肃省十大美丽乡村，2017年被确定为省级生态文明小康村。

扮靓底色 建设文明新村

7月18日，沿着西合公路一路向东，我们来到什社乡李岭村，只见格桑花沿村道竞相绽放、新设计的“空中花廊”悬挂在路灯柱上、村道干净整洁、农家住宅被红花绿叶环绕……

近年来，李岭村以村部文化广场为中心，配套完善服务设施，加快建设三大集中居住区，完善村民安置、垃圾填埋等八大功能区，扮靓生态文明村的“底色”。

李岭村把整治脏乱差作为切入点，解决生产生活环境面临的关键问题，一项项举措逐步展开。在尊重农民意愿的前提下，李岭村采取新建、改建、联建等办法，新建农宅125户、改造136户，自来水入户率、通电率、“户户通”覆盖率均达到100%；大力开展农村环境整治，组建村级保洁队，聘请保洁员4名，对生活垃圾推行“户分类、组收集、村拉运、乡处理”的运行模式，实行“四位一体”保洁方式。对公路沿线及居民点房屋、道路进行绿化美化，涂白墙体上万平方米，安装节能路灯100多盏，栽植樱花、银杏等绿化苗木数万株。

留住乡愁 传承共同记忆

从7月10日开始，10名陇东学院学生在李岭村开展了为期15天的暑期实践学习。来自天水的窦博飞说：“李岭村给我留下了深刻印象，尤其村里的农耕文化园、乡愁记忆园，让我们看到了这个村子的历史，也感受到村里的文化底蕴，收获颇多。”

在建设生态文明村过程中，李岭村倡导“让老百姓望得见山、看得见水、记得住乡愁、留得住乡情”的理念，在抓实基础设施建设，改善生活条件的基础上，不断挖掘当地历史文化资源。

李岭村以村民自捐实物、共建共享的方式，将过去使用过的石磨、石碾、柜子等农具和老家具集中起来，建成面积为450平方米的农耕文化园；对明清时期的海山寺予以改扩建，建成了乡村记忆园和农耕采摘园。

文明引领 构建精神家园

李岭村把“文明”作为核心，建起人口文化、环境保护、健康知识、精神文明4条主题“文化街”，以轻松明快的形式宣传社会主义核心价值观，文明标语随处可见。

村民李永旺对村里的变化看在眼里：“现在村里的设施好了、干净了，农闲时节打麻将、闲逛的基本没有，一到下午都来广场跳舞、打球，广场上每天都有上百人活动，可人散了基本看不到垃圾，说脏话、闹矛盾的情况也很少。”

同时，李岭村组织开展“十星级文明户”“道德模范评选”等活动，用身边的事教育身边的人，让群众接受道德教育；开设“四点半”课堂，组织离退休教师、包村干部依托农家书屋、文化室，对村里的留守儿童、学生进行辅导；推动移风易俗，卧龙山公墓建成投用，红白理事大厅正在装修，村集体购买红白喜事所需物品，采取统一标准、统一要求，狠刹攀比铺张之风……

随着崇德向善理念深入人心，文明已经成为李岭村村风民风的标志。村民田密密谈起村子时十分自豪：“现在村子变好了、变美了、变文明了。”

(先朝阳、李晓峰撰写,刊登于《甘肃日报》2017年7月26日12版)

西峰：微信群变身村务公开栏

西峰区什社乡庆丰村党支部副书记齐虎伟，每天都要花时间玩微信，在手机屏幕上点点划划。齐虎伟玩微信不是为了娱乐，而是为了服务村民。村里大事小事、国家惠民政策、区上评选的“最美家庭”、感人事迹，等等，这些与村民相关的信息，他和村“两委”班子成员看到后都会第一时间发送到微信群里，并收集村民意见、建议。

自从庆丰村建立了微信群，村“两委”班子把救助金发放、低保人员公示、业务办理等需要公开的村务信息全部搬上了微信群。“传统村务公开依靠纸质信息在村务公示栏内发布，保存期不长、不便于群众查看。”齐虎伟说，如今，村民通过微信群，只要动动手指所有事项都一目了然。

如今，微信群不仅变身村务公开栏，也逐渐成为了庆丰村的“网上会议室”。环境卫生整治工作开始后，微信群里时常出现“这个组在除草、那个组在刷白、还有的组在清理三堆”的信息，有文字、有图片、有视频；电动自行车、残疾人机动轮椅车排查摸底工作在微信群里发出后，村民通过“图片+文字”的形式做成了“微信汇报”；村民提出问题后，干群共同商讨解决，村民提出好办法后，大家共同借鉴使用。

虽然微信群建立时间不长，但已成为党员群众集思广益、畅所欲言、共同解决村里方方面面问题的新平台。“自从有了微信群，不仅政策传得特别快，我们和村干部的距离也拉近了。”村民齐普珍高兴地说。

“庆丰村共有500余户村民，我的微信群里目前有341人，基本上保证每家每户至少有一人在群里，有事随时随地能咨询、解决。”齐虎伟说。

目前，拿出手机，浏览微信群动态已成了庆丰村村民每天的必修课，互联网将外出务工和在家留守的村民再次汇聚在一起，村干部和村民架起了沟通的桥梁。

(耿洋洋撰写，刊登于《甘肃农民报》2017年7月27日1版)

构筑乡土人才成长新高地

——西峰区“人才强区”战略助推经济社会发展纪实

西峰区把“人才强区”战略作为撬动全区经济社会发展的“杠杆”，不断在农村一线发掘乡土人才、在主导产业链上培养乡土人才。通过向土地要人才，向人才要技术，向技术要发展，发掘出一批具备创富本领的“土专家”“田秀才”，使其成为新农村建设的“助推器”和“领头雁”。

调研摸底，亮出乡土人才“身份地位”

后官寨镇司官寨村村民马军成立了养牛专业合作社，带动周边群众发展养殖56户，为公益事业捐款3万多元；温泉镇刘店村村民高成自筹资金500万元建成果品冷藏保鲜贮藏库，缓解了本村苹果贮存的问题；董志镇冯堡村村民冯汉祥从医40余年，对患有慢性病和老年病的患者进行随访义诊……近日，西峰区对各个领域涌现出的10名“田秀才”“土专家”各奖励现金5000元，对他们在农村经济社会发展及脱贫攻坚行动中作出的贡献进行表彰。

近年来，西峰区采取村级调查摸底、乡镇核实推荐，区级审核认定，按照社会服务型、生产经营型、技能带动型三大类，对全区农村种植、养殖、加工能手、经营能人、合作社带头人和农村经纪人等有丰富实践经验的"土专家""田秀才"进行了摸底筛选登记，为每名乡土人才分类定型，贴上"人才标签"，使82名农村实用人才的"土办法"和"祖传方"得到发掘和推广，增强了他们的自我认同感和社会认可度。通过各类实用人才的引领和带动，使得乡土人才所在村镇成为远近闻名的"苹果村""樱桃村""养羊村"，促进了西峰区"一乡一业""一村一品"经济格局的形成，并在此基础上形成区、乡、村三级分类管理体系和传帮带机制，打造出人才成群、产业连片的生动局面。

监管考评，让乡土人才"扎根开花"

今年入夏以来，西峰区彭原镇彭原村村民雷鸣一直忙得不亦乐乎，他发起的青藤农业樱桃文化节已经连续举办了两届，成为拉动区域经济、带动周边群众增收致富的一个新的增长点。"对于这种能带动乡亲致富的乡土人才，我们会随时了解他们的发展近况，并给予全力支持，以确保他们能更好地服务群众。"西峰区区委组织部工作人员告诉记者。

为了让乡土人才"扎根开花"，西峰区不仅建立了优惠政策、扶持资金、平台载体等全方位的保障体系，还制定了《西峰区农村实用人才认定管理办法》，对于群众中的"土专家""田秀才"，发现一个，储备一个。对已评定的农村各类实用人才，采取日常监管与年终考评相结合的方式，不断加强农村各类实用人才的管理、服务和有序更替。组织种养大户到田间地头、农家庭院进行"面对面、点对点"的技术培训和实地参观学习，让"土专家""田秀才"现身说法，手把手地传、帮、教，切实发挥乡土人才的实践带动能力。此外，修订完善了《西峰区科学技术进步奖励办法》，建立科研示范补贴制度，逐年加大对新技术、新品种示范推广人才的扶持奖励力度，特别对在全区经济社会发展中做出特殊贡献的人才，物质上给奖励、精神上给鼓励、政治上给待遇，不断激发各类乡土人才的工作活力。

营造氛围，让乡土人才"香誉满城"

"看到合作社社长受到区里的奖励，我也很受鼓励。这几年我在合作社务工，不仅能挣钱，还能学到管理果园知识。我希望以后能像他那样，把自己的果园做得更好。"在雷生夏三姓林果专业合作社务工的农民齐水玲告诉记者。

西峰区在重视乡土人才挖掘、培养的同时，还注重先进典型和成功经验的宣传推广，逐步催生让乡土人才"香"起来的良好氛围，让乡土人才有"获得感"。组织开展优秀专业技术人才评选和优秀乡土实用人才评选表彰等活动，实行边评选边宣传，利用媒体资源，对典型人物和先进事迹进行集中报道。开办《人才之窗》电视栏目，通过对各类优秀人才的宣传，不断提升优秀乡土人才的示范带动能力，依托"送政策、送温暖、送服务"、精准扶贫等载体，多途径实现乡土人才与农户"无缝对接"，带动群众脱贫致富，从而逐步把更多群众培养成乡土人才，把乡土人才培养成致富能手，把优秀致富能手储备为村级后备干部，促使他们从"单飞鸟"变成"领头雁"。

（先朝阳、张烨、杨虎撰写，刊登于《甘肃日报》2017年8月14日4版）

西峰蓄积县域经济发展新"动能"

近日，记者走进西峰城乡，到处都是热火朝天的建设场景：甘肃中盛华美肉羊产业化二期项目正在加紧施工，一座现代化种羊繁育基地初见雏形；庆阳华为云计算大数据中心机房建成投运，新一代"科技航母"正式扬帆起航；占地2950亩的城南森林绿地项目快速推进，新的"城市绿肺"加快形成……

今年以来，西峰区以项目为引擎，以产业为支撑，着力蓄积县域经济发展新"动能"，经济社会呈现稳中向好的局面。

这些天，走进西峰区棚户区改造片区，工作人员顶着烈日入户签订协议、征拆清表，对照棚改军令状，抠时限、抠进度，一批样板片区、标杆片区、模范片区正在形成。

棚改项目高效推进是西峰区驰而不息严抓项目的缩影。今年以来，西峰区坚持把项目建设作为推动县域经济发展的“引擎”，对市区确定的重大项目，严格实行“三个一”包抓责任制，34 名县级干部包抓 58 个国省投、市区重大项目，挂图作战，压茬推进。截至 6 月底，全区开工建设项目 178 个，其中亿元以上项目 60 个，完成投资 59.5 亿元，占全市总量的三分之一。

围绕“城市出形象”这篇大文章，西峰区坚持改、建、管并举，大力实施一批城建项目。棚户区改造完成 7 个重点片区征拆任务，同步拉开第二轮 6 个棚户区改造，签订协议 516 户，群众安置和招商建设同步推进。以“四城同创”为契机，大力推进 11 个世行贷款道路项目，建成后将形成“一环八纵十六横”的城市交通体系。9 个海绵化改造工程相继拉开，海绵城市建设实现了由点上突破向面上扩展的转变。

在农业领域，西峰区围绕“东果、南菜、北畜、西游”布局，全面推行“龙头企业 + 合作社 + 基地 + 农户”模式，走出了三产融合、富民强区的新路子。

今年，对经营货栈的什社乡李岭村村民班彩琴来说，是收入增加的一年，她说：“自从村里建起了农耕文化园，来村里旅游的人越来越多，光海山寺文化节期间，我的货栈每天的收入就能达到 2000 元到 4000 元。”

西峰区注重加快旅游产业发展，加大蒲河川区、天富亿生态民俗村、华夏公刘第一庙等旅游景点开发，举办首届油菜花节、青藤农业樱桃采摘文化节，接待游客 215.6 万人次，实现收入 1340 万元，带动农民直接增收 450 万元。

同时，着力打造果品产业、瓜菜产业、畜牧产业，整乡、整村、整区域推进，推行全产业链、全价值链、全循环链模式，有效改变了传统发展方式，实现了规模效益双提升。

（先朝阳、李晓峰撰写，刊登于《甘肃日报》2017 年 8 月 21 日 1 版）

家门口的健康服务

——西峰区北街卫生服务中心见闻

全科诊室、中医诊室、妇幼保健室等医疗服务一应俱全，居民不用出社区就能享受基本医疗健康保障；数字化预防接种门诊可微信预约；家庭医生签约服务加速覆盖，居民在家就能接受健康指导……这些是庆阳市西峰区北街社区卫生服务中心具备的医疗服务项目。近年来，北街社区创新卫生服务体制机制，不断提升医疗健康服务质量，建起优质、高效、便捷的社区卫生服务体系。

软硬并重 提升社区卫生服务

走进北街卫生服务中心预防接种大厅，数字化操作和风险管控体系让人印象深刻，接种全程实行数字化引导，疫苗种类、厂家、日期等在接种室内外的大屏上滚动显示，接受群众监督。

近年来，北街卫生服务中心坚持以打造优质高效便捷服务为目标，加大资金投入，同步加强硬件、软件建设，改善服务条件和质量。投入资金 150 万元，全面改造业务用房，配齐常规检验、心电、超声等设备，在庆阳市率先建成数字化预防接种门诊，实现了全程信息化管理和质控，群众满意度明显提高。

在硬件提升的同时，“软件”升级也进一步提速。中心坚持外“引”与内“培”并重，公开招聘 26 名大中专毕业生，选派 3 名业务骨干外出学习，先后向省市区医院选派 28 名工作人员参加全科医师（护士）培训，培训率 98%。

补齐短板 规范实施服务项目

针对辖区内老年人、慢性病人多，孕产妇集中等实际，北街卫生服务中心持续聚焦公共卫生服务中的“短板”问题，坚持以实为准，高标准规范实施基本公共卫生服务项目。已累计建立居民健康档案29990人，孕产妇、儿童规范管理率均在95%以上，新农合参合率达到100%。

与市人民医院等建立起医联体，通过坐诊、带教、培训等形式，提高服务能力。市、区医院为社区中心预留专家挂号比例，优先安排社区患者，做到了社区首诊和双向绿色转诊，初步实现了“小病在社区、大病进医院、康复回社区”。同时，开设“妈妈讲堂”、健康知识讲座，定期发布工作动态和健康知识，接受健康咨询，并组织开展健康宣传义诊等活动。

贴心服务 打造健康新生活

近日，家住东湖小区的李怀毅正式与北街卫生服务中心签订了《家庭医生式服务协议书》。谈起这项服务，李怀毅表示：“现在社区还专门安排‘家庭医生’，协议书上有医生的基本信息，有什么问题打个电话就能得到指导帮助。”

今年以来，北街卫生服务中心变被动坐等服务为主动上门服务，建立了以全科医生、社区护士、村医和预防保健人员为主的家庭医生式服务团队，按照“网格化管理、团队式服务”模式，加大重点人群筛查和随访力度，及时建立完善居民健康档案，分类管理，提供个性化签约服务，目前已签约4966人。

同时，以创建特色医疗为突破，设置中医馆，推广中医药适宜技术，开展中医“治未病”服务，提供针灸、推拿、拔罐、熏蒸等服务。推广“立新七针”和“李可古中医”中医服务，打造中医药特色服务品牌，为居民群众提供中医药服务。

（先朝阳、李晓峰撰写，刊登于《甘肃日报》2017年9月13日4版）

搬迁户张元郎的幸福生活

秋高气爽，沿着平坦的水泥路走进庆阳市西峰区显胜乡蒲河村，蜿蜒秀美的蒲河宛如一条飘绕的玉带穿村而过，河岸边，连片的花海竞相绽放，一座座青瓦白墙的易地扶贫搬迁安置房整齐有序地排列着。村民张元郎的新家，就在这个集中安置点中。

破窑洞变成砖瓦房

见到张元郎时，他正和老伴坐在自家门前悠闲地拉着家常。“一共有6间房，院子都是水泥地，多亏有了扶贫政策，我住进了这么好的砖瓦房，心里知足了。”提起新居，张元郎脸上洋溢着幸福的笑容。

今年64岁的张元郎曾是蒲河村北坪组的建档立卡贫困户，过去，他家靠种植十多亩地和饲养十几只山羊维持生计，住在该组一个山坡上，5间住了几十年的老窑洞已经破旧不堪。“原来的家烂得不成样子了，窑顶上经常掉土渣，一到下雨天，住在里面老担心窑顶会塌下来，晚上睡觉都不安稳。”张元郎说，原来住的地方不仅房子破烂，吃水也要到一里之外的河沟里挑，出门走的是羊肠小道，每到冬季，如果遇到下雪天就寸步难行。

张元郎说，两年前的一个冬日夜晚，他的老伴突发心脏病，由于车子到不了家门口，只能让儿子背着一步步走到公路上，本来坐车只需几分钟，步行却花了半个多小时。“我记得当时送到医院时，医生说再晚些送来，病人就危险了。”这件事让张元郎深切体会到道路不畅通带来的苦恼，在交通便利的地方盖房子住成了他最大的愿望。“可是因为没钱，只能想想，一直实现不了。”张元郎说。

水泥路通到家门口

精准扶贫工作启动后，蒲河村在有关单位帮扶下，争取各项资金改善水、电、路等基础设施，共拓宽和硬化村组道路6条20.8公里，铺设供水管道19公里，新增自来水入户183户，完成了3个村民小组的农电网改造，解决了68户510人的安全用电问题。去年又争取区扶贫办易地搬迁项目，在北坪、蒲河两个村民小组开工建设居民新村，通过易地搬迁为15户困难群众解决了住房难题，张元郎就是其中一户。

今年正月二十二，张元郎一家搬进了新家，从此告别了住土窑洞的日子。“新房子一共花了12万5千多元，政府补贴易地扶贫搬迁资金3万元，还提供5万元的精准扶贫贷款，我自己只凑了不到5万元。现在住新房的心愿了了，心里就踏实了。”张元郎乐呵呵地说，搬到居民点后，水泥路通到了家门口，水、电等基础设施基本到位，走几步路就到村部和幼儿园，老伴看病、孙子上学都很方便。

贫困群众过上好日子

住进安置点后，张元郎一家不仅生活条件得到了根本改善，家庭收入也越来越好，儿子儿媳外出务工，每年收入四五万元，他在月亮湾香草园打零工，每月也能挣两千多元。“原来种庄稼，辛苦不说，年景不好的时候，连本都收不回来，现在在家门口的香草园打工，每天就是锄草、栽花、浇水，活不重，收入也比以前好多了。”手里有了余钱，最近张元郎家里还添置了冰箱、洗衣机等家用电器。他发自内心地感慨：“搬进了新家，苦日子算是到头了，现在村里还开发旅游，看着村子越来越漂亮、热闹，我们心里也高兴。”

在西峰区，像张元郎一样因为易地扶贫搬迁而过上新生活的村民还有很多。近年来，西峰把易地扶贫搬迁作为打赢脱贫攻坚战的“头号工程”，坚持易地扶贫搬迁与生态环境建设、贫困群众脱贫致富相结合，通过整体搬迁、集中安置、插花互补相结合的方式，因地制宜、统筹规划，有计划、有步骤地建设集中安置点23个，让1154户4884名贫困群众挪出穷窝，过上安居乐业的好日子。

（金奉乾、张烨、盘小美撰写，刊登于《西部商报》2017年9月26日3版）

庆阳西峰区庆丰村：新技术助力小苹果变成“金苹果”

“重庆的客商要在中秋节前给员工发福利，指定要50箱苹果，要抓紧时间给装好，尽快给发过去。”9月23日，在位于庆阳市西峰区什社乡庆丰村的庆阳富林果业农民专业合作社里，负责人杨鹏正在筹备给外地客商发货。

9月23日，是杨鹏果园开园的日子。一大早，一些客商就陆续来订购果园里的“中秋王”品种苹果，杨鹏一边挑选果子，一边招呼客商。他高兴地说：“马上要中秋了，中秋王是最近市场上的抢手货，今年是我们果园第一年挂果，产量有限，只能接些小订单，等明年大面积挂果了，销售还能更好。”

说起杨鹏，在什社乡庆丰村无人不晓。今年50岁的他，是庆城县人。2013年，经人介绍，杨鹏来到什社乡庆丰村承包了350亩果园。初次来到果园，满园杂草丛生、树苗参差不齐、品种单一，让杨鹏既可惜又为难。他说：“当时的果园，基础设施还算齐全，草却长得比树苗还高，真是可惜了，改造难度不小。”

为了尽快改变果园的现状，杨鹏从除草、补苗开始，雇佣工人、打理果园，积极引进早熟苹果“太红嘎啦”、中熟苹果“中秋王”和晚熟苹果“烟富8号”“烟富10号”。“在传统的果树栽植中，我们本地农民大多会种植红富士，这种苹果在市场比较常见，而且价格也不高，新品种的苹果果肉甜香，个大果型好，最重要的是分季销售，能卖上好价钱。”杨鹏介绍。

随着新品种的引进，对栽培技术也提出了更高的要求，但技术人员和指导的缺失让杨鹏有点犯难。杨鹏借着区上“东果”组团发展战略的实施，争取西北农林科技大学、陇东学院的专家教授到自家果园做指导，对合作社农民进行技术培训。同时，杨鹏跟着村上的考察团和自掏腰包赴山东烟台、陕西等地参观学习矮化果树管理及栽植技术，将所学到的知识运用到新苹果的栽植过程中。

“要想果树长得好，就要掌握好矮化果树的生长习性，在前期加强营养，使果树的营养生长向生殖生长转化，培育出健康的树苗。”杨鹏说。在栽植过程中，杨鹏一边学习新的栽植技术，一边细心培育着每一棵树苗。

经过近2年的管理，不仅杨鹏成了远近闻名的种果能手，他的果园管理和果品质量也一步一个台阶，2015年被省农牧厅评为"全省苹果标准化栽培示范园"、被庆阳市评为"全市现代果园栽培标准化示范园"，富林果业合作社被区上评为"区级农民专业合作社示范社"，成为省、市、区重点扶持的对象。

果园规模上去了，杨鹏又开始在品质提升上下功夫，他尝试在施肥过程中将"微肥"和"有机肥"混合，酌量为果树补充钙、镁、锌等微量元素，使苹果的口感甜香，颜色红润。

今年，是庆阳富林果业农民专业合作社开园的第一年，早熟苹果"太红嘎啦"和中熟苹果"中秋王"早早被北京、重庆、陕西等地的客商订购一空，加上随后上市的晚熟苹果，杨鹏的果品收入预计超过十万元。他说："现在政府的政策这么好，鼓励我们创新种植，只要我们种出好果子，生意会越做越好，日子也会越过越好。"

（仝奉乾、翟娜娜撰写，刊登于《西部商报》2017年10月12日3版）

激活发展内生动力

——西峰区推进"放管服"改革工作侧记

近年来，西峰区坚持把推进"放管服"改革作为转变政府职能的重要举措，聚焦行政审批制度、商事制度改革，加强事中事后、重要领域和关键环节监管，加快构建行政审批体系，让企业好办事、群众少跑腿，有效激发区域发展内生动力。

简政放权激发活力

西峰区持续推进行政审批权力"瘦身"，削减审批事项、规范中介机构，全面承接和规范行政审批事项。

制定完善权责清单，按照权力和责任同步下放，调控和监管同步强化，对行政部门、党群部门等200多家单位权责事项进行集中审核，梳理公布权力事项，及时下放取消调整行政审批事项，初步建立了政府行权履职的规范运行体系。

科学清理公共服务事项，全面梳理41家部门、单位的92项公共服务事项，2014年以来先后承接市级取消调整下放行政审批事项9批次，建立专家评审组，新设行政事项审核论证评估制度，编制了《区级政务公开和政务服务事项基本目录》，定期开展行政审批事项专项清理，做到目录之外无审批。同时，整合和规范政府部门行政审批中介服务事项14项，实现中介服务事项运作规范化和监管透明化，优化企业和群众办事创业环境。

精准监管优化环境

走进西峰区政务服务中心，医保报销、公积金办理、养老保险缴纳可以"一站式"办理，过去需要跑几趟、几个部门的事，现在几分钟就能有结果。这是西峰区持续推进"放管服"改革实现放出活力、管出效率的生动实践。

在"放管服"改革中，西峰区既坚持把该放的权力放开放到位，又不放松对应管事务的监管，聚焦行政审批"风险点"，加大审批事项监管力度，做到放管结合。

西峰区建立完善行政审批事项流程和监管流程，强化对每个审批环节的控制，防止出现监督空白和权力寻租空间；采取定期督查和随机抽查等方式，深入城乡便民服务中心、政府部门及事业单位，对存在问题的单位及时下发整改通知书督促整改，确保承接、下放、取消的项目落实到位。进一步推进"两集中两到位"，16个部门进驻区政务服务中心，集中办理事项48项。

同时，严格市场行为管理，加强事中事后监管，重点围绕社会关注度高、投诉举报多、列入经营异常名录等情况的市场主体，强化行政监管、市场主体自律和社会监督，营造宽松便捷的准入环境、公开竞争的市场环境、安全放心的消费环境。

规范运行强化服务

打开“西峰区政务服务网”,24个政府部门行政审批事项全部实现在线办理,22类便民服务事项开通网络申请“绿色通道”……

西峰区把提升政府服务质量作为落脚点,加快推动行政审批规范运行,对全区73个部门服务事项作出明确规定,累计压减行政审批事项367项、公共管理服务事项环节389个,减少申报资料202份,总体行政审批提速37%以上。

建立健全“互联网+政务服务”网络,实现为民服务线上线下一体化,研发了“多媒体综合发布、智能引导、智能排队叫号、自助服务”等四大智能化系统,推进实体服务向网上办事大厅延伸。

同时,进一步规范政务服务体系建设,坚持行政审批管理平台互联互通、联网运行、协同审批,形成了横向延伸到部门、纵向延伸至乡村的政务服务体系。建成10个乡镇、街道市级标准化政务服务中心、115个村级(社区)便民服务中心,将涉及民生的服务事项下沉到村级中心集中办理。

(先朝阳、李晓峰撰写,刊登于《甘肃日报》2017年10月12日11版)

凝心聚力写华章

——西峰区经济社会发展走笔

深秋时节,穿行于西峰区城乡,建设工地塔吊高耸,施工正酣;田间果园,采收贩运,热闹非凡;市政工程压茬推进;民生项目遍地开花……西峰区抢抓机遇,调整结构兴产业、优化生态惠民生,全区经济持续健康发展,产业转型升级加快,生态环境焕然一新,民生福祉大幅改善。

转型跨越促发展

近年来,西峰区实施项目带动战略,把项目建设作为加快全区经济社会转型跨越发展的突破口和着力点来抓,统筹城市与农村,先后实施了三产、民生、文化、生态等方面的十大重点项目,坚持“政府主导、政策推动、多元投资、社会实施”的总体思路,实现了重大建设项目资金的自我保障和总体平衡。

为确保项目建设不减速、不停步,西峰区严格落实“三个一”项目包抓责任制,各县级包抓领导一线调度、靠前指挥,以棚户区改造、世行项目、农业产业化等项目为重点,严格对照项目推进“时间表”和“路线图”,全力加快工作进度。通过强化制度、土地、资金、政策、环境等要素,全力抓好招商引资、征地拆迁、优化环境等工作,确保项目顺利实施。在城区以城南绿地项目建设为带动,加大城市绿化带、生态景观带建设力度,建成城市绿地14处;在农村扎实推进三北防护林、千亩荒山造林、退耕还林、林下经济等工程,挖掘宜林荒山潜力,发展林木种苗产业。全区林地面积达到73.6万亩,森林覆盖率达到33.6%。

五年来,西峰区累计实施500万元以上项目1547个,固定资产投资累计突破1000亿元,吸引区外资金655.8亿元。东方丽晶、红星美凯龙等知名企业相继落户西峰。总面积约6000亩的十大专业市场建设全面启动,陇东汽车城成为陇东地区第一个开放式、综合性汽车产业销售集聚区,瑞南天然气、永欣石化即将投产,园区的产业聚焦效应逐步显现。

今年上半年,全区地区生产总值、固定资产投资、城乡居民收入分别达到87.3亿元、52.1亿元、14433.7元。

惠民实事增福祉

家住显胜乡岳岭村的刘建文是一名班车司机,家门前新修的柏油路让他满心欢喜。以前,这里只有一条窄小的砂石路,班车无法进出村子。“现在,可以直接把车开到家门口。”刘建文说。

近年来,西峰区不断加大乡村公路建设资金扶持力度,重点进行了通组路、产业路、断头路、联网路的建设，目前全区已建成农村等级公路1418公里。

五年来，西峰区累计用于民生的投入占到财政支出的一半以上，实施了一系列改善民生的重要举措。投资2.86亿元，建成通村组公路99条483.93公里，全区7个乡镇、100个行政村、536个组全部通了沥青（水泥）路，通组道路硬化率达70%；实施教育改薄项目350个，实现了公办幼儿园重点村全覆盖；7个乡镇卫生院、3个街道卫生服务中心、15个社区卫生服务站、100个行政村卫生室升级改造全面完成，城乡医疗服务水平持续提高；社会保障提标扩面，新型农村合作医疗、养老保险参保率达98%，保障性住房建设快速推进，投资24.7亿元新建安置房5800套，破解了近10年的失地农民安置难题；实施供水工程150处，彻底解决了5.67万群众的安全饮水问题。

富民产业奏新曲

近日，走进温(泉)什(社)万亩果带，沉甸甸的苹果压弯了枝头，果香沁人心脾，果农们喜笑颜开地忙碌着。说起经营果园的收益，米堡村果农高升茂一脸自豪："我家有十多亩蜜脆苹果，今年亩产五千多斤。这几年，我们家苹果收入都在20万元到30万元之间。"

西峰区推行"东部优质苹果、北部现代生态规模种植养殖业、南部绿色农业、西部蒲河川区生态旅游业"的思路，形成了"东果、南菜、北畜、西游"四大支柱产业集约化、规模化、现代化发展的格局。果品产业以东部10万亩绿色苹果生产基地提质改造为重点，整乡、整村、整区域推进，打造了温什、陈(户)廖(坳)两个万亩果带，涌现出了彭原镇周寨村等25个重点苹果专业村；瓜菜产业以设施农业和高效农业为重点，实施抓点示范、经营主体培育、无公害生产认证等工程，"三川"瓜菜效益稳步提升，全区瓜菜总产值连续三年保持在两亿多元；畜牧产业以中盛、正大等龙头企业为依托，推广全产业链、全价值链、全循环链模式，有效改变了传统发展方式。旅游产业以巴家咀水库—南小河沟—北石窟寺—小河湾—黑老锅冰窟景观为载体，打造风景秀丽的西环川旅游景观带。

温什万亩果带、"一园两川"设施瓜菜、鄢旗坳循环农业等示范基地高效运营，辐射带动生态农业、观光农业、现代农业整村整乡整区域推进。天富亿生态民俗村、蒲河川区美丽乡村旅游人气指数直线上升，农耕体验、瓜果采摘、花卉展览等新兴业态异军突起。"陇清苹果""中庆瓜子"等特色品牌畅销市场……西峰区农业产业走出了融合发展、转型升级的新路子。

显胜乡蒲河村农民赵秀芳家过去住在山腰的土窑里，深受吃水难、行路难、上学难等问题困扰。

今年春节，一家人搬进易地扶贫搬迁安置点的砖瓦房。这让赵秀芳感慨不已："搬到新家后，生活环境大变样，水泥路通到家门口，学校、卫生室和村部就在跟前，出门办事、看病，孩子上学方便多了。"

五年来，西峰区把扶贫攻坚作为头号工程，纵深推进精准扶贫精准脱贫，逐级靠实责任，整合帮扶力量，以大格局推动大扶贫。把产业培育作为脱贫致富的治本之策，选准项目，整合力量，实施专项扶贫、行业扶贫、社会扶贫、金融扶贫等措施，争取财政专项扶贫资金用于扶持重点贫困村、稳定脱贫村、有贫困人口的非贫困村发展到户产业培育。通过龙头引领、大户带动、能人领办，推动富民产业提质增效。

(盘小美撰写，刊登于《甘肃日报》2017年11月8日5版)

"十九大精神在基层"日子会越来越好

初冬时节，寒气袭人，但西峰区育才路社区却是一派生机勃勃的气象。社区居民们正在学习十九大报告、查阅各种书籍、排舞蹈、练书法，忙得不亦乐乎。

"文化自乐班一直在忙活，现在已经排练成舞蹈、相声、小品等好几个节目了。”社区文艺活动负责人樊慧玲介绍，尽管大家都上了年纪，但提起宣传十九大精神，却没有一个人喊累。

近日，育才路社区通过灵活多样的形式，迅速掀起了学习宣传贯彻党的十九大精神的热潮。党总支召开学习讨论会，加深大家对十九大精神的理解；在社区微信公众平台开辟学习专栏，定期推送微党课、微视频、微故事等，把十九大精神的权威解读，推送给每一名党员；将十九大报告和相关会议精神整理汇编成“口袋书”、宣传提纲等，发放给居民，供学习参考，实现“总支联支部、支部联小组、小组联党员”。

“十九大，人人赞，不忘初心是关键……”育才路社区老年协会副会长朱元奎通过学习，把十九大精神整理成通俗易懂的语言讲给大家。

军人出身的朱元奎是一名老党员，提起十九大报告中“实现中国强军梦”的内容，老朱兴奋不已。“为更深入地了解我国军事力量的发展，我专门找了近些年阅兵的视频和大家一起看。国家军事力量越来越强，我们感到无比自豪和激动。”老朱说。

“金秋十月枫叶红，神州大地果香浓。举国欢庆十九大，千家万户颂党恩；昔日山村变小康，富民政策暖人心；山清水秀百业兴，盛世繁华享太平。”党的十九大开幕当天，社区居民姚有成有感而发创作的这首小诗发到博客后，被广泛转载。

2002 年，姚有成的儿子突发脑溢血，留下了行动不便的后遗症。为给儿子治病，家里背负了不少债务。社区工作人员了解到这一情况后，不仅及时为他们一家办理了低保，还为他儿子提供了月工资 1600 元的公益性岗位。前段时间，姚有成的儿子按规定获得了入住廉租房资格。

家庭的不幸和组织的关怀，让姚有成对党的惠民政策有了更加深刻的体会。“最近，我一直在学习党的十九大报告，每学习一次，感受就更深一层，我由衷地为党和国家点赞。”姚有成说，“我坚信我们的国家会越来越强大，我们的日子也会越来越好。”

（先朝阳、张烨撰写，刊登于《甘肃日报》2017 年 11 月 25 日 1 版）

绿色田园唱响“增收富民曲”

——甘肃省庆阳市西峰区发展现代农业纪实

蔬菜大棚里，各类蔬菜长势喜人；养殖小区里，一排排圈舍内猪肥牛壮……在这个收获的季节里，走进甘肃庆阳市西峰区的田间地头，随处都能感受到现代农业带来的生机和活力。

组团发展彰显产业新格局

近年来，西峰区不断加快农业结构调整，围绕农业增效、农民增收、农村发展的总体目标，通过深入调研、充分论证、精心谋划，提出东部优质苹果和特色高效农业组团发展、北部现代生态规模种养殖业组团发展、城郊休闲观光和绿色农业组团发展、近郊现代物流服务业组团发展、蒲河流域生态旅游和设施农业组团发展五大组团发展理念。为了使这一发展理念落到实处，西峰区农牧局在瓜菜产业发展上，以设施农业和高效农业为重点，实施抓点示范、经营主体培育、无公害生产认证等工程，“三川”瓜菜效益稳步提升，全区瓜菜总产值连续三年保持在两三个亿；畜牧产业则以雨润、中盛、正大等龙头企业为依托，推广全产业链、全价值链、全循环链模式，有效改变了传统发展方式。旅游产业以蒲河川流域山水田园和自然风光为背景，以巴家咀水库—南小河沟—北石窟寺—小河湾—黑老锅冰窟景观为载体，打造总长 23 公里的西环川旅游景观带，开发肖金宋塔、南佐遗址、海山寺等蕴含历史文化底蕴的旅游景点，激活乡村旅游。

围绕“东果、南菜、北畜、西游”四大产业，西峰区实施了一系列土地流转政策和惠农政策，积极推进产业基地建设，扶持发展农民合作社、家庭农场、专业大户，引导农民从“单打独斗”到“抱团发展”，推动农业产业从分散经营向集约化、规模化发展。

目前，“一园两川”设施瓜菜、鄢旗坳循环农业、肖金蔬菜基地等10个示范基地高效运营，辐射带动生态农业、观光农业、现代农业整村整乡整区域推进；蒲河川风情线上陇东滑雪场、毛寺古街、连心桥、月亮湾香草园等景点串珠成链，令无数游客流连忘返……产业收入占到农民收入一半以上，截至今年上半年，西峰区农业增加值完成3.7063亿元，同比增长5.6%，农民人均可支配收入达到4140.2元，同比增长7.8%。

“龙头”舞动挑起现代农业新“大梁”

近年来，西峰区坚持以工业理念发展农业，不断优化发展环境，加大农业产业化项目招商引资力度，通过农产品展销会、博览会、招商引资会、洽谈会等多种形式，将入库项目积极向外推介。为了引来“金凤凰”，持续加强基础设施建设，配套一系列优惠政正大集团15万头生猪现代农牧产业化示范项目、庆阳居立现代苹果产业园、3000亩大樱桃基地等7个农业产业化招商项目落户西峰。目前，全区已培育农业产业化龙头企业65个，农产品加工业年实现产值8.7亿元。

西峰区还扶持发展专业大户、家庭农场、农民专业合作社等新型农业经营主体，围绕主导产业组建“合作社＋农户”“合作社＋基地＋农户”“合作社＋公司＋农户”等多种形式的农民专业合作经济组织1000多个，家庭农场35个，带动2万多农户发展富民产业，涌现出庆阳恒丰源种植合作社、陇萃果蔬种植合作社、三姓林果合作社等一大批“龙头”合作社，带动效果显著。

特色聚变拓宽增收新门路

以“农业增效、农民增收”为目标，积极转变发展理念，大力推进“一村一品”特色发展模式，采取政策推动、示范带动、龙头牵动等措施，结合各村发展优势，因地制宜发展特色产业，持续引进新品种、新技术，采取举办培训班、实地操作指导、科技三下乡等形式，以组织农牧技术人员实训和外聘专家定期讲解相结合的方式加强农民技术培训，并抽调技术骨干成立技术组到产业基地巡回指导，发展培养了一批懂技术、会经营、善管理的新型农民。通过实施一系列积极有效的措施，加快了特色农业发展，培育了一批特色产业村。孔塬村玫瑰、王岭村花卉盆景、庆丰村中秋王、新庄小米、芮岭村油桃、毛寺村生态旅游、蒲河村花海经济……如今，西峰各乡镇“一村一品”已遍地开花，“村有特色产业，户有致富项目”的产业格局初步形成。

（盘小美撰写，刊登于《农业科技报》2017年11月27日4版）

返乡新农人绘就新蓝图

——庆阳西峰区落实十九大精神实施“乡村振兴战略”工作纪实

产业链上的乡土人才，盘活资源，在新农村“扎根开花”；返乡创业的“新”农民，成立合作社，开辟一方创业热土；一个个支部组织力量，带领村民建设美丽家乡……西峰区贯彻落实党的十九大精神，在“产业兴旺”上下功夫，强抓农村一、二、三产业融合发展，积极实施乡村振兴战略，引导更多的人才、资本、技术等要素向农业农村流动，凝聚乡村发展“新力量”，着力提升附加值、做强产业链，盘活了农村的农房、田地、劳动力等要素，提高了农民收入，也提升了群众获得感、幸福感。

乡土人才在新农村“扎根开花”

近日，笔者走进西峰区登科养殖基地，膘肥体壮的肉牛齐刷刷地站在食槽前，伸长脖颈，望着前来饲养的马军。“一个月前，山西的客商买走了48头，收入了52万多元。”马军指着一头头肉牛高兴地说，一批出栏后，他又购进了一批良种牛，等到了春节，20 多头牛便可以出栏。

提起马军，后官寨村村民都不禁竖起大拇指。从一个跑遍庆阳牛场的牛贩子，到建成小型养殖场，成立"西峰区登科养牛农民专业合作社"，马军经过近十年的探索，走出了一条养牛致富路，辐射带动西峰区 84 户养牛大户共同致富。

十九大报告提出，将实现小农户和现代农业发展有机衔接，拓宽增收渠道，这更加坚定了马军发展养牛业的决心。"培育新型农业经营主体，发展多种形式适度规模经营，积极对接销售市场，牵头成立养牛协会，实施牛产业扶贫，带动周边群众养牛致富，加快奔小康步伐。"这是他对未来的规划。

西峰区大力推进乡村振兴战略，不断在农村一线发掘乡土人才，在主导产业链上培养乡土人才，并通过向土地要人才、向人才要技术、向技术要发展，发掘出了一批具备创富本领的"土专家"、"田秀才"，组织种养大户到田间地头、农家庭院进行"面对面、点对点"的技术培训和实地参观学习，多途径实现乡土人才与农户"无缝对接"，带动群众脱贫致富，把乡土人才培养成致富能手，把优秀致富能手储备为村级后备干部，为绘就乡村振兴蓝图注入持久活力与动力。

返乡新农人开辟一方创业热土

寒冬时节，西峰区苹果已收获完毕，但彭原镇周寨村的黄庭军并没有闲下来，他正忙着在果园里指导果业大户修建果树，向农民宣讲党的十九大精神。

"一定要把愈合剂涂好，否则，果树会因失水被冻伤导致腐烂。"黄庭军说，十九大报告中明确，保持土地承包关系稳定并长久不变，第二轮土地承包到期后再延长 30 年，给全村的果业大户吃了"定心丸"，可以让他们继续流转土地，早日过上小康生活。

黄庭军是西峰区有名的果业大户，也是周寨村党支部书记。早年，他凭借精湛的种植技术，在外经营果业合作社，是小有名气的致富能手。2009 年，他被请回村加入了村两委班子，成立原曦果业专业合作社，积极发挥党支部的战斗堡垒作用，带领周边果农外出山西、陕西、洛川等地进行观摩学习，实行产、供、销一条龙服务，让周边群众走上了栽植果树的脱贫致富路。如今，周寨村已建成百亩以上矮化基地 10 处，成立果业合作社 7 家，果园面积已达到 3700 多亩，带动周边 5 个村组发展苹果产业。

西峰区积极实施乡村振兴战略，调整优化农村产业结构，多措并举，加快推进合作社发展，打破长期以来形成的"单家独户、分散经营"的格局，解决农户小生产与大市场之间的对接难题，增多农村就业机会，提升农村发展潜力，吸引一部分年轻人回乡就业，减轻了农村人才短缺的发展压力，为乡村振兴提供人才支持。

支部新力量打造乡村新气象

改造土坯房，修建村级综合服务中心，配套健身设施，打造综合性小村镇街区……在 1986 年出生的农民大学生郑学敏的带领下，日渐萧条的什社乡新兴村又焕发出新活力。

如今，走进新兴村，旧村庄、涝坝、27 间土房子摇身变成了正在建设的 96 间门面房；2 公里村组路终于修通，方便了 22 户村民出行；老人文化广场上散步跳舞，年轻人在运动场上龙争虎斗，呈现出一幅生机盎然的景象。

十九大报告提出的乡村振兴战略，让郑学敏对村上的发展更有信心了。"全村有集体活动场所，有集镇，村民安居乐业，敬老爱幼，面貌焕然一新。"这是他为未来新兴村勾勒的美好图景。他说，为了这个图景，他还要继续努力。

西峰区推进乡村振兴发展，培养农村人才，选优配强基层党组织的骨干力量，将 589 名政治素质好、办事公道、廉洁奉公、致富带富能力强、群众认可的优秀人员选配进村"两委"班子，评选表彰优秀大学生村官，整顿软弱涣散党组织，为贫困村选派第一书记，使新一届村"两委"班子呈现出了年纪轻、学历高、能人多、素质好的特点，调动农民群众主动性和创新性，落实乡村振兴规划。

（耿洋洋撰写，刊登于《甘肃经济日报》2017 年 12 月 21 日 5 版）

初心如磐 踏上新征程

——甘肃省庆阳市西峰区能人返乡造福乡梓

连日来，甘肃省庆阳市西峰区贯彻落实党的十九大精神，积极实施乡村振兴战略，引导更多的人才、资本、技术等要素向农业、农村流动，凝聚乡村发展“新力量”，提升了群众获得感、幸福感。

寒冬时节，虽然西峰区苹果已经收获完毕，但是西峰区彭原镇周寨村的黄庭军并没有闲下来。“一定要把愈合剂涂好，否则，果树会因失水被冻伤而导致腐烂。”黄庭军正忙着在果园里指导果业大户修建果树，并向当地农民宣讲党的十九大精神。黄庭军说，十九大报告中明确，保持土地承包关系稳定并长久不变，第二轮土地承包到期后再延长三十年，这给全村的果业大户吃了“定心丸”，可以让他们继续流转土地，早日过上小康生活。

黄庭军是西峰区有名的果业大户，也是周寨村党支部书记。早年，他凭借精湛的种植技术，在外地经营果业合作社，是小有名气的致富能手。2009 年，他被请回村加入了村两委班子，不但把自家的果园打理得有声有色，而且积极发挥党支部的战斗堡垒作用，让周边群众通过栽植果树走上了脱贫致富路。

黄庭军是地地道道的农民，对于土地，他有着和别人不一样的情感和认识。针对“种田一年不如打工一月”的传统农业生产的模式，黄庭军想通过自己的努力改变这一现状。

万事开头难。尽管黄庭军成立了原曦果业专业合作社，但大部分村民仍因不懂技术而不敢栽植果树。于是，黄庭军带领周边果农外出到山西、陕西等省份进行观摩学习，并建立起服务网点，从品种选择、技术应用等方面对当地果农实行产、供、销一条龙服务。在黄庭军的带领下，周寨村的 7 家果业合作社如雨后春笋般迅速发展起来，全村已建成百亩以上矮化基地 10 处，果园面积已达到 3700 多亩，还带动了周边 5 个村组发展苹果产业。

随着苹果产业发展壮大，该村原本在外打工的杨龙看到了商机，回家流转土地 136 亩，成立了果业专业合作社，变身为果业大户。“多亏了黄支书在政策和技术上给我提供帮助，才让我的苹果产业发展越来越好。十九大报告提出，加强农村基层基础工作，培养造就一支懂农业、爱农村、爱农民的‘三农’工作队伍，这为新时代农村发展指明了方向。”提起十九大报告，杨龙对未来充满了期待。

（李晓光、耿洋洋撰写，刊登于《农业科技报》2017 年 12 月 27 日 1 版）

建设美丽家园 改善人居环境

——西峰区实施全域无垃圾专项治理行动纪实

废旧涝池“摇身一变”，成为了村民休闲观光的莲花池；“网格化”管理厘清责任，城乡环境治理成效显著；“凡人善举，最美家园”创评活动如火如荼……这些变化的背后，是西峰区全域无垃圾治理行动的生动实践。

今年以来，西峰区以创建全国文明城市和美丽乡村建设为抓手，坚持区乡村联动、软硬件齐抓，打响全域无垃圾专项治理攻坚战，持续优化城乡人居环境，提升群众生活幸福感。

创新机制 加快全域无垃圾治理常态化

干部职工深入乡镇村组、街道社区，带头开展环境整治；干部群众联袂携手，拆除废旧庄基，清理陈年垃圾……如今，在西峰这样的场景随处可见。

全域无垃圾专项治理行动开展以来，西峰区以村组、社区为单元，把全区划分为若干网格，由街办主任（乡镇长）包面、科级干部包片、村组（社区）干部切块包干、保洁人员包路段，组建清扫保洁队伍39支，对乡镇街区、集中居住区等实行定时、定人、定路段清理垃圾。

为了确保专项治理行动取得实效，西峰区实行评比排序、“黑红榜”公示等督查考核制度，周督查、月通报、季评比，累计下发整改通知单300多份，红榜表扬105次，黑榜曝光60次。各乡镇、街办根据督查评比结果，对卫生文明户进行授星挂牌，设置红黄蓝三张牌，分村组进行评比公示，对庄前屋后和户内卫生较好的村民家庭挂黄色牌，卫生较差的群众挂红色警示牌，推动治理行动常态化开展。

分类施策，聚焦“关键点”精准治理

“全域无垃圾工作开展以来，我们村按照‘全域旅游’分步走的思路，大力实施省级美丽乡村建设项目，全力打造‘五美’新村。”显胜乡冉李村村委会主任张小军说。冉李村的“治理经”是西峰区分类施策整治农村环境的缩影。

在全域无垃圾治理行动中，西峰区把农村作为治理的“关键点”，因地制宜，分类施策。在公路沿线“铲杂草、清垃圾、开边沟、整树畦，深松绿化带、涂白行道树”，把整治触角向高速公路、村组道路延伸，沿线面貌明显改善；在村庄周围和庄前屋后“清垃圾、整‘三堆’、除‘十乱’、建花园、美外墙”，安装栅栏1万多米，建成花园菜园400多处；在河道治理上，严格落实河长制，清理河道河岸垃圾、打击污染水体行为，清理河道垃圾53吨，封堵排污口13处，关停非法采矿企业7户；在垃圾处理上，加快垃圾填埋场建设和环卫设施配备，每个村建成1—2个垃圾收集点，每个组确定垃圾暂存点，定点倾倒、定期清运，构建起了“户分类、村收集、乡转运、区处理”的垃圾处理体系。

如今，随着全域无垃圾治理行动的纵深推进，西峰区创建“美丽庭院”示范村5个、“美丽庭院”示范户60户，新建垃圾填埋点30处、收集点354处，配发垃圾箱（桶）1850个，购置垃圾清运车32辆，人人参与、合力治理的氛围逐步形成。

找准“发力点”，着力提升群众幸福感

什社乡地处西峰最东侧，沟壑梁峁较多，垃圾清运不便，向沟口倾倒垃圾是许多川区群众的“习惯”。什丰村村民袁小明说：“以前回家的时候，沿途几个村庄交界处的垃圾堆实在太难闻。”全域无垃圾治理行动开始后，西峰区把沟口垃圾等作为“发力点”集中治理。对什社乡各问题沟口进行彻底清理，在沟口种植油松1万多株，30多处沟口垃圾场走入了历史。

肖金镇左咀村以十二户为一个小组单元，每户轮流担任小组长，对单元范围内的环境卫生进行监督，成效明显；什社乡庆丰村以联村领导当片长、联村干部当路长、村干部当段长、组干部当户长、农民党员为田长的“五长制”为基础，把环境卫生整治划片包干到538户群众，使全村16条25公里道路实现全域精准治理无盲点。

在城乡卫生面貌持续改善的同时，人居环境的优化让市民群众感到欣喜。贺东平是北部商城商户，他见证了商城环境的变化：“以前北部商城道路积水，卫生也比较差，现在环境变好了，客流量也大了，生意好做多了。”

市民贺广平每天早晨都会在东湖公园锻炼身体，他说：“现在，游园广场整齐多了，车辆停放有序了，环境变好了，咱们每一个人都是受益者。”

（李晓峰、温聪聪撰写，刊登于《甘肃日报》2017年12月27日5版）

调研报告

对西峰非公经济发展情况的调查与思考

中共庆阳市委常委、西峰区委书记 章志兼

非公经济是市场经济发育程度的重要标志，是强区之基、富民之路、就业之源。省委十二届十九次全会暨省委经济工作会提出了“要把非公经济在较短时间内培育发展成国民经济的半壁江山”。西峰作为建设全省大型能源化工基地的核心区，要补齐工业短板，深入推进“11235”发展战略，实现非公经济从少到多、从小到大、从弱到强“三个转变”，是我们实现转型跨越发展过程中需要着力研究的一个重要课题。

一、发展现状

近年来，西峰区坚持把发展非公有制经济作为经济结构调整和区域经济发展的重要内容，通过优化发展环境、加快园区建设、加大扶持力度、落实优惠政策、加强非公经济党建工作，全区非公经济呈现出了总量增长、速度增快、效益增加、贡献增大的良性发展态势，主要表现在以下几个方面：

*一是发展总量逐步扩大。*至2017年3月，全区现有各类非公企业37504户（全区累计注册登记非公企业11079户，注册个体工商户25377户，农民专业合作社1048户），非公经济缴税2.4亿元，财税贡献率达到40.19%。随着产业结构的不断优化，第二产业非公经济平稳增长，共2429个，占非公经济法人单位数的7.1%；第三产业快速上升，共20124个，占非公经济法人单位数的59.4%。一、二、三产业中非公经济所占比重分别为8.99%、8.66%、37.56%。

*二是社会贡献逐步扩大。*在促进财政增长的同时，提供了就业岗位，成为增加了农民收入的主渠道。2016年全区非公经济完成地税收入24257万元，占总地税收入61070万元39.72%，占总财政收入60352万元的40.19%。发放职工工资6亿多元，非公企业从业人员达3万多人，有力解决了社会富余劳动力就业再就业问题，维护了社会稳定。同时，非公企业家自觉履行扶贫济困任务，积极回馈社会，近两年通过救助贫困家庭、定点帮扶、捐款救灾等方式向社会奉献爱心，约合人民币8000多万元。

*三是主导产业逐步形成。*坚持“抓大不放小”的理念，形成了以农副产品加工、建材、医药、食品饮料、机械制造、服装等六大支柱产业和商贸流通、餐饮住宿等服务行业为主的非公经济发展格局。先后建成了西峰制药、彭阳春酒业等一批纳税大户企业；嘉兴国际建材城、昊鑫广场、东方丽景、国芳百盛等一批商贸企业投入运营。特别是近几年引进的庆阳中庆农产品有限公司、庆阳荣强生态娱乐有限公司等一批规模较大的私营企业，为我区非公经济发展增添了新的动力和活力。

*四是企业管理逐步规范。*注重加强企业管理，建立健全了内部规章制度和管理机制，企业文化和科学管理理念逐步形成。在从业人数快速增长的同时，一些大中专毕业生、原国有企业的干部职工及下岗职工、复转军人及东中部省份的私营企业主也进入了我区非公经济领域，使非公经济从业人员的结构不断改善，整体素质得到提高。凌云服饰、北地红调味品公司、西峰制药等企业依托自身优势，积极开拓市场，加大投入，扩大规模，优化结构，提高产能，走集团、品牌化发展道路。近两年来，仅争取到上级技术创新扶持项目就达30多个，引进国家政策性扶持资金3000多万元。非公经济正在由数量增长型向质量效益型转变，由初粗加工型向精细加型转变。

二、存在问题

虽然我区非公经济取得了较快发展，但受环境、观念、政策、体制等多方面因素的影响和制约，发展水平还不高，在日益激烈的市场竞争中仍处于弱势地位，其生存和发展仍面临着不少的困难和问题。

一是思路不清，重视程度偏低。思想观念的落后、封闭和保守是多年来制约非公有制经济发展始终难以逾越的一道障碍。一些干部群众还没有真正认识到非公经济的作用和重要性，仍然受到传统的思维方式束缚，创新超前意识不强，落实政策的措施不力。对民营经济重视不够，没有认识到他们所承担的重要的社会责任和义务，大学生不愿到个体、私营企业就业，银行与民营企业建立信贷关系比较少等等。

二是基础薄弱，总量规模偏小。全区非公有制经济目前尚处于原始积累阶段，总量总体偏小，效益较低，具有辐射力、带动力、影响力的龙头企业和与之相适应的产业链和产业集群还未形成，如全区 2016 年纳税在 500 万元以上的企业只有 3 户（西峰制药、宏达路桥建设集团有限公司、庆阳市华庆工程有限公司）。主要以原材料加工、工程建设为主，缺乏精深加工和高科技含量产品。众多企业厂房简陋、设备落后、机械化程度低、产品单一、工艺简单、管理粗放，产品质量低、生产耗能大、市场竞争力不强的问题普遍存在，新产品研发工作相对滞后。

三是融资困难，发展动力偏弱。由于受国家宏观调控影响和信贷政策制约，担保难、抵押难致使企业无法按照企业生产需求向银行融资，不少企业因为融资难而痛失市场和发展机遇。部分非公有制企业由于发展资金不足只好在民间筹措，而民间筹措资金的年息一般高达 20～30%，且存在不安全的风险因素，导致企业维持正常生产经营十分困难，扩大再生产就难上加难了。

四是创新不足，管理水平偏差。我区非公企业发展生产的原始资本 60%左右靠内部积累，40%左右靠外部融资（其中约有 10%靠亲友借贷，30%来自银行贷款和集体借款），管理人才综合素质不高。企业发展思路不清，缺乏中长期规划，发展目标定位不明，致使发展领域狭窄，企业规模难以做强做大。有些企业缺乏规范的现代企业管理手段，人员流动性大，使必要的技能培训难予开展，造成了非公企业人才相对缺乏。个别企业主盲目跟风，盲目投资，缺乏主打产业，没有核心竞争力，难以发展壮大。

三、对策建议

西峰作为后发展地区，就是要坚持“抓大不放小”，抢抓工业园区建设的有利机遇，把民营企业当做“私生子”，转变观念，优化服务，走出一条科技含量高、经济效益好、环境污染低、人力资源优势充分发挥的新型非公企业发展之路，促进全区工业经济率先实现跨越式发展。

（一）从思想观念上重视非公经济发展。思想指引方向，思路决定出路。针对目前缺乏“兴商、重商、亲商”的思想观念，坚持把解放思想、转变观念作为推动非公经济发展的切入点，强化引导，促进非公经济健康发展。抓组织领导。认真贯彻落实国务院《关于支持甘肃经济社会发展的意见》和省市关于促进非公经济发展的各项政策措施，真正做到经营上放开、政策上放宽、机制上放活、措施上放优，形成“政府主导、部门服务、群众创业”的非公经济工作格局。抓氛围营造。树立“服务民营经济有功，阻碍民营发展是过”的导向，通过报纸、网络、电视等新闻媒体，开设专栏、专版、专题，全方位、多角度地宣传青年创业优惠政策，在全区上下形成农村能人离土创业、下岗职工自主创业、技能人才带头创业、民营企业家更新创业、在外乡友回乡创业的创业高潮，迅速扩张非公经济总量。抓典型培育。通过召开民营经济工作会，组织开展“创业明星”“创业能手”“致富带头人”等评选活动，对非公经济发展典型进行命名表彰，全方位宣传创业典型的创业成绩、创业成果、创业经历，让创业成为人民群众的新价值、新风尚、新实践，形成全社会支持关心民营经济发展的良好氛围。

（二）从项目带动上夯实非公经济发展基础。

今天的项目数量就是明天的经济总量，今天的投资结构就是明天的产业结构。要坚持把项目建设作为促进民营企业转型升级和做大做强的第一抓手，通过大项目带动大投资、大发展。服务国企带民企。秉持“中央企业带动地方企业，实现企地共赢”的发展理念，在积极支持中石油、中石化等“中”字头、“国”字号大型企业增加产能、提高炼量的同时，按照就地转化、吃干榨净的资源开发模式，建立原材料供应、生产、销售、技术服务等方面的协作配套关系，大力发展抽油机生产、石油钻杆、管线生产、机械装备制造等下游产业，带动物业管理公司、交通运输公司等商流民营企业发展。主攻园区载民企。把园区作为“产业兴城”的着力之笔和地方工业发展的孵化平台，实行政府先期投入打基础，招商项目育产业，促进工业向园区集中、产业向园区聚集、就业在园区解决，把南部石化园区逐步打造成为石油加工、油(气)化工、精细化工多业并举的陇东能源化工基地核心区，把北部清洁工业集中区打造成以农产品及食品加工制造为基础、传统能源科技设备制造为主导、特色产业项目为补充的综合性工业集聚区，为区内企业退城入园、区外企业招引入园、新生工业全部入园搭建平台。发挥优势争民企。充分挖掘资源禀赋和产业优势，抢抓国家实施新一轮西部大开发、支持甘肃发展和陕甘宁革命老区振兴规划和产业转移等重大政策机遇，认真研究资金投向和安排重点，争取一批市场前景广、发展潜力大、带动辐射能力强、促进农民增收致富快的民营企业项目在西峰落地生根。

(三)从强化服务上优化非公经济发展环境。环境是资源，是竞争力，是生产力。以建设投资洼地、创业宝地、发展金地、企业家最满意的福地为目标，大力实施“三为”工程，为民营经济发展创造良好的外部条件。一是顺势而“为”，强化引导。政府职能部门要本着“遵循市场规律、尊重企业意愿，适度规范引导、全力提供服务”的原则，采多种渠道、多种形式公布产业政策调整、市场准入等方面信息，提供投资创业导向，引导投资人做出合理的投资决策，防止和避免投资的盲目性和随意性。 二是坚持有所“为”，破解难题。要抓住国家“新36条”出台的有利时机，在基础设施建设、技术攻关、产品研发、设备更新、工艺改造等各个方面，制定“超常规”的鼓励扶持措施，促进民营经济上档升级。要切实加大政府的资金扶持力度，在财政预算中设立企业科目，安排企业发展的专项资金，同时加大产业发展、科技创新、市场开拓等方面的专项资金的扶持。针对中小企业融资难、项目少、周转慢的特点，与四大商业银行、甘肃银行、兰州银行、庆阳农商银行、瑞信村镇银行搭建银企对接平台，加大信贷支持力度。按照“产业相近、自愿结合、技术互助、贷款互保”的原则，组建认定一批高授信额度的民营企业联合体，更好地盘活社会资金、激活民间资金、放活信贷资金、用活财政资金。三是坚持有所不“为”，减少阻力。按照“非禁即入”原则，对民营企业“不限发展比例、不限发展速度、不限经营方式、不限经营规模”，落实“国民待遇”。全面推行“一站式”服务、“一表制”审批、“一费制”收费、一次性办结的运行机制，重点监管和整治执法队伍的中间执行层，着力解决办事过程中的“中梗阻”“底板结”问题。重拳打击乱收费、乱罚款、乱摊派等“三乱”行为，依法查处违法用地违法建设违法房地产交易等“三违”行为，斩断阻碍非公经济发展的“黑手”。

(四)要从开拓创新上提高非公经济核心竞争力。创新是发展的不竭动力，也是非公有制经济加快发展的根本途径。要想在竞争日趋激烈的市场上占有一席之地，唯有坚定不移地以创新为动力，加快产品升级步伐，由数量增长型向质量效益型转变，由初粗加工型向精细加工型转变。创“西峰牌”。品牌是一个产品进入市场的“通行证”，未来的竞争是品牌的竞争。要立足西峰资源特点和地方特色，按照“抓拳头、创品牌、上规模、带行业”的思路，发展以香包、陇绣、剪纸、皮影为重点的文化创意产业品牌，以陇东瓜子、什社小米为重点的绿色农产品品牌，以中药材为重点的岐黄文化品牌。要把保护原产地与开发新产品相结合，积极开发一批科技含量高、市场前景好的“当家菜”，做到无中生有、有中生优、优中生特，让西峰牌走出中国、走向世界。引“能成人”。企业的竞争形式上是产品的竞争，实质是人与人的竞争。要立足自身需求，按照“不求所有、但求所用”的原则，坚持引进外地人才和培养本地人才相结合、扩大专业人才和挖掘民间人才相结合，注重策划、营销、管理等专业技术人才的培养。走“专业路”。要把准市场的脉搏，坚持以特取胜，走精品战略。从产品包装、核心技术乃至服务体系上围绕“专”字做文章，形成研发、设计、加工、包装于一体的专业生产线，发展成为某一领域的领头羊和“单打冠军”，带动一批企业，带活一片经济，带富一方百姓。打“现代旗”。管理是企业活动、竞争力和可持续发展的关键所在。要消除家族式、近亲式管理弊端，建立现代化企业制度，实现管理科学化、现代化、信息化。

（五）要从招商引资上扩大非公经济总量。招商引资是壮大非公有制经济的主要渠道。要引导民营企业摈弃自给自足、怕失权、怕失利的思维习惯，发挥自身机制灵活、配套能力强、发展潜力大、熟悉当地情况的优势，对外，主动走出去找靠山、攀高枝、联大户，借助别人的技术、管理、品牌、资金等优势，壮大自身规模实力。对内，本着互惠互利、共同发展的原则，成立企业协会，建立市场信息共享平台，实现优势互补、抱团发展，联合应对市场挑战，参与市场竞争，抵御市场风险，促进全区非公企业不断发展壮大。

四、几点思考

（一）非公经济大发展的关键是“三高”。一个地方离开了高认识驱动、高目标领跑、高质量落实，那这个地方非公经济的大发展将苍白无力。只有高认识到位，各级党委和政府才会对非公经济发展始终高度重视，从而这个地方大发展的强大动力才会始终保持住，加快发展的出路也才会坚持走到底，发展征程上的各种锁链才会找到打开的金钥匙；只有高目标领跑，跟跑者才会将压力变动力，用最大的决心和顽强的毅力去拼搏，从而才有可能取得好政绩；只有高质量落实，高认识、高目标才会随着非公经济实际工作逐步推进、突破，最终变得清晰可见、成为眼前的现实。

（二）非公经济大发展的生命力在于“特色”。任何地方都有自己的特色资源，特色资源就是一方百姓的聚宝盆。对此，如果视而不见，抓非公经济避重就轻，那就同捡了芝麻却丢掉西瓜的傻事没有两样。非公经济发展同优势特色资源开发要相结合，这样之所以有生命力，原因是：1、优势特色资源有鲜明的地方特色。资源的独特性，就是优势，既然有优势，那它在市场中就有一席之地。2、优势特色资源具有较长的使用价值。通常，一个地方优势特色资源天然的一般有一定的储藏量，后天的往往经培育容易成规模。所以，优势特色资源一般在较长时间内，能支撑一地非公经济向规模化、集约化、工业化方向发展。因此，各地只要用心谋划、狠下功夫，开发建设优势特色资源产业，就有可能成为非公经济的支柱。

（三）非公经济大发展的“先锋”是工业集中区。非公经济产业广、规模参差不齐，在发展的路途上，需要有各式各样的“先锋”来领路、来示范、来拉动。对各级政府而言，如何加强非公经济的管理和服务，只有通过长时间地摸索，才会拿出成熟的政策和办法。所以，抓工业集中区建设，就是在培育非公经济大发展的“先锋”。各地一定要解放思想，借这块“试验田”，大胆探索和创新，努力争取出“高产”，这样才能为全局非公经济大丰收，发挥很强的示范、指导作用。

（四）非公经济大发展的“高速路”是优质环境。非公经济大发展离不开好环境。从当前的现状看，各地创建优质的投资环境，应着重从以下入手：一是完善有关政策。核心是要舍得让利，给企业以最大限度的实惠。二是提高服务质量。要围绕办事方便快捷、服务务实有效这个核心，努力探索服务的最佳途径。三是抓好环境净化。围绕让企业长期有“安心、舒心”满意心态这个核心，要继续解放思想，大胆去改革，放手去探索。

（五）非公经济大发展的措施是推进“五大工程”。一是推进“管理强企”工程。加强非公企业体制建设，创新产权制度，将企业体制机制逐步由产权单一向产权多元、“私人企业”向“社会企业”、家族式管理向现代化管理转变。加快建立现代企业制度，完善法人治理结构，有效改善非公企业治理状况，提高企业治理效率。建设学习型企业，努力打造一大批战略管理意识和社会责任意识强，质量、品牌、安全和营销管理水平高，治理结构比较完善的非公企业。二是推进“人才强企”工程。坚持引进高层次人才，加强创新人才和高技能人才队伍建设，高度重视专业技术队伍建设，特别要重视技术带头人和领军人才的稳定、培养和引进，从分配制度上采取技术入股、期权、利润分成、奖励股份、提高薪酬等政策措施，吸纳优秀人才进入非公企业。要大力加强企业家队伍建设，增强非公企业家现代市场经济条件下的科学决策能力、经营管理能力、市场应变能力，培养一批具有世界眼光、战略思维和创新精神的企业家，推动非公企业和非公经济实现量的提升和质的跨越。三是推进“品牌强企”工程。大力实施创品夺牌战略，引导非公企业走品牌化发展道路，着力培育特色产品、特色品牌、特色园区、特色集群、特色经济，努力走出一条用品牌提升产业的新路，加快形成一批代表湘西产业和区域优势、代表湘西企业竞争力并享誉全国的中国驰名商标和中国名牌产品，提高产业产品竞争力，扩大市场占有率，促进结构优化和产业升级。四是推进“文化强企”工程。着力增强企业文化“软实力”，积极构建现代企业文化，用企业独特的文化打造非公企业的经营理念、价值标准、职业道德，增强员工对非公企业的认同感、责任感、凝聚力和向心力，推动非公企业和谐发展。五是推进“党建强企”工程。要在非公企业中着力抓好党的组织、党的工作“两个全覆盖”工程。深入开展把企业生产经营骨干培养成党员、把党员培养成企业生产经营骨干的“双向培养”工作。要努力把非公党组织队伍建设成企业发展的谋划者、技术创新的带头者、销售市场的开拓者、深化改革的推进者，把非公企业党组织建成政治思想和组织建设的坚强战斗堡垒，引领非公企业在思想上与党同心同德，在目标上与党同心同向，在行动上与党同心同行，为促进非公经济转型发展、和谐发展、科学发展献计出力，加快实现后发赶超、跨越发展。

关于对全区《中华人民共和国公路法》和《中华人民共和国道路交通安全法》实施情况的检查报告

西峰区人大常委会执法检查组

根据区人大常委会工作要点安排，区人大常委会组织部分人大代表组成执法检查组，对全区实施《中华人民共和国公路法》和《中华人民共和国道路交通安全法》情况进行了执法检查。检查组在通过短信及电子邮箱等渠道广泛征求了区级所有人大代表的意见建议的基础上，于10月26日，先后深入什社乡农村公路管理所、永丰村道通村硬化路工程、贺塬至吴庄通村公路工程、市人民医院十字交通设施提质改造项目、西峰区道路交通事故快速处理中心、董志至镇原安全生命防护工程等进行了实地查看，并召开了汇报座谈会议，听取了全区“两法”实施情况以及相关部门的意见建议。现就执法检查情况报告如下：

一、《公路法》贯彻实施情况

（一）主要成绩

近年来，区政府深入贯彻实施《公路法》，抢抓机遇，着力加强公路规划、建设、养护和路政管理等工作，至目前，形成了2条高速公路，3条省干线公路，5条县乡公路，359条通村组公路网络，现有等级公路1418公里，行政村通畅率100%，通组率35%，公路交通事业取得了显著成绩。

1. 宣传教育氛围良好。近年来，区政府将《公路法》的宣传普及作为工作重点，把宣传教育融入到公路建设、路政治理、公路养护之中，通过网络电视、设置宣传专栏、咨询投诉台、曝光台等多种形式，发布宣传信息180多条，形成了“以护路为荣，以毁路为耻”的良好氛围，为开展各项公路管理工作提供了有力的保障。

2. 公路建设成效显著。一是农村公路建设。今年总投资8268万元，共建设农村公路21条156公里，全面建成投用的5条40公里，完成水泥稳定基层的2条10公里，天然砂砾垫层7条48公里，正在铺筑垫层3条17公里，“千村美丽”道路建设项目4条40公里已开工建设，预计11月建成通车。二是安全生命防护工程。共覆盖农村公路26条122公里，完成建设的11条40公里，其他正在施工建设。三是扶贫旅游道路建设项目。新建产业扶贫道路4条7公里，毛巴公路正在建设之中，旅游道路的建设为全区“两游”战略目标起到了较好的助推作用。四是市政、园区道路建设。投资3.68亿元实施了12条18公里的市政、园区道路建设和排水工程。五是道路绿化。累计投放200余万元，绿化农村道路130公里，修剪行道树300公里，清理路边杂物3000余吨。

3. 公路养护取得长足进步。按照全面养护、重点整治、确保畅通的原则，突出重点，分类实施。一是将连网骨干路线、重要旅游路线、文明样板路和乡镇主干线、群众反响强烈的路线作为重点，提高标准，精心养护。二是突出路面病害的自治和水毁、翻浆路段的整修，提高了通达水平。今年，共对全区192条861公里区、乡、村公路进行了全面养护。排查水毁道路隐患91处，疏通排水系统4处，修复完善安全设施6处37米，拆除非公路标示牌3个，清理占用公路建筑物1处，超限超载治理罚没1600元。

4. 公路管理收到明显效果。开展了路政巡查，狠抓超限运输管理，采取了预防提醒、蹲点堵截等方式，落实“六五”巡查制，加大了路产路权维护。一是加大“治超”工作力度，年内巡查180多次，源头治理超限超载54起，二是开展重点区域和重点时段路政管理专项督查，对学校周边环境及春播、夏收农忙时节公路侵占易发时段进行专项督查。通过行之有效的手段，营造了安全、畅通、快捷的交通环境。

（二）存在的主要问题

1. 宣传教育不够深入。《公路法》的宣传还不够深入，不少干部群众对法律的规定知之甚少。表现为：一是对公路两侧建筑尚缺乏统一规划和有效管理。公路两侧乱建餐馆、商店等，城乡接合部公路两边违章建筑仍然存在，有公路街道化现象。二是非法侵占公路现象存在。不少道路路面或路肩被任意占用，当作晒场、停车场、集市等，有乱倒垃圾现象，有的擅自设置减速带，严重威胁着公路的畅通和安全。三是非法采伐公路两边树木现象。个别群众对路边树木擅自进行采伐，没有法律意识，影响交通安全和交通环境。

2. 公路建设负债较大。一是近年来，由于地方财力有限，公路建设地方配套比例高，因此增加了不少债务。据了解，到目前为止，全区公路建设负债共3亿元。这些负债仅靠区财力短期内难以偿还。二是受国家经济下行压力的影响，县乡道路改造和农村公路提等升级，虽然列入了财政预算，但缺口资金仍然较大，在一定程度上影响了工作的开展和项目的实施。

3. 公路管养不够及时。一是个别村组水毁、翻浆路段不能及时处置修复，部分路段缺乏安全指示标识和减速带。二是按照国家相关规定，农村公路为县道县管、乡道乡管、村道村管，但我区政策没有落实到位，特别是乡镇农村公路管理所缺少基本的监管执法条件，人员配备不足，影响了公路监管的正常开展。

二、《道路交通安全法》贯彻实施情况

（一）主要成绩

《道路交通安全法》颁布实施以来，区政府高度重视，认真贯彻实施，各有关部门积极配合，采取有力措施，在交通规划、建设、管理、安全、运营、服务和执法等方面做了大量工作。交通管理执法水平不断得到提高，广大群众交通守法意识逐渐增强，交通秩序明显好转，为我区经济和社会发展创造了良好的道路交通环境，取得了明显的成效。

1. 工作机制不断健全。区政府对道路交通安全工作高度重视，先后制定了《关于进一步加强道路交通安全工作的实施意见》《关于进一步加强农村道路交通安全管理工作的通知》等文件，对交通隐患排查整治、加强农村道路安全管理等提出了工作规范和系统评价体系，建立和完善了“政府领导、公安主抓、部门配合、全社会共同参与”的预防道路交通事故工作新机制，逐级签订了道路交通安全责任书，交通安全网络初步形成。

2. 基础设施不断优化。修建完善安全生命防护工程40公里，安全隐患路段逐步减少。增设道路交通标志、交通护栏、交通标线和减速带，改善了道路交通状况。在城区主要路段安装隔离护栏2.4万米，在道路上安装各类标志牌1134面、交通信号灯28处、减速带128米，施划标线14万平方米，安装违停自动抓拍系统42处，电子警察系统31处，施划出租车临时停车位210个。有效改善了城市交通环境和秩序，提升了城市交通安全硬件环境水平。

3. 宣传教育不断深化。区交管部门坚持把加强交通安全宣传教育、增强交通参与者的交通安全意识作为防事故、保安全、促畅通的基础工程和长远战略来抓，结合全国交通安全日等活动，多措施、多渠道、多形式、全方位地进行宣传。借助互联网、微博、微信、QQ、手机短信、电视台等媒体开展交通安全知识宣传，切实提高广大市民的文明出行和安全出行意识。三年来，市、区电视台随警报道90次，播放交通公益广告和安全提示120余条，发布交通安全信息1200余条，受教育人达到8万余人。

4. 综合治理成效不断提升。区交管部门通过综合检查、专项检查、交叉检查，重拳整治常见性、高发性交通违法行为，对重点违法行为、重点路段、重点时段进行严格查控，确保了安全、畅通、便捷。同时，坚持把极易引发重特大交通事故的酒后驾驶、超限超载等严重交通违法行为作为执法管理的重点，综合实施常态化管理和专项集中整治。2014年以来，全区共查处各类交通违法行为54万多起，有效震慑了交通违法行为人，从源头上预防了交通安全事故的发生。在车、路、驾驶员大幅增加的基础上，实现了事故下降，死亡减少的目的。

（二）存在的主要问题

1.城区道路路网结构不完善。新老城区属于典型的平面混合交通，老城区路网密度低，未形成内网外环的城市化道路格局，城区环城路仅庆化大道一条，东环路（北京大道）至今未建设完成，导致交通流量集中于主干道，九龙路尤为突出，高峰期已达到最大运行承载能力；支路系统的建设和规划滞后，城区支路T型路口过多，不利于交通分流，道路交通网络节点不畅通。瓶颈路、断头路、卡脖子路共7条，如安定东路西段、育才东路、四中门前段、永平路与老西环路交叉十字等路口通行不畅，分流无道。

2.停车难行车堵问题日益突出。一是停车场规划建设滞后。在规划层面，缺乏交通需求管理的理念与前瞻性，缺乏对未来城市交通发展、停车供需的精准分析，缺乏“大交管”战略思想，需要政府相关职能部门在宏观战略上给予高度重视。二是大型停车场需求迫切。小什字、住院部及东湖公园商业密集区大型停车场空白，老城区停车需求量大，

但停车位总量严重不足、配置不合理、利用效率低，加之中心街区的世纪商厦、国芳百盛、民生百货等地下停车场被挪作商用。三是背街小巷停车秩序混乱。老西环路（解放路至西大街段）、张三巷、交校巷、国税局巷等人口相对集中的住宅区，停车泊位非常少，停车供需矛盾极度突出，占道停车多发，使本来狭窄的道路更加拥堵。

3.交通基础设施建设相对滞后。城区交通流量密集的路口路段无人行过街设施，道路冲突点过多过密，间距较短。加之繁华商业区，学校都比较集中，经常发生人车抢行、极易造成交通拥堵。部分交叉路口未设人行横道线、减速标志，少数交叉路口或未设信号灯，或信号灯不完善。农村道路安全设施建设相对缓慢，县乡道路交通标志标牌缺失，山区道路安全防护措施不到位，城乡新增交通要道和路段电子监控系统仍未建立，安全隐患突出。

4. 交通参与者的安全意识、文明意识有待提高。机动车驾驶人存在争道强行、随意加塞、违法停车、不礼让斑马线等现象；非机动车驾驶人存在闯红灯、走机动车道、逆向行驶的情况；行人闯红灯、乱穿行等行为时有发生；酒后驾驶等违法行为依然存在；全社会道路交通文明意识、守法意识还未完全形成。

三、几点建议

区人民政府及相关部门要全面准确学习领会党的十九大精神，以习近平新时代中国特色社会主义思想为行动指南，建设法治政府，推进依法行政，严格规范公正文明执法。针对执法检查中发现的主要问题，为进一步贯彻实施好“两法”，检查组经过认真讨论，提出如下建议：

（一）加大宣传力度，努力营造良好氛围。知法是守法的基础，懂法是执法的条件，区政府及其交通管理部门要不断创新宣传教育方式，将《公路法》《道路交通安全法》纳入“七五”普法内容，多渠道、多形式拓展“两法”学习的深度，延伸普及的广度，加强宣传的力度，认真抓好“两法”的宣传教育工作。要通过专项行动和违法行为查处带动宣传，不断提高群众对“两法”的知晓率，守法的自觉性，努力营造社会各界关注公路，支持公路建设、管理的良好环境。

（二）多方筹措建养资金，积极防范债务风险。党的十九大报告提出：“加强水利、铁路、公路、水运、航空、管道、电网、信息、物流等基础设施网络建设”。在公路建设上，要把握适度的原则，不能盲目超前，过度超前。要坚持一手抓资金筹措，一手抓风险防范，确保借得来、用得好、还得起。同时引导农民为改善生产生活条件修建、养护公路，促进形成政府与群众共同投入的良性机制。积极争取省市项目资金支持，构建多元筹资建设养护新格局。要充分发挥财政监督作用，加强资金监管，提高资金使用效益。同时要采取有效措施加强债务管理，控制债务规模，提高偿债保障能力，努力化解公路建设债务，防范债务风险。

（三）不断创新工作方式，努力解决管养问题。思想认识上，要坚持建管养并重的思想，切实解决“重建轻管”“重建轻养”的问题。公路管理上，要持之以恒地抓好治超工作，探索源头治超的新办法、新路径，实现由想超不敢超的不情愿做法到不想超、不愿超的自觉行为。加大路政巡查力度，及时调整部署治超检查力量，把公路路政综合执法工作从国省道向县乡道延伸，确保县乡道的畅通。要坚持综合治理的方针，加大综合执法力度，建立健全政府牵头，公路、交通、国土、规划、建设、公安等部门通力协作、密切配合的工作机制。在公路工程实施建设过程中，要牢固树立质量意识，全面实施工程监管，切实提高监管工作的有效性，强化工程质量管理，确保工程项目的投资效益和社会效益。公路养护上，要科学制定公路养护计划，充分发挥好现有养护资金的效益，确保国家拨付的养护经费专项用于公路养护，提高养护标准和机械化水平，同时要大力推进养护体制改革，进一步落实国家相关政策，探索养护企业化、市场化、社会化的改革，从根本上解决“养人与养路”的矛盾。

（四）努力完善基础设施，持续强化通行综合保障。要逐步加大对道路基础设施建设的投入。进一步完善道路交通过街设施建设，在车流、人流密集的安定西路东口、二中十字、三中十字、大十字等4处路段修建行人过街设施，有效解决人车混行，实现人车分离，各行其道。要加大对农村道路交通基础设施建设和安全设施建设，做好交叉路口人行横道线施划、减速带安装、交通信号灯设立、交通安全提示标牌安装等工作，加快推进农村道路生命防护工程建设，不断改善农村道路通行条件。建议在小什字、东湖公园、南北大街、医院周边等人流车流密集地段新建3处大型公共停车场，有效解决城区停车难问题。

（五）不断创新管理机制，全力维护交通安全秩序。要不断创新交通管理机制，在新建、改造干线道路时，按照有关法律法规及国家标准，做到交通安全设施与道路建设同步规划设计、同步施工建设、同步竣工使用。在城乡建设与制定道路交通规划时要立足长远、科学论证，广泛听取专家学者及公安、交通、规划、住建、公路等相关部门的合理化意见和建议。要建立交通整治长效机制，继续开展专项整治活动。严肃查处严重影响交通安全的违法行为，加大对无牌、无证、过期、报废、故意遮挡车牌、套牌车辆以及利用无牌、无证车辆非法运输、非法营运、非法载客的整治和打击力度。严肃查处超载运输、超速驾驶、不按信号灯规定通行的违法行为，特别是酒后驾车、危险驾驶、肇事逃逸等严重违法行为，减少交通事故隐患及事故的发生，保证正常的交通安全秩序。要加强对校车、公交车和特种车辆的管理。尤其是对电动自行车等非机动车辆的管理，既要做到以人为本方便群众，又要依法管理，确保人民群众的生命财产安全。

（六）着力加强队伍建设，全面提升综合素质。区人民政府要进一步理顺体制和管理机制。相关部门要切实加强干部队伍建设，严格管理、严格监督，大力强化学风建设、职业道德建设、纪律作风建设、执法规范化建设、廉政文化建设，加强培训，不断提高干部职工的整体素质和工作水平，同时着力解决和防止以权谋私等廉洁自律方面的问题，努力做到执法队伍自身正、自身硬、自身净。

关于全区《传染病防治法》贯彻实施情况的执法检查报告

西峰区人大常委会教科文卫环保工委

为了认真贯彻实施《中华人民共和国传染病防治法》（以下简称《传染病防治法》），切实加强全区传染病防治工作，维护人民群众身心健康，根据区人大常委会2017年工作要点安排，4月11日，在区人大常委会副主任廖芳的带领下，由部分区人大常委会委员和人大代表组成执法检查组，先后深入到南街社区服务中心、彭原镇五郎铺村卫生所、城市生活垃圾填埋场、区人民医院、庆阳四中改扩建项目工地、星星幼儿园、区疾病防控中心、肖金小学、董志镇中心卫生院、董志饮水安全工程等重点单位和区域，采取查阅资料、实地检查、召开座谈会等方式，对全区《传染病防治法》贯彻实施情况开展了专项检查。现将检查情况报告如下：

一、主要做法及成效

《传染病防治法》颁布实施以来，区人民政府高度重视，坚持以人为本、预防为主、防治结合的原则，不断完善疫情防治体系，确保了《传染病防治法》的有效贯彻实施。

（一）传染病防治的制度体系不断完善。一是强化组织领导。区政府成立了传染病防治工作领导小组，把传染病防治纳入全区经济社会发展总体规划和深化医药卫生体制改革之中。制定了传染病防治、艾滋病防治等工作规划，完善了突发公共卫生事件应急预案等系列制度措施。区乡各医疗机构均成立了以主要负责人为组长的传染病防治工作领导小组，并设立了预防保健科（室），配备专职工作人员，具体负责传染病疫情报告与管理、免疫规划、院内感染控制等传染病管理工作。各级医疗机构设立预检分诊点，提高了传染病的筛查、预警和防控能力，形成了区卫计局全面领导，区疾病预防控制中心负责技术指导和管理，各医疗机构具体落实的传染病防治体系。二是制定工作规划。根据国家、省、市的要求，先后制定了《甘肃省庆阳市西峰区预防与控制艾滋病中长期规划（2016—2020年）》《庆阳市西峰区结核病防治工作规划（2016—2020年）》等工作规划，明确了各项防控措施和防治重点，细化了年度具体任务和工作步骤，保障了传染病防控工作的有序推进和防控措施的高效落实。三是形成监督机制。区政府高度重视疫情报告工作，督促各类医疗单位建立了《传染病疫情报告管理制度》《突发公共卫生事件应急处置制度》《医院感染管理制度》《传染性疾病预检分诊》等规范性规章制度，形成了以区疾控中心为中心，乡镇卫生院为枢纽，村卫生室为基础的三级疫情报告网络，定期深入辖区各医疗卫生单位进行督导检查，发现问题及时解决；每年开展一次大规模医院传染病和居民传染病漏报调查，针对漏报原因制定切实可行的措施，有效提高了传染病报告率，基本实现了“消灭漏报、减少迟报、缩小盲区”的工作目标。

（二）传染病防控宣传力度不断加大。近年来，相关职能部门利用多种宣传形式，广泛宣传《传染病防治法》《突发公共卫生事件应急条例》《艾滋病防治条例》《医疗废物管理条例》《城乡供水用水条例》等法律法规。结合“创卫”工作，广泛开展了健康教育，倡导文明健康的生活方式。同时，将传染病防治法纳入普法宣传的重要内容，通过预防接种日、防治碘缺乏病日、卫生健康宣传等活动节点在公路沿线刷写墙体标语、制作固定宣传牌、下发宣传画册、印制一次性宣传口杯、餐巾纸等方式，加强传染病防治知识和卫生知识宣传，促进社会公众了解传染病防治知识，支持传染病防治工作，传染病防控工作的社会参与度和群众防病意识日益提高。2016年，区疾控中心印制各类宣传资料10万多份，基层医疗卫生单位印制各类宣传资料50多万份。不断提升广大群众传染病防治意识和自我保健能力。

（三）传染病防治能力不断提升。一是加强了防治机构基础设施建设。目前，区乡共有卫生技术人员1208人，乡村医生226人，从事传染病疫情管理工作人员50多人。筹资225万元实施了全区数字化预防接种门诊建设工程，完成了区级管理平台及3所社区卫生服务中心、4所乡镇卫生院的数字化预防接种门诊规范化建设；完成了100个标准化村级卫生所和15个城市社区服务站建设；为全区乡镇卫生院配备X光机、生化分析议及B超、救护车医疗设备。二是加强了传染病防治应急组织建设。完善了突发公共卫生事件和重大传染病的应急处置预案，建立了突发公共卫生事件应急指挥和快速反应队伍，组建了各级各类预防控制和应急医疗救治预备队，将突发公共卫生事件应急处理纳入全区紧急医疗救援网络中，使全区应对突发公共卫生事件的指挥、调度、处置更加统一、快捷、协调有力；组织开展突发公共卫生事件处置岗位练兵和应急演练，提高突发公共卫生事件快速反应和控制能力。2016年全区各医疗卫生单位储备近20万元的应急处置物资，完善突发公共卫生事件应急处置机制，提高突发公共卫生事件应急处置能力。三是加强了医疗机构防治能力建设。在区级医疗卫生单位建立了发热门诊、肠道门诊和留观室，实行预检分诊、医学留观。区医院成立了感染性疾病科，设立传染病病区，配齐了设备和人员，防治工作得到落实。四是加强了疫情报告工作。坚持把三级疫情网络报告建设作为管理的重要环节，不断加强基本公共卫生服务体系建设，加大支持乡镇卫生院和社区卫生服务中心建设力度，为城乡20家医疗机构配备了疫情报告专用计算机，实现了传染病网络直报，疫情报告的及时性、敏感性和准确性明显提高。2016年全区共计报告乙、丙类传染病17种1489例，报告及时率99.5%，报告发病率为425.4/十万。无甲类传染病病例报告。

（四）传染病防治工作有序开展。一是认真实施扩大国家免疫规划。0—7岁适龄儿童免费接种疫苗由原来的4种增加到11种，接种率达99%以上。除常规预防接种外，突出重点，保护易感人群。先后开展麻疹疫苗强化接种、甲型H1N1流感疫苗预防接种、15岁以下儿童乙肝疫苗补种，控制了传染病的发生与流行。二是依托项目抓防治。先后实施了城乡居民健康档案等12项国家基本公共卫生服务项目和艾滋病防治等6类重大公共卫生项目，传染病防治措施进一步夯实。三是强化医疗机构内部疾病防控管理。进一步规范各级医疗卫生机构的疾病监测、疫情报告、免疫规划以及发热（肠道）门诊设置、预检分诊、院内感染控制、医疗废弃物处理等，并加强临床用血管理，严厉打击非法采供血行为，防止医源性感染的发生。四是依法加强重点区域防治。对学校等公共场所传染病防治进行专项检查、整治；城乡饮水工程建设加快，饮用水安全逐步加强；以动物防疫、检疫为主的人畜共患病的防控工作有序开展。

（五）重点传染病防治工作不断加强。一是扎实开展重点传染疾病主动监测工作。对狂犬病、手足口病、禽流感等重点传染病每旬深入辖区各医疗卫生单位进行主动搜索，做到了早发现、早报告、早隔离、早治疗，从源头上遏制了疫情的传播和蔓延。2016年报告狂犬病1例，按要求及时进行了采样、流行病学调查和疫点处理；报告手足口病46例，按要求采样35例，经检测肠道病毒阳性24例，阳性率68%；禽流感环境采样40份，均未检出禽流感病毒。二是扎实开展病媒生物监测工作。开展除"四害"活动，采取灭鼠前后鼠密度调查、蚊蝇季节消长调查、蟑螂分布及密度调查等措施，经常性开展消杀灭工作，有效降低了病媒微生物密度，有效控制了虫媒传染病的发生和流行。2016年我区被定为省级蚊虫监测点，高质高效完成了各项目标任务，为全省蚊虫监测工作做出了积极贡献。三是扎实开展艾滋病防治工作。进一步落实"五扩大六加强"防治措施，加大医院、娱乐场所、男同的检测力度。2016年对全区洗浴、宾馆、美容美发、娱乐场所进行了干预和检测，其中暗娼干预4137人次，检测401人，检测率53%；性病就诊者干预153人，检测137人，检测率90%；羁押人员干预589人，检测589人，检测率100%；吸毒人员干预3120人次，检测263人；VCT门诊咨询1750人，检测1750人，梅毒阳性58人；丙肝哨点检测400人，检测出丙肝阳性2例。对84例HIV/AIDS进行抗病毒治疗。四是扎实开展结核病防治工作。探索建立了结核患者通过区人民医院全面治疗，可疑患者开展门诊治疗的结核病防治工作新体系。全区目前共发现活动性肺结核患者136例，其中新发涂阳19例，复治涂阳1例，涂阳检出率2.09%。发现其他初治涂阴肺结核患者107例，其中重症涂阴肺结核患者9例，活动性肺结核登记率39.9/10万。对确诊的136例活动性肺结核患者的痰液进行罗氏培养，培养阳性56例，培养阳性率41.18%。

二、存在问题

从检查情况看，我区在贯彻实施《传染病防治法》过程中做了大量的工作，取得了明显的成效，但仍然存在一些不容忽视的问题：

（一）《传染病防治法》宣传还不够广泛和深入。一是偏远乡镇、村组存在宣传死角，部分群众预防传染病的意识不强，"重医轻防"的思想仍然存在。二是部分乡镇民营医疗机构工作人员，对《传染病防治法》学习不够，一知半解，具体工作过程中，不能严格落实《传染防治法》有关要求。三是职能部门对传染病防治过程中法律规定的工作职责还一知半解。

(二)传染病防治队伍建设亟待加强。一是人员编制紧缺，乡镇、行政村两级从事传染病防治工作的大多是兼职人员，村级防治队伍不稳定、专业技术水平较差，与繁重的传染病预防、救治及监管工作要求不相适应。二是疫情防控专业人员配备不足。按照国家规范，区疾控中心人员编制应占全区总人口数1.5‰，目前仅有29名，严重制约各项工作的顺利开展。三是传染病报告工作仍有盲区。城区社会办医机构传染病报告意识不强，个别出现年度零报告现象，这为全区疫情统计分析和预警造成一定影响，存在出现传染病暴发流行的隐患。四是各学校普遍缺少校医。

(三)传染病防治基础设施建设滞后。主要表现为：部分医疗机构因陋就简焚烧医疗垃圾后填埋，没有做到集中回收处理；缺少医疗污水处理设施，造成二次污染；区疾控中心办公面积不足，传染病防控资金投入还不充足，应急物资储备量太小，不能完全满足传染病暴发流行时防控工作的需要；农村饮用水缺乏净化消毒设施和定期检测设备，水质不稳定，存在安全隐患。

(四)传染病防治工作进展不够平衡。少数医疗单位相关制度不够完善，档案不健全，医疗废弃物消毒和管理不规范。部分医疗机构及学校，环境卫生差，存在传染疾病风险。群众养犬行为缺少规范，农村狂犬伤人事件时有发生。

三、意见建议

传染病防治工作是公共卫生事业的重要组成部分，事关民生，与人民群众的身体健康和生命安全息息相关，对保障我区经济社会发展、维护社会和谐稳定具有重要的现实意义。为此，针对以上存在的主要问题，提出以下意见建议：

(一)多载体加强《传染病防治法》的宣传力度。要建立长效的宣传机制，广泛开展爱国卫生运动和健康教育，强化对传染病易感群体、中小学校的宣传，不断增强广大群众对传染病防治的法律意识和防控意识，进一步深化职能部门的责任意识，为开展传染病防治工作营造良好的社会氛围。

(二)多途径加强疾病防控队伍及网络建设。相关职能部门要借助医药卫生体制改革，尽快做好各医疗机构和疾病控制部门的编制情况调研，积极向上级反映，力争从体制上改善卫生事业单位人员缺编问题。要立足区情，制定引进、留住医疗医务人员办法，并采用招考等多种形式，尽可能的逐步充实医疗和疾病防控队伍，解决人员缺编、结构不合理等问题。要制定激励政策，充实基层防治网络。各学校要充分利用所在地医疗卫生资源，与乡镇卫生院建立“院校牵手”机制，努力创造条件，对师生进行必要的卫生防疫知识培训，落实学校专兼职校医配备问题，增强学校传染病防控能力。逐步增加传染病防治工作专项经费，预算传染病防治工作人员津贴，适当提高防保人员特别是基层防保人员的工资福利待遇，确保传染病防治工作有效开展。

(三)多投入加强公共卫生设施建设。要加大项目和政策争取力度，全面提升传染病防治能力。要远近结合，加大监管力度，建设医疗污水处理设施，逐步规范医疗污水直排、乱排现象。加大医疗废物管理规定的落实力度，规范各级医疗机构医疗废物分类收集、消毒贮存和焚烧处理程序，尽快建设医疗垃圾集中处置设施。要进一步更新和完善疾病防控检测设备，储备医疗救治和应急物资。尽快考虑并解决区疾控中心办公面积不足问题。

(四)多举措加强传染病综合防治工作。要进一步完善各项传染病防治、监督监测、突发公共卫生事件应对等制度，推动我区传染病防治工作科学化、规范化。加强医疗卫生机构内部管理，强化业务人员培训，组织疾病防控专业演练，经常性开展公共场所的卫生执法检查。各相关部门要切实发挥职能作用，认真做好饮用水安全、家畜病患防疫、药品市场和食品卫生监督、家犬监管和流浪犬管理等方面工作，合力推进传染病防治工作。

以上报告，请予审议。

关于对西峰区城市管理行政执法工作的视察报告

西峰区人大常委会法制司法民侨内务工委

主任、各位副主任、各位委员：

为全面掌握全区城市管理行政执法工作现状，推动城市管理工作再上新台阶，进一步提升城市管理行政执法水平，确保"城市出形象、管理上水平"活动深入开展，按照区人大常委会2017年工作要点及区人大常委会主任会议安排，6月1日上午，由区人大常委会副主任肖广军带队，邀请部分区人大常委会委员、区人大代表共30人组成视察组，对我区城市管理工作进行了视察。视察组采取实地视察、现场介绍、座谈汇报、讨论评议等方式，先后对"两违"管理、环卫清扫保洁、校园周边环境整治、大气污染防治、工程车辆整治、城区交通管理、市场、市容整治、游园广场管理、市政道路维修、绿化养护管护等城市综合管理工作进行了集中视察，并在区城管行政执法局召开了视察城管工作汇报座谈会，视察组成员、区城管行政执法局科级以上干部，及相关区直部门、乡镇街办负责人参加了会议。通过座谈评议，对全区城市管理工作现状进行了小结和分析，提出了改进目标和措施。会上，人大代表现场提出意见建议15条。会后，由区"城市出形象、管理上水平"活动领导小组办公室向各职能部门进行了转交，督促及时进行办理。现将视察情况报告如下：

一、总体评价

近年来，区城管行政执法工作认真贯彻执行党的路线、方针、政策，在区委、区政府的正确领导下，通过城管部门的努力和全区人民的参与配合，城市面貌有了很大改观，城市功能设施进一步完善，城市品位有了很大提升，我区城市管理工作取得了明显成效。主要表现在以下七个方面：

（一）城市管理和依法行政工作责任得到落实。按区委要求，成立了区"城市出形象、管理上水平"活动领导小组办公室，将城市依法管理目标任务落实到区城市管理行政执法局、市政局、园林局等31个责任单位，扎实开展了"城市出形象、管理上水平"活动。制定了《考核办法》和《考评细则》，组成3个督查考核组，加强巡回督查，分职能部门、乡镇街办、网格责任单位三个层面，督促开展工作，进行量化考核。至目前，已督办解决问题23个。横向到边、纵向到底的城市管理责任体系和活动开展统筹机制基本形成，各责任单位能够依法参与城市管理。

（二）党建引领城管执法工作模式得到创新。把党的建设作为引领城管执法工作的"主引擎"，结合"两学一做"学习教育活动，首创形成了"12345"（"一个体系"引领、"两个党日"强身、"三项机制"聚力"四个走遍"提效、"五个带头"立杆）的党建工作新模式，树立了城管党建特色品牌。在区城市管理志愿者协会长庆南路分会成立了党支部，将党建触角进一步向基层传递，把城市管理工作向企业、社区延伸，党建工作和城管工作实现了深度融合。

（三）城市依法管理的良好宣传氛围初步形成。区城管执法局等责任单位先后在市、区电视台制作专题节目3期，刊发各类稿件130篇，开展了第29个爱国卫生月宣传和城市管理进课堂活动，向市民群众和学生发放清扫用具和宣传资料，开展了交通法规集中宣传活动，教育引导广大交通参与者自觉遵守交通法规，安全文明出行。利用和谐广场LED大屏和出租车LED显示屏、公益广告宣传栏等，大力宣传城市管理法律法规和文明城市创建有关规定，通过全方位、多渠道、深层次的报道，全力营造了全民参与城市管理的浓厚氛围。

（四）城区环境卫生得到明显改善。实施了城市净化工程，公开招标6家社会化清洗服务企业对城区建筑立面污染和城市"牛皮癣"进行全面清洗。对城中村、车站、瓜果市场、巷道等易污染路段垃圾进行集中清理，定时、定点、定线开展沿街门店、住户生活垃圾、餐饮垃圾收集和清运工作，日收集清运、处理生活垃圾380吨。充分发挥机械化作业模式，配备清扫车辆21台、洒水冲洗车26台，机械化清扫率达到85%以上，城区环境卫生状况持续好转。

（五）市容管理秩序日趋规范。充分发挥数字城管监督指挥平台作用，全面落实门前“三包六禁”责任制。按照告知在先、处罚在后，文明执法、全程记录的原则，先后对合水巷等28条巷道进行了集中整治，清理占道经营1200处、店外店2000多户；对商业街、巴家咀路口等重点区域车辆乱停乱放、行人乱穿乱行等“六乱”问题进行整治；对车站、医院、学校、公园、市场周边等重点区域实行了常规巡查与专人蹲点常态监管相结合的管理模式，做到了管理全覆盖，积极打造形成了城中央等市容秩序样板街。

（六）“畅通”西峰建设有序推进。合理优化交通警力配置，推行“高峰守点”和“平峰巡逻”相结合的勤务方式，确保管控路段车辆快速、高效通行。完善交通标识标线，科学调配重要路口信号灯，取缔五中门前等多处设置不合理的停车场，设立高峰护学岗，引导学生过马路，集中解决了一批无证上路、随意调头、大型货车违章进城等问题。开展了西峰城区出租车辆市场整治工作。先后查处各类交通违法行为26769起，查处出租车驾驶员违规经营行为13起，劝纠不文明交通行为5000余人（次）。

（七）城市形象得到大幅提升。建成渣土拉运智能化管理服务平台，严查车辆带泥入城。加强重点路段洒水降尘作业频次，严控室内装修噪音扰民行为，加强餐饮门店超标排放油烟、违规焚烧垃圾等大气污染防治工作。定期对公园、广场绿化苗木进行修剪，完成了马莲河大道等11条道路7万余平方米绿化带杂草清理和陇东大道等4条道路3155米防护栏擦洗工作；及时对城区便民设施进行清洁维护，第一时间处理城区道路破损、塌陷事件，抢修各项社会公共设施。先后拆除“两违”建筑244宗、141064平方米，城市形象得到大幅提升。

二、存在问题

通过视察，我们认为我区的城管工作尽管取得了一定的成绩，但随着城市化的快速推进，城市规模的不断扩张，城市管理工作与全国文明城市创建的要求和广大市民的期望相比还存在着一些问题和差距。

（一）机构职能分散，紧急响应迟缓。城市管理工作涉及城管执法、住建、环卫、环保、工商、市政、园林、卫生、公安、运管、食药监等多个部门，其中许多管理部门职能交叉重叠，信息不能及时共享，综合管理机制不健全。在遇到突发状况时，与之对应的维修、救援、网络舆情回复等响应措施相对迟缓。依靠“城市出形象、管理上水平”活动暂时解决了一些问题，但从长远考虑，需要进一步整合职能，加强协调配合，加快信息公开共享，进一步完善“大城管”综合协调管理体制机制。

（二）管理体系相对滞后，执法成本较高。当前社会已经处于信息社会的时代，网络大数据体系已经形成。但是政府城市管理执法职能部门管理体系更新换代慢，城市管理还未彻底摆脱传统管理模式。加上执法对象特殊，大量进城农民、城市流动人口、外来务工人员参与文明城市创建还需要一个融合过程，推进城市管理执法进程与解决执法对象生活困难任务更加艰巨，加大了城管综合执法的成本。

（三）城市管理法律法规滞后。目前涉及城市管理的有关法律、法规和条例太少，具体操作性不强，削弱了管理权威，使城市管理整体功能和综合作用难以发挥。

（四）市民素质和城市管理参与支持率不高。全社会对城市管理工作的重要性认识还不足，部分市民素质与建设文明城市所必须具备的社会公德、卫生意识、环境意识还有较大差距；部分市民对城市管理认知度和支持度、参与度不高，日常行为习惯差，乱扔乱倒、乱堆乱放、乱吐乱丢、乱贴乱画、乱搭乱建、乱停乱放、跨门占道、沿街叫卖现象较为严重。

(五)城市管理专业技术人员力量相对不足。近年来，我区虽然配备了许多新型、重型城市管理执法设施设备，有力地提升了城市管理硬件水平。但城市管理专业技术人员力量配备不足，不能适应城市快速发展中新的城市管理工作的需求。

三、意见建议

为进一步提升人民群众对城管工作的满意度和城市宜居的幸福感，视察组提出如下意见和建议：

(一)加大宣传教育力度，推动城市管理法治化。要以文明城市创建舆论宣传“六进”活动(进单位、进社区、进学校、进工厂、进乡村、进家庭)为重点，对城市管理和行政执法工作进行深入宣传，不断增强广大市民的道德意识和综合素质。要充分利用报刊、广播电视、网络、宣传牌面等载体，开辟城市管理专栏、专题、热线等形式，加强正面引导，大力宣传加强城市管理的重要举措，反映城市管理改革发展的重要成果，使广大市民理解支持城市管理工作。城市管理责任单位要切实加强行业培训教育力度，运管部门要加大对城市出租车司机交通法规、文明行车意识的培训教育，教体部门要加强对中小学生城市文明素质的培训教育，住建部门要加强对进城务工和农民工人员城市文明素质的培训教育，街道社区要加强对辖区居民城市文明素质的培训教育，不断提升行业从业人员和市民理解、参与、支持城市管理的意识。要深入宣传《中华人民共和国环境保护法》《中华人民共和国大气污染防治法》《甘肃省城市市容和环境卫生管理办法》等法律法规，加强市民法制意识，不断增强市民参与城市管理的责任感，形成全社会齐抓共管的良好氛围。

(二)建立智慧管理体系，推动城市管理信息化。要进一步健全完善统一领导、分级负责、条块结合、以块为主的城市管理长效体制，加强全区城市管理数字化平台建设，实行智慧化管理，打造智慧城市。有效整合信息资源，建设基础数据共享平台，实现城管工作细节精细化。不断加大执法重心下移，完善监督问责办法，建立完备的管理体系，确保城市管理各类问题及时发现、及时处置、及时解决，实现“科学、严格、精细、长效”管理措施，提高城市管理综合整体水平。

(三)完善部门联动机制，推动城市管理一体化。城市管理工作涉及方方面面，时效强、任务大，责任重。建议区政府进一步树立“大城管”理念和增强“法治化”意识，统筹各责任单位和相关执法部门充分发挥职能作用，形成共同推进城市管理的强大合力，大力推进城市综合管理工作。加强各责任部门、单位之间信息共享，建立城市管理信用平台，并与个人征信平台相挂钩，倒逼城市居民自觉遵守社会公德、城市管理规则，保障城市各项功能的整体实现。市民是城市管理的直接参与者，也是城市管理的受益者，城市管理仅靠城管执法部门是难以管到位的，只有充分发挥广大市民的力量，才能真正管理好城市。

(四)加大城市管理投入，推动城市管理现代化。区政府要加强对于城市管理资金、人力、物力和基础设施的投入，吸纳优秀人才、专业人才参与城市管理工作。充分调动市场经营主体的积极性，鼓励个人、企业投资进入城市管理与服务，使其主动参与城市管理，从而达到改进管理、降低成本、提升服务的目的。广泛发动组织广大志愿者参与城市管理，充分挖掘广大市民对社会的责任感和邻里互助的精神，形成“城市管理，人人有责”的良好氛围，进一步推动城市管理现代化。

(五)加强城管执法队伍建设，推动城管执法精细化。区城管局要狠抓城管队伍思想政治和作风建设，努力提高队伍素质。要经常加强学习培训，有针对性地学习相关法律、法规和规章制度，不断提高工作能力和业务素质。要加强教育引导，切实增强城管工作人员的工作责任感和使命感，做到尽职尽责，提高工作效率。大力推行阳光执法，文明执法，规范执法行为，让执法人员更好地服务于城市管理工作。

(六)建立工作考评问责机制，推动城管执法工作长效化。严格问责是城市管理工作中重要的推手，建立长效问责机制是当前推进城市管理工作最必要的工作。要结合我区实际，以实现城市管理为总目标，根据《西峰区2017年“城市出形象、管理上水平”活动考核标准》，制定严格的考评问责机制，继续加强市容督查考评，完善城管联动管理机制及考评问责机制，做到及时发现问题，现场分解责任，及时督促整改，提高日常管理的工作效率，全面打造一个“干净漂亮、井然有序、和谐宜居”的文明美丽城市形象。

关于全区棚户区改造情况的调研报告

西峰区人大常委会财经农业城建工委

根据区人大常委会2017年工作要点安排，由部分区人大常委会组成人员和人大代表组成的调研组，在通过短信及电子邮箱等渠道广泛征求社会各界干部群众和人大代表意见建议的基础上，4月下旬，深入市财政局片区、育才东路南侧市人民医院分院片区、周祖广场片区、和谐广场片区后官寨东庄区块等8个片区进行了实地调研，并座谈听取了全区棚户区改造工作汇报及相关部门的意见建议。现就具体情况报告如下：

一、基本情况

从调研情况看，国家棚户区改造政策启动以来，区政府积极响应国家、省、市号召，始终站在扩投资、稳增长、惠民生的战略高度，按计划、分步骤地推动总体目标顺利进展。2014—2017年全区共实施棚改项目39个，改造任务18481户，动迁6.3万人，总占地5430亩，拆迁面积约110万平方米。目前共签订协议15696户，占任务的84.9%，腾空土地2801亩，取得了阶段性成效。

(一)靠实责任，形成了推进工作有效合力。区委、区政府主要领导高度重视棚改工作，成立了由区委主要领导任组长，人大、政府、政协主要领导任副组长的西峰区棚户区改造工作领导小组，组建棚改指挥部，设立规划编制组、征收安置组、手续办理组等7个工作小组。确定了10名县级领导具体包抓，多次召开专题会议，现场调研，周密安排，解决重点难点问题，倒排工期，有序推进，明细分工，严格考核，形成了推进棚户区改造工作的有效合力。

(二)配套政策，确保了各级棚改精神落实。按照省市棚改“三同步、四结合、五到位”的总体要求，结合国务院、甘肃省出台的一系列宏观政策意见，充分借鉴辽宁抚顺及平凉市崆峒区棚改工作经验，确定了政府主导改造、商家自主改造两种改造模式，制定出台了符合区情实际的《关于加快西峰区棚户区改造工作实施意见》《西峰区棚户区改造房屋征收补偿安置办法》等系列土地、扶持、安置和征拆奖励政策。同时，灵活运用政策，针对征迁中出现的改制企业公地公房、公地私房以及城中村集体土地住宅等多种问题，因地制宜，制定具体的征收补偿细则，既保证了大政方针的严肃性，又为解决具体片区的征拆工作难题提供了政策依据，确保了棚改工作顺利推进。

(三)多方融资，提供了棚改项目资金支持。区政府及棚改办积极加强与省市财政、国开行等金融部门的联系对接，强化项目包装策划，争取资金支持。2014—2016年，全区累计争取棚改贷款35.68亿元，到位30.11亿元，支付使用24.41亿元，2017年争取国开行贷款资金19.78亿元，目前正在办理贷款资料申报审批，通过资金争取，解决棚改项目自有资本金不足问题。

(四)攻坚克难，促进了棚改工作顺利开展。在棚改工作启动后，分管领导多次深入改造片区听取意见，研究问题，制定措施，督促落实。职能部门精心组织，靠实任务，全力实施，对2014—2017年实施的39个棚改片区梳理、归类，归纳为新建、在建、有遗留问题和完成销号项目等四个类型，分解下达到各乡镇、街办，明确包抓县级领导、责任单位、责任人，以及完成时间节点和考核节点。参与棚户区改造的干部职工任劳任怨，恪尽职守，加班加点，破瓶颈，解难题，积极推动棚改工作顺利开展。

（五）重视宣传，营造了棚改征拆良好氛围。棚改工作启动后，区乡两级以强化宣传报道为先导，在报纸、电视台、网站等媒体发表文章66篇、宣传报道111条，在重点片区及商家自由改造项目围档宣传喷绘1274平方米，广泛宣传棚户区改造的类型、意义、实施程序、优惠政策等内容，让群众真心拥护棚改、大力支持棚改、积极参与棚改，形成了全社会共同关心、支持、参与棚户区改造工作的浓厚氛围。

二、存在困难与问题

随着全区棚户区改造工作的不断推进，一些困难和问题逐步显现，应引起各方重视。主要有：

1.棚改专项规划编制不到位。

项目实施，规划先行，我区棚户区改造工作自2014年开始实施至今，由于没有专项规划，论证不到位，棚改工作随意性大，致使大部分征拆片区不能开发建设，在一定程度上影响了棚户区改造工作的有序顺利开展。

2.项目资金存在滞留问题。

项目实施过程中，由于部分工作未能统筹推进，造成资金滞留。项目资金没有按要求执行财政国库集中支付制度，截至目前，争取到位的30.11亿元资金，仅支付使用24.41亿元，滞留项目资金5.7亿元，影响了棚改项目的进度。

3.项目前期工作进展缓慢。

市政府先后下发了《关于建立城市棚户区改造项目审批快速通道的通知》《棚户区改造项目前期审批工作时限表》等，明确了限时办结期限，但在具体申报办理过程中行政审批绿色通道至今不畅，仅2017年6个片区因项目前期工作函与土地预审意见未出具，导致后续可研、测绘、环评等多环节手续无法办理，同时，棚户区改造项目税费优惠政策也难以得到落实。

4.拆迁工作难度较大

由于政策宣传不深入，失地农民安置工作滞后等原因，征拆过程中部分群众不理解、不支持，或漫天要价，或设置障碍，或提出过分要求，以各种方式阻挠和不配合征拆工作；棚户区历史遗留问题较多，房屋性质复杂，土地使用性质交叉，加大了房屋征拆难度；城中村各类矛盾集中，拆迁量大任务重；失地农民安置难，解决方式单一，思路不活，群众有后顾之忧；个别“钉子户”“难缠户”无理取闹，百般刁难，严重阻碍了征拆迁工作进度，导致部分项目难以按期开工。

5.改造片区管理不够规范。

截至目前，虽然大部分片区构筑物及附属物已经拆除，由于项目申请立项及土地审批程序严、周期长，导致开工改造的较少。部分征拆改造片区环保意识淡薄，没有严格按照要求管理现场，存在建筑垃圾露天堆放、堆土裸露现象，拆除过程中扬尘管控措施不当，征拆片区围界不及时，影响了市容市貌和环境卫生。垃圾成堆，周边道路尘土飞扬，造成大气污染，并影响了群众正常出行。

三、对策及建议

一要进一步加大棚改政策及法规宣传力度。通过电视、网络等媒体广泛宣传推进棚户区改造的重大意义，宣传征地拆迁法律法规，向群众说清说透政策，不断提高群众参与棚改工作的积极性和遵守征地拆迁法律法规及政策的自觉性。通过正面宣传和政策引导，使广大群众摒弃传统的居住观念，接受现代居住方式，消除对征地拆迁的畏难情绪和抵触心理。同时，加强社会、舆论和民主监督，邀请“两代表一委员”参与棚改革工作，充分听取和吸收他们对棚改工作的意见建议，形成推进棚改工作的强大合力。

二要统筹兼顾、及时弥补规划滞后问题。要把棚户区改造与推进城市发展和经济转型，与促进居民就业和再就业，与增强城市功能、提高城市核心竞争力，与城市基础设施配套建设和环境整治紧密结合起来，实现城市资源的优化配置，提升和完善城市功能，改善城市环境和面貌。在实施2018—2020年棚改项目前，区政府及时组织相关部门充分论证，广泛调研，认真编制专项规划，专项规划要具科学性、严肃性、指导性和可操作性，切忌随意性，以服务好城市发展和项目建设。要坚持改造与城市基础设施同步发展，重点抓好道路、排水、供水、供气、公厕、绿化、路灯、停车等基础设施建设，把好事办好，为广大棚户区群众提供舒适安心的居住环境。

三要多措并举，积极实施棚户区改造项目。棚户区改造要坚持“政府主导、企业主体等多举措市场化运作”的模式，政府结合城市建设总体规划，精心做好开发片区的策划包装，重点向有实力的开发商推介。棚户区改造项目所得土地收益，全部用于棚户区改造和相关基础设施建设。要树立经营城市的理念，想方设法盘活资源，通过土地等资源市场化运作，努力解决棚改中遇到的困难和问题，改善城市基础条件，完善城市功能，推进城镇一体化发展。要全面落实各项棚改优惠政策，注重变“输血”为“造血”，切实解决好棚改群众的后顾之忧。稳步、量力地把棚改资金需求量逐年分解落实。在棚户区改造项目中通过市场化运作，通过各种媒介宣传我区良好投资环境，完善政府服务职能，有效增强我区对外招商吸引力。

四是加强衔接，切实推进项目前期工作。区政府及有关部门要加强联系对接，既分工负责，又密切配合，形成“政府联动、企业主体、部门协作、合力推进”的棚改工作局面。积极优化政务服务环境，大力精简审批业务流程，按照要求落实相关税费减免政策，加强项目策划、包装，建立绿色通道，做到特事特办、急事速办，为项目规划、拆迁、供地、建设等提供简便、顺畅、高效、优质服务。区政府要认真制定年度计划，逐个落实项目单位及责任主体，加强目标考核确保按期完成工作任务。

五要阳光操作，切实加大拆迁工作力度。拆迁安置工作要坚持公开、公平、公正原则，将棚户区改造的政策、标准和程序向拆迁居民及时公布，对拆迁、建设、回迁安置等重要环节实行公示，依法保障被拆迁人的合法权益，有效缓解拆迁安置中的各种矛盾。在具体工作中，要坚持人性化操作，“阳光操作”，体贴老百姓的具体困难，既要保持政策的连续性，又要考虑动迁者的切身利益，杜绝违法行政和野蛮拆迁。要通过制定科学的补偿安置方案，及时公布拆迁安置方案和补偿标准，让群众心知肚明。

六要科学管理，确保项目稳步实施。区政府及相关部门要加强工程质量安全管理，保证新建安置住宅的功能和质量。通过建立专款专用制度，强化审计监管，确保棚户区改造资金安全使用。安排纪检、监察、公安、审计、环保、国土等部门介入工程建设，加大对改造项目的监督力度，确保每个棚改工程成为阳光工程、群众满意工程。对到位资金简化拨付程序，加快拨付进度，确保征迁补偿资金按时发放。要采取“对内挖潜、对外吸引、对上争取、对下合作”的办法，努力克服棚改资金瓶颈难题。紧盯国家新增地方政府债券5万亿的大盘子，全力争取更多的份额，积极分享全面深化改革政策红利。加强与国家开发银行和其他金融机构的合作，依法办理相关手续，全力弥补资金缺口。积极启动民间资金参与棚户区改造，特别是对改造区域开发用地实行公开出让，引进一批实力强的开发企业，缓解政府资金压力。

关于对区人民法院民商事案件审判及执行情况的检查报告

西峰区人大常委会法制司法民侨内务工委

主任、各位副主任、各位委员：

为了全面掌握区人民法院近年来民商事案件审判活动及执行工作情况，深入了解当前存在的困难和问题，研究提出推动工作的建议和办法，支持区人民法院依法行使审判工作职能，按照区人大常委会2017年工作要点安排，由区人大常委会副主任肖广军带队，组织部分区人大常委会委员、人大代表组成执法检查组，于2017年7月20日对区人民法院2013年以来的民商事案件审判及执行工作进行了检查。检查组先后深入什社法庭、后官寨法庭及区人民法院机关，对区人民法院的立案情况、诉讼服务、案件审判及执行等工作进行了检查，抽查了部分案卷、资料。听取了区人民法院的工作汇报，检查组与区公安分局、区检察院等政法机关负责人围绕区人民法院民商事审判及执行工作进行了座谈，征集了社会各界对区人民法院民商事案件审判及执行工作的意见、建议。现将检查情况报告如下：

一、总体评价

检查组认为，2013年以来，区人民法院高度重视民商事案件审判及执行工作，认真贯彻执行党的路线方针政策，紧紧围绕"努力让人民群众在每一个司法案件中都感受到公平正义"的工作目标，牢牢把握司法为民、公正司法工作主线，忠实履行宪法和法律赋予的职责，充分发挥民商事审判职能，不断提高民商事审判工作质效，有效化解了社会矛盾，为全区经济社会发展、和谐稳定提供了强有力的司法保障和服务。主要体现在以下五个方面：

（一）充分发挥民商事审判及执行工作职能，积极化解社会矛盾纠纷。将民商事调解工作纳入审判管理目标责任考核体系，使调解工作贯穿于案件审理的全过程，切实提高案件的审理质量。在民商事调解工作中，坚持"调解优先，调判结合"的原则，做到能调则调，有效化解矛盾纠纷，实现"案结事了"。结合民商事审判工作实际，将民间借贷案件、婚姻家庭纠纷案件、合同类纠纷案件、权属侵权案件作为民商事审判工作的重点，注重调判结合。尤其是结合民间借贷纠纷案件逐年上升且执行难度日益加大的实际，进一步加强对民间借贷与集资诈骗和非法吸收公众存款的甄别，准确认定民间借贷的行为效力，化解了矛盾纠纷，维护了社会和谐稳定。

（二）民商事审判及执行工作成效明显，确保全区经济社会健康发展。2013年至2017年6月底，区法院共受理各类民商事案件18023件，结案14591件，结案率80%以上，民商事案件调撤7281件。受理各类执行案件6244件，执结3743件，执结率60%，执结标的额5.2亿元。不断加强与公安、检察机关的协调配合，加大对"拒执罪"的适用力度，充分运用法律赋予的制裁权限，促使被执行人自动履行义务，收到了较好的效果。2013年以来共拘留456人，对有能力履行判决义务而拒绝履行的67人以拒不执行法院判决裁定罪移送公安机关侦查。对清理出的历年未执案件，执结222件，使一批"骨头案"、"钉子案"得到有效化解。

（三）注重司法为民，切实服务保障了民生。在法院机关设立诉讼服务中心，实现了集导诉咨询、立案审查、收退诉讼费、法律文书送达、小额速裁及信访为一体的"一站式"诉讼服务，极大地方便了诉讼当事人。加大对困难群体的司法救助力度，彰显司法关怀。对符合条件的当事人减、缓、免案件受理费，2013年以来，共为588件案件的贫困当事人减、缓、免交诉讼费达815300元；发放司法救助金949900元。认真做好农民工工资案件审理及执行工作，确保农民工的合法权益。

（四）加强工作机制创新，提升了民商事审判及执行工作质效。制定了《案件审判流程管理办法》和《案件执行程序管理办法》，健全和完善了案件质效管理、法官绩效考核等一系列考评机制，推行分权制衡、执行长负责、执行合议、指定执行、换员执行等制度，建立起执行工作的长效机制。通过实施审执分离、执行裁决权与执行实施权分离，以及探索实行执行听证、执行和解、公证执行等新的执行方法，使执行运转机制更加科学。实施“1+1+1”（1名法官、配备1名辅助人员、配备1名书记员）审判、执行团队办案模式，妥善化解案多人少的矛盾。积极推进民商事审判权运行机制改革工作，全面落实了案件终身负责制。先后开展了“执行积案清理”“执行风暴”“执行清仓行动”“飓风行动”等专项执行活动，对具有履行能力拒不履行和阻挠执行的被执行人，坚决依法采取查封、扣押、拘留等强制措施。

（五）强素质树形象，提升了司法公信力。积极落实司法公开三大平台建设要求，协调专项资金300余万元，建成标准化数字法庭4个、简易数字化法庭5个，庭审活动实现了同步录音录像、同步记录、同步显示“三同步”。建立了法官执法档案，将解决涉诉信访问题的情况、办理案件被投诉、举报、信访查处情况、廉洁执法情况等八个方面的执法情况细化量化，计入法官执法档案，作为任职晋职、评先和提拔使用的重要依据。建成了上联最高法院、省高院、市中院，下接院机关及五个基层人民法庭的法院办案专网，民商事审判工作实现了网上办案、质效评估及审限跟踪监督，将民商事审判流程和裁判文书及时公布到中国裁判文书网和本院官网，民商事审判工作的信息化水平不断提高。

二、存在困难和问题

通过检查，检查组认为区人民法院民商事审判及执行工作取得了较好的成绩，为维护社会稳定、促进经济社会发展做出了积极贡献，但还存在着以下值得重视和需要改进的问题：

（一）民商事审判及执行队伍建设有待进一步加强。随着司法体制改革的深入推进，法官员额相较司改前有所减少，法官的人均办案量在逐年增加，“案多人少”的问题尤为突出。司法改革后，区法院民商事审判及执行岗位仅有25名员额法官，法官工作压力大，学习培训机会少，研判案件的时间和精力有限，一定程度上制约了法官能力素质的提升，造成案件积压。另外，民商事审判和执行队伍普遍存在年龄偏大、知识老化、人才断层等现象，严重影响了审判质量和效率。

（二）民商事案件的审判质量有待进一步提高。由于个别法官的司法审判水平还不能适应新形势的需要，释法说理能力不强，驾驭庭审能力不足，执法不严，证据采信偏袒，导致极个别民商事案件的办案质量还不高，有的案件在实体和程序上存在或多或少的瑕疵，成为当事人屡次上访的理由；有的裁判文书说理性不强，错漏别字仍有存在。

（三）民商事案件的执行力度有待进一步加大。2017年上半年，共受理各类执行案件2191件，执结493件，执结率22.5%。执办结率较低，有的案件执行效果不理想，执行效率不高，还存在久拖不执行，执行不到位的问题。执行工作距省、市法院的要求及“两年内实现基本解决执行难工作”的目标任务还有较大差距。

（四）司法保障环境有待进一步改善。新型民事案件、涉众案件不断增多，审理难度大，执行风险高，化解矛盾的压力大，案结事不了的现象影响了司法权威；一些当事人自身法律意识和诉讼风险意识不强，把不利诉讼结果看成司法不公；少数公民诚信意识、法律意识不强，抗拒执行的事件时有发生；少数当事人“信访不信法”、上访不上诉。

（五）矛盾多元化解机制有待进一步完善。在“互联网+”已经进入社会各个角落的时代，区人民法院的门户网站及司法公开网站虽已开通，但存在信息不多、更新不及时等问题，对人民群众关心的有关民商事法律法规和典型案件的宣传还不够深入细致，广大群众的法制意识淡薄，因各种利益关系而产生的矛盾纠纷也增多，法官指导基层人民调解工作不到位，以基层人民调解组织为主的矛盾多元化解机制没有形成，大量普通矛盾纠纷没有在基层得到化解，导致许多应该通过人民调解组织解决的矛盾纠纷涌入司法程序，浪费了审判资源。

三、意见和建议

为进一步提升人民群众对法院民商事审判及执行工作的满意度和公信力，检查组提出如下意见和建议：

(一)深化法制宣传教育，提升民商事审判工作的社会效果。要积极配合政府及相关部门开展普法宣传和法制教育，采取多种形式，通过开展“法律八进”、巡回审判、以案释法和典型案例的警示宣传教育活动，提高广大群众法治观念，引导群众逐步提高守法、用法意识，积极回应社会关切，对一些社会广泛关注的重大敏感案件，做好释案释法说理工作，坚持正面引导，积极争取理解支持，努力营造公开透明的司法环境。

(二)加强法官工作队伍建设，提高整体办案水平。一要不断加强法官队伍建设和规范管理工作，完善动态考核机制，强化对重点岗位、重点环节的监督制约。二要制定并落实切实可行的法官培训计划，增强针对性和实效性，适时组织新型案件、疑难案件分析研讨会，组织开展庭审观摩、优秀裁判文书评选等活动，提高民商事审判法官适用法律、驾驭庭审、依法调解和判决论理的能力。三要进一步规范法院工作人员的职业操守，优化现有审判人员的资源配置，坚决支持民商事法官依法公正办案，充分发挥人民陪审员的作用，建设一支政治过硬，业务精通，忠诚、干净、担当的民商事审判队伍。

(三)加强审判调解管理，进一步提高审判质效。一是积极采取案件审判流程管理、案件质量专项评查、法官审判业绩考评、规范案件电子卷宗管理和岗位目标考核等各项措施，进一步提高办案质量和效率。二是继续推行案件审理“繁简分流”及速裁机制，努力提高办案效率。三是提高裁判文书的说理能力和法律适用能力，增强裁判文书的说理性和裁判的公正性，提升司法权威和司法公信。四是在立案、审理、执行等环节中加强与乡镇、村(社区)、妇联等相关部门的联系协调，形成化解矛盾纠纷的合力。五是对于可以调解的案件，法院应征得当事人同意后，尽量采用调解方法处理。按照“调解优先，调判结合”的原则，积极探索建立人民调解、行政调解和司法调解为一体的“大调解”联动机制，进一步加大民商事案件诉讼调解力度，减少法院与当事人、当事人之间的对抗情绪，提升办案效率，确保所办案件的法律效果和社会效果。

(四)加大执行力度，全力维护当事人的合法权益。一是构建立、审、执配合长效工作机制。将执行风险告知前移，诉讼案件立案时一并送达《执行风险告知书》，提高当事人协助查找财产线索的主动性。完善送达地址确认书签署机制，依法及时采取诉前及诉讼保全措施，为案件进入执行程序后兑现判决内容奠定基础。二是强化执行措施，保持对抗拒执行违法犯罪行为打击的高压态势。加大拘留力度，对逃避履行法律义务，抗拒执行、逃避执行的被执行人，采取司法拘留、罚款等强制措施，对于涉嫌构成拒不执行判决、裁定罪的被执行人，依法移送公安机关处理。三是加大信用惩戒力度。对有能力履行而拒绝执行的被执行人，一律纳入失信被执行人名单，让其在出国、出行、住店、招投标、贷款等方面，一处失信、处处受限，充分利用网络、微博等新闻媒体予以曝光。四是加强部门参与执行联动协作机制。重点解决信息不对接等瓶颈问题。主动加强与公安、银行、房产、工商、土地、交通等部门的沟通，实现信息联通共享，形成全社会支持法院执行工作的强大合力，加大网络查控力度，积极借助银行、房管、车管等部门查找被执行人的银行存款、房产、车辆等财产，集中对财产线索进行调查核实，摸排被执行人财产状况，倒逼被执行人履行义务，为执行工作创造良好的执行环境，切实维护当事人合法权益。

关于全区旅游产业发展情况的调研报告

——2017年9月1日在区八届人大常委会第五次会议上

西峰区人大常委会教科文卫环保工委

主任、各位副主任、各位委员：

为全面掌握和了解我区旅游产业发展现状，推动我区旅游业大发展、大繁荣，根据区人大常委会2017年工作安排，7月上旬，区人大常委会抽调部分委员会组成人员和市区人大代表组成调研组，对全区旅游产业发展情况进行了专题调研。现就调研情况报告如下：

一、基本情况

调研组先后深入到月亮湾风景区、北石窟寺、南佐遗址、青藤农业文化体验园、宝塔寺、天富亿生态民俗村、广严寺等景区（景点），现场察看了旅游基础设施建设及运营情况，采取实地调研、听取汇报、走访了解等方式，全面掌握了我区旅游产业发展情况。从调研的情况看，近年来，区委、区政府高度重视旅游产业发展，把“西游”作为全区四大主导产业之一，不断加强旅游基础设施建设、旅游景区（景点）开发、旅游产品宣传推介和旅游市场综合治理等工作，打造了一批深受省内外游客欢迎的旅游景点，吃、住、行、游、购、娱六大旅游要素逐步健全完善，全区旅游产业长远发展打下了坚实的基础。截至目前，全区共建成庆阳天富亿生态民俗村、小崆峒、北石窟寺、蒲河川等各类大小旅游景区（景点）40多处，申报国家AAAA级景区、国家重点文物保护单位、国家水利风景区、省级风景名胜区各1处，申报国家AA级旅游景区2处；创办各类旅行社13家、旅游产品开发公司10家、旅游汽车运输公司1家、星级宾馆4家（其中四星级1家，三星级2家，二星级1家）、农家乐50家（其中四星级1家，三星级2家，二星级10家，全省金牌农家乐3家）和乡村旅游示范点2家（显胜毛寺村、什社李岭村）；建成市级旅游扶贫试点村1个（显胜毛寺村）和“中国乡村旅游模范村”1个（温泉黄官寨村）。全区旅游从业人员达到7500多人，专职导游达到158名，其中3人荣获首批“中国乡村旅游致富带头人”称号。年均接待国家、省、市及海外考察团来我区参观调研20次以上，年均接待国内外游客220多万人次，旅游综合收入达10亿多元。

二、主要做法

（一）科学制定规划，扎实推进旅游项目建设。坚持“规划先行，项目带动”的发展思路，全面规范旅游产业发展。先后制定出台《西峰旅游发展“十三五”总体规划》《蒲河川流域生态旅游和设施农业组团发展实施方案》《关于进一步加快推进全区生态旅游产业发展的实施意见》《关于在全区开展十大时令性文化旅游节会活动的实施方案》等政策性文件，编制完成《显胜乡蒲河川美丽乡村旅游开发规划》《庆阳北石窟寺遗址生态公园修建性详细规划》《小河湾旅游景区开发规划》等景点开发具体规划。累计完成旅游项目投资33亿元，陇东冰雪健身基地、月亮湾香草园、肖金左咀芍药园、彭原青藤国际生态农业文化产业园等项目已建成投入运营；肖金宋塔文化园一期工程、黑老锅冰窟旅游景区项目二期工程、庆阳民俗文化产业园项目北城墙和剧院展馆已完成主体建设任务；北石窟寺生态遗址公园项目、小河湾生态旅游度假区项目、华夏公刘第一庙旅游景区和秀湖山庄旅游综合体建设等项目前期工作正在积极开展。

（二）依托本土文化，全力打造生态旅游产业。按照“大小规模并举、高低档次同步”和“一乡一品、一村一景”的工作思路，以自然风光、名胜古迹、民俗文化、农业采摘等元素和美丽乡村建设为依托，大力实施“一川区”“二寺庙”“三景区”“四村落”(“一川区”：蒲河川区旅游观光带；“二寺庙”：“华夏公刘第一庙”旅游景区和彭原宝塔寺生态农业文化旅游景区；“三景区”：北石窟寺遗址生态公园景区、黑老锅冰窟景区、南小河沟景区；“四村落”：显胜乡毛寺村、什社乡李岭村、温泉镇齐楼村、后官寨赵咀村4个省级美丽乡村示范点)重点建设项目，全区旅游开发工作呈现出“点面结合、多点开花”的新格局，集现代农业、生态景观、乡土风情、休闲度假、文化娱乐、康体养生、科普教育和农事体验于一体的生态旅游产业体系已经初具规模。

(三)注重基础建设，全面强化旅游服务保障。开通了西峰—西安旅游直通车，完善了全区100个行政村交通标识标牌体系建设。完成了纸坊川至北石窟寺段23.3公里的基础路基开拓和铺油造面工程，北石窟寺至巴家咀水库段路基工程开拓工作已启动实施。建成毛寺大型生态停车场1处，建成星级旅游厕所7座、旅游旱厕3座，在黑老锅冰窟自然景区铺设辅道栈道3000米。按照“刺槐封边、油松带帽、花草缠腰、特色产业压低”的立体空间布局，对蒲河山川和公路沿线进行了整体绿化，修建了人工瀑布、“嫦娥奔月”、七棵松小游园等观景台。

(四)加强宣传推介，努力提升旅游品牌知名度。开通了西峰旅游微信公众平台。通过甘肃卫视、庆阳电视台、西峰网等媒体，以及机场、高速公路、车站、旅游景区LED屏和户外广告牌等平台，对我区旅游资源进行了全方位宣传。同时，积极组织辖区内香包公司、旅游企业参加陕甘边红色旅游联盟城市年会、“敦煌行·丝绸之路国际旅游节”、敦煌文博会、西安旅游产品推介会、海峡两岸文化产业博览交易会等大型文化旅游宣传推介展销活动。今年6月，CCTV《乡约》栏目组再次走进西峰，进一步提升了西峰的知名度。上半年，全区累计接待游客164.37万人次，同比增长22.9%，实现旅游综合收入4.29亿元，同比增长21.7%。

(五)汇聚人气热点，积极推动旅游文化发展。坚持文化、旅游、农业三位一体融合发展，充分利用历史、民俗、时尚和现代农业等热点文化元素，成功举办了首届庆阳冰雪旅游节暨2017年大众高山滑雪锦标赛、三月三小崆峒旅游文化节、2017中国·庆阳首届油菜花节、第十五届庆阳端午香包民俗文化节、什社李岭海山寺旅游文化节、什社第二届郁金香节、华夏公刘第一庙旅游文化节、“花神之约”芍药动漫主题观赏节、中国庆阳第二届青藤农业樱桃文化节等节会活动，形成了一批阶段性本地旅游热潮。

(六)加强行业监管，确保旅游市场规范运行。按照《旅游法》《旅行社管理条例》《星级饭店等级评定标准》和《旅游景区评定标准》，依法加强对旅游经营者的安全、卫生、质量管理。坚持日常监管和专项治理相结合，对辖区内旅游服务市场中存在的“零团费”、无证(照)经营、超范围经营、虚假广告宣传等问题开展集中整治。对省旅游发展委员会反馈的我区天富亿生态旅游景区存在的4方面13项问题逐项整改，责令小崆峒风景旅游区停业整顿。邀请消防协会对辖区所有旅游企业、A级景区工作人员进行消防安全知识培训暨旅游突发事件应急演练。利用“中国旅游日”、“法制宣传日”、“五一国际劳动节”、“三月三”小崆峒民俗旅游文化节等节假日进行旅游安全宣传。连续8年，我区旅游安全零事故。

三、存在问题

近年来，我区在旅游产业发展方面虽然做了大量的工作，取得了可喜的成绩，但还存在一些亟须解决的困难和问题，需要引起政府及相关部门的高度重视：

(一)规划衔接不到位，硬件配套设施建设相对滞后。近年来，借助扶贫开发和产业带动的大好形势，虽然形成了一批具有鲜明特色的旅游景点，但由于全区旅游规划与城市总体规划、土地利用规划等衔接不到位，目前尚未形成明确的旅游发展定位和部门联动、齐抓共管的旅游产业发展运作方式，以致政府部门之间、各乡镇之间不能做到思想和行动上的统一，旅游配套的水、电、路、网等基础设施建设不能做到全区一盘棋，整体规划、及时跟进。

(二)品牌效应未形成，旅游资源缺乏有效整合。从横向比较看，我区旅游产业尚处于初期开发阶段，黑老锅冰窟等自然景观受季节影响大，毛寺村、天富亿等地方特色景点对外影响力不大，以宝塔寺、公刘庙等具有历史文化底蕴人文景观开发不够，真正在省内外具有品牌效应的旅游景点还未形成。同时，陇东四绝、农耕文化、地方特产等具有地方特色的旅游产品资源开发滞后，难以满足不同层次游客的旅游购物需求。

(三)服务功能不配套，产业体系发展不平衡。按照“一乡一品、一村一景”的工作思路，我区开发打造了一些旅游景点，但在公共服务体系建设方面，景区游客服务中心、景区停车场、公共卫生间等基础设施建设滞后，旅游六要素(吃、住、行、游、购、娱)未能平衡发展，难以满足目前比较流行的自驾游、度假游、文化游等旅游项目需求。

(四)融合发展不够好，旅游企业竞争力较弱。我区旅游企业发展目前正处于快速上升阶段，但企业规模普遍较小、实力不强，没有形成市场竞争力强、能够支撑引领旅游产业发展的龙头企业。各旅游企业基本上是单打独斗、自我发展，旅行社、酒店、娱乐、休闲、购物、会展、景区没有形成有机的联合体。已有的23家旅行社(旅行分公司)经营范围主要是以当地居民为对象的组团业务，较少从事以招揽外地客源为主的地接业务。

(五)资金投入不足，旅游项目建设跟不上形势需要。目前，我区旅游开发基本以政府为主导，由于财政困难，短期内难以投入大量资金进行项目建设。并且，招商引资和民间投资力度还不够大，加之旅游项目具有投资规模大，资金回收周期长和投资风险大等特点，企业对旅游产业的发展及投资信心不足，导致旅游建设资金筹措和融资难度不断加大。

(六)工作机构不完善，旅游专业人才比较缺乏。文广(旅游)局现有编制20个，正式在职职工22名，实际从事文化旅游管理工作的仅有4人。目前，尚未建立推动全区旅游产业发展的领导机构，也没有从事旅游产业规划、文化创意策划、旅游产业开发等各个方面的相应人才，难以适应新形势下文化旅游产业发展的需要。

四、意见建议

(一)提高思想认识，科学编制旅游产业规划。提高发展旅游产业事关全区经济社会发展大局的认识，立足现有自然资源禀赋、历史文化底蕴和地域人文景观，坚持前瞻性、科学性、指导性和可操作性原则，科学编制文化旅游产业发展规划，明确全区未来旅游发展的指导方针、战略目标、发展重点和保障措施，与全区经济社会发展、城市建设、土地利用等总体规划及相关专项规划做到有效衔接。加大对旅游项目投资的政策扶持力度，重点在旅游项目建设、对外招商引资、开拓旅游市场、开发旅游商品、乡村旅游发展、旅游人才培育等方面完善政策措施。认真研究政策导向，依照产业布局调整发展方向，参照功能定位打造景区景点，促进规划目标任务全面、有序落实。大力实施绿色发展战略，立足环境保护制定旅游产业规划，将蓝天厚土作为最宝贵的旅游名片，在保护中开发，在开发中保护，坚决防治由于不合理开发建设和多种人为原因造成环境破坏。

(二)坚持融合发展，培育开发特色品牌旅游。将文化产业、旅游产品及品牌结合起来，确定鲜明的文化主题定位，对传统文化加以延伸和发掘，把地方特色文化融入景区建设和乡村旅游开发，让旅游在文化中鲜活起来，提高旅游产品的生命力和吸引力。积极推进文化旅游产业与“互联网+”结合，强化互联网思维，进一步创新宣传方式，丰富宣传内容，拓宽宣传渠道，不断加大对文化、旅游项目的宣传力度，提高文化、旅游产业的知名度和影响力。要着眼区位优势，加快开发商务游、休闲游、健身游、康养游、研学游、探险游、体验游、亲子游等新型旅游产品，全面提升西峰特色旅游品牌效应及核心竞争力，推进文化旅游业实现跨越式发展。

(三)加强基础建设，完善旅游产业配套设施。以项目建设为重点，协调推进旅游基础设施建设，不断完善景区的道路、标识标牌、停车场、游客服务中心、厕所等必备的基础设施。通过政策引导，鼓励企业及社会资本投资旅游景区景点建设，开发休闲娱乐综合体项目以及旅游商品及特色纪念品。建立旅游信息服务平台，并加大城市形象与旅游宣传促销力度，为游客来峰休闲度假、观光消费提供良好的条件。加强对"农家乐"的政策支持、规范管理和人员培训工作，促进经营环境明显改善、服务水平不断提高，并引导"农家乐"延伸服务、特色经营。

(四)拓宽融资渠道，推进旅游产业市场化运作。进一步理顺政府支持与企业投资的关系，不断建立和完善旅游项目投融资机制，积极引导各类企业投资和民间资本参与我市旅游资源开发及旅游服务项目建设。按照市场化模式进行投融资运作，加大重点项目建设、重点景区推介和重点企业培育力度，全力打造具有一定知名度和影响力的精品景区、名牌产品。坚持"谁投资、谁建设、谁受益"，对企业及社会投资开发旅游景区景点、建设休闲娱乐综合体项目应给予重点扶持，通过优惠的政策和周到的服务，不断增强企业投资我区文化旅游产业的信心。

(五)注重政策引导，推动旅游产业健康发展。积极探索、借鉴发达地区旅游产业发展的先进经验，结合我区实际，制定出台旅游产业发展的一系列政策，引导行业协会、企业参与开发建设，形成政府主导、行业协调、企业积极参与、社会广泛支持的良好发展格局。鼓励协会在主管部门指导下独立开展工作，充分发挥行业自律和自我服务、自我协调、自我发展的作用。加强对旅游企业的分类指导，鼓励中小微旅游服务企业专业化经营、特色发展。引导和鼓励我区旅游企业走出去，与当地旅游企业联合联动，不断扩大客源市场，为促进我区旅游产业持续健康发展提供有力支撑。

(六)强化管理职能，加强文化旅游人才队伍建设。进一步规范加强旅游市场监管，强化管理职能，逐步建立高效的旅游行政管理和服务体系。重视和加强旅游业人才队伍建设工作，培养、引进一批专业的文化旅游人才，尽快成立旅游管理综合执法队伍。加大对旅游企业员工培训的政策支持，加强旅游专业人才培养以及旅游策划、旅游服务、旅游管理等专业人才的引进工作，不断提高旅游企业队伍整体素质，提升旅游业服务和管理水平。适时举办乡村旅游与休闲农业从业人员培训班，让从业人员及经营者，掌握必要的市场开发、服务规范、经营管理的知识技能，提高从业人员的综合素质和服务水平。

关于全区教育资源配置情况的调研报告

——2017年11月21日在区八届人大常委会第六次会议上

西峰区人大常委会教科文卫环保工委

主任、各位副主任、各位委员：

为全面了解和掌握全区教育资源配置现状，解决好社会各界关注的"入学难"等问题，持续推动全区教育水平再上新台阶，按照区人大常委会2017年工作要点安排，经区人大常委会主任会议研究，9月下旬，区人大常委会抽调部分委员会组成人员和市区人大代表组成调研组，采取实地调研、听取汇报、走访了解等方式，先后深入到庆阳二中、董志初中、芮岭幼儿园、肖金小学、显胜实验学校、团结小学和庆阳四中等12所学校，对全区教育资源配置情况开展了专题调研。现就调研情况报告如下：

一、基本情况

截至2017年10月，全区有各级各类学校230所，其中：小学98所(城区5所，农村93所)、独立初中8所、九年一贯制学校4所、完全中学2所、高级中学3所、中等职业学校4所、幼儿园111所；有学生7.98万名，其中：小学3.04万名、初中1.01万名、高中8086名、职业学校4659名、在园幼儿2.65万名；有教师6264人（公派教师4696人)，其中：幼儿园1841人、小学2178人、初中1217人、高中595人、职业学校434人。

二、主要做法及成效

(一)加大教育投入，建立健全经费保障机制

区委、区政府在工作谋划上优先考虑教育，在资金投入上优先保障教育，“义务教育预算内经费拨款”“生均预算内教育事业费”“生均预算内公用经费”逐年增长，“义务教育预算内教育经费占财政支出比例”显著提升，教师培训、学校维修等经费全部保障到位。全面落实了“两免一补”政策，完善城区义务教育经费保障机制，兑现教育惠民资金3413万元。不断加大教师培训经费支持，每年列支200万元用于全区中小学非师范类专业教师、骨干教师和校长的业务培训。重视农村学校建设，每年为乡镇学区列支5万元办公经费，为农村百人以下小规模学校额外追加公用经费1万元，列支20万元按40%比例奖励农村小学优秀校长，列支317万元为农村中小学配备炊事人员；为23个贫困村学校教师每人每年补助交通费1500元，将班主任津贴从原来的每月12元提高到了每月100元。同时，每年列支100万元用于民办幼儿园专项奖补，列支100万元为寄宿制学校按每生200元标准追加公用经费。

(二)统筹协调推进，确保城乡教育均衡发展

坚持城乡一体化办学思路，着眼学校布局、标准化建设、教师队伍提升“三大重点”，合理配置教育资源，努力缩小区域和城乡之间的办学差距，推进城乡教育均衡发展。一是加快标准化学校建设步伐。依托“全面改薄”项目，实施了152个重点校舍建设及改造单体项目，新建校舍29.8万平方米，维修、加固校舍5.01万平方米，修建室外运动场3.01万平方米。对地庄小学、周岭小学、王岭初中、董志初中等6所城郊学校进行了扩容改造。二是有效整合农村教育资源。对显胜乡周边12所小学进行合并，建成显胜实验学校，恢复了初中部。将温泉镇崾岘小学等9所农村边远超小规模学校进行了撤并。将什社乡贺塬、红星、庆丰小学的四五六年级与齐家楼小学并入到原齐楼初中，建成小学高年级寄宿制小学。对顾咀小学和初中、陈户初中等5所农村学校进行了整合，原顾咀初中合并至彭原初中，利用顾咀初中校舍建成顾咀小学，并将邵家寺小学撤并。三是深入推进学前教育普惠发展。通过对五郎铺、赵沟畎等农村小学的闲置校舍进行改扩建，建成部分村级公办幼儿园，使全区农村公办幼儿园达到71所，满足了1.1万名学前适龄儿童就近入学需求。全面规范民办学前教育，制定出台了《西峰区民办教育暂行管理办法》《西峰区民办幼儿园管理办法》等制度办法，逐步加大办学行为规范力度和教育质量提升。目前，我区民办教育已呈现出蓬勃发展的良好势头，涌现出了一些像星星、银河星等办学条件好、起点高的民办幼儿园，成为我区教育事业不可缺少的重要组成部分。以政府投入为主，多种形式并存的学前教育体系逐步形成，幼儿启蒙启智和兴趣培养不断深化。四是全面加强师资队伍建设。设立了农村小学校长奖励基金，形成有效调动农村小学校长工作热情的“激励机制”。选调农村学校优秀教师以顶岗培训的方式进入城区学校进行培训，形成农村教师的“结构优化机制”。大力实施以“师资提升、名校带动、名师引领、帮弱扶薄”为主要内容的四大工程，三年来，累计培训教师超过3万人(次)，专任教师受训面超过90%；组建了“名师讲师团”，建立名师工作室26个；48名教师先后被评为全国

优秀教师、陇原名师、甘肃省特级教师、省“园丁奖”优秀教师,63名教师获甘肃省骨干教师荣誉称号,728人受到市委、市政府和区委、区政府的表彰奖励;100多篇论文在国家、省级刊物上发表;80多项省、市级课题立项并通过结题验收。

(三)深化教育改革,稳步提升教育教学质量

坚持以提高教育质量为中心、以改革创新为动力,积极推动教育教学改革,努力办好人民满意教育。一是全面深化课程改革。引进推行“专家引领”“同事互助”“自我反思”等教研教改活动,在全区中小学大力推广以“开放、自主、合作、探究”为目标的课堂教学,同时,各校普遍开发了特色鲜明的校本课程,校本教研活动成效明显。二是切实推动学生减负。先后制定下发了《关于严禁中小学校利用节假日补课的紧急通知》《进一步规范办学行为的通知》等规范性文件,明确要求中小学不得以任何名义组织学生在法定节假日和寒暑假补课或参加各类辅导活动;严格执行教辅材料“一科一辅”规定和学生自愿购买原则,切实规范中小学教辅材料的使用管理。通过各项措施的落实,中小学利用节假日和寒暑假补课问题得到有效遏制,教辅材料的使用管理也趋于规范。三是深入推进素质教育。积极开展大课间和“阳光体育活动”,加强学生社会主义核心价值观教育,广泛开展以日常行为规范、文明礼貌教育为基础的德育活动。在中小学广泛开展“书香校园”“星级学校”“示范学校”创建活动,培养学生良好的行为习惯和创新精神。通过艺术活动展演、汉字听写、经典诵读等活动,引导各校充分挖掘本校特色亮点,走特色化发展道路,积极创建特色品牌学校。四是扎实开展教育督导。坚持把督政与督学相结合,专项督导与综合督导相结合,深入开展义教监测、督学责任区建设等系列督导工作,取得了显著成绩。2015年9月,西峰区被教育部评为义务教育质量监测先进县区。

三年来,全区高考二本以上进线率保持全市第二,2017年达43.82%,庆阳二中二本以上进线人数首次单校突破千人,文化课二本以上进线总人数再次蝉联全市第一;2017年全区中考生均成绩较上年提高51.22分;“一节一赛一交流”暨全市第五届中小学生艺术展演、职业教育艺术展演荣获全市一等奖;南街小学等3所学校被评为省级快乐校园示范学校,后官寨初中等4所学校被评为省级德育示范学校,黄官寨实验学校被评为全国足球特色示范学校,庆阳四中、南街小学被中央政法委评为全国禁毒示范学校。

三、存在问题

尽管我区近年来在推进教育工作中做了大量卓有成效的工作,教育资源配置得到不断优化,教学质量明显提高,但与人民群众对教育均衡发展期望和优质教育日益增长的需求相比,还存在一定的差距,主要表现在:

一是农村学校生源流失加剧,义务教育资源配置失衡。近年来,农村人口快速向城镇聚集和转移,务工农民子女大多进城就学,导致城区和乡镇中心学校学生规模不断扩大,“入学难”、“大班额”、“择校热”等现象十分突出。比如:团结小学桐树街校区占地22亩,在校学生已经达到3900多人,分设58个教学班,平均班额67人;团结小学育才路校区在校学生1300名,分设23各教学班,平均班额58人(最大容量);庆阳四中平均班额79人,高三复读班的班额个别竟然高达145人。城区各中小学普遍存在生源严重过盛的问题,“招生扩容控潜”已经达到极限,解决中心城区学位紧缺问题已经迫在眉睫。同时,由于农村干部群众认识不足,学校整合阻力大,农村学校学生人数逐年递减,形成众多“小微学校”。目前,全区共有在校学生10人以下的“微型学校”3所,50人以下农村小学28所,按照1:19的城区小学师生比,应配备教师90名,但为了开足课程,实际配备教师214名,8.03%的小规模学校学生占有了18.98%的教师资源,并且相当一部分校舍闲置,教育资源浪费严重。

二是超编问题严重,师资短缺矛盾突出。全区

现有教师编制3791人，实有教师4696人。由于编制人数与实际变化的编制需求不符，虽然超编教师905人，但师资缺口形势仍十分严峻。2017年秋季，全区114所学校硬缺口教师461人，其中：城区学校短缺204人、农村学校短缺257人；学科教师结构性短缺21人。一方面，乡村学校由于生源流失，部分村级小学包班教学，一些学校一人教多学科，其中3所学校“两师一校”，整体上呈现出教师数量超编又缺人的现象。另一方面，小学英语、音乐、体育、美术、心理等教师紧缺，村级学校教师呈老龄化趋势，60%教师年龄在50岁以上，大部分农村小学无法按相应教学大纲开足开齐教学课程。特别是撤并整合农村中小学后，建立了一部分农村寄宿制学校，炊事员、宿舍管理员等后勤人员没有核定岗位和编制，只能由学校临时雇用，存在安全和经费等诸多方面的问题。

三是经费保障不足，学校教学设施不能满足需要。虽然西峰区教育的财政投入逐年加大，但仍然无法满足教育发展需求，教育经费相对短缺，尤其是团结小学、庆阳二中、三中、四中等城区大规模学校，以及显胜实验学校等寄宿制学校生均预算内公用经费还不能保障正常运转。大多数城区中小学缺乏必要的室外活动场所，由于硬件设施限制，庆阳二中只能分批安排学生在室外活动场所活动。教学装备、设施的配备离“学有优教”的要求还有一定的差距，主要表现在图书室藏书少、阅览室和报刊更新不及时、缺少学生实验室、现代教育技术设备不完备、生活设施和学校设施等功能不配套。特别是在项目建设上，中央、省、市专项资金只能用于主体建设，前期费用、附属工程资金短缺，地方配套资金困难。

四、意见建议

为了进一步提升全区教育质量和人民群众对教育工作的满意度，调研组建议我区教育工作要坚持以党的十九大精神为指导，高举中国特色社会主义伟大旗帜，深入贯彻习近平新时代中国特色社会主义思想，优先发展教育事业，加快教育现代化。

（一）科学布局，进一步优化教育资源配置

要按照适度超前、分步实施；合理配置、优化资源；集中投入、集中办学的原则，继续完善现有学生就学相关政策，将城区周边中小学纳入城区化管理，根据区域、交通、人口密度、学龄人口分布、城镇化发展、现有学校布点等情况，科学调整教育资源布局。通过中小学布局调整，进一步促进我区教育资源优化整合，现我区教育城乡统筹发展、协调发展和均衡发展。建议重点抓好以下五个方面：重点办好公办幼儿园和学前班，形成以公办幼儿园为主体、民办幼儿园为补充，多元办学，共同发展的学前教育新格局；全力推进庆阳四中、新建小学等学校的项目建设进度，早日投入使用；积极和市上衔接，在庆阳市实验学校搬迁之后，将原校址交由西峰区建办一所小学；尽快在兰州路和长庆路十字附近新建团结小学新校区，在东区新建学院路实验学校，在九龙路和古象路交汇处规划新建一所小学；积极衔接汇报，将陇东学院附属中学改建成九年一贯制学校，增设小学部，改变西城区小学较少的现状，使现有城区教育资源利用率达到最大化和最优化。

（二）加大投入，进一步加快学校标准化建设

要强化政府优先发展教育的责任意识，进一步加大对教育的投入，建立和完善教育保障机制。在教育资源配置系统工程中，要不断强化政府的主导作用，根据我区经济和社会发展状况，研究符合我区实际的教育收费政策，依法保证教育经费“三增长一优先”。加快推进校舍、运动场（馆）、教学装备及教育信息化建设。可通过向银行融资、争取上级专项资金等渠道筹措义务教育学校标准化建设资金，确保我区义务教育阶段学校达到国家办学标准。各相关部门要注重理解国家投资政策，把握国家资金投向，积极配合教育部门做好项目前期工作，及时提报一批教育基础设施项目。并在此基

础上，主动加强与上级的沟通与联系，对申报的项目主动做好跟踪服务，以争取上级对我区义务教育建设更大的扶持。

(三)创新机制，进一步推动教师队伍建设

要按照"公平、公正、公开"的原则，创新优化教师补充机制，出台相关政策，通过补充、调整，使我区教师队伍在学历结构、年龄结构、学科结构、职称结构、性别结构等方面更趋于科学合理。要建立教师准入和聘任制度，逢进必考，在选拔中要注重中小学教师学科结构情况，及时补充小学英语、中小学音、体、美、心理教师，并在全区中小学实现优化配置。要制定一系列的激励政策，吸引高素质人才加入我区教师队伍，鼓励优秀教师到偏远学校任教。在我区已有的农村教师补助政策的基础上，进一步增加农村教师山区执教补助费的补助额度；同时要以教师安心工作为目标，不断创优教师工作环境，让教师无忧无虑工作。实行中小学教师职称结构改革，改变农村中小学教师职称结构低于城镇学校教师的现状，在职称评审上和城镇学校教师享受同等待遇。在优秀教师、骨干教师、教学能手等各种荣誉称号评比中向农村教师倾斜，确保其占有相当比例，在每年教师节表彰时设立"扎根农村优秀教师奖"。建立合理的教师调整机制，努力化解由于中心城区学校缺人、缺编造成的教师长期借调问题，促进城乡、区域、学校间教师的流动和交流。

(四)加强培训，进一步提升教育教学水平

要按照有关规定单列教师培训进修经费，专款专用，为教师培训提供经费支撑，学校要保证不少于5%的生均公用经费用于教师培训工作。教育行政部门要和师范类院校及省、市名校建立长期的教师培养和交流机制，把省市名校作为我区教师培训基地，利用大学生储备顶岗机会让教师脱产去学习提高，同时采取请进来的办法，让名师来我区进行周期性的授课与指导。培训工作要向农村教师倾斜，加大农村教师培训的力度，充分保障农村教师的学习进修权利，提高农村教师队伍素质。建立学校教科研机制，加强教学研究；开展传帮带活动，推进青年教师成长，实现共同提高。建立全区统一的教师考核评价体系，加强教师队伍师德建设。营造良好的教学工作环境，对违法乱纪事件要严肃查处，坚决打破工作不积极，教学无激情的局面。建立名师培养工程。要积极向上争取教师职称评定指标，明显提高教师职称评定比例。除省市评选骨干教师、学科带头人等评优活动外，区教育行政部门要建立区级名师培养评选的长效机制，实现覆盖各学段、覆盖各学科、覆盖城乡的评选活动，在我区建立起一支名师团队，起到以点带面，共同提高的目标，为我区教育事业的腾飞奠定雄厚的师资基础。

西峰区残疾人社会保障工作调研报告

中国人民政治协商会议西峰区委员会

按照区委批转的区政协工作要点安排，区政协组成调研组，先后深入庆阳市特殊教育学校、南街办事处广场路社区残疾人康复站、张瑞盲人保健按摩室、董志镇残联和董志镇八年村整村推进残疾人就业养殖基地及残疾人家中，通过听、看、查、访、议"五结合"的方法，围绕残疾人康复医疗、教育培训、劳动就业、扶贫救助等问题，对残疾人社会保障工作进行了调研，现将调研情况报告如下：

一、基本情况

截至2017年4月底，全区共有残疾人24500人，其中农村残疾人20259人，城镇残疾人4241人；视力残疾4111人，听力残疾4819人，言语残疾747人，肢体残疾7649人，智力残疾1989人，精神残疾1637人，多重残疾3548人，残疾人占总人口的6.5%。全区共有残疾人工作者143人，其中区级工作人员9人，乡镇街办干部17人，乡镇专职委员6人(均为公益性岗位)，村组、社区工作人员109

人。现有残疾人就业基地4个、康复站4个、盲人按摩室11个。助残志愿者工作站登记志愿者3000名,残疾人才库收录残疾人才195名。

二、做法与成效

(一)残疾人事业发展基础明显增强。一是强化组织领导。区委、区政府将残疾人工作纳入经济社会发展的总体规划，成立了由区政府分管领导任主任的残疾人工作委员会，确定30个区直部门、10个乡镇(街办)为成员单位。二是强化队伍建设。健全残疾人管理服务网络,设副科级建制的乡镇(街道)残联10个、村(社区)残协115个。各乡镇、街办和社区分别配备了1名残疾人专职委员,乡镇成立助残志愿者工作站,建立残疾人才库。三是强化经费保障。把残疾人工作经费纳入财政预算,落实临时救助、精神病预防治疗、康复等资金和省市扶残助残项目区上配套资金，以及村专职委员每人每月150元误工补助。

(二)残疾人事业发展环境明显优化。一是健全完善制度。区政府制定出台了《关于加快推进残疾人小康进程的实施意见》《西峰区集中和分散安置残疾人就业基地建设管理规定》《关于加快残疾人社会保障体系和服务体系建设的实施意见》等16个政策性文件,促进了残疾人工作制度化、规范化建设。二是注重宣传引导。通过面对面宣传引导、媒体引导、活动宣传、典型宣传等形式,积极组织开展残疾人工作宣传“五进”(进村组、进校园、进机关、进企业、进家庭)主题实践活动,宣传残疾人优先优惠政策,举办残疾人书画、摄影展览,选取残疾人先进事例巡回乡村宣讲，引导更多的人关心残疾人事业、关爱残疾人。近三年来,发放各类宣传品11万份,举办活动120多场次,树立先进典型15人,受教育群众达到1.5万余人次。三是精心组织活动。把文体活动作为展示残疾人风采、激发残疾人进取精神的主要举措,以省市残疾人文艺会演为契机,组织各乡镇(街办)举办残疾人文艺演出暨会演节目选拔活动。组建残疾人自乐班6个。建立残疾人体育人才库,遴选篮球、象棋、田径等运动员116名。在全区范围内举办残疾人象棋、乒乓球比赛,向省市输送残疾运动员6名。在全省历次残疾人运动会上，我区荣获1个第一名、3个第三名的好成绩。

(三)残疾人公共服务体系明显完善。一是搭建服务平台,深化康复服务。建成残疾人康复室,聘请专业人员,为残疾人康复提供服务。组建康复服务小分队,深入村(社区)为610名残疾人提供个性化服务,为5000名残疾人提供亲情到户服务,使1300多名残疾人身体功能得到不同程度的恢复,为400户残疾人家庭免费配备康复器材。全力实施残疾儿童康复救助“七彩梦行动计划”、辅助器具适配、白内障复明等康复项目,三年来共实施白内障复明手术600例、装配假肢31例、配发助听(视)器61例、实施肢体矫治手术7例、适配辅助器具1386件(个),为620名精神病患者提供免费服药和住院治疗。二是寻求多点发力,促进就业扶贫。组织开展以帮智、帮困、帮富为主要内容的“三帮”活动。根据残疾人创业、就业需求,设立了种植、养殖、家电维修等14大类实用技能培训科目,并组织残疾人参加区直其他部门轮训及省上长班培训。近三年来,经过培训使2100名残疾人掌握了实用劳动技能。将718名残疾人纳入了精准扶贫范围，将符合条件的残疾人确定为双联帮扶对象,使628名残疾人实现脱贫。为20户零就业残疾人家庭、5名残疾大中专毕业生创业及50名智力精神和重度残疾人发放补助金、创业金10.55万元。投入扶持资金11万元,创建省级残疾人就业扶贫及创业培训基地1处、扶持残疾人文化实体1处、扶持5名残疾人从事电商经营。公益性岗位安置残疾人28人。建成温泉巨塬村、什社任岭村、董志南庙村和八年村4处残疾人养殖就业基地,安置141户151名残疾人就业。通过“三帮”活动,使3693名残疾人稳定就业。三是加强部门联动,构建保障体系。市特殊教育学校依据实际情况，确定适合残疾儿童特点和社会需求的教学内容和专业，突出技能训练，使其掌握一技之长。教体部门要求普通中小学不折不扣接纳残疾学生入学；在北街幼儿园开设聋儿语训班，对聋儿教师落实特殊教育津贴。卫生部门在残疾人就医时，免除住院起付线，并在政策规定核销比例的基础上分别上浮15%和20%；将白内障复明、肢体残疾矫治等21个医疗项目列入报销范围并按照80%以上的标准予以核销。民政部门对符合城乡低保条件的残疾人家庭做到了应保尽保，残疾人在已补差的基础上按保障标准上浮；将贫困残疾人列为城乡大病医疗救助重点对象，优先解决并提高标准。目前，全区2044名农村残疾人和357名城市残疾人被纳入了低保范围。人社部门建立了残疾人家庭零就业援助制度，为一、二级重度残疾人代缴了养老保险。宣传部门大力宣传残疾人政策法规，博物馆、文化馆、图书馆免费向残疾人开放。财政部门为残疾人事业发展提供经费保障，全区人均残疾人事业经费达到0.3元。住建部门为残疾人发放住房补贴和落实保障性住房。各乡镇（街办）将残疾人工作纳入本乡镇（街办）经济社会发展规划，结合各自实际明确残疾人优先划拨宅基地、优先入住敬老院、优先安排救助。

（四）残疾人生产生活状况明显改善。一是实施暖心工程。将符合条件的残疾人全部纳入特困残疾人生活补贴、重度残疾人护理补贴和机动轮椅车燃油补贴发放范围，2013年至2016年期间共落实项目资金510多万元。推进残疾人农村危房改造，对家庭特别困难的，采取村委会牵头、联村部门对口扶持、政府特别救济等形式解决资金缺口难题。二是实施救助工程。对生活困难的残疾人给予多次救助，在“双节”、助残日等节日期间走访慰问残疾人。近3年来，为残疾人提供帮助服务1.2万人次，救助、慰问残疾人2600人次。三是实施助学工程。通过开展“雨露行动”“成才行动”“圆梦行动”，近三年来资助残疾人家庭子女和残疾学生206人次，发放助学金13.77万元，协调落实生源地助学贷款6万元，发放学习用品650件。四是实施维权工程。构建区乡两级维权服务网络，乡镇成立残疾人法律救助工作分站，南、北两个街办建立了残疾人维权示范岗，并聘请爱心助残律师5名。3年来，全区共处理残疾人来访及涉残案件20多起，办结率100%。

三、困难与问题

（一）全民扶残助残意识还不够强。全社会扶残助残的氛围还不够浓厚，歧视残疾人、损害残疾人权益的事还时有发生。少数单位和部门对贯彻落实《残疾人保障法》《甘肃省残疾人保障条例》等法律法规认识不足。部分残疾人自身对法律法规的认知程度不够，运用法律武器维护合法权益的意识不强。

（二）残疾人就业难问题依然突出。一是从残疾人自身看，受生理、心理因素制约，残疾人文化程度普遍偏低，所掌握的劳动技能不能很好地适应联系协调的工作岗位。二是从政策层面看，政府开发的适合残疾人就业的公益性岗位本来就少，又设置了上岗人员必须要是城镇户口或转为城镇户口的失地农民，而且有失业证，导致残疾人就业困难。三是从社会层面看，按照《甘肃省残疾人就业办法》规定，用人单位应当按不低于本单位在职职工总数的1.5%的比例安排残疾人就业，未安排残疾人就业或者安排残疾人就业达不到规定比例的，应当缴纳残疾人就业保障金，导致大部分单位宁可缴纳保障金也不安排残疾人就业。

（三）残疾人扶贫开发难度比较大。残疾人作为一个社会弱势群体，因就业十分困难，导致大多数残疾人生活十分窘迫。轻度有劳动能力的残疾人，因缺少扶贫开发项目和资金的有力支撑，致使扶贫开发进展十分缓慢。重度残疾人丧失劳动能力，生活十分艰难。而且大多数残疾人身体条件较差，许多人需长年服药，因病致贫、返贫发生率居高不下。

(四)残疾人社会保障政策不完备。针对残疾人的“特惠”政策，目前只有重度护理补贴和特困生活补贴，医疗救助、特困生活补助等惠民政策都以低保为“门槛”，而低保必须以家庭为单位参加，能享受低保的残疾人家庭不多，使一部分残疾人无法享受低保政策。国家虽然实施农村危房改造项目，但目前仍有部分残疾人因依靠有限的危房改造补助资金无力实施改造，仍然居住危房。在医疗保险上，市上提出将孤独症儿童、智障儿童康复和低视力儿童康复训练纳入农村合作医疗诊疗目录，但省级目录中未列入，致使无法实施。部分精神病患者，因精神病发病具有间歇性，鉴定比较困难，导致残疾证办证困难。

(五)残疾人康复服务体系不完整。目前，我区未设置专门的残疾人康复中心，无专业康复医疗、指导人员，无法满足残疾人个性化需求。无残疾人专门托养服务机构，当前各项托养服务仅仅依托乡镇敬老院提供服务，给家庭造成沉重的负担。残疾人无障碍环境建设留有死角，一些城区公共场所、居民小区未落实无障碍建设规定，城区道路设置的盲道、坡道有占用、改动的现象。

(六)残疾人服务机构队伍不健全。按照省市规定，县区残联应设置残疾人就业服务所、残疾人康复服务指导站、残疾人用品用具供应站3个直属事业单位，并配备必要的事业编制。全市其他县机构已设置齐全，但我区因在2006年机构改革时，未纳入计划，致使增加机构困难重重。乡镇(街办)残联正式干部配备不到位，开展工作仍显力量薄弱。残疾人专职委员属公益性岗位，三年一个周期，服务期满后不能再续，城区15个社区及10个乡镇配备的残疾人专职委员，已陆续到期。而符合专职委员工作条件的残疾人又很少，无法选聘到位，致使工作断档。特别是乡镇专职委员选聘时，城镇户口为前置条件，符合条件的人选寥寥无几。

四、意见与建议

(一)强化宣传教育，营造舆论氛围。充分发挥电视、广播、网络、报刊杂志等新闻媒体作用，宣传《残疾人保障法》《甘肃省残疾人保障条例》等法律法规，宣传党和政府相关优惠政策及扶残助残先进典型，营造全社会扶残助残的浓厚氛围；宣传残疾人创业致富事迹，进一步增强残疾人自尊、自信、自强、自立的意识，使其鼓足信心自主创业。营造一个理解、帮助、尊重、关心、支持残疾人事业，有利于残疾人事业发展的社会环境和氛围。

(二)加强培训引导，助推就业创业。对有劳动能力但无一技之长或所学技术不能适应现实就业需求的残疾人，依托各种培训机构，并与庆阳市特殊教育学校联系携手，依据市场需求，提供技能培训，确保每位残疾人都有一项实用的就业技能；举办残疾人工作者培训班，进一步提升残疾人工作者服务水平。继续推行以收残保金促就业政策，鼓励机关单位同等条件下优先录用残疾人；培养鼓励引导有组织能力的残疾人，带领其他残疾人抱团共同创业；在城市各大市场设立残疾人就业点，免除各种费用，供残疾人创业；加大政策扶持力度，在项目、资金方面予以倾斜，帮助残疾人创业。

(三)制定优惠政策，解决生活难题。降低残疾人低保“门槛”；对残疾人家庭子女，在其就学方面予以资助；加大残疾儿童康复救助力度，使一部分有康复希望的残疾人康复；对重度残疾人，实施多重优惠政策叠加，或由政府兜底保障其基本生活，确保其正常生活不受影响。落实情况特殊残疾人个人单独享受低保、特困残疾人免除其水、电、暖、燃气等基本生活费用等优惠政策。

(四)完善服务体系，提升保障水平。依托乡镇(街办)、村(社区)医疗卫生机构建立残疾人康复指导机构，开展白内障复明、假肢装配、精神病防治、聋儿早期语训、脑溢血后遗症等重点康复项目，满足残疾人服务需求。设立相关机构，对个别情况特殊残疾人进行托养服务，满足残疾人个性化需求。加强残疾人无障碍环境建设，在城区公共场所、居民小区设置无障碍通道，对城区道路设置的盲道、坡道被占用、改动的现象进行清理，确保残疾人出行不受影响。

（五）提供优质服务，体现社会真情。对区内残疾人建档立卡，采取多种形式，引导有助残意向的志愿者为其提供服务。借助“互联网+”形式，引导残疾人参与正规的社会救助平台（如众筹等），解决生活困难。按照地域特点将城区和农村划分为若干个服务网格，成立残疾人协会小组，吸纳助残志愿者，成立生活照料、心理咨询、课业辅导、家电维修等志愿者小分队，形成横向到底、纵向到边的网格化残疾人服务网络；网格内开通服务热线，由助残志愿者提供送水、临时照料、送药、就医、心理疏导、法律维权等“零距离”亲情服务。

（六）健全组织机构，提供服务保障。按照省市规定，借鉴周边兄弟县区的经验，成立区级残疾人就业服务所、残疾人康复服务指导站、残疾人用品用具供应站。配强乡镇（街办）残联正式干部，确保工作有序开展。对已陆续到期的城区15个社区及10个乡镇配备的残疾人专职委员，可采取重新聘用异地工作等办法，确保残疾人服务工作不受影响。

西峰区农业产业化发展情况调研报告

中国人民政治协商会议西峰区委员会

按照区政协常委会工作要点安排，区政协组织部分委员和相关专家组成调研组，深入区内各乡镇，特别是东果、南菜、北畜、西游集中实施地、示范区进行实地调研，并赴天水市麦积区、武山县、平凉市崆峒区、静宁县考察学习借鉴经验。通过实地察看、座谈讨论，内外互补、点面结合，详细了解全区农业产业化发展情况，研究分析了我区农业产业化发展过程中的困难和薄弱环节，并就我区四大农业产业发展提出意见和建议。现将调研情况报告如下：

一、做法与成效

（一）定位精准，特色突出，产业布局契合区情。区委、区政府按照全区“11235”总体发展思路，坚持把加快农业结构调整，发展特色产业作为农业提质增效和农民增产增收的着力点，围绕农业增效、农民增收、农村发展的总体目标，创新思路、顺势而为，通过深入调研、充分论证、精心谋划，提出了符合西峰区情的“东果、南菜、北畜、西游”四大农业产业化布局思路，产业布局合理、优势明显。全区上下凝心聚力，抢抓机遇，采用组团发展模式，通过土地规模经营、基地示范带动、科技引领支撑，全面推行东部优质苹果、北部现代生态规模种植养殖业、南部绿色农业、西部蒲河川区生态旅游业，形成了四大支柱产业集约化、集群化、规模化、现代化发展的良好格局，农业产业化经营初步实现了由传统型迈向现代型、分散型迈向集约型的转型发展。

（二）功能完善，服务有力，搭建平台提供保障。各级党委政府把服务农业、服务群众、服务产业发展作为重要工作任务，充分发挥牵头协调服务职能，制定实施方案、落实优惠政策、优化基础设施，广开渠道、紧盯项目、招引各界客商，服务农业产业开发。以双联扶贫为载体，推进基础设施建设和富民产业培育，实现村村通水泥沥青路、自然村组动力电全覆盖和建档立卡贫困户无危房危窑三大目标，夯实基础建设；以建设美丽乡村为契机，引进富民项目，发展特色文化旅游产业，打造人居环境新风貌。广大基层组织和干部群众扑下身子，苦干实干，对产业发展全过程服务，全方位跟进，为产业项目的落地、建设、生产、销售、提质增效做好各项服务工作，使一些大项目、好项目落地生根，生态农业、观光农业、高效农业整村整乡整区域推进，四大产业布局显现出强大活力。

（三）龙头带动，基地示范，规模增长产业升级。通过土地流转、基地示范、龙头带动，全区建成农业产业化龙头企业65个。陇东滑雪健身基地、董志庄头小河湾丝绸之路古道、显胜蒲河村月亮湾香草园、董志陈户丝路花海项目等大中型涉农龙头企业的落户，形成了“公司＋合作社＋基地＋农户”的成功模式，使农业产业迅速激活，不仅展现了特色优势，而且示范带动作用明显。在果品产业发展上，全区栽植果树23.9万亩，建成千亩连片苹果示范园52个、重点苹果专业村25个、专业合作社55个、百亩以上果园102个、大型果库12处、组装式冷藏库和农户自建果窖643座、2条全自动化果品生产线。“陇清”“华泰”等中华名果成为庆阳苹果走向全国、走向国际市场的靓丽名片。涌现出陇清农民专业合作社、三姓林果合作社等一大批“龙头”合作社，发挥了较好的带动示范效益。在瓜菜产业发展上，建成设施蔬菜基地9个，露地瓜菜示范点5处，种植瓜菜16.52万亩，形成了辣椒、黄花菜、西甜瓜三个具有地方特色的优势产品。在草畜产业发展上，以彭原鄢旗峭循环农业示范区为核心区，以中盛、正大等全产业链项目为依托，建成6户畜禽养殖龙头企业，发展80个养殖专业合作社、58个规模养殖小区、3268户各类规模养殖户，种植以紫花苜蓿为主的13.5万亩多年生牧草，“北畜”雏形基本形成。在乡村旅游产业发展上，天富亿生态民俗村、显胜蒲河川区特色自然景观、青藤农业文化产业园等项目的实施，使“农业＋乡村旅游”产业模式全面兴起，形成了美丽乡村、古迹遗址、现代农业观光体验等乡村旅游的新典范；建成黑老锅冰窟自然景区、陇东滑雪健身基地等旅游休闲观光景点19处；成功举办庆阳首届油菜花节、庆阳第二届青藤农业樱桃文化节、“乡约•走进西峰”等特色文化旅游活动；发展各类农业休闲体验观光园、农家乐、垂钓园80余家。组建农民专业合作经济组织1050个、家庭农场35个。四大产业集群初具规模，跨界融合发展格局已经形成。

（四）科技引领，综合利用，发展绿色循环农业。以“减量化、再利用、资源化”为原则，以低消耗、低排放、高效率为基本特征的农业发展模式，发展农业循环经济。加强废旧农膜回收利用，促进农业可持续发展。树立农膜回收利用环境保护示范村，建办各类废旧回收利用网点。加强畜禽粪污无害化处理，开展排泄物污染治理。在规模养殖场、养殖小区等畜禽粪污产生集中区，积极建办大中型沼气工程，开展粪污集中回收利用；在村庄分散养殖区，发展“四位一体”（沼气池、厕所、棚圈、日光温室）户用沼气建设，实现“养殖—沼气—绿色种植”循环利用。加强农作物秸秆综合利用，开展农田废弃物污染治理。推广秸秆青贮氨化技术，实现秸秆饲料化；推广秸秆还田技术，实现秸秆肥料化；推广秸秆气化技术，实现秸秆燃料化；开展集中收集存放，解决农田废弃物随意堆放影响环境的问题。加强节肥节药技术推广，开展农药化肥污染治理。推广测土配方施肥技术，提高肥料利用率，实现化肥使用量零增长；推广植物病虫害“绿色防控”技术，对农作物病虫害进行监测；加强农产品质量安全监管，建立健全农产品质量安全管埋体系；制定农产品监测工作规范，确保农产品质量安全。

（五）做优特色，壮大产业，农业增效农民增收。通过调整产业结构、狠抓主导产业、突出地域特色、创建地方品牌，不断引进新品种、新技术，鼓励和引导农民发展高效农业，培育了一批特色产业村，带动了区域经济的快速发展。庆阳首届油菜花节、庆阳第二届青藤农业樱桃文化节吸引游客17万人，实现创收320万元；全区农民人均瓜菜纯收入达到1200元，瓜菜产业已经成为我区农民增收的重要途径；正大集团等几户国内知名企业的落户，为全区草畜业发展起到了很好的引领作用；温泉、什社果树栽植占全区总量的50%以上，“东果”格局已经形成，农民人均果品纯收入1768元，科学的管理和先进技术成果的应用，推动了果品生产的标准化、规范化建设进程；全区农产品加工业年实现产值8.7亿元，年吸纳农村剩余劳动力1.5万人；农民专业合作经济组织、家庭农场带动2万多农户发展富民产业。蓬勃发展的特色富民产业，不仅激活了农村经济，也提高了农民收入。

二、问题和困难

（一）思想认识不够到位，产业实施存在阻力。近年来，区委、区政府持续抓产业的集约化、规模化，抓点示范的力度有增无减，宣传教育引导的办法措施不断创新，但农民传统的小农经济观念没有彻底转变，农民的恋土情结还比较深厚，产业的规模化、集约化、标准化、市场化推行的难度较大。特别是对土地规模化经营、土地承包权与经营权分置的认识还有差距，土地流转还有一定阻力。且新一代的农民勤劳致富意识和吃苦耐劳的美德有所淡化，宁愿外出务工，放任土地粗放耕作，也不愿按现代农业的新模式、新格局创新农业发展。

（二）带动引领作用不够，整体推进步伐不快。外地产业发展为我们提供了可资借鉴的经验，参观学习各个产业都有亮点，都有可供借鉴推广的样板，但一些干部群众发展现代农业的积极性不够高，守着传统经营方式，存在惰性思想。组织外出考察学习，看了别人的做法和成效思想有所触动，回来后由于资金、技术、人才等因素制约，不愿克服困难、解决问题，瞻前顾后、怕担风险，导致大项目不敢复制，小项目看不上，影响产业整体推进步伐。尤其是苹果产业开发精细化、标准化、规模化程度不高，产品的拳头效应不强，不能满足市场需求；产业企业化程度低，基本上以家庭为单位，规模小、投入不足，缺乏组织性，产中、产后处理环节薄弱，新产品研发能力弱，没有深加工产业链条，市场竞争力不强；抵御自然灾害能力弱，偶遇天灾（如冰雹等）无法自救，损失惨重。养殖业受疫情影响，整体发展缓慢，群众收入受损。

（三）技术推广力度不够，现代科技运用乏力。一些部门、乡镇在实用技术、新技术的推广应用上缺少专家型人才。技术人员缺乏潜心研究推广的动力，也没有专门的研发机构和试验示范繁育基地，使现代科学技术停留在点上，停留在专业技术人员手里，没有下沉到田间地头、生产一线、项目现场，指导服务生产经营过程中出现的技术问题。

（四）资金投入相对不足，项目实施存在困难。政府在重点产业发展上给予了一定的扶持政策，但投入的资金有限。银行的支持不够，项目的实施单位、实施农户自身实力不够强，在项目的实施上前紧后松、前重后轻。有些项目的投资预测、调研论证不充分，匆匆上马，或出现资金断档，或运行艰难，造成损失巨大。特别是种养业的市场变化波动太大，落差也大，挫伤了投资者、经营者的积极性，规模上不去，产量上不去，效益不稳定，降低了市场竞争能力和投资者、经营者的积极性。

（五）服务保障仍需加强，工作作风有待改进。个别部门工作人员服务基层、服务农户、服务重点产业发展的方式、方法、手段不够灵活，缺乏深入、贴心、务实的作风和创新意识，不能正确面对产业发展中的困难，倾向于政府主导、政府投入，不能很好地动员激发群众的自我发展意识和主观能动性，导致部分产业政府包袱沉重。特别是销售渠道的拓宽、互联网营销手段的运用、流通环节的对接等方面都存在薄弱环节，亟待改进。

三、意见与建议

（一）明晰主体，规划引领，一张蓝图实施到底。区委、区政府提出的“东果、南菜、北畜、西游”发展布局得人心、合民意。经过几年的不懈努力，已经显现出实实在在的巨大效应，成为兴区富民的重要抓手。要坚持立足区情，按照既定目标，找准突破口，一届接着一届干，毫不动摇的一张蓝图实施到底。相关部门要按照工作职能，制定实施规划，明确工作责任，落实目标任务；广大干部职工要树立大局意识、忧患意识、责任意识、奉献意识，情系群众利益、心系产业发展，在全区上下形成一心一意谋产业发展、聚精会神促产业提升的良好氛围。坚决避免和杜绝个人意志改变总体规划和战略布局，坚持不懈地按照既定目标、工作任务，持之以恒抓落实。各相关部门要进一步明确主体责任，全程指导服务项目实施，抓点示范，以点促面，通过五年、十年的努力，四大产业必将成为西峰农业发展史上的得意之笔、奋进之举。

（二）基地示范，规模经营，形成特色产业格局。坚持以加快产业结构调整、推动农民持续增收为目的，着眼"高起点规划、高标准建设、规模化经营、市场化运作"的目标，科学论证，合理布局，龙头引领，基地示范，整体推进。以温泉、什社为核心，打造多个万亩旱作苹果技术集成生态果带和更多的百亩果品生产经营大户，鼓励支持发展桃、樱桃等精品优质特色果品；以蒲河川、武家川、肖金、董志为基础，打造各具特色的设施蔬菜、露地瓜菜优质示范基地和规模化生产基地；以中盛、正大集团为依托，大力发展牛、羊、鸡、猪等规模化养殖，建成一批标准化养殖专业合作社、规模养殖户；以蒲河流域、北石窟寺遗址公园为轴线，发掘和建设更多的经典景区，把自然景观、黄土地貌、古迹遗址、庙宇文化和新的景区深度融合，全力打造一线贯穿、多点布设的乡村旅游景点。通过不懈努力，真正形成特色明显、活力富集、增长强劲的现代农业产业新格局。

（三）科技引领，技术先行，提高产业发展水平。结合我区实际，借鉴武山、静宁经验，重视苹果、瓜菜，畜牧专业技术人才队伍建设和专业研究机构建设，建议依托现有机构组建西峰区果树研究所、瓜菜研究所和畜牧研究所。研究所与服务机构独立开展工作，通过土地流转和资金整合等方式给予每一个研究所数百亩科研试验基地，培育新优品种，推广先进栽培技术，进行优质苗木或畜禽繁育点上试验、面上技术指导，把真正的专业技术人员放在合适的岗位，让其发挥特长，展现才华。乡村旅游工作的主抓部门、责任单位要统筹协调，合力推进，树立全区一盘棋的思想，高起点、全区域规划，全景式开发、分步骤实施，既要学习借鉴像陕西袁家村这样的成功经验，更要汲取安康龙头村发展乡村旅游产业失败的教训，特别是项目的可行性、科学性、运营管理的规范化应高度重视。要立足农村，在保护原有风貌的基础上，坚持把"留住乡愁、留住记忆、留住特色"作为开发重点，把农村建设成为"农村田园综合体"，真正把乡村旅游做成富民产业、带动区域发展的优势产业。要坚持标准化、精细化原则，通过全区上下的齐心协力扎实工作，使农业产业真正形成优势，整体水平持续提升。

（四）创建品牌，宣传推介，打造产业主导产品。要按照标准化、规模化、品牌化、市场化要求，积极发展无公害、绿色、有机农工产品，在保护好现有品牌的同时，把我们现有的产业进一步做优做强，做出特色，创造出我们的拳头产品，打造我们的产品品牌。要把宣传推介产品作为每个干部群众的自觉行动，抓住一切机会，借助各种平台，让每一个西峰人都是知名品牌的代言人、推广者。就像天水人推介"花牛苹果"，武山人推介"武山韭黄"，静宁人推介"静宁苹果"那样，从县级干部到一般职员，从基层科技工作者到广大农民群众，大家都做宣传员，都是见证者，都是实践者。通过大家的共同努力，把"陇清苹果""什社小米""陇翠有机蔬菜""武家川甜瓜""中庆南瓜子""北地红调味品""蒲河川黄土地貌自然景观"等自主品牌通过新闻媒体、自媒体和全区干部群众的宣传推介，提升本土产品、著名商标、有机、绿色、地标产品的市场占有率，开展乡村旅游景点和农家乐星级评定工作，提高自主品牌的知名度，创造更多的经济效益和社会效益。

（五）搭建平台，拓展市场，多措构建营销网络。进一步强化市场营销，建立农产品营销服务、资金协调和环境保障机构，培育农产品流通中介组织，建成西峰农产品销售专业市场。切实开展品牌营销，相关部门、行业协会、商会要积极组织各产业、重点企业参加国内外各类展销会、博览会，推介本土产品品牌、优势产业，使本土产品能够占领市场，实现品牌效益最大化。着力开拓外部市场，按照政府搭台、企业和合作社唱戏的方式，每年在国内外选定1—2个大中城市由企业、合作社建立稳固的直销窗口，完善冷链配送等体系。建立销售信息互动网络，要充分发挥特色优势，在强化传统营销模式的同时，利用农村电子商务平台，利用天猫、京东、淘宝等庞大的网络平台，开设旗舰店、专营店，拓展市场，畅通渠道，多途径推介营销，逐步做到订单生产、专业化经营。注重发挥各级供销合作社作用，着力打造为农服务的综合平台，促进农业产业结构调整、农业供给结构优化、农民收入持续增收、农村经济转型升级。建立健全产业化发展的利益联动机制、利益共享机制，形成产、供、销一条链、一体化，真正把互联网＋农业的模式作为我区农业特色产品、优势产业的展示窗口和强大推手。

(六)加大投入，龙头引领，实现产业提质突破。要多渠道、多途径解决产业发展的资金问题，破解融资难的瓶颈。要把有限的资金投入到基础条件改善、科技应用和产品研发、技术人才培养上。各级金融机构要把为农业重点产业、农村经合组织、重点生产经营户的融资作为责无旁贷的工作任务，扶持重点优势产业更好的发展。要抓好龙头项目，把龙头企业打造成重点产业的新亮点、带动一方经济发展和农民致富的新引擎，快速推进，早日建成发挥效益。要动员全社会力量，充分利用社会资本，吸纳民间资金，采用参股、合作等多种形式建办大项目、发展重点产业、优势产业。陇东滑雪健身基地、天富亿民俗文化村、青藤农业文化产业园、黑老锅冰窟自然景区、中盛羊业示范基地、鄢旗峭循环农业基地，以及在建的董志陈户丝路花海项目、显胜蒲河月亮湾香草园项目、华夏公刘第一庙景区等都是四大支柱产业的主抓手，主体责任单位牵头实施，相关部门密切配合，加强协调，协助企业落地生根，开花结果，为推进循环农业、有机农业、生态旅游农业发挥好传帮引领作用，带动全区四大产业上台阶、上水平，实现西峰经济社会发展的新跨越。

(七)创新思路，融合发展，全面推进产业升级。打破传统经营理念和思维模式，以现代农业、生态农业、美丽乡村、幸福小镇为基点，积极寻求和探索有利于我区农业产业化深度开发、融合发展的新模式、新举措。果品、瓜菜、草畜产业突出绿色、有机、养生、健康理念，以专业化合作社为主攻方向，通过地理标志认证、绿色食品认证、有机食品认证和注册自己的品牌商标，真正做成品牌优势凸显、营养价值领先、消费市场认可、农民收入倍增的富民产业。要重视果、菜、畜产业的融合发展，坚持种养结合、良性循环、资源化利用模式，注重尾菜残留物、粪污无害物处理和环保措施的落实，全面提高产品的品质和市场竞争力。"西游"发展要以农民增收为前提、以产业发展为依托，积极探索"旅游 + 文化""旅游 + 农业""旅游 + 商贸"融合、跨界发展的路子，厚植青山绿水，传承农耕文明，实现资源共享、市场联动、产业提升、农民增收。

西峰区关于新的社会阶层人士统战工作调研报告

中共西峰区委统战部　王晓莉

近年来，随着经济体制改革的不断深化和经济结构日趋多元化趋势，新的社会阶层呈现出快速发展和愈加活跃的态势，规模和经济实力不断壮大，已经成为经济建设的重要力量，随着这支队伍的不断壮大，怎样团结和凝聚这股力量，充分发挥其在全面建成小康社会中的巨大作用，是摆在各级党委和统战部门面前的一个崭新课题。近期，西峰区委统战部组成调研组，对全区新的社会阶层人士的基本情况、分布现状、思想状况、发展趋势等进行了调研，结合实际提出了加强该群体统战工作的对策建议，以期为做好新的社会阶层人士统战工作提供一些有益的参考。

一、西峰区新的社会阶层人士基本状况

据不完全统计，西峰区现有民营企业 1.15 万户，其中规模以上民营企业 299 户，从事经营管理和技术研发的人员 862 人；中介组织和社会组织从业人员 269 人；自由职业从业人员 418 人；新媒体从业人员 12 人。这些人员中，区委统战部重点联系、培养的新社会阶层代表人士 90 人。

（一）新的社会阶层人士的特征

总的来看，西峰区新的社会阶层人士普遍呈现以下特征：

一是思想观念多元易变。新社会阶层人士普遍受教育程度高，思想独立性强，思维开放，不受传统约束，易接受新鲜事物，同时由于新的社会阶层人士在行业领域、财产状况、文化层次、知识水平、社会地位、经历见闻、生活方式、心理压力等方面具有一定的差异性，加之社会转型产生的新变化和思想领域出现的新问题，导致新的社会阶层人士在思想观念上呈现出复杂、多元、易变、难测的特点和积极面与消极面共生的现象，诸多因素使得新的社会阶层人士往往表现为各种不相兼容的思想观念同时存在，世界观、人生观、价值观以及文化素养、道德水平、价值追求等呈多元化趋势。

二是身份职业复杂多样。新的社会阶层人士分布广泛，遍及工业、农业、金融、教育、卫生、科技、法律服务等多个行业和领域。西峰区虽然是传统的农业大区，但随着近年来非公经济的不断发展壮大，新的社会阶层人士重点分布在民营企业、新经济组织、新社会组织、文化、艺术、民办教育等领域。另外，由于主客观原因，相当一部分新的社会阶层人员的职业和身份变换比较频繁，在整个社会结构中流动较快，加之就业方式、生活方式、组织方式的多样性，整个新社会阶层群体呈现出较大的流动性、复杂性和不稳定性。

三是阶层整体优势明显。新社会阶层群体普遍具有“一低两高”的特点。一是年龄结构低，以中青年为主。民营企业管理技术人员 80%年龄在 25～45 岁之间，掌握专门技术或技术研发人员 90%年龄在 25～40 岁之间。二是学历层次较高。中介组织和社会组织从业人员中 62%的人拥有大专以上学历，自由职业者中具有大学本科以上学历的占 38%，而民营企业管理技术人员和技术研发人员中大专以上水平的占 80%以上。三是收入普遍偏高。新社会阶层人士大多掌握或管理着大量的资本，使用着一些技术专利和特长，是社会财富的创造者和经济繁荣的贡献者，收入一般高于社会平均水平，生活相对比较富裕，据调查，西峰区大部分新的社会阶层人士月收入在 5000 至 1 万元之间，个别的甚至高达万元以上，属于“中等收入阶层”，较高的经济地位，决定了新的社会阶层人士普遍存在一种明显的优势感。

四是政治需求相对较高。新的社会阶层人士文化程度普遍较高，加之收入相对丰厚，基于反映和维护自身利益的需求，他们对维护合法权益的政治诉求和追求公平对待、公平竞争的愿望比较强烈，尤其是一些素质较高、实力较强的代表性人士这方面的要求更为突出。据调查，在涉及“权益受侵时，您如何处理”等问题时，80%以上的新社会阶层人士选择“诉诸法律”。这充分说明新的社会阶层人士的法治理念、契约意识和平等意识等现代思想观念明显高于普通老百姓。

（二）新的社会阶层人士作出的贡献

1. 促进经济发展，增加社会财富。新的社会阶层人士运用自己所拥有的生产要素，从事生产、经营、管理和服务活动，为社会创造了新的财富，向国家上缴大量的税收，成为国民经济新的增长点。据统计，2016 年，西峰区非公经济完成地税收入

24257 万元，占总地税收入 61070 万元的 39.72%，占总财政收入 60352 万元的 40.19%。

2. 扩大就业门路，缓解就业压力。新的社会阶层人士不仅自身勇于探索，拓展新的就业形式，而且通过创立行业、兴办企业吸收了社会上闲散劳动力，缓解了就业压力。西峰区民营企业共提供了 6.4 万个就业岗位，2010—2017 年，全区民营企业吸纳从业人员年均增长率达 8%。

3. 捐助公益事业，推动社会进步。近年来，在西峰区，不少新的社会阶层人士富而思源，积极投身光彩事业和社会公益事业，他们或为经济建设分忧，或资助周围群众致富，或捐资助学、捐款救灾，积极回报社会。比如，20 多名民营企业家捐资 20 多万元设立了连心桥协会，持续救助贫困大学生。17 户民营企业同 15 个精准扶贫村对接帮扶，捐款 30 万元，向 79 个精准扶贫户发放贷款 670 万元，安置就业 19 人，发放工资 53.6 万元，累计带动精准扶贫户 153 个。自 2011 年以来，全区 50 多户民营企业累计捐助救助资金 50 多万元、项目帮扶资金 750 多万元，安置农村劳动力 5000 多人，在扶贫济困、捐资助学、扶持农业生产等方面做出了积极贡献。

4. 传递正面能量，维护社会稳定。新的社会阶层产生于改革开放后，他们是改革开放的受益者，也是改革开放的积极拥护者，从而自觉地成为社会稳定的维护者。他们扩展就业机会、热心公益事业在客观上也起到了维护社会稳定的作用。因此，也可以说，新的社会阶层也是社会稳定的重要力量。

（三）新的社会阶层统战工作现状

1. 健全工作机制。近年来，西峰区坚持把新的社会阶层人士培养工作纳入党外代表人士队伍建设总体规划，分类建立健全了全区民营企业管理技术人员、中介组织和社会组织从业人员、自由职业人员、新媒体从业人员信息库，并实行动态管理。落实了党员领导干部与新的社会阶层人士联系交友、调研走访、情况通报等制度，定期向他们宣传党的方针政策，听取意见建议，了解掌握思想动态，积极引导新社会阶层人士健康成长。

2. 加强教育培训。把新社会阶层人士教育培训纳入全区党外代表人士教育培训总体规划，实行了组织部、统战部联合调训机制，充分发挥区委党校主阵地作用，把党外代表人士培训工作列入每年的工作计划，根据业务专长及工作需要，要求参训对象中新的社会阶层人士占比达 10%，提高新社会阶层人士的整体水平。2015 年以来，先后组织新社会阶层人士参加各种培训学习会达 5 次、50 多人，不断提高新社会阶层人士参政议政的能力和水平。

3. 疏通参政渠道。近年来，西峰区委、区政府对新的社会阶层人士统战工作愈来愈重视，一批新的社会阶层代表人士通过人大、政协、工商联等渠道参与经济和社会事务的管理。据不完全统计，全区新的社会阶层代表人士中当选省市人大代表、政协委员的有 5 人，当选区人大代表、政协委员的有 26 人。西峰区工商联目前发展个人会员 1025 人，其中 30 名优秀民营企业家当选为主席、副主席以及常委、执委。这些政治安排，有效地拓宽了新的社会阶层人士参政议政渠道。区委统战部定期组织新的社会阶层人士开展助推发展、调研献策活动，参加市区人大、政协视察、调研及行风评议，引导他们围绕经济发展、社会民生、养老就业、城市管理等建言献策。2015 年以来，共组织调研活动 10 余次，形成调研报告 10 篇，提出建议 12 条；在近两年的区“两会”上，新的社会阶层人士提交议案 15 份、提交提案 23 份。

二、当前新的社会阶层统战工作面临的困难和问题

1.对新的社会阶层整体情况掌握不够全面。新的社会阶层人员主要是民营企业中的管理技术人员、中介组织和社会组织从业人员、自由职业人员、新媒体从业人员，这些组织和人员普遍没有一个明确的管理主体，大部分处于一种“多头管、都

不管”的尴尬局面，尤其是后两者，处在比较松散的状态，因此，有关行业主管部门对新的社会阶层人员的基本情况、分布现状、思想状况、发展趋势等缺乏全面了解，对其中的代表人士掌握不多，有的尽管建立了代表人士信息库，但更新不够经常及时，致使不能准确了解这支队伍的社会动态，把握他们的思想变化，开展统战工作难度较大。

2.新的社会阶层人士政治参与途径有待突破。新的社会阶层人士中，在人大、政协政治安排方面虽有一定的数量，但是，与日益发展的新的社会阶层的规模相比，现有参政议政渠道仍显得狭窄。随着经济实力和社会地位的不断提升，新的社会阶层人士的政治参与意识日渐增强，但受所处的地位、掌握的资源和主观感受等多种因素局限，政治参与沟通联系的渠道还不够健全和顺畅，使得新的社会阶层人士政治表达和政治参与的方式、效果不能适应新形势、新变化。

3.新的社会阶层人士教育培训工作亟待加强。新的社会阶层人士的教育培训还未引起足够的重视，具体表现是，教育培训资源分散，培训工作不够经常。有时虽然组织开展了培训，但在培训过程中普遍存在重经济价值、轻政治引导，重业务培训、轻政治培训的倾向，教育培训尚未覆盖到新的社会阶层各个层面。另外，对新社会阶层人士的教育培训缺乏培训教材和师资队伍，培训工作针对性不强。

4.新的社会阶层人士解决实际问题难。诸多社会团体和行业协会、商会，为新的社会阶层人士提供了交流的载体和平台，但是，这些载体往往只能起到一定的沟通联络作用，在解决成员关心的重大问题方面，无能为力，尤其当新的社会阶层人员在事业发展过程中遇到困难时，如市场准入、信息公开、融资、赋税等方面的问题，毫无办法。而统战部门对新的社会阶层人士反映的这些复杂问题也无权直接解决，需要依靠相关职能部门协调处理，这些权力部门一旦稍有推脱，便处处受掣肘，解决问题困难重重、效果不佳。

三、对加强新的社会阶层人士统战工作的几点建议

一要健全完善新的社会阶层人士统战工作机制。建立联系会议制度，在党委统一领导下建立由统战部牵头，党政有关部门(如工信、司法、财政、工商、税务等有关行业协会的主管部门)参加，社会有关团体参与的联系会议制度，定期召开会议，研究新的社会阶层出现或需要解决的相关事宜。建立联系交友制度，落实好党员领导干部同新的社会阶层代表人士联系交友工作，领导干部定期走访联系，关注了解新的社会阶层代表人士的发展现状、思想状况、存在的困难，及时掌握他们的思想动态，协调解决具体问题，做好政治思想引领工作。

二要克服新的社会阶层人士统战工作中的薄弱环节。统战部门要广泛联系各类行业协会、民间商会组织，动态掌握各行业协会的代表人物名单，定期更新代表人物数据库。在此基础上做好联系、沟通工作，最大限度地把他们团结起来。要关注新的社会阶层成员的困难，在市场准入、融资、职称评定、政府奖励和社会资助等方面提供协调帮助，做好服务，协助解决一些实际问题，为新的社会阶层劳动、工作与经营尽最大可能提供帮助和服务。

三要拓宽新社会阶层人士参政议政的渠道。做好新的社会阶层中人大代表、政协委员、工商联领导班子的推荐提名工作，在严把质量关的前提下，力争在数量和领域上有所突破，选拔优秀分子担任人大、政协、工商联的领导职务，畅通新的社会阶层的利益代言渠道。加强党委、政府同新社会阶层人士的联系，通过聘请他们担任特约监察员、检察员、审计员和教育督导员等形式，使新的社会阶层人士踊跃参与到民主监督中来。此外，党委和政府在制定相关的社会经济政策时，可邀请新社会阶层中的一些专业人士参与调研、议政或听证，涉及一些新社会阶层的相关文件，也可吸收他们参与讨论，充分听取并借鉴他们的意见和建议。

四要加强新的社会阶层人士教育培训工作。采取多种形式，加强思想政治工作。通过举办各类新社会阶层代表性人士参加的培训班和一些他们普遍感兴趣的涉及政治、经济、管理、法律等课题的专题论坛等，引导组织新的社会阶层人士加强学习，掌握党的方针政策以及市场经济和现代管理知识，提高他们的思想政治素质和业务素质。加强同他们的联系与沟通，通过走访、座谈等形式，经常与他们交流思想，沟通情况，认真倾听他们的意见和要求，了解和反映他们在思想、工作和生活上的情况，引导他们把个人利益和社会利益结合起来，在发展壮大自身企业为区域经济作贡献的同时，更好地为经济社会发展献计出力。

五要注重发挥新的社会阶层人士的智力和经济优势。充分发挥新的社会阶层人士人才荟萃、智力密集、经济实力雄厚的优势，组织他们中的知识分子开展以“政策法规、医疗卫生、科技文化”为主要内容的“三下乡”活动，服务群众，促进发展；引导新的社会阶层中的非公经济人士参与“百企帮百村精准扶贫”行动，组织他们到贫困村进行对口帮扶，在资金、物资、务工、产业发展等方面对贫困户给予扶持，充分发挥他们在社会事业和经济发展中的积极作用。

庆阳市西峰区综合应对人口老龄化战略思路的调研报告

西峰区老龄工作委员会办公室

2017年9月10日

为认真做好国家、省、市关于加快发展养老服务业的相关政策法规的贯彻落实工作，区民政局在全区开展了“十三五”规划养老服务业前期调研工作，结合我区实际采用入户问卷，调查走访和召开座谈会的形式对全区3000名60岁以上老年人进行了随机调研。了解我区老年人的养老服务需求及养老服务业发展现状，探究加快发展我区养老服务业的新途径，现将专题研究情况汇报如下：

一、老年人口和养老设施建设现状

（一）老年人口基本情况

截至2016年底，全区60岁以上老年人口4.23万人，占全区总人口的11%；80岁以上老人3362人，占老年人口的8.1%；90岁以上老年人口238人，占老年人口的0.57%，百岁以上老人4人。农村老年人口为31293人，城镇老年人口为10197人，日常生活需要护理和照料的失能、半失能老人约14470人，空巢老人15889人。随着经济社会的发展，人民生活水平的不断提高，人口平均预期寿命延长，老年人口规模扩大，发展迅速，高龄人口增长快，人口已进入老龄化社会。

1. 老年人经济来源：从抽样调查看，我区老年人晚年生活的经济来源主要分为三类，即：子女或亲属供养、老年人自己的劳动收入和离退休金。有34.7%的老年人认为够用有余，有54.5%的老年人认为大致够用，有9.5%的老年人认为有些困难，认为经济状况十分困难的老年人仅占1.3%。具体来看，又呈现出两种差异：一是年龄差异。调查发现，60岁时，约有三分之二的老年人以劳动收入和离退休金为主要经济来源，这一比例到65岁时降低到一半以下，70岁时降低到三分之一以下。在老年人自身经济供养能力随着年龄增大而下降的过程中，依靠子女或其他亲属供给的老年人比例迅速提高。数据如表：

表1

年龄阶段	60岁	65岁	70岁
依靠自身经济能力供养	66.1%	48.6%	32.1%
依靠子女或其他亲属供给	32.3%	49.4%	70%

二是城乡差异。城区老年人的收入水平相对较高，离退休金通常是城区老年人最主要的收入来源；相比之下，农村老年人的收入水平较低，个人劳动收入和子女供给通常是农村老年人最主要

的经济来源。这种城乡差别的出现主要是由经济发展水平和社会保障制度的城乡差异造成的。

2. 老年人身体状况：调查显示，我区老年人普遍具有良好的身体素质。老年人对自身健康状况，自我感觉很好的占3.8%，较好的占25.3%，一般的占56.3%，较差的占12.5%，很差的占2.1%。从自理能力看，有88%的老年人能自理和身体健康能照顾家人，需要别人适当帮助的老人占9.8%，完全需要别人照顾的仅占2.2%。

老年人的健康状况

表2

序号	选项	人数	占老人总数百分比
1	失能老人	4341	10%
2	半失能老人	10129	24%
合计		14470	35%

3. 老年人供养方式：我区目前绝大部分老年人的供养方式仍是家庭养老，约有130名老年人长期在养老机构享受养老服务，仅占老年人口的0.003%，且全部是在敬老院集中供养的农村五保对象。尽管如此，随着人口再生产类型的转变，家庭规模日益缩小，“四二一”结构已经出现，家庭供养老人的能力不断减弱。同时，城乡人口迁移和流动加剧，导致家庭空巢化趋势日益突出，伴随独生子女的父母逐步进入老龄阶段，空巢家庭将成为未来老年家庭的主要形式，老年人家庭照料模式面临困境。

4. 老年人文化娱乐生活：从参加活动的内容和方式看，我区老年人目前参加的文化娱乐活动内容比较丰富，方式较为广泛。电视、书报、广播是老年人获取社会生活信息的最大媒介。此外，还包括逛街逛公园、栽花种草、运动健身等方面（详见表1）。从参加活动的场所看，我区老年人住所附近建有的活动场所有限，不能满足老年人的活动需求。调查中老年人表示住所附近建有社区老年活动室、公园和运动健身场地的比例，分别只达到37.5%、15%和45%（详见表2）。从参加活动的时间看，老年人闲暇在家，把时间花在看书阅报、看电视听广播、体育锻炼和运动健身方面较为普遍。

老年人参加文化娱乐活动方式的比例

表3　　单位：%

活动方式	经常参加	偶尔参加	从不参加
看电视	86.3	11.3	2.4
看书看报	61.3	12.8	25.9
听广播	45.5	12.5	42
逛公园	37.3	30	32.7
栽花种草	36.3	12.8	49.1
运动健身	36	21.3	42.7
逛街	30.3	31.3	38.4
社区活动	13.8	16	70.2
下棋打牌	11.5	11	77.5
外出旅游	8.5	29.5	62
看电影、听戏	8	12.3	79.7
书法、摄影	7	6.3	86.7
电脑上网	5.3	3.8	90.9

当地建有活动场所和参加活动的比例

表4　　单位：%

活动场所	有场所	从不参加	偶尔参加	经常参加
社区老年活动室	37.5	56.3	32.3	11.4
公园	15	10.3	37.5	52.2
运动健身场地	45	23.3	42.8	33.9

（二）全区养老服务需求现状

从调查问卷分析看，作为贫困地区，我区老年人整体经济收入低，自我保障力差，全区有基本工资保障的老年人占老年人总数的19.1%，80.9%的老年人主要依靠自己劳动创收或子女供养。

1.服务需求多样化

由于老年人的收入差距、居住地域、家庭情况不同，对养老服务的需求也多种多样。从问卷的3000位老年人回答的情况看，2520人选择居家由子女养老，占被访问老人的84%；356人选择社区养老，占被访问老人的12%，124人选择机构养老，占被访问老年人的4%。因受传统观念影响，只要是身体健康，生活能自理的老人都习惯住在家里由子女赡养，希望村（社区）能经常组织开展适合老年人的文化体育健身活动；身体一般，子女又不在身边的老年人，最需求的是村（社区）能提供上门送餐、日间托老、家政服务、服务热线、文化娱乐和上门看病就医服务；真正需要机构养老的是生活不能自理的失能、半失能老人和家庭困难老人。从调查的3000老年人的反馈情况看，老年人普遍对社区开展助餐、家政、医疗护理、日间托老、呼叫热线等便民服务有需求；对社区文化体育健身活动场所、社区老年文化活动有渴盼。

2、能承担养老费用不高

从调查情况看，老年人及老年人家庭能承受机构养老费用2000元以上占被访问老年人10%，主要是本人有离退休工资或子女条件较好的老人；21%的老年人能承受的机构养老费用在1500元左右；69%的老年人只能承受1000左右的机构养老费用，特别是农村没有固定收入的失能、半失能老人和生活困难老人，承受费用均在1000元以下。

老年人期望的养老方式

表5

选　　项	占被访问人百分比
机构养老	4%
居家养老（子女养老）	84%
社区养老（社区提供服务）	12%

老年人对社会服务的需求

表6

选项	占被访问人百分比
助餐服务	70%
家政服务	86%
医疗护理	68%
日间托老	49%
呼叫热线服务	17%

（三）落实养老服务惠民政策情况

制定出台了《西峰区进一步提高老年优待工作的意见》《关于做好80周岁以上老年人高龄补贴申报与发放工作的通知》《西峰区开展“敬老文明号”创建活动的实施方案》等一系列政策性文件；落实了65岁以上老年人免费乘坐公交车的政策，并为老年人办理免费乘坐公交IC卡，65岁以上老年人实行公厕免费；老年群体组织的各类文体活动所用场地费实行减半收取，体育馆、公园、博物馆、图书馆一律免费为老年人开放；市、区医院设立老年优待窗口，持老年优待证的老年人优先救诊、取药、住院，门诊挂号免费，70、80、90岁以上的老年人住院费报销比例分别提高10%、20%、30%的报销比例；推行养老保险制度，凡60岁以上的老人每月可以领到60元的养老金，并把真正生活困难的6561名老年人纳入最低生活保障范围，发放保障金62万元等惠民政策。

截至2016年底统计数据，全区共有老年协会32家，老年活动开展丰富多彩，对促进新农村建设、文明和谐建设、项目建设发挥了积极作用。累计办理老年优待证2508人次，老年人保障进一步提高和加强，落实了老年优待政策，2010年将高龄补贴扩面至80岁以上，机构养老规模增大水平提高，居家养老稳步推进，老年人权益得到了保护，老年文体活动蓬勃发展，运用现代化网络技术建成了全市首家“居家养老服务网络平台”，老年人只需拨打“12349”服务热线就可以享受到居家养老服务中心专业助老服务队伍和加盟企业，为老年人提供紧急援助、生活照料、主动关怀等9大类

50多个服务项目,初步实现养老服务网络化。

(四)民政养老福利设施项目建设基本情况

全区现有民政养老服务机构7个,分别为:董志中心敬老院、彭原中心敬老院、温泉中心敬老院、什社中心敬老院、后官寨中心敬老院、肖金中心敬老院、显胜中心敬老院。居家养老模式自2013年在我区开始起步,利用废弃的五保家园、闲置学校、村委会等场所,至2016年底共建成城乡老年人日间照料中心64处,其中2013年建成的东坪路社区老年人日间照料中心被评为"全省老年人日间照料中心示范社区",据统计全区目前共有福利机构床位数855张,每千名老人拥有20.8张床位。

2017年计划新建12个城乡老年人日间照料中心.

二、养老事业发展中存在的问题

一是思想认识有待提高。随着老龄化进程的不断加快,养老服务工作的重要性愈加明显。一些部门对人口老龄化以及由此带来的社会问题把握不准、认识不清,特别对政府在养老服务体系建设中的主体责任认识不深,认为养老是自己的事,是家庭的事,养老服务工作得不到重视,地位没有得到提升,养老服务供给总量不足,养老机构设施简陋、功能单一,居家养老服务覆盖面窄、服务水平低,不能满足老年人日益增长的多元化养老服务需求;

二是政策体系不健全,优惠政策落实不到位。从国家到地方针对老龄工作没有实质性的政策投资和项目支持,比如鼓励提倡民营企业兴办老年活动中心、托老所,但是如何申报、哪里审批、怎样支持,没有政策没有文件规定,导致老龄工作小打小闹、摸着石头过河。这几年老龄上唯一的一个项目就是建设居家养老服务站,但是资金投入太少,仅仅只有三五万元,所以目前建成的居家养老服务站档次低、设备简陋、功能不完善。

三是养老服务机构建设用地难以协调。城市建设中没有将养老服务机构建设用地规划进去,目前各个社区都没有独立办公场所,现有办公室大多是租借的,所以一些社区的居家养老服务站、日间照料中心根本没有地方建,导致居家养老服务站建设进度缓慢。

四是居家养老服务机构运转难、管理难。日间照料中心、互助老人幸福院建起来没有运转资金,水电暖的问题得不到解决,只能夏天开门、冬天关门;另外管理机制不健全,没有人主动承担管理工作,一些老年人的生活习惯差,乱扔乱放,存在着设备丢失损坏和脏乱差现象。

五是养老观念陈旧,对新型的养老模式不接受。大部分老年人还是养儿防老的思想,而儿子又经常不在家、靠不住,他们还是宁愿住受穷受苦,也不愿到敬老院、五保家园和互助老人幸福院去,导致敬老院、五保家园等设施建起来,入住率低,造成资源浪费。

六是养老服务人员队伍力量薄弱。全区老年人口已经达到4万多人,但目前我区的养老服务管理人员和专业护理人员专业化程度低,急需一支专业的养老护理队伍已满足日益增多的养老服务需求,行业自律、服务标准和规范等有待加强。

三、"十三五"期间我区养老服务业工作思路和发展方向

(一)整合资源,提升民政养老机构项目建设整体水平

1.建设目标。力争到"十三五"期间,全区基本形成以居家养老为基础、以社区服务为依托、以机构养老为支撑,结构合理、规模适度、形式多样、功能齐全、运行高效、投资多元、城乡一体的新型社会养老服务体系。全区养老服务业整体发展水平达到西部地区平均水平,每千名老人拥有养老服务床位数达到30张以上,全区70%的城市社区建有老年人日间照料中心,镇政府所在社区和60%的行政村(社区)建立日间照料中心,五保对象集中供养率提高到30%,全面实现护理员持证上岗和养老机构管理层资质培训率100%,居家养老和社区

养老服务网络老年信息健全，基本满足全区老年人的养老服务需求。

2. 建设任务。(1)大力发展居家养老服务。充分发挥居家养老的基础作用，积极发展养老服务配套设施齐全的居家养老服务中心。鼓励和引导社会力量兴办居家养老服务实体，开发完善服务内容和项目，在持续发展生活照料、家政服务、精神慰藉等传统服务的同时，拓展康复护理、无障碍设施改造、紧急呼叫、安全援助和社会参与等服务，促进居家养老服务标准化、规范化、集约化发展，满足绝大多数老年人的居家养老服务需求。(2)推动发展机构养老服务。整合现有供养、养护、医护资源，加快推进养老服务机构建设，提高养老服务整体水平。建立以收养失能、半失能老年人为主，兼顾为残疾人、孤残儿童提供服务的综合性社会福利机构；按照“谁投资、谁管理、谁受益”的原则，建立公开、平等、规范的养老服务业准入制度，通过税收优惠、以奖代补等扶持政策，积极引进资金，鼓励支持企事业单位、集体组织、社会组织及个人等社会力量以独资、合资、合作等多种形式兴建民办养老机构。加强互助幸福院等农村养老设施建设，扩大养老服务覆盖面；(3)加强养老服务信息平台建设。加快社区养老服务信息网络和服务平台建设，采取电子政务、社区服务信息网、社区呼叫系统、有线电视网络、热线电话、爱心门铃、健康档案、服务手册等多种形式，整合社区各类养老服务资源和需求信息，充实基础数据、提升服务效率，为政府实施行业管理提供依据、为社会参与养老服务提供咨询、为老年人养老提供信息、为人员培训提供支持。完善并推广虚拟养老院等新型养老服务模式，推动城市社区和居家养老服务信息网络平台向农村延伸，扩大信息化服务覆盖范围。

(二)加大政策宣传力度，用好用足加快老年设施和老年机构政策措施的惠民政策

一是加大宣传力度，切实提高老年人优待证的办证率。区乡镇联动，工作中心下移，积极为辖区有办证意愿的老年人服务，力争每年办证率提高4个百分点，“十三五”末实现办证率达35%。

二是加大部门以及乡镇之间的联动，整合闲置村级场所、学校的社会资源，依托社区综合服务设施，重点建设老年人日间照料中心、托老所、老年活动中心等社区养老设施，新建住宅小区要按照住房城乡建设部《城市居住区规划设计规范》等有关规定配套建设社区养老服务用房，增强社区综合服务设施的养老服务功能，为空巢、高龄老人和社会老年人提供日间生活照料、医疗保健、康复护理、紧急援助、心理咨询、文化学习、体育健身、娱乐休闲等综合服务。鼓励支持信誉好、竞争力强、善于经营管理的社区养老服务机构连锁发展，延伸服务范围，提高专业化水平。依托村民自治组织和集体经济组织，积极探索开展农村互助养老模式，加大对非营利性社会办养老机构的培育扶持，鼓励民间资本投资建设养老服务设施，通过税费优惠、以奖代补、采购服务等扶持政策进行民办公助，推动社会养老服务发展。加快社会养老服务体系建设，是扩大消费和促进就业的有效途径。一方面通过养老机构建设带动建筑等相关产业发展，拉动和扩大内需；另一方面通过提供多种形式的养老服务，适应城乡居民消费结构升级，有利于形成养老服务消费市场，创造大量养老就业岗位。

加快社会养老服务体系建设，是实现经济社会转型跨越、建设幸福美好新西峰的迫切需求。随着人口老龄化、高龄化进程加快，失能、半失能老年人数量将持续增长，照料和护理问题渐趋突出。同时，随着现代社会竞争更加激烈、生活节奏日益加快，中青年一代面临着生活和工作的双重压力，“空巢”家庭比例上升、养老需求日趋多元，迫切需要发展社会养老服务来承接家庭转移的养老功能，使老年人权益得到充分保障、养老需求得到充分满足，也使大量社会劳动力更加有效地投入各项建设事业，有力促进经济社会转型跨越、构建幸福美好新西峰。

2017 年度西峰区机构变化表

2017 年度西峰区机构变化表

单位:个

增加个数	增加单位名称
7	庆阳市西峰区民族宗教事务局
	庆阳市西峰区人民检察院什社乡检察室
	庆阳市西峰区人民检察院董志镇检察室
	庆阳市西峰区人民检察院肖金镇检察室
	庆阳市西峰区人民检察院彭原镇检察室
	庆阳市西峰区人民检察院后官寨镇检察室
	庆阳市西峰区人民检察院西街街道检察室
减少个数	减少单位名称
8	庆阳市西峰区财政局什社乡财政所
	庆阳市西峰区财政局显胜乡财政所
	庆阳市西峰区财政局肖金镇财政所
	庆阳市西峰区财政局董志镇财政所
	庆阳市西峰区财政局彭原镇财政所
	庆阳市西峰区财政局温泉镇财政所
	庆阳市西峰区财政局后官寨镇财政所
	庆阳市西峰区财政局西街街道财政所

说明

一、本索引主体采用主题分析索引方法，按主题词首字的汉语拼音字母顺序排列，同音同声按第二字拼音顺序排列。

二、栏目、分目标题用黑体字表明。

三、条目后的阿拉伯数字表示所在的页码，字母 a 为左栏，b 为右栏。

数字首

A

B

F

G

H

J

K

L

M

N

P

Q

R

S

T

Y

Z

母校暖如家，

师恩如山海。

离开母校泾干中学五十多年了，

往事总在心头萦回。

我感念母校给予我这样一个孤苦学生的巨大关怀和良好教育。

纵然走到天涯海角，

身虽远而心近，

我对母校的所有记忆永远都是最鲜活，最实在的。

《第一个军礼》

页　码	40P
开　本	32K
字　数	10千字
印　张	1.25
定　价	5元
印刷数量	1~2000册
印刷日期	2018年8月第1次第1版印刷
设计印刷	西安雁展印务有限公司
电　话	029-85325798
封面照片	李志君21岁时戎装照

内部资料 交流惠存